新时期交通土建类高职高专规划教材

Gonglu Shigong Zuzhi yu Gaiyusuan

公路施工组织与概预算

李婷婷　主　编

史　静　张正明　副主编

张译文　主　审

人民交通出版社股份有限公司

北　京

内 容 提 要

本书为新时期交通土建类高职高专规划教材。全书依据交通运输部2018年颁布的定额和编制办法编写,共分为九个项目,主要内容包括:公路施工组织概述、公路施工部署与施工方案的制订、施工进度计划的编制、资源需要量计划的编制、施工平面图布置、施工技术组织措施、施工组织设计案例、公路工程定额应用、概算预算文件的编制。

本书可作为高等职业院校道路桥梁工程技术、道路养护与管理、公路工程造价等相关专业教材,以及继续教育,职业培训教材,也可供公路工程技术人员使用和参考,使用时请结合最新颁布的勘误说明。

*** 为方便教学,本书配有教学课件,读者可加入职教路桥教学研讨群(教师专用QQ群:561416324)获取。**

图书在版编目(CIP)数据

公路施工组织与概预算 / 李婷婷主编. — 北京 : 民交通出版社股份有限公司, 2020.1

ISBN 978-7-114-16225-1

Ⅰ. ①公… Ⅱ. ①李… Ⅲ. ①道路施工—施工组织—高等职业教育—教材②道路工程—概算编制—高等职业教育—教材③道路工程—预算编制—高等职业教育—教材 Ⅳ. ①U415

中国版本图书馆CIP数据核字(2020)第005024号

新时期交通土建类高职高专规划教材

书　　名: 公路施工组织与概预算
著 作 者: 李婷婷
责任编辑: 袁　方
责任校对: 张　贺　宋佳时
责任印制: 刘高彤
出版发行: 人民交通出版社股份有限公司
地　　址: (100011)北京市朝阳区安定门外外馆斜街3号
网　　址: http://www.ccpress.com.cn
销售电话: (010)59757973
总 经 销: 人民交通出版社股份有限公司发行部
经　　销: 各地新华书店
印　　刷: 北京印匠彩色印刷有限公司
开　　本: 787×1092　1/16
印　　张: 19.75
插　　页: 1
字　　数: 455千
版　　次: 2020年1月　第1版
印　　次: 2020年8月　第2次印刷
书　　号: ISBN 978-7-114-16225-1
定　　价: 58.00元

序

PREFACE

建设教育强国是中华民族伟大复兴的基础工程。交通运输是国民经济基础性、先导性、战略性产业。交通高等职业教育鼎力支持交通运输事业，弘扬劳模精神和工匠精神，营造“劳动光荣、技能宝贵、创造伟大”的社会风尚和精益求精的敬业风气，建设知识型、技能型、创新型劳动者大军，培养德智体美全面发展的社会主义建设者和接班人。

习近平总书记明确指出，“十三五”是交通运输基础设施发展、服务水平提高和转型发展的黄金时期，要抓住这一时期，加快发展，不辱使命，为实现中华民族伟大复兴的中国梦发挥更大的作用。当前，在我国经济发展进入新常态后，交通运输作为国民经济重要的基础性、先导性、服务性行业的基础地位没有改变，在经济社会发展中先行官的职责和使命没有改变，在稳增长、促投资、促消费中的重要作用没有改变，由基本适应向适度超前发展的阶段性特征和态势没有改变。我国正由“交通大国”向“交通强国”迈进。交通高等职业教育肩负着交通运输人才培养、科学研究、社会服务、文化传承创新的神圣使命，在实现“两个一百年”奋斗目标的伟大进程中必须有担当、有作为。

陕西交通职业技术学院是国家优质高职院校立项建设单位、陕西省优秀示范性高职院校，被誉为中国西部“交通建设管理人才的摇篮”。学校以全国交通运输示范专业——道路桥梁工程技术专业为核心，构建公路工程专业集群，弘扬“吃苦实干，爱岗敬业，默默奉献，图强创新”的“铺路石”精神，秉持“立足交通，服务交通，引领交通”的发展理念，坚持“校企合作实践育人，提升能力内涵发展”的建设思想，锻造“公在心中，路在脚下，铁肩担当，道存目击”的精神文化，开展“大专业小方向”的专业改革，实施“岗位导向，学训交替，能力递进，分组顶岗”的人才培养模式，紧密对接交通运输行业转型升级，紧紧围绕交通基础设施建设与管理的产业需求，培养热爱交通、扎根基层、吃苦实干的公路交通技术技能人才。

近年来，陕西交通职业技术学院不忘初心、拼搏奋斗，深化教育教学改革，优化专业体系结构，加强师资队伍建设，完善质量保证体系，始终致力于提升内涵建设品质，提高人才培养质量，增强社会服务能力。公路工程专业集群以道路桥梁工程技术专业为引领，先后获得国家级教学团队、全国职业院校交通运输类示范专业、高等职业教育创新发展行动计划骨干专业、陕西高职院校“一流专业”、陕西省重点专业、陕西省示范院校建设重点专业、陕西高职院校综合改革试点专业等重大荣誉和政策支持。“十三五”是交通运输基础设施加速成网的黄金时期，也是我国交通运输基础设施集中建设、扩大规模的重要时期，更是交通运输优化结构、提升服务水平的关键时期。在这样的背景下，陕西交通职业技术学院成立“新时期交通土建类高职高专规划教材”编审委员会，以长期教育教学改革实践为基础，系统总结教学内涵建设经验，编写系列教材，期望以此形式固化、展示、应用、分享改革建设的成果，培养符合新时期交通运输发展需求的高质量技术技能人才。

“新时期交通土建类高职高专规划教材”以提高人才培养质量为根本目标，贯彻高等职业教育教学改革发展新理念，对接交通运输行业最新颁布标准、规范、规程，努力从内容到形式上都有所创新。教材丛书依据专业集群的核心课程而规划，体现产教融合特色。教材突出工匠精神、职业道德、职业技能和就业创业能力教育的完美融合，注重学生全面培养。教材功能基于服务课程教学的基本载体和直观媒介而定位，凸显学生主体地位；教材内容按照职业岗位知识和能力需求而取舍，突出实践能力培养；教学方法遵循高职学生学习特点和认知规律而设计，强调理实一体教学。我们期待这套教材能在新时期交通土建类高职人才培养中起到积极的作用。

向支持交通高职教育教材建设的人民交通出版社表示衷心感谢。向关心、支持、帮助教材编审的合作企业、专家学者、校友致以崇高敬意和诚挚谢意。

新时期交通土建类高职高专
规划教材编审委员会主任 杨云峰

2017 年 12 月

前　言

FOREWORD

公路施工组织与概预算是一门理论与实践并重的综合应用型课程,本书较为全面地阐述了公路工程施工组织与概预算的编制原理与流程。全书分为九个项目,主要内容包括:公路施工组织概述、公路施工部署与施工方案的制订、施工进度计划的编制、资源需要量计划的编制、施工平面图布置、施工技术组织措施、施工组织设计案例、公路工程定额应用、概算预算文件的编制。

本书理论与实践相结合,内容编排以必需和够用为原则,依据《公路工程建设项目概算预算编制办法》(JTG 3830—2018)、《公路工程预算定额》(JTG/T 3832—2018)、《公路工程机械台班费用定额》(JTG/T 3833—2018)等技术规范编写,并与相应的职业资格标准衔接,同时选编结合工程实际的例题。每个任务后附有自我测试,注重学生基本技能的培养,针对性和实践性强。

本书由陕西交通职业技术学院李婷婷担任主编,陕西交通职业技术学院史静、中交第一公路勘察设计研究院有限公司第三交通设计院张正明担任副主编,中交第一公路勘察设计研究院有限公司张译文担任主审。参加编写工作的人员及分工为:李婷婷(项目一~项目四,项目九中任务一~任务四及附录),史静(项目五~项目七),陕西交通职业技术学院周庆华(项目八),张正明(项目九中任务五~任务七)。

在编写本书时,参考了书后所附各位专家的著作和文献资料,在此谨向原作者表示感谢!由于编者水平有限,书中难免有缺点和疏漏,敬请各位读者批评指正。

编　者

2019 年 7 月

目　录

CONTENTS

项目一　公路施工组织概述

任务一　认知公路工程基本建设

学习目标

（1）了解公路建设的内容及特点。

（2）熟悉公路基本建设项目的组成。

（3）掌握公路基本建设的内容及程序。

任务描述

要求学生掌握公路基本建设项目涉及的内容，通过完成该任务，明确基本建设项目的含义、分类及内容，能准确地分析公路基本建设程序，并能按照公路基本建设程序的要求完成各项工作。

相关知识

一、公路建设的内容

公路是裸露于自然界供各种车辆或行人通行的基础设施。公路建设的内容按其任务与分工的不同，主要有以下三个方面。

1. 基本建设

公路基本建设是指新建、扩建、改建、重建的工程，其中新建和改建是最主要的形式。公路基本建设具有以下显著特点。

（1）建设内容属于固定资产扩大再生产，需要投入大量的人力、物力和巨额资金。

（2）管理方式是由国家或交通运输主管部门统一规划管理，并严格执行公路基本建设程序。

2. 大、中修

大、中修是指对现有公路进行较大的更新或技术改造工作。公路由于受到材料、结构、设备等方面的制约，如沥青材料老化、局部改线等，需要进行较大规模的维修、改造等工作。公路大、中修具有以下特点。

（1）建设内容属于固定资产简单再生产或部分扩大再生产，即仍维持原有公路的建设规模和技术等级。

（2）管理方式是由养护部门先提出申请计划，经上级主管部门批准后，再进行管理和安排。

3. 小修、保养

小修、保养是指对现有公路进行经常性的维修、保养工作。由于公路是无遮盖而裸露于大自然的构造物，除了承受频繁的车辆荷载作用外，还要承受各种自然因素的综合作用。因此，为了保证公路工程构造物的正常使用，就必须对现有的公路构造物进行定期或不定期的维修保养。公路小修、保养具有以下特点。

(1)建设内容属于固定资产简单再生产，即对原有公路进行维修保养。

(2)管理方式是由养护部门自行安排和管理。

综上所述，公路建设内容是由基本建设，大、中修，小修保养三方面组成的，其中建设规模涉及面最广、耗资最多的是公路基本建设。因此，国家对公路基本建设的管理非常严格，并有明确的法定程序。

二、公路建设的特点

公路是呈线形分布的人工构造物，里程长，结构复杂，与其他工业产品相比具有以下特点。

1. 施工周期长

公路工程建设规模大，施工工序复杂，需要较长时间地占用各种资源，直至整个施工结束。在建设过程中，必然耗费大量人力、物力和财力，同时建设中还要受到工艺流程和施工程序的制约，使各专业、各工种间必须按照合理的施工顺序进行配合，从而导致施工周期长。

2. 施工流动性大

公路工程的产品都是固定性的构筑物，各类工作人员及各种机械和材料都要按一定的顺序进场施工，任务完成之后，再按一定的顺序转移到另一个工地。这种施工的流动性会增大资源调配的难度。

3. 受自然因素影响大

公路工程施工大部分是露天作业，受气候、水文、地形等自然因素影响很大，这些都会给工程施工造成很大难度，同时也增大了使用阶段的维护费用。

4. 施工管理工作量大

公路工程因技术等级及工程所处的地理环境不同，公路的组成结构也千差万别，复杂多样。不仅每个工程要单独设计、单独施工，同时还需要勘察设计、施工、监理、造价咨询、消防、环境保护、材料供应等多家单位通力合作才能完成。因此，施工管理的工作量很大。

三、公路基本建设项目组成

公路基本建设项目按其工作内涵大小可依次分为基本建设项目、单项工程、单位工程、分部工程和分项工程。这些组成单位按照由大到小的次序，形成一个完整而规律的体系。

1. 基本建设项目

基本建设项目又称建设项目，是指按照一个总体设计或初步设计进行施工的基本建设工程。

2. 单项工程

单项工程是建设项目的组成部分，具有独立的设计文件，可以独立组织施工，竣工后能独立发挥设计规定的生产能力或效益的工程。例如,独立的桥梁工程或隧道工程,但是一条路线中的桥梁或隧道,在整个路线未修通前,并不能发挥交通功能,也就不能作为一项单项工程。一般情况下,一个合同段可作为一个单项工程。

3. 单位工程

单位工程是单项工程的组成部分,具有独立设计文件,可独立组织施工,可单独作为成本计算的对象,但是建成后一般不能独立发挥生产能力或效益。例如,一个合同段内的路基工程、路面工程、立交工程、交通安全设施等。

4. 分部工程

分部工程是单位工程的组成部分。一般是按单位工程中的主要结构、部位来划分的。例如,路基土石方、路基排水、桥梁下部结构等。

5. 分项工程

分项工程是分部工程的组成部分,是按照工程的不同结构、不同材料和不同施工方法等因素划分的,它是预算定额的基本计量单位,也称为工程细目或工程定额子目。例如,路基土石方分部工程划分为土方路基、石方路基等分项工程。

现以 G107 为例介绍公路基本建设项目的组成,如图 1-1 所示。

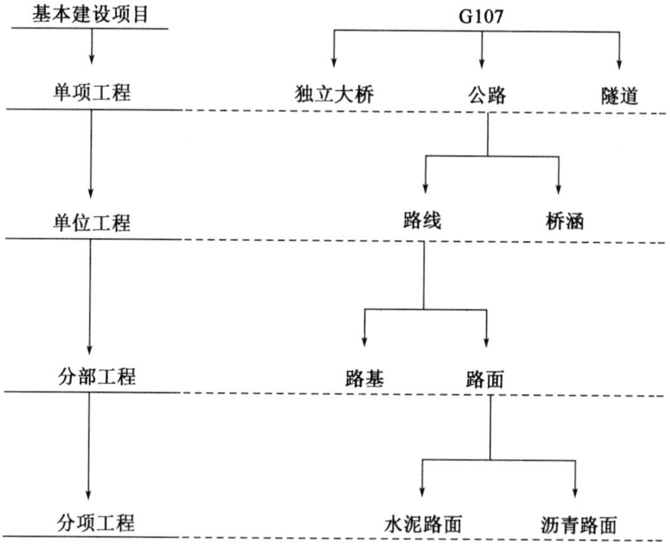

图 1-1　公路基本建设项目组成示例图

四、公路基本建设程序

公路基本建设程序是由基本建设进程的客观规律决定的,具体指公路工程在建设过程中各项工作的先后顺序。

(1)根据规划,进行预可行性研究,编制项目建议。

(2)根据批准的项目建议书,进行工程可行性研究,编制可行性研究报告。

(3)根据批准的可行性研究报告,编制初步设计文件。

(4)根据批准的初步设计文件,编制施工图设计文件。

(5)根据批准的施工图设计文件,编制项目招标文件。

(6)根据批准的项目招标文件及资格预审结果,组织项目招投标。

(7)根据国家有关规定,进行征地拆迁等施工准备工作,编制项目开工报告。

(8)根据批准的项目开工报告,组织项目施工。

(9)项目完工后,编制施工图表和工程决算,办理项目验收。

(10)竣工验收合格后,组织项目后评价。

公路基本建设程序如图 1-2 所示。所有新建及改建的大、中型项目都必须严格按照上述程序进行;对于小型项目,可按照相关规定适当合并或删减某些程序。

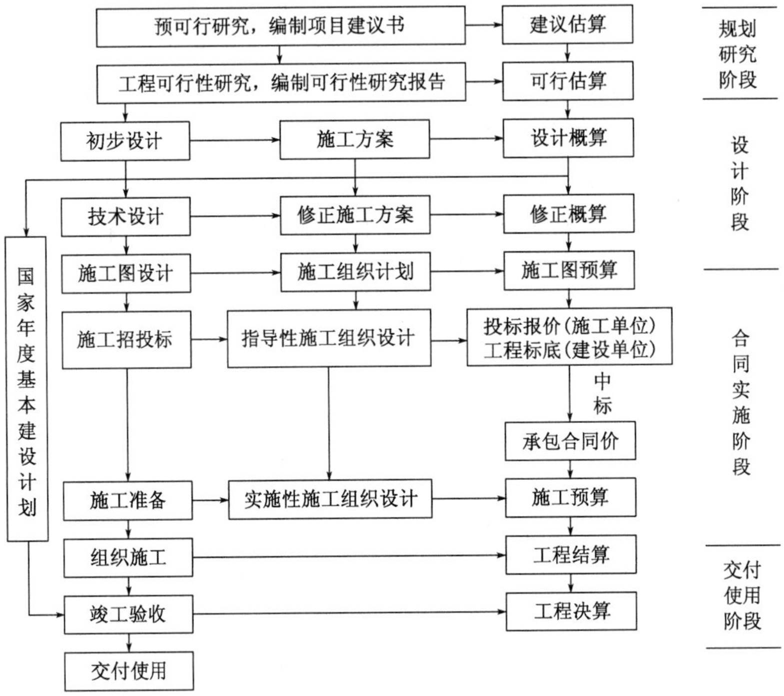

图 1-2 公路基本建设程序

下面具体讲述公路基本建设程序中各阶段的主要内容。

1. 预可行性研究,编制项目建议书

根据国民经济发展的长远规划和公路网建设规划,提出项目建议书。项目建议书既是进行各项前期准备工作的依据,又是可行性研究的基础。它应对拟建项目的要求、主要技术指标、原材料、投资估算及资金来源等提出文字说明。

2. 工程可行性研究,编制可行性研究报告

公路建设项目可行性研究是在对拟建工程所在地区社会、经济发展和公路网状况进行充分调查研究、评价、预测和进行必要的勘察工作的基础上,对项目建议的必要性、经济合理性、技术可行性、实施可能性,提出综合性研究论证报告。

3. 设计工作阶段

公路基本建设项目根据工程结构的复杂性和难易程度,一般采用分阶段设计。

1)一阶段设计

对于技术简单、方案明确的小型建设项目,可采用一阶段设计,即施工图设计,编制施工组

织计划和施工图预算。

2)两阶段设计

公路工程基本建设一般采用两阶段设计,即初步设计和施工图设计。初步设计应根据批准的可行性研究报告的要求和初测资料,拟订修建原则,制订设计方案,计算主要工程数量,编制工程概算及初步设计文件。施工图设计是在批准的初步设计文件基础上,对项目的设计方案、技术措施等做进一步的补充测定,使设计更加具体和深化,并最终确定工程数量,编制施工组织计划和施工图预算文件。

3)三阶段设计

对技术复杂而又缺乏经验的建设项目或建设中个别路段、特殊大桥、互通式立体交叉、隧道等,要求采用三阶段设计,即初步设计、技术设计和施工图设计。

初步设计应根据批准的可行性研究报告的要求和初测资料,拟订修建原则,制订设计方案,计算主要工程数量,编制工程概算及初步设计文件。

技术设计是根据批准的初步设计,对重大、复杂的技术问题做进一步的勘探和论证,解决初步设计中尚未解决的问题,落实技术方案,计算工程数量,提出修正的施工方案编制修正概算。

施工图设计是在批准的技术设计文件基础上,对建设项目做更加深入细致的设计,并提交施工组织计划,编制施工图预算。施工图设计是最全面、最详尽的设计,也是工程项目的最终设计。

4. 列入国家年度基本建设计划

当建设项目的初步设计和概算经上报批准后,才能列入国家基本建设年度计划,国家实行高度集中的统一管理。年度计划经批准后,建设单位应根据工程具体情况对在该年度内应完成的建设规模、工程量、工作量等作出具体计划安排,并通过招标或其他方式落实施工单位。

5. 招投标工作

根据批准的施工图设计文件,编制项目招标文件。根据批准的项目招标文件及资格预审结果,对施工单位进行招投标。

建设单位:负责组织项目的施工招标、评标工作,按工程量清单、设计文件、合同文件及技术规范和有关定额等资料编制工程标底。

施工单位:根据建设单位的招标文件,结合单位具体情况,参加投标工作。根据招标文件、有关定额、项目所在地自然、社会和经济条件及指导性施工组织设计方案等编制投标报价文件。

中标后,建设单位与施工单位按照承包合同价签订施工承包合同。

6. 施工准备工作

为了保证施工的顺利进行,在施工准备阶段,建设单位、勘测设计单位、施工单位等均应在自己的职责范围内,针对施工要求充分做好各项准备工作。

建设单位:组织基建管理机构,办理登记及拆迁;做好施工沿线有关单位或部门的协调工作,抓紧配套工程项目的落实,组织分工范围内的技术资料、材料和设备的供应。

设计单位:应向施工单位进行技术交底,提供完整详细的设计资料。

施工单位:应组织人员、机具陆续进场;修筑便道;建立临时生产基地和生活基地及通信线路;做好各种物质的采购、加工、运输、储备和施工图纸的接收工作;编制实施性施工组织设计和施工预算,提出开工报告,并按投资隶属关系报请交通运输部或省、自治区、直辖市基建部门核备。

7. 组织施工

施工单位应遵照施工程序合理组织施工,施工过程严格按照设计要求和施工规范,确保工程质量和安全施工。建设单位应委托具有相应资质的监理单位,对基建项目的质量、进度、费用等进行全方位的监控,以确保工程质量。

8. 竣工验收、交付使用阶段

基本建设项目竣工验收是工程建设阶段的最后一道程序,也是项目转入生产和使用阶段,发挥投资效益的标志。竣工验收按照有关文件要求,对全部基本建设工程的质量、数量、期限、建设规模、技术标准、使用条件等进行全面的审查,特别是竣工决算,它是反映整个基本建设工作所消耗的全部国家建设资金的综合性文件。

9. 建设项目后评价

建设项目后评价是指建设项目竣工验收合格后,正式投产并达到设计生产能力后对项目进行的再评价。

自我测试

一、问答题

1. 公路基本建设项目的组成是什么?
2. 公路建设有哪些特点?
3. 何为公路基本建设程序?具体包括哪些内容?

二、填空题

1. 公路建设的内容有__________、__________和小修保养。
2. 公路基本建设项目可划分为__________、__________、__________、__________。
3. 单位工程指______________________________。

任务二　认知公路工程施工组织

学习目标

(1)了解公路施工组织设计的概念和内容。
(2)熟悉公路施工组织的分类。
(3)熟悉公路施工组织的编制步骤。

任务描述

结合公路施工组织文件,认知公路施工组织及相关内容。要求学生熟悉公路施工组织的编制步骤,能根据项目情况,编制公路施工组织文件。

知识链接

施工组织就是针对项目施工的复杂性,研究工程建设的统筹安排与系统管理的客观规律的一门学科，其规律性具体反映在施工组织的四个主要方面：时间问题——施工进度计划的编制；空间问题——组织机构设置和施工现场布置；资源问题——工、料、机的需要量计划；经济问题——以最低或合理的成本为目标，完成施工任务。

相关知识

一、公路施工组织设计的概念

施工组织设计是指从工程的全局出发，按照施工的客观规律和施工现场的实际情况，统筹考虑施工过程的人力、材料、机械、资金等诸多因素后，对整个工程作出的统筹计划和安排。它既是指导施工、编制施工作业的依据，也是施工组织管理的总纲领和总部署，对指导、管理施工的全过程具有十分重要的意义。

施工组织的目的，是使工程建设在一定时间和空间内，实现有组织、有计划、有秩序的施工，以期达到工程施工相对的最优效果，即在时间上耗时少—工期短，质量上精度高—功能好，经济上资金省—成本低。

二、公路施工组织设计的分类

1. 按编制对象范围的不同分类

1）施工组织总设计

施工组织总设计是以一个施工项目为编制对象，用以指导整个工程项目施工全过程的各项施工活动的综合技术经济性文件。施工组织总设计一般在初步设计或扩大初步设计被批准之后，在总承包单位的总工程师主持下进行编制。

2）单位工程施工组织设计

单位工程施工组织设计是以一个单位工程为对象，用以指导其施工全过程的各项施工活动的综合性技术经济文件。单位工程施工组织设计一般在施工图设计完成后，在拟建工程开工之前，在工程处的技术负责人主持下进行编制。

3）分部（分项）工程施工组织设计

一般对工程规模大、技术复杂或施工难度大的建筑物，在编制单位工程施工组织设计之后，需要对某些重要的又缺乏经验的分部（分项）工程再深入编制施工组织设计，例如深基础工程、地下防水工程等，由单位工程的技术人员负责编制。

4）特殊施工组织设计

在某些特定情况下，还需要编制特殊施工组织设计，如：

（1）某些特别重要和复杂，或者缺乏施工经验的分部分项工程，如复杂的桥梁基础工程、隧道施工中的锚喷工程等。

（2）对一些特殊条件下的施工，如严寒、雨季、沼泽地带和危险地区等，需要采取一些特殊的技术措施，有必要专门编制施工组织设计，以保证施工的进行和质量要求以及人员的安全。

（3）某些施工时间较长的项目，即跨越几个年度的项目，在编制施工组织总设计时，不可能准确预见到以后年度各种施工条件的变化，这时有必要编制年度的项目施工组织总设计，用以指导施工。

2. 按设计与施工阶段不同分类

按照公路基本建设程序的要求，在工程设计、施工的各个阶段都必须编制相应的施工组织设计。准确地说，施工组织设计文件不是一个单独的文件，它是各阶段施工组织设计文件的总称。具体见图1-3。

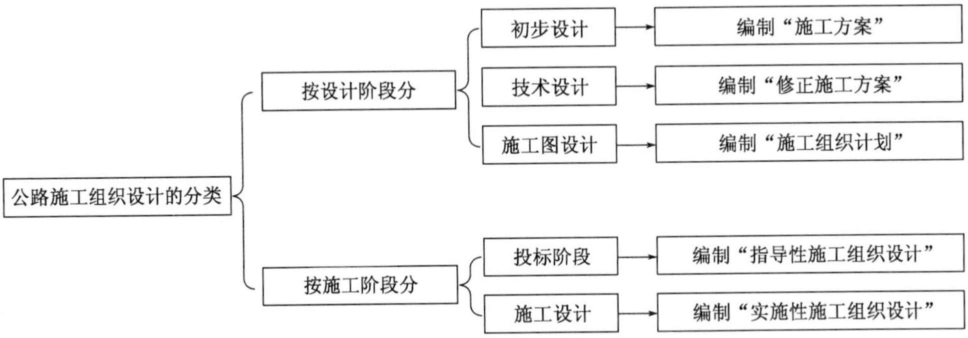

图1-3 公路施工组织设计的分类

1)施工方案

施工方案是在初步设计阶段由设计单位负责编制，它是根据初步设计资料，在综合分析人工、材料、机械、资金等诸多要素后，将施工方法、施工顺序、时间组织、空间组织等总体设想以文件形式汇总而成的。施工方案主要由施工方案说明，人工、主材及机具设备安排表，工程概略进度图，临时工程一览表组成。

2)修正施工方案

修正施工方案是在技术设计阶段由设计单位负责编制的施工组织文件，它是根据初步设计的审查意见修改编制的，编制深度和内容比施工方案更详细、更具体。

3)施工组织计划

施工组织计划是施工图设计阶段提交的文件，其内容比施工方案、修正施工方案更详细、更具体。施工组织计划主要由说明、工程进度图、主材及机具设备计划表、临时工程数量表、公路临时用地表、重点工程施工进度图及平面图组成。

4)指导性施工组织设计

指导性施工组织设计是施工单位用于工程投标所编制的施工组织设计。它是投标文件中的必备文件，是中标后承包合同的重要组成文件。

指导性施工组织设计的内容、文件组成，通常与设计阶段的施工组织计划相似，但为满足招标文件的要求，应增加如下内容：施工单位、施工项目组织管理框架、人员组成、分工及法人代表、质量自检体系、人员和试验设备配备清单、施工安全和环境保护措施等。

5)实施性施工组织设计

实施性施工组织设计是施工单位在施工准备阶段，根据设计图纸、野外调查资料及本单位的施工条件而编制的施工组织设计。其内容虽与施工组织计划相似，但要求却是上述各阶段施工组织设计中内容最详细、最具体、最可行的施工组织设计。

综上所述，公路建设项目从设计到施工，从施工方案到实施性施工组织设计，各阶段的施工组织设计彼此既是独立的又是相互联系的。其中，前面的是后面的基础，后面的是前面的深入和细化。

三、公路施工组织设计编制步骤

1. 公路施工组织设计编制前的准备工作

1)合同文件的研究

项目合同文件是承包工程项目的施工依据,也是编制施工组织设计的基本依据,对合同文件的内容要认真地研究,重点了解以下几方面内容:①工程地点及工程名称;②承包范围、各单项工程、单位工程名称、专业内容、工程结构、开竣工日期等;③设计图纸供应,要明确甲方交付的日期和份数以及设计变更通知办法;④物资供应分工,明确各类材料、主要机械设备、安装的设备等的供应分工和供应办法;⑤合同指定的技术规范和质量标准。

2)施工现场环境调查

研究过合同文件后,就要对施工现场环境做深入的实际调查,以作出切合实际条件的施工方案。调查的主要内容有:①核对设计文件,了解建筑物的位置、重点施工工程的工程量等。②收集施工地区的自然条件资料,如地形、地质、水文资料。③了解施工地区内的既有房屋、通信电力设备、给排水管道及其他建筑物情况,以便安排拆迁、改建计划。④调查施工区域的技术经济条件,地方资源供应情况和当地条件,同时了解交通运输条件。如劳动力是否可利用、砂石的供应能力,通往施工工地是否需要修筑专用线,公路桥梁最大承载能力等。

2. 公路施工组织设计的编制步骤

(1)分析研究资料。审查设计文件,了解工程概况,考察施工现场。

(2)计算工程数量。根据设计图纸及工程数量计量规则,分别计算各施工项目及大型临时工程的工程数量。工程量计算准确,才能保证劳动力和资源需要量正确和流水作业的合理组织。

(3)确定施工方案。根据工程特点、工期要求和施工条件,选择先进、经济的施工方案。如果施工组织总设计已有原则规定,则该项工作的任务就是进一步具体化,需要特别加以研究的是主要分部、分项工程的施工方法和施工机械的选择,因为它对整个单位工程的施工具有决定性的作用。

(4)编制施工进度图。按照工期要求、工作面的情况、工程结构对分层分段的影响及其他因素,组织流水作业,决定劳动力和机械的具体需要量以及各工序的作业时间,以图表的形式表示各施工项目的施工进度、工期和总工期。

(5)计算各种资源的需要量和确定供应计划。依据采用的定额、工程量和进度可以决定劳动量(以工日为单位)和每日的工人需要量,也可以计算确定材料和机械设备的主要种类和数量,并编制对应的材料、机械设备供应计划。同时,根据工程项目实地情况确定临时生产生活设施、临时供水、供电、供热设施等。

(6)平衡劳动力、材料物资和施工机械的需要量并修正进度计划。根据对劳动力和材料物资的计算就可绘制出相应的曲线以检查其平衡状况。如果发现有过大的高峰或低谷,应将进度计划做适当的调整与修改,使其尽可能趋于平衡,以便使劳动力的利用和物资的供应更为合理。

(7)布置施工平面图。施工平面图应使生产要素在空间上的位置合理、互不干扰,能加快施工进度。

(8)编制说明。在完成上述工作后,应对所编制的施工组织设计做一个简明扼要的说明,以便读者能在很短时间内了解该施工组织设计的概况。

公路施工组织设计的编制步骤,如图1-4所示。

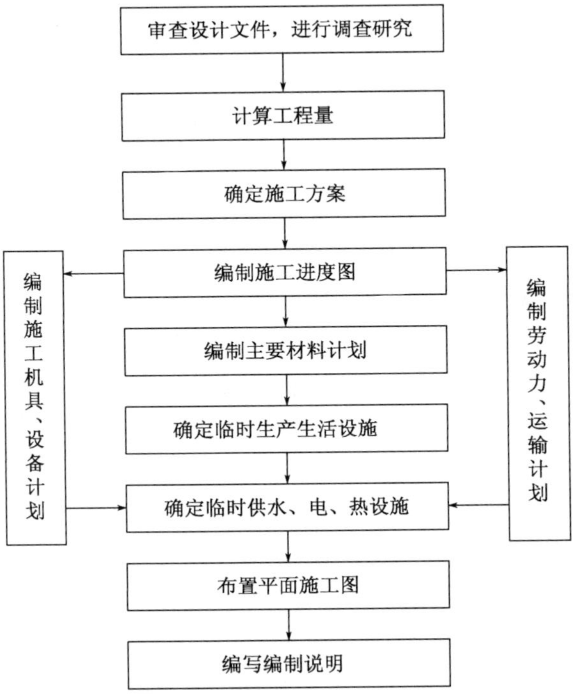

图1-4　公路施工组织设计的编制步骤

自我测试

一、问答题

1. 什么是公路施工组织设计?为什么要进行公路施工组织设计?

2. 简述公路施工组织设计的编制步骤。

二、填空题

1. 公路施工组织设计按施工阶段可以分为__________和__________。

2. 按编制对象范围不同,施工组织设计可分为__________、__________、__________、__________四类。

项目二　公路施工部署与施工方案的制订

任务一　认知公路施工部署

学习目标

(1)了解公路施工部署的内容。

(2)了解施工组织机构设置。

(3)熟悉施工准备工作计划的内容。

任务描述

认知公路施工部署,能根据施工项目的工程实际情况合理安排施工。

知识链接

施工部署是对整个建设项目从全局上作出的统筹规划和全面安排,它主要解决影响建设项目全局的重大战略问题,根据建设项目的性质、规模和客观条件不同,其内容和侧重点有所不同。一般应包括组织机构设置、确定工程开展顺序、拟订主要项目的施工方案、明确施工任务划分与组织安排、编制施工准备工作计划等内容。

相关知识

一、设置施工组织机构

1. 公路施工项目管理组织机构

公路施工项目的组织机构——项目经理部,是以具体公路施工项目为对象,以实现质量、工期、成本、安全和文明施工相统一的综合效益为目标的一次性、临时性组织机构,是施工企业派驻施工现场实施管理的权力机构,它负责施工现场的全面管理工作。一般设置工程技术部、办公室、材料设备部、合同经营部、财务部五个职能部门,职能部门设置和人员配备应合理分工,密切协作。管理层下设置各专业作业队,作业队下再设作业班组。

2. 项目经理部的功能

(1)项目经理部实行项目经理负责制。在项目经理领导下,负责施工项目从开始到竣工的全过程施工生产管理活动,它对作业层负有管理与服务的双重职能并向公司负责。

(2)项目经理部是项目的办事机构,为项目经理的正确决策提供信息依据;同时又要执行项目经理的决策意图。

(3)项目经理部是一个组织整体。要促进管理人员的合作,协调部门之间、管理人员之间的关系;凝聚管理人员的力量,调动每个人的积极性,发挥其应有的作用。

(4)项目经理部是代表施工企业履行工程承包合同的主体,是最终产品质量责任的承担者,要代表企业对业主全面负责。

3. 公路施工项目经理部的组织结构模式

(1)直线式(图2-1a)。直线式组织结构模式也称军队式组织,是最早也是最简单的一种组织形式。它的特点是各级部门从上到下实行垂直领导,下属部门只接受一个上级的指令,各级主管负责人对所属单位的一切问题负责。这种组织形式不太适应生产技术较为复杂、专业化较强的大型公路施工项目。

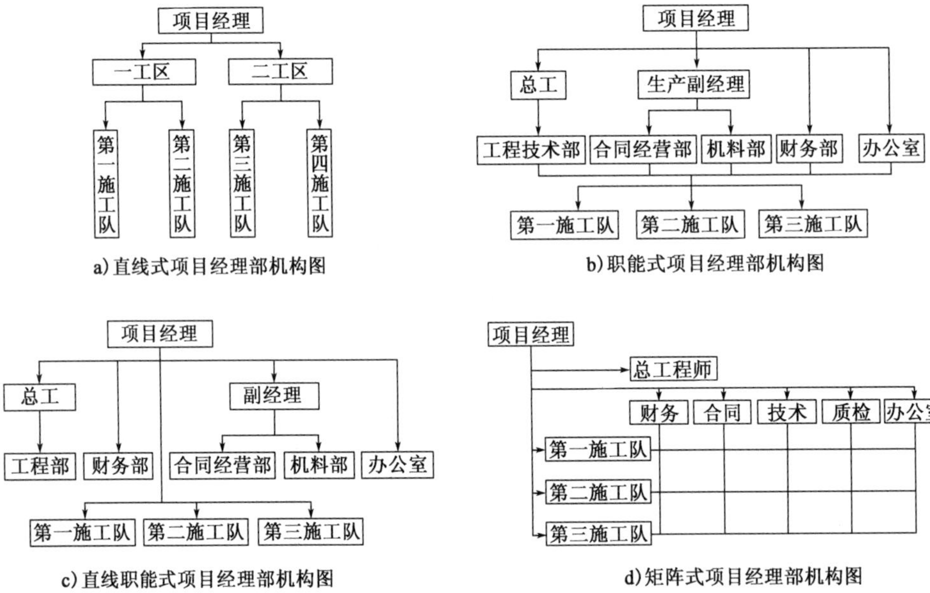

a)直线式项目经理部机构图　b)职能式项目经理部机构图

c)直线职能式项目经理部机构图　d)矩阵式项目经理部机构图

图2-1　各类型项目经理部机构图

(2)职能式(图2-1b)。这种组织结构是各级部门除主管负责人外,还相应地设立一些职能机构,下级部门负责人除了接受上级主管人指挥外,还必须接受上级各职能机构的领导,这是一种注重发挥专业职能机构的功能的组织形式,适用于工作内容复杂,专业技术性强,管理分工较细而且明确的组织,缺点是多头领导易造成指令矛盾。

(3)直线职能式(图2-1c),亦称直线参谋式结构,是在直线制和职能制的基础上,吸取两者优点建立起来的。把管理机构和人员分为两类:一类是直线领导机构和人员,按命令统一原则对各级组织行使指挥权;另一类是职能机构和人员,按专业化原则,从事组织的各项职能管理工作。直线领导机构和人员在自己的职责范围内有一定的决定权和对所属下级的指挥权,并对自己部门的工作负全部责任。而职能机构和人员,则是直线指挥人员的参谋,不能对直接部门发号施令,只能进行业务指导。

(4)矩阵式(图2-1d)。这是一种弹性工作组织机构,它对于大型复合式项目较为适宜,能够充分适应项目生产力要素在流动中结合,以及在时间、空间上投入不均衡这一特点。

二、确定工程开展顺序

根据工程项目总目标的要求,确定合理的工程建设分期、分批开展的顺序。确定施工开展顺序时,主要考虑以下几点:

(1)在保证总工期的前提下,实行分期、分批开工建设。分几期,各期工程包含哪些项目,要根据建设资金、交通量预测、交通规划、工程规模等情况确定。

(2)统筹安排各类项目施工,保证重点、兼顾其他,确保项目按期完成。要根据其重要程度及在施工生产中所处的地位进行排序。通常,应优先安排的项目有:

①按生产工艺要求,须先期投入生产或起主导作用的项目。

②工程量大、工期长、施工难度大的项目。

③服务区、收费站的办公楼及部分建筑等,可以作为施工临时占用。

④采料场、木材加工厂、混凝土拌和站等施工辅助项目,以及施工临时便道、便桥等临时设施。

⑤运输系统、动力系统。

(3)所有项目施工顺序均应按照"先地下、后地上,先深、后浅,先主体、后附属,先结构、后装饰"的原则进行安排。

(4)考虑施工的季节性影响。比如土方施工,最好避开雨季;水中基础的施工,要避开洪水期;高寒地区的冬季,应停止混凝土的施工等。

三、拟订主要项目的施工方案

施工组织总设计中要拟订一些主要工程项目的施工方案。这样的项目主要是工程量大、施工难度大、技术复杂、工期长,对整个项目建成起关键性作用的建筑物以及影响全局的特殊分部分项工程。

拟订目的是为项目开工进行技术和资源的准备,同时也是为了现场的合理布置。施工方案的拟订包括选择施工方法、确定工艺流程、配备施工机械设备、确定需要的临时工程(临时设施)等。

四、选择专业分包施工队伍

需要并经允许进行专业分包的工程,要选择合适的专业分包队伍;通过分包合同明确其总包与分包的关系,划分其责任;要明确各专业分包单位之间的分工协作关系,确定其分期分批的主攻任务和穿插任务。

五、编制施工准备工作计划

1.施工准备工作的分类

根据施工阶段不同,可将施工准备工作分为两类:

(1)工程项目开工前的施工准备(全场性)。工程正式开工前所进行的全面施工准备工作,目的是为工程正式开工创造必要施工条件。

(2)各施工阶段施工前的施工准备(分部、分项工程施工准备)。工程项目开工之后,各个施工阶段正式施工之前进行的施工准备工作,目的是为该施工阶段正式施工创造必要的施工条件。

开工之前不仅要做好施工准备工作,随着工程的进展,各个施工阶段开展之前也要做好施工准备工作。施工准备工作要有阶段性、连贯性,有计划、有步骤,分阶段进行,要贯穿施工全过程。

2. 施工准备工作计划的内容

1）技术准备

技术准备是施工准备的核心。任何技术上的差错和隐患都可能导致安全事故或质量事故的发生，因此必须认真做好技术准备工作。技术准备的具体内容有：

（1）熟悉设计文件、研究核对设计图纸。

正式施工前，应组织技术人员读图，要研究核对技术文件和设计图纸，检查核对设计图纸及其各组成部分之间有无矛盾或错误，在尺寸、坐标、高程、说明等方面是否一致，技术要求是否正确等。要将从设计文件和图纸中发现的疑问、问题或错误进行详细记录，并尽早向有关单位提出，及时协商解决。

（2）进一步调查、核实、分析原始基础资料。

包括地质、水文、气象、当地可利用的地方材料、砂石料场、水泥厂家及产品质量、地方能源和交通运输、地方劳动力和技术水平、当地生活物资供应、可提供的施工用水用电条件、设备租赁、当地消防治安、分包单位的技术力量和技术水平等情况。

（3）施工前的设计技术交底。

施工前的设计技术交底工作，一般由建设单位主持，设计、监理和施工单位参加。设计单位要详细说明工程的设计依据、设计意图、项目的功能要求，以及施工中应注意的关键技术、应控制的重点和难点等。施工单位要根据对设计文件和图纸的熟悉情况，以及对设计意图的理解，提出对设计图纸的疑问、建议。进行设计技术交底后，要以书面形式形成"设计技术交底纪要"。

（4）编制施工组织设计。

施工组织设计是施工准备工作的重要组成部分，它是指导施工现场生产活动的基本技术经济文件。因此，在施工之前，要编制一份能切实指导该工程施工活动的施工组织设计。在竞标性施工组织设计中，准备工作的内容描述里也必须说明做了这件准备工作。

2）劳动组织准备

（1）设立施工组织机构。

施工组织机构设立参见前文组织机构设置的内容，同时应根据公路工程项目的规模、结构特点和工程的复杂程度来设立。

（2）设置施工班组（或专业工作队）。

施工班组的设置应认真考虑专业和工种之间的合理配置、技工和普工的比例要求，并符合作业方式的要求；同时，要制订劳动力需要量计划。

（3）人员进场与培训。

应根据各分部、分项工程的开工日期和劳动力需要量计划，分批组织劳动力进场，并及时进行上岗前的培训教育工作。对需要持证上岗的工种，相关人员要经过培训并取得岗位证书后才允许上岗。

（4）向施工班组（或专业工作队）和操作工人进行技术交底。

在单位工程或分部、分项工程开工之前，应详尽地向施工班组和操作工人进行技术交底。技术交底的内容主要有工艺要求、质量标准、技术措施、安全保证、降低成本措施、施工技术规范要求、验收标准作业时间，以及对新技术、新设备、新材料、新工艺的特殊要求等。

施工班组和操作工人在接受交底后，要组织他们认真讨论并深刻领会所担负的工作，在施工中贯彻执行。

(5)建立健全各项管理制度。

在施工前必须建立健全各项管理制度,实行责任制,以保证各项施工活动顺利进行。一般应建立岗位责任制、质量责任制、技术交底制度、考核制度、学习制度、材料和构件检查验收制度、工程质量检查与验收制度、材料出入库和保管制度、安全操作制度等。

3)物资资源准备

物资资源是工程开工的最基本条件。物资资源准备主要包括工程所需的各种材料的准备、构件和预制品的加工准备、施工机具的准备、各种工具和配件的准备等。

4)施工现场准备

施工现场准备主要是为工程的施工创造有利的施工条件和物资保证。其准备工作的内容有:

(1)做好施工测量控制网的复测和加密工作。要按照设计单位提供的总平面图及测量控制网中给定的基线桩、水准基桩和重要标志的保护桩等资料,在施工现场进行三角控制网的复测、补充加密施工所需的各种标桩、建立满足施工要求的工程测量控制网。

(2)施工现场的补充钻探。当地质勘察资料不能反映实际地质情况时,应进行补充钻探,以查明实际地质情况或可能存在的地下障碍物,为基础工程的施工创造有利条件。

(3)搞好“六通一平”。“六通一平”是指路通、水通、电通、电话通、网络通、电视通和平整场地,如有蒸汽养生和寒冷冰冻地区取暖的需要,还要考虑做好供热工作。

(4)临时设施建设。按照施工总平面图的布置,修建各种生产、办公、生活居住和料场等临时房屋,以及施工便道、便桥、码头、混凝土搅拌站和构件预制场等大型临时设施。当有永久建筑物可以利用时,应尽量利用。

(5)安装调试施工机具。按照施工机具需要量计划,组织施工机具进场,并根据施工总平面图的布置将施工机具安置在规定的地点;在开工前,应对施工机具进行检查和试运转;需要取得使用许可证的,应及时向主管部门办理。

(6)原材料的试验和储存堆放。按照材料的需要量计划,应及时提供材料试验,如钢材的机械性能试验,预应力材料的力学性能试验,水泥、砂石等原材料的试验,以及混凝土的配合比试验等。材料的进场要及时组织,进场后应按规定的地点和指定的方式进行储存和堆放。

(7)做好冬季和雨季施工安排。按照施工组织设计的要求,落实冬季和雨季的临时设施和技术措施,做好施工安排。

(8)落实消防、安全保卫措施。要建立消防安全保卫组织,制定有关规章制度,配置消防和安全保卫设施。

自我测试

问答题

1. 为什么要做公路施工部署?
2. 公路施工部署与公路施工方案存在何种关系?
3. 公路工程施工前应做哪些准备工作?

任务二　公路施工方案的制订

学习目标

(1)熟悉公路施工方案的含义及组成内容。

(2)认知公路工程一般施工项目的施工方法。

(3)了解施工方法选择和施工机械选择的原则和依据。

(4)根据施工方案编制的原则与依据,正确拟订施工方案。

任务描述

认知施工方案的方法、步骤和内容,合理运用施工方案编制原则,拟订分部分项工程的施工方案。同时,认识公路工程常见施工方法,能根据施工方法的选择依据和原则合理选择施工方法、步骤和内容。本任务学习选择施工方法、选择施工机械和确定施工方式与施工顺序。

知识链接

施工方案是对工程项目所做的总体安排,是根据建设目标和要求对施工技术、方法、资源等进行的统筹规划,是施工组织设计文件的核心内容。一般由施工方法确定、施工机械和设备配置、施工顺序安排、施工作业组织、施工进度确定、施工现场布置和施工措施拟订等内容组成。

相关知识

一、施工方案部署

施工方案是编制各类施工组织设计时,应首先解决的问题,不同阶段编制的内容、深度也不尽相同。如图2-2所示,施工方案的编制应由粗到细,由浅入深,不断完善。本书主要从单位工程施工组织设计中的施工方案展开论述。

(1)可行性研究中的施工方案:是由设计单位或咨询单位负责编制,针对非常规的特殊工艺、新技术、重要分部工程的关键技术方法的可行性进行论证。

(2)施工条件设计中的施工方案:一般由设计单位负责编制,施工方案的内容主要从施工的角度说明工程设计的技术可行性与经济合理性。

(3)施工组织设计的施工方案:一般由总承包单位编制,包含重大单项工程的主要施工方案以及关键技术,可作为单位工程以及分部分项工程施工方案编制的依据。

(4)单位工程及分部分项施工组织设计中的施工方案:是由项目部负责编制的,比较具体详细,用来指导施工。

施工方案具体制订步骤(图2-3)如下:

(1)熟悉工程文件和资料。

制订方案前,应广泛收集工程有关文件和资料,包括政府的批文、业主的要求、设计图纸、国家政策和法规、施工现场资料、其他技术和经济等方面的文件和资料。当缺乏某些技术参数时，应进行工程试验，以取得第一手资料。

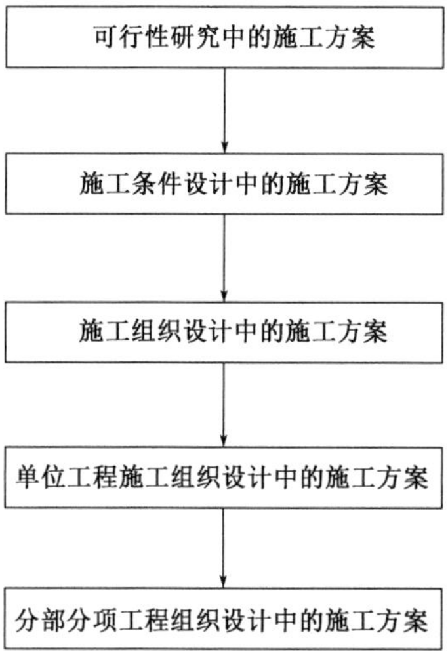

图 2-2　不同阶段对应的施工方案

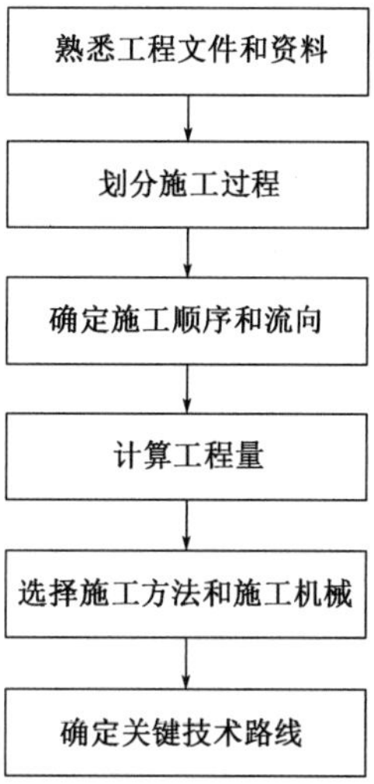

图 2-3　施工方案制订步骤

(2)划分施工过程。

划分施工过程是进行施工管理的基础工作。施工过程的划分应结合项目分解结构、工作分解结构进行。

(3)确定施工顺序和流向。

施工顺序是指分部工程以及分项工程在时间上展开的先后顺序。施工流向是指施工活动在空间的展开与进程。施工顺序和流向的安排应符合施工的客观规律，同时，还应处理好各施工过程之间的相互关系。

(4)计算工程量。

计算工程量应结合施工方案，按照施工定额或施工手册，并结合实际的经验资料来进行。

(5)选择施工方法和施工机械。

施工方法和施工机械的选择直接影响施工进度、质量、安全以及工程成本。编制施工组织设计时，必须根据工程量的大小、工期长短、资源供应施工现场条件和周围环境等，选择最佳施工方法和施工机械。

(6)确定关键技术路线。

关键技术路线是指在大型复杂工程中对工程质量、工期、成本影响较大、施工难度又大的分部分项工程中所采用的施工技术的方向和途径，它包括施工所采取的技术指导思想、综合的系统施工方法以及重要的技术措施等。关键技术路线确定是对工程环境、条件和各种技术选择的综合分析的结果。

二、施工方法的确定

施工方法是施工方案的核心内容，它对工程的实施具有决定性作用。由于在施工过程中可采用的施工方法有多种，而每一种施工方法都有其各自的优点和缺点，所以选择施工方法时，应就其技术先进性、经济合理性、方法适用性、可行性等方面综合评价后来选定。在现代化的施工条件下，施工方法的选择与施工机械、机具的选择和配备密不可分，因此选择施工方法时应当与施工机械协调一致。

1. 施工方法主要内容

施工方法是拟订主要的操作过程和方法,包括机械的选择、质量和达到质量要求的安全措施等。施工方法包含一般部位的施工方法、重点难点部位的施工方法。

2. 确定施工方法的重点

确定施工方法时,应着重考虑影响整个单位工程施工的分部分项工程的施工方法。如对本工程的施工质量起关键作用的、施工技术复杂的、危险性较大的分部分项或不熟悉的特殊结构工程等的施工方法,要在施工方案中详细说明施工方法和施工技术措施,而对于常规做法的分项工程可以不必详细拟订施工方法。

3. 施工方法的选择原则

(1)选择施工方法时,必须考虑该方法应具备实现的可能性。

(2)选择施工方法时,应考虑对工期的影响,即应满足合同工期的要求。

(3)选择施工方法时,应进行多种可能方案经济比较,力求降低工程成本。

(4)选择施工方法时,应能够保证施工质量和施工安全。

(5)选择施工方法时,尽量采用机械化施工,提高机械化施工水平、加快施工进度。

(6)选择施工方法时,应保证技术上的先进性和可行性,但要注意先进性与经济性、可行性相结合。

施工方法确定取决于工程特点、工期要求、施工条件等。所以不同类型工程的施工方法有很大差异,对于同一分部分项工程,其施工方法也有多种可供选择。例如,开挖土方可以采用挖掘机、推土机开挖,也可以采用铲运机开挖;桩基础的施工,桩可以预制,也可以现浇。

三、施工机械组合基本方法

要想实现机械化施工的高效性和经济性,首先要使参与组合的各种机械之间配合协调,均衡作业。施工机械组合的基本方法主要有以下几个方面:

1. 按招标文件及设计要求组合施工机械

在招标文件的技术规范中,为了保证工程质量,往往对施工方法及其主要机械的规格、型号及作业效率等提出一些具体要求,进行机械组合时,首先要选择主导机械,以主导机械为主,合理匹配其他施工机械。

2. 按合同工期要求组合关键工程的施工机械

关键工程的作业进度对合同工期的影响很大,它往往决定着施工进度的节奏和快慢程度。例如,关键的大型土方工程或混凝土工程施工时,为了满足进度要求,施工主导机械宜选择大型机械设备,其他机械以充分发挥主导机械的效能为原则进行选型配套;反之,工程量较小的非重点工程宜选用小型机械进行组合,以免机械效率损失和浪费。

3. 按满足施工方案要求组合施工机械

机械选型与配套时,首先要与拟订采用的施工方案相适应,选择主导及配套机械;其次,当施工方案的施工方法一定时,若按正常的施工组织条件和常规做法施工,其主要机械设备就是拌和站、摊铺机、运输车、压路机等,然后通过试验路段优化拟订的机械组合,并进行机械最佳匹配。

4. 按最佳经济运行条件组合施工机械

当施工的主导机械一定时，必须以主导机械的作业效率为主，合理进行其他机械的选型和配套，要做到既能充分发挥主导机械作用，又能合理运用其他机械，避免机械效率损失，使机械化作用处于最佳经济运行状态。

5. 以提高施工机械利用率为原则合理组合施工机械

合同段施工过程中，同一类型施工机械也许在许多分部分项工程中都要使用，因此，进行某一分项的施工机械组合时，还要考虑这个分项工程采用的施工机械在其他施工项目中重复利用问题，以便提高机械利用率。

四、公路施工中常见的施工机械及适应范围

1. 路基施工机械

1）推土机

推土机（图2-4）是一种多用途的施工机械，主要用于50～100m的短距离作业，一般适合于季节性较强、工程量集中、施工条件较差的施工环境。通常可进行路基修筑、基坑开挖、平整场地、清除树根、填筑堤坝、局部碾压等，并可配合其他机械综合作业。推土机适用范围见表2-1。

2）铲运机

铲运机（图2-5）主要用于中距离的大规模土方铲挖转移工作，能独立完成铲土、运土、卸土、填筑、压实等工作。常用于开挖路堑、填筑路堤、大面积平整场地等，其经济运距随铲斗容积不同而不同，一般情况下，斗容量为4～8m^3的铲运机适用于400m以内的运距，9～12m^3的铲运机适用于600m以内的运距，选用原则是根据土质、运距、地形、机械本身性能和道路状况综合评定。

图2-4　推土机

图2-5　铲运机

3）平地机

平地机（图2-6）是一种以刮刀为主，并配以其他多种可置换作业装置进行场地平整、修整路基顶面和路拱、填筑低路堤、开挖边沟等作业的公路工程施工机械。通常与平地机匹配的机械有碾压和运输机具。平地机适用范围见表2-1。

图 2-6　平地机

常用土方机械适用范围　　表 2-1

机 械 名 称	适用的作业项目		
	施工准备工作	基本作业	施工辅助作业
推土机	①修筑临时道路; ②推倒树木、拔除树根; ③铲草皮、除积雪及建筑碎屑; ④推缓陡坡地形,整平场地	①高度 3m 以内的路堤和路堑; ②运距 100m 以内的挖填及压实; ③傍山坡挖填结合路基	①路基缺口填方回填; ②路基粗平、取弃方、整平; ③填土压实,斜坡挖台阶; ④配合挖掘机与铲运机松土
自动平地机	除雪、扫雪、松土	修筑高 0.75m 以内路堤及深 0.6m 以内路堑,挖填结合路基的挖和运	开挖排水沟,平整路基,整修边坡
松土器(推土机牵引)	翻松硬土		①破碎 0.5m 深以内的冻土层; ②Ⅲ-Ⅳ类土的翻松
挖掘机		①半径 7m 以内挖、卸土; ②装土供汽车远运	①挖坑槽; ②水下捞土

4)装载机

装载机是一种铲土运输施工机械,兼有推土机和挖掘机的功能,可进行铲掘、推运、整平、装卸、牵引等作业,既可以铲、装、运松散物料,也可以对岩石、硬土进行轻度铲掘。主要适用于路基工程的填挖,沥青和水泥混凝土料场的集料、装料推运堆积等作业。当铲、装、运作业时间不超过 3min 时,装载机自铲自运是经济合理的。轮胎式装载机可代替挖掘机和自卸汽车配合装运,通常装载机的斗容与自卸汽车车厢容积的匹配以 2 ~ 4 斗装满一车厢为宜。

5)挖掘机

挖掘机是土石方工程施工的主要机械,是挖方段路基施工的主导机械之一,适用于Ⅰ ~ Ⅳ级土以及Ⅴ级已松动的土,可挖装爆破后的石方和不大于斗容的石块。适合开挖量较大的路堑和填筑高路堤等大工程量,宜和运输车配合组织施工。按工作装置分为正铲、反铲、拉铲和抓铲挖掘机;按行走装置分为履带式(图 2-7)和轮胎式(图 2-8)两种类型。运输车辆与挖掘机配合工作时,应使运土车辆的载重量与挖掘机的每斗土重保持一定的整数倍率关系,并有足够数量的车辆以保证挖掘机连续工作。一般情况,汽车载重量宜为每斗土重的 3 ~ 5 倍,运输车的配合数量 N 可按式(2-1)计算:

$$N = \frac{T_q}{T_W} \tag{2-1}$$

式中：T_q——汽车运输一个循环所用时间(装、运、卸、回)，min；

T_W——挖掘机装满一车所用时间，min。

图 2-7 履带式单斗挖掘机

图 2-8 轮胎式单斗挖掘机

6）压实机械

压实机械是一种利用机械自重、振动和冲击等作用对压实对象重复加载，减小内部空隙使其达到一定密实程度的施工机械。压实机械按加载方式分为静力式、振动式和冲击式；按行走方式分拖式或自行式压路机；按轮碾的表面特征分为光轮和凸块式压路机(又称羊足碾)。施工中，根据被压的物料类型、压实层厚度、工程质量标准、压路机类型以及施工条件等选择压路机类型。

压路机的使用范围：①静力式光轮压路机，轻中型一般多用于路面压实，重型多用于路基压实。②羊足碾多用于路基或填土的初压工作，特别是对粒度不均匀的黏性土，压实效果尤佳，忌碾压非黏土和高含水率黏土。③轮胎式压路机适用于压实黏性土及非黏性土中的砂壤土、砂土和砂砾料，尤其是对沥青混凝土具有良好的压实效果。④振动式压路机主要用于压实非黏性土，有效压实深度可达 1m，减振后可按光轮使用，适用于不同的土质条件。⑤各种夯实机械适用于压路机无法作业的局部压实。如表 2-2 所示。

常用压路机的适用范围 表 2-2

机　　型	适应的厚度(cm)	适用的土质
8～10t 静力式光轮	15～20	非黏性土
10～20t 静力式光轮	20～25	非黏性土
9～20t 轮胎	20～30	亚黏土、非黏性土
30～50t 拖式轮胎	30～50	各类土
2～6t 拖式羊足碾	20～30	黏性土
14t 拖式振动	100～120	砂砾土、砾石

2. 路面施工机械

1）水泥混凝土路面的机械选择、配置

水泥混凝土路面施工机械的合理配套主要指拌和机、摊铺机、运输车辆之间的配套。通常以混凝土摊铺机为第一主导机械，拌和机械为第二主导机械。主导机械的选型应根据机械的技术性能、生产率以及施工质量、进度等进行确定，确保摊铺机生产率充分发挥的前提下，拌和机的生产率得到正常发挥，并保持施工过程的连续性、均衡性。

配套机械主要是指混凝土运输车辆。运输车辆的配套主要根据混凝土的运量和运距来决定。应充分考虑到在运输过程中混凝土水分的散失和离析等问题。通常运距在5km左右，选用5～8t的中型自卸汽车较经济，更远距离的宜选用混凝土搅拌运输车运输。

其他各种配套小型机具有：切缝机、灌缝机、洒水车、拉毛机、发电机、装载机等。

(1)水泥混凝土搅拌设备。

将水泥混凝土的原材料——水泥、水、砂、石料、添加剂按预先设计的配合比，经上料、输送、储存、计量、配料、搅拌和出料，生产出符合要求的合格混凝土混合料。水泥混凝土搅拌设备的工作对象是水泥混凝土混合料及其原材料。

①水泥混凝土搅拌设备按生产率大小及自动化程度分为小型、中型和大型，具体如下：

A. 小型：$Q \leqslant 20m^3/h$，也称为搅拌机，用于零散浇筑的简易拌和，一般为移动式，操作为手柄式。

B. 中型：$Q = 60 \sim 100m^3/h$，一般也称为搅拌站，用于中、小型建筑工程，道路修建工程现场使用，一般组成可拆装转移式搅拌站，采用自动控制。

C. 大型：$Q = 100 \sim 200m^3/h$，也称搅拌楼，用于成品混凝土生产厂。混凝土预制件厂等，一般组成固定式混凝土搅拌楼，自动化控制。

②水泥混凝土搅拌设备按移动方式可分为移动式和固定式，具体如下：

A. 移动式又可分为拖式、可拆迁式、集成式。其中，拖式是指整个设备安装于拖式行走装置上，主要为小型单机；可拆迁式可分成几个大的组成部分，拆迁后现场组装；集成式也称集装箱式、模块式等，主要用于大、中型工程。

B. 固定式分为垂直布置式和水平布置式。其中，垂直布置也称单阶式，主要为各种搅拌楼；水平布置也称二阶式，主要用于各种搅拌站，结构简单成本低，但占地面积大，一般为一台主搅拌器，配其他附属装置构成。

③水泥混凝土搅拌设备按搅拌器搅拌工艺分为自落式、强制搅拌式和复合式，具体如下：

A. 自落式通过搅拌筒内叶片不断将砂石料提升、下落实现搅拌，主要用于塑性混凝土搅拌，可拌制大直径集料。

B. 强制搅拌式通过叶桨等结构实现砂石料搅拌，可适应塑性、干硬性等各种混合料拌制，一般最大集料粒径不大于60～80mm。

C. 复合式又分为裂筒式、无叶桨螺旋涡流式、振动搅拌机。

(2)水泥混凝土摊铺机类型、特点及适用范围。

水泥混凝土摊铺机按施工工艺及行走方式不同分为：轨道式摊铺机和滑模式摊铺机两大类。

①轨道式摊铺机，也称固定模板式摊铺机轨，较适于摊铺道路、机场、大坝等大型平面工程。沿事先铺设好的轨道进行行走摊铺作业的摊铺机，其铺筑路面的高程、厚度、尺寸、形状、坡度等均由事先铺设作为轨道的钢轨模板来决定。

优点：结构简单，造价低；工作可靠，故障少，易维修；操作容易，对铺设的混凝土要求低等。缺点：自动化程度低，钢轨模板需用量大，装卸工作频繁、笨重、要求高，生产效率较低，质量主要取决于模板铺设质量。

②滑模式摊铺机(图2-9)是将布料、刮平、振实、整平、抹光及滑动侧模板等均集中布置在一台由履带行走装置支撑行走的机架上,从而形成的摊铺机。摊铺路面的拱度、坡度、高度、弯道弧度均可通过调整成型模板等装置来进行自动或手动调节,整个路面可全幅一次成型完成,易于保证质量,可用于摊铺路面面板,更换不同的模板也可用于边沟、路缘石、中央分隔带、人行横道等多种形状水泥构造物的摊铺作业。

图2-9 滑模式摊铺机

优点:无须铺设模板和轨道,只需架设找平和导向基准钢丝即可,工艺简单、生产率高,自动化程度较高。缺点:对混凝土的级配和坍落度有较严格要求,一般用于摊铺坍落度较小的混凝土。

2)沥青混凝土路面的机械选择、配置

沥青混凝土路面施工过程中,为保证机械化施工的连续性,沥青混凝土搅拌设备、混合料运输车辆、沥青混凝土摊铺设备、压实机械的合理选配密切相关,并在很大程度上决定了沥青混凝土路面施工机群的生产率。因此,在沥青混凝土路面施工中第一主导机械是沥青混凝土搅拌设备,第二主导机械是沥青混凝土摊铺设备。

(1)沥青混凝土搅拌设备。

沥青混凝土搅拌设备分间歇式和连续滚筒式,生产能力按每小时拌和成品料的数量确定。主要有小型(40t/h以下)、中型(40~350t/h)和大型(400t/h以上)三种。间歇式搅拌设备的生产能力最高达700t/h,连续滚筒式搅拌设备的生产能力最高达1200t/h。按我国目前规范要求,高等级公路建设应使用间歇强制式搅拌设备,连续滚筒式搅拌设备适用于普通公路建设。

(2)沥青混凝土摊铺设备。

摊铺机的选配应保证路面铺设质量、摊铺机连续作业,摊铺机的生产率应大于搅拌站生产率1.2~1.3倍,然后用调整摊铺机速度的办法与搅拌设备协调,保证连续作业,减少因停车而造成的路面不平整。

沥青混合料摊铺机性能指标是以其最大摊铺宽度确定,一般按摊铺宽度分为小型(3.6m)、中型(4~6m)、大型(6~10m)和超大型(10~12m)四类。小型:最大摊铺宽度小于3600mm,主要用于路面养护和城市街道路面修筑工程。中型:最大摊铺宽度在4000~6000mm,主要用于一般公路路面的修筑和养护。大型:最大摊铺宽度在7000~9000mm,主要用于高等级公路路面工程。超大型:摊铺宽度大于9000mm,主要用于业主有要求的高速公路路面施工。

(3)沥青混凝土压实设备。

选择压实机械种类、大小和数量时,应考虑摊铺机的生产率、混合料特性、摊铺厚度和施工现场具体条件等因素。摊铺机的生产率决定了需要压实的能力,从而影响压路机吨位和数量选用;混合料特性而为选择压路机的吨位、最佳频率与振幅提供依据。

(4)沥青混凝土运输设备。

沥青混凝土混合料的运输,应根据施工现场具体位置、施工条件、摊铺能力、运输路线、运距和时间等,合理配置运输车的型号和数量。在保证混凝土拌和设备及摊铺设备连续作业的同时,又不浪费车辆因装料、卸料和等待的时间。运输车辆的数量N由下式计算:

$$N = a\frac{t_1 + t_2 + t_3}{T} \tag{2-2}$$

式中：a——储备系数，一般取1.11～1.12，视交通情况而定；

t_1——载重运输时间，min；

t_2——空载运输时间，min；

t_3——卸料和等待的总时间，min；

T——拌制一车混合料所需时间，min。

3. 稳定类基层(底基层)设备

稳定类基层(底基层)施工分为厂拌法和路拌法。高速公路要求采用厂拌法和摊铺机进行摊铺作业。厂拌法主要拌和机械有强制式拌和机、双转轴桨叶式拌和机等，摊铺可以用专用稳定土摊铺机，也可用沥青混合料摊铺机。

五、确定施工顺序

施工顺序指各施工项目之间的先后施工次序，它和施工作业方式密切相关，施工顺序是施工方式赖以生存的基础。不同的施工项目(公路、铁路、房建等)的施工有其共同点，不论是施工准备还是正常施工程序，都有比较合理的施工方式和施工顺序。只有这样才能保证施工现场秩序，避免混乱，实现安全、快捷、文明施工。

施工顺序安排原则：

1. 先场外、后场内，场外由远而近

在对桥梁工程施工时，对于与场内外有联系的一些工程，如路基工程、涵洞工程等施工应从场外开始，然后再逐步向场内延伸。这样，完工一部分就可以使修建桥梁所需的材料、机械及设备等可以直接通过干道运抵施工地点，随着道路向场内延伸，修建好的部分道路可加以利用，从而保证梁施工现场所需材料及机械设备的顺利供应。

2. 先全场、后单项，全场从整平土方开始

具体指应该先完成全场性的工程，然后再完成各独立的建筑物和构筑物。全场性工程，是指对于许多工程的施工或与使用者有关、其作业面遍及整个施工现场的那些公用工程，如场地平整，各种管道、电缆线的主干，场内的临时便道及临时便桥等。

3. 先地下、后地上，统筹考虑各分部分项工程之间的关系

具体指在施工时应先完成零点标高以下的工程，然后再完成零点标高以上的部分，这是任何工程的施工都必须严格遵循的重要原则。从整个施工现场来看，零点标高以下的工程大致包括地基处理、基础施工、铺设地下管网等。

4. 管线及管道工程先主干、后分支

管线道路工程的施工必须先完成主干，先主干、后分支的施工顺序，能使完成部分的工程得以迅速发挥作用，这样道路就从与附近干道连接处逐渐通向场内。

5. 必须考虑安全生产要求

石方路基施工时需要划分若干工段，为保证施工安全，一般不进行相邻工段连续爆破，土方爆破和清渣运输往往需要间隔、跳跃式安排施工作业顺序，让爆破和清渣作业保持一定的安全距离。

6. 必须遵循施工过程的组织原则

采用不同施工顺序,将会产生不同的时间组织成果,对总工期的影响很大。因此精心安排施工顺序,就是为了更好地贯彻连续性、均衡性和节奏性要求,最终达到工期、费用的最优化。如路面基层和面层施工时,可以采用搭接和顺序作业,当路线较长,有条件组织搭接作业时,面层施工与基层施工相隔一定时间相继开工,就能有效压缩工期。

施工顺序主要解决分部分项工程的先后作业次序问题,无论从总体安排还是局部施工,施工顺序对施工总工期都有直接影响。为了遵循工程施工客观规律,建立良好施工秩序,本书项目三中将进一步探讨施工顺序安排的基本理论方法,以便指导施工实践,合理安排施工顺序。

【例 2-1】 某二级公路,本路段全长 2.8km,设计速度为 80km/h,路基宽 12m,路面宽 10.5m,土路肩 2×0.75m。路面面层采用 4cm 中粒式沥青混凝土、6cm 粗粒式沥青混凝土,基层采用 25cm 水泥稳定碎石,底基层采用 35cm 石灰土。工期要求:2019 年 5 月 1 日—2019 年 10 月 15 日(路面工程除外)。本段路基土方工程量为 35433.1m^3,其中路基挖方 1473.66m^3、借土填方 26217.7m^3。

问题:根据以上资料,确定拟投入本合同工程的主要施工机械。

解:380hp❶ 推土机 1 台,220hp 推土机 1 台,120hp 推土机 2 台,PY180 平地机 1 台,1m^3 单斗挖掘机 1 台,2m^3 单斗挖掘机 4 台,12~15t 光轮压路机 6 台,18~21t 光轮压路机 4 台,25t 振动压路机 2 台,50t 拖式振动压路机 1 台,ZL50 装载机 4 台,13.5t 自卸汽车 25 台,6000L 洒水车 2 台,水泵 2 台。(施工机械选取结合施工单位实际情况和工程所在地情况有所不同)

自我测试

问答题

1. 施工机械组合基本方法有哪些?
2. 试列举常见公路施工机械及适用范围。
3. 施工顺序安排原则有哪些?

❶ 1hp = 745.7W。

项目三　施工进度计划的编制

任务一　认知施工组织方法

学习目标

(1)了解公路施工过程的组成。

(2)熟悉施工过程组织的原则及内容。

(3)掌握施工作业的方式。

(4)掌握流水施工时间参数、类型及工期的计算方法。

任务描述

要求学生掌握公路施工的组成、特点及常见施工作业方式，能根据给定任务完成施工工期的计算。

相关知识

一、施工过程的组织

施工过程是生产建筑产品的过程，是劳动者利用劳动工具作用于劳动对象的过程。施工过程的内容主要是劳动过程，还包含自然过程，如水泥混凝土的自然养生等。

1. 施工过程分类

1)根据施工过程所需的劳动资料及其对产品所起的作用分类

(1)施工准备过程。进行生产前所进行的全部技术和现场的准备过程，称为施工准备过程。如施工放样测量及各种施工准备工作等。

(2)基本施工过程。为了直接完成工程产品而进行的施工活动，称为基本施工过程。如开挖基础、砌筑基础、回填土等。

(3)辅助施工过程。为保证基本施工过程的正常进行所必需的各种辅助施工活动，称为辅助施工过程。如设备维修、钢材下料等。

(4)服务施工过程。为基本施工过程和辅助施工过程服务的各种服务活动，称为服务施工过程。如原材料、半成品、燃料的供应与运输。基本施工过程是施工过程中最主要的组成，一般的施工过程就是指基本施工过程。施工过程包括的范围可大可小，既可以指分部、分项工程以及工序，也可以指单位工程或单项工程。

2)根据施工组织的需要分类

(1)单项工程。单项工程是建设项目的组成部分，具有独立的设计文件，可以独立组织施工，竣工后能独立发挥设计规定的生产能力或效益的工程。例如，独立的桥梁工程或隧道工程，但是一条路线中的桥梁或隧道，在整个路线未修通前，并不能发挥交通功能，也就不能作为一项单项工程。一般情况下，一个合同段可作为一个单项工程。

(2)单位工程。单位工程是单项工程的组成部分，具有独立设计文件，可独立组织施工，可单独作为成本计算的对象，但是建成后一般不能独立发挥生产能力或效益。例如，一个合同段内的路基工程、路面工程、立交工程、交通安全设施等。

(3)分部工程(综合过程)。分部工程又称综合过程，它是单位工程的组成部分。一般是按单位工程中的主要结构、部位来划分的。例如，路基土石方、路基排水、桥梁下部等。

(4)分项工程(操作过程)。分项工程又称操作过程，它是分部工程的组成部分，是按照工程的不同结构、不同材料和不同施工方法等因素划分的，它是预算定额的基本计量单位，也称为工程细目或工程定额子目。例如，路基土石方分部工程划分为土方路基、石方路基等分项工程。

(5)工序。工序是施工组织的基本单元，同时也是施工过程时间组织计算所考虑的基本单元。具体指一个工人或多个工人，在工地利用工具或机械对同一工程产品进行的连续施工。工序的主要特征是劳动者、劳动工具(机械)、劳动对象均不发生变化，如果其中一个发生变化，就意味着从一个工序转入另一工序。因此施工中一般将每一个工人或班组所进行的技术上相同、组织上不可分开的施工活动称为一道工序。例如，钢筋混凝土预制就由安装底模—绑扎钢筋—安侧模—浇筑混凝土—拆除模板—养生，这六道工序组成。工序进一步分解为操作和动作。

①操作。操作是指工人为完成工序产品的组成部分所进行的施工活动。例如，模板安装工序是由取、运模板，拼装模板等操作组成。若干个相互关联的动作组成操作。

②动作。一系列的相关联动作组成操作。动作是指工人在劳动时一次能完成的最基本的活动。例如，拼装模板这个操作是由一块模板与另一块模板的拼接和固定这两个动作组成。

由于施工对象或项目复杂程度不同，各项目形成所经历的施工过程并不完成相同。一般来说，分项工程(操作过程)得到半成品，分部工程(综合过程)得到产品。

划分和研究施工过程的基本目的在于：正确划分工序，合理组织施工；正确编制工程进度计划、资源供应计划和费用计划等。

一个综合施工过程的划分如图 3-1 所示。

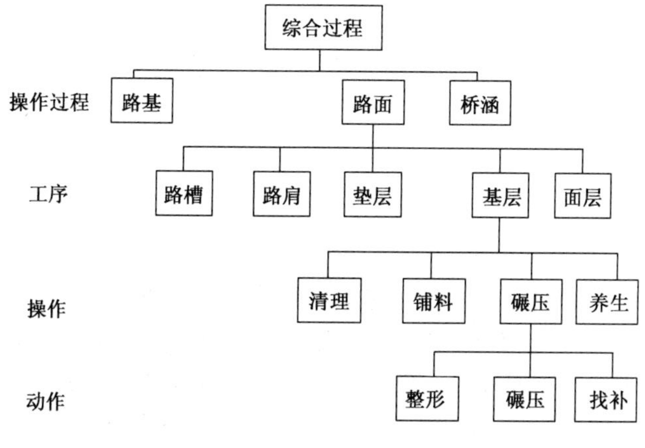

图 3-1　施工过程

2. 施工过程的组织原则

1）施工过程的连续性

施工的各阶段、各工序在时间上是紧密衔接的，不发生各种不合理的中断现象。保持和提高施工过程的连续性，可以避免不必要的等待和窝工，提高劳动生产率；缩短建设周期，节省流动资金，具有很大的经济意义。

2）施工过程的协调性

施工各阶段、各工序之间在施工能力上要保持一定的比例，各施工环节的劳动力、生产效率、设备数量等都必须互相协调，不发生脱节和比例失调现象。协调性是保证施工顺利进行的前提。

3）施工过程的均衡性

施工过程的各个环节，都要按照施工计划的要求进行，施工负荷保持相对稳定，不发生时紧时松或前松后紧现象。均衡生产能充分利用设备和工时，避免突击赶工造成的各种损失；有利于保证生产质量、降低成本；有利于资源的调配，使资源的使用也趋于均衡。

4）施工过程的经济性

施工过程组织除应满足技术要求外，还必须追求经济效益，要用最小的施工投入得到尽可能大的施工产出。施工组织的根本目的就是在不影响工程质量和进度的前提下，尽可能降低工程造价。

施工过程的四个组织原则，是相互制约、互为条件的。进行施工组织时，必须保证全面符合这四项原则。

3. 施工过程的组织

施工过程的组织可以分为空间组织、时间组织和资源组织，时间组织直接影响资源组织。

1）空间组织

施工过程的空间组织有两方面问题。第一，施工项目各种生产、生活、运输、行政办公等设施的空间布置问题，即施工平面图设计；第二，施工作业队伍在空间（主要是具体工程施工平面空间）的布置问题。

2）时间组织

时间组织主要解决工程项目的施工作业方式以及施工作业单位的排序和衔接问题，这也是本项目学习的重点内容。

3）资源组织

资源组织包括资源需要量计划与资源供应计划。工程施工项目的资源需要量计划，是在确定了施工方案及施工进度计划的基础上编制的，应满足施工方案、施工进度对资源的要求。

二、施工组织方法

1. 施工组织的三种基本方法及其特点

公路施工过程中，根据作业单位对各施工段间施工顺序的不同，可分为顺序作业法、平行作业法和流水作业法三种作业方法，它们既可以单独使用，也可以综合运用；既可以横线图表示，也可以用网络图表示。下面通过实例比较说明这三种作业方法的定义与特点。

【例 3-1】 某工程中有 4 座涵洞的施工任务（假定 4 座涵洞的劳动量相等，施工条件、技术配备、工程数量等完全相同）。每一个施工段划分成基础、洞身、洞口三道工序。试确定施工总工期。

分析:4 座涵洞自然形成 4 个施工段,每一个施工段分 3 道工序。属于多施工段、多工序型。

1)顺序作业法

当施工任务含有若干施工段时,完成一个施工段后,再按顺序依次去完成一个施工段,直至完成全部施工段的作业方法,如图 3-2 所示。

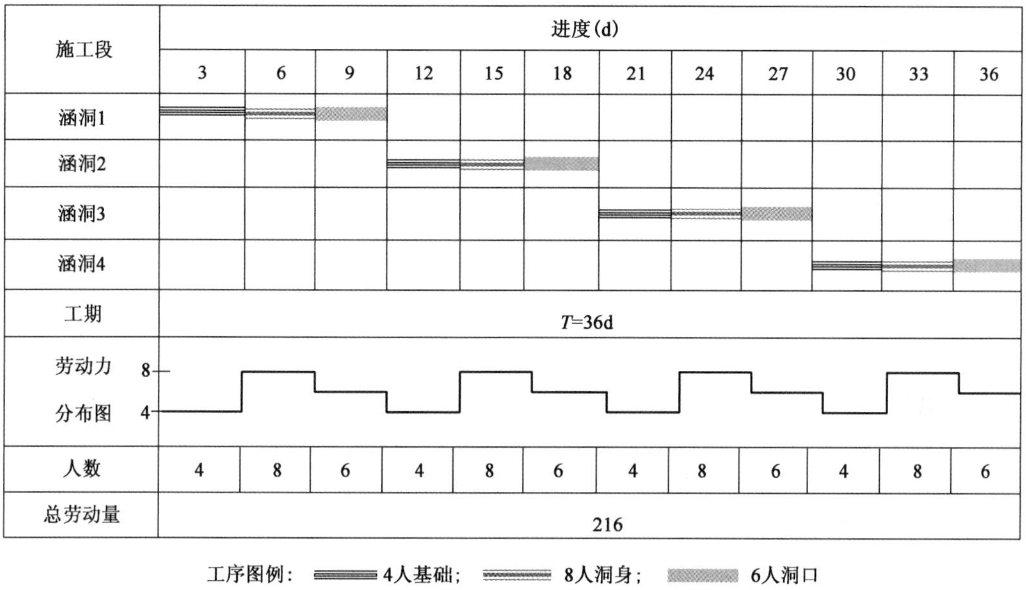

图 3-2 顺序作业横线图

工期计算:由图 3-2 所示,若完成一个施工段的全部工序所需时间为 t_i,则完成 m 个施工段的所有工序需要的时间即为总工期 T,即:

$$T = \sum_{i=1}^{m} t_i \tag{3-1}$$

式中:t_i——完成某施工段所有工序的持续时间($i = 1, 2, \cdots, m$)。

由式(3-1)可知,按顺序作业法布置时总工期 $T = \sum_{i=1}^{m} t_i = mt_i = 4 \times 9 = 36\text{d}$。

2)平行作业法

当施工任务含有若干个施工段时,各个施工段同时开工、平行生产、同时完工的作业方法,如图 3-3 所示。

工期计算:由图 3-3 所示,平行作业的总工期 T 等于各施工段中作业时间最长的那个任务的作业持续时间,即:

$$T = \max\{t_j\} \tag{3-2}$$

式中:t_j——完成某施工段的施工任务所持续的时间($j = 1, 2, \cdots, m$)。

由式(3-2)可知,本例中按平行作业布置时,总工期 $T = \max\{t_j\} = 9\text{d}$。

3)流水作业法

流水作业法是指,施工任务含有若干个施工段时,其各个施工段相隔一定时间依次投入施工生产,相同的工序依次进行,不同的工序则平行进行的一种作业方法。工序图例如图 3-4 所示、4 人基础、8 人洞身、6 人洞口。

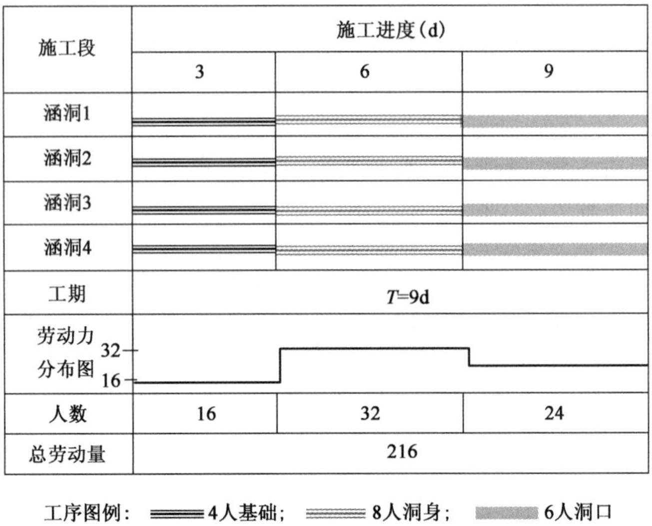

图 3-3　平行作业横线图

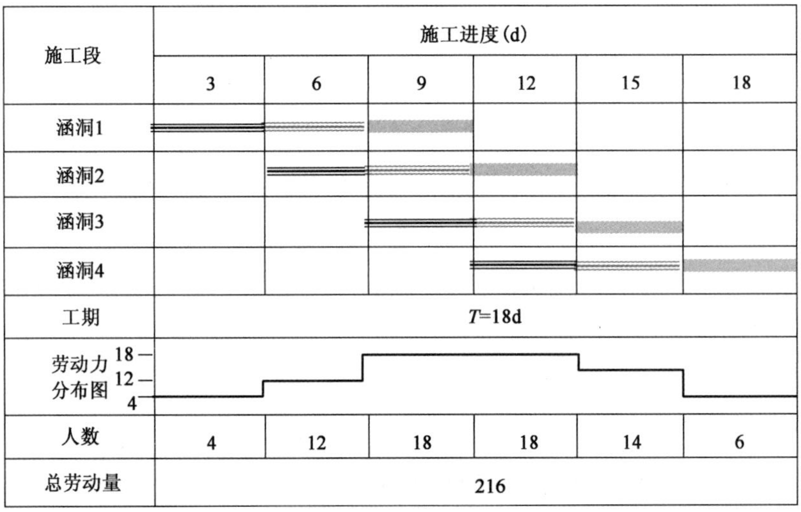

图 3-4　流水作业横线图

工期计算[公式来源见本项目式(3-8)]：

$$T=(n-1)\times K+m\times t_i=(m+n-1)\times t_i=(4+3-1)\times 3=18\text{d}$$

顺序作业、平行作业和流水作业三种作业方法不仅可以在局部单独运用，也可从全局出发，将三种作业方法结合起来，综合运用形成平行流水作业、平行顺序作业及立体交叉平行流水作业等。实际工作中，根据施工条件合理运用这些作业方法，往往可以取得明显的经济效果。三种施工作业方式比较见表 3-1。

2. 流水施工组织原理

流水作业能充分体现施工过程的连续性、均衡性和协调性，经济效果突出，所以在进行施工过程组织时，只要条件容许，就尽可能采用此法来组织施工。

三种施工作业方式比较 表3-1

方式	工期	资源投入	特点	适用范围
顺序作业	最长	投入强度低	优点:劳动力投入少,单位时间内需要投入施工现场的资源数量较少,现场的资源供应的工作和组织管理工作比较简单; 缺点:工期长,不能充分利用工作面,机械设备不能充分利用,施工队不能实行专业化施工,不利于提高工程质量和劳动生产率	规模较小,工作面有限的工程
平行作业	最短	投入强度最大	优点:充分利用了工作面,资源投入集中,缩短了工期; 缺点:施工队不能实行专业化施工,单位时间内需要投入施工现场的资源成倍增长,劳动力需要量出现高峰,施工现场的组织管理工作复杂,不利于提高工程质量和劳动生产率	工期紧迫,资源有充分保证及工作面允许的工程
流水作业	较短	投入连续均衡	能科学地利用工作面,工期比较合理,专业施工队实行连续作业,相邻专业施工队之间搭接紧凑,体现了施工的连续性,单位时间内需要投入施工现场的资源数量较为均衡,有利于资源供应的组织管理工作,施工队采用专业化施工,更能保证工程质量,获得更高的劳动生产率	一般项目均可适用

1)流水作业的前提条件

要施工就必须具备两个基本要素:工作面和劳动力。

(1)工作面是具有独立施工条件和一定工作面的施工段落。通常是人们根据施工方案要求和施工组织需要,自然或按机构组成界限人为地从公路建筑产品中划分出来的施工单元,是施工组织的研究对象。

(2)劳动力指专业施工队,每道工序由专门组建的专业施工队完成。按工艺原则组建专业施工队,每道专业性较强的工序都必须由相应专业队来完成。

(3)每个施工段的施工过程基本相同。每个施工段的施工过程必须由若干道工序或操作过程组成,各施工段的工序及工艺顺序基本上是相同的。

2)流水作业的主要参数

组织流水施工,主要是对各施工过程在时间和空间上的开展情况及相互依存关系进行组织安排。为了说明组织流水施工时,各施工过程在时间和空间上的展开情况及相互制约关系,必须引入一些描述流水施工的工艺流程、空间布置和时间安排等方面的特征和各种数量关系的状态参数,这些参数称为流水施工参数。

(1)空间参数。空间参数包括施工段 m 和工作面 A,它们反映了流水作业的空间分布位置和操作空间的大小,决定了施工资源投入的限度。

工作面 A 是指施工对象的场地或空间可能安排工人或机械进行有效率工作的地段,用来反映施工过程在空间布置的可能性。

施工段 m 是把施工对象划分为劳动量大致相同的施工段。划分施工段的目的:保证不同工种能在不同作业面上同时工作,为流水作业创造条件。只有划分了施工段才能开展流水作业。划分施工段时考虑的因素有:结构界限;劳动量大致相同;足够的施工作业面;考虑施工机械、人员、材料、安全等。

(2)工艺参数。工艺参数包括施工过程数 n 和流水强度 v,反映了流水作业过程的工艺特征、顺序以及工艺作业过程的快慢程度,决定了流水施工作业的速度。

施工过程数把一个综合的施工过程划分为若干具有独立工艺特点的个别施工过程,其数量 n 为施工过程数,即工序数 n。

流水强度 v 又称流水能力、生产能力,是每一施工过程(工序)在单位时间内所完成的工程量。

机械施工工程的流水强度:

$$v = \sum_{i=1}^{x} R_i C_i \tag{3-3}$$

式中:R_i——某种施工机械台数;

C_i——该种施工机械台班生产率即台班产量定额;

x——投入同一工序的主导施工机械种类。

手工操作流水强度:

$$v = RC \tag{3-4}$$

式中:R——每个作业班组人数;

C——每个工人每班产量(产量定额)。

【例 3-2】 某铲运机铲运土方工程,推土机 1 台,$C = 1562.5\text{m}^3$/台班;铲运机 3 台,$C = 223.2\text{m}^3$/台班。求流水强度。

解:$v = 1 \times 1562.5 + 3 \times 223.2 = 2232.1\text{m}^3$/台班。

【例 3-3】 人工开挖土阶工程:$C = 22.2\text{m}^3$/工日,$R = 5$ 人,求流水强度。

解:$v = 5 \times 22.2 = 111\text{m}^3$/工日。

(3)时间参数。时间参数包括流水节拍 t_i、流水步距 K、流水展开期 T_0、技术间歇时间和组织间歇时间。它们反映了流水作业过程的时间流动状态和节奏性,是决定总工期长短的主要因素。

①流水节拍 t_i 指某个施工过程在某个施工段上的持续时间,决定 t_i 长短的主要因素有该工序的施工方案、劳动量、投入人工及机械设备数量、作业班制等。流水节拍的确定方法有以下几种:

A. 定额计算法。在正常施工组织条件下,查定额,根据式(3-5)计算:

$$t_i = \frac{Q_i S_i}{R_i n_i} = \frac{P_i}{R_i n_i} \tag{3-5}$$

式中:t_i——工段上第 i 道工序的流水节拍;

Q_i——工段上第 i 道工序要完成的工程数量,Q_i = 实际工程量/定额单位;

P_i——工段上第 i 道工序的劳动量或作业量,即完成第 i 道工序需要的人工工日数或机械台班数;

S_i——工段上第 i 道工序的时间定额,即完成单位合格产品的时间(与产量定额 C_i 互为倒数）；

R_i——完成工段上第 i 道工序的专业队需要的人工或机械台数，受工作面限制；

n_i——完成工段上第 i 道工序的专业队的作业班制数，可采用一、二或三班制。

【例 3-4】 人工挖运土方工程 $Q = 24500\text{m}^3$，$C = 24.5\text{m}^3$/工日，$R = 20$ 人，求 t_i 为多少？

解：根据式（3-5），挖运土方工程所需要的劳动量 $P = \frac{24500}{24.5} = 1000$ 工日，$t_i = \frac{1000}{20} = 50\text{d}$。

B. 三种时间估算法。当有些工序的工艺、技术等改进或革新后无定额可循，无法直接用定额方法确定流水节拍时，根据以往经验，估计三种时间，计算其加权平均值，采用数学中的概率统计方法确定流水节拍 t_i，即：

$$t_i = \frac{|a + 4c + b|}{6} \tag{3-6}$$

式中：t_i——根据三种估算时间计算的加权平均时间；

a——根据经验估算的最乐观的完成时间；

b——根据经验估算的最悲观的完成时间；

c——最优可能完成该道工序的时间。

C. 倒排工期法。当施工项目工期很紧，而且施工项目的整个生产过程又能组织平行流水或流水作业时，根据合同分解的阶段性工期要求，采用倒排进度的方法求流水节拍。

D. 经验法。依据企业本身的施工技术及施工组织与管理特点、经验数据来确定流水节拍，更具实效性，也是一种简单实用的有效方法。

②流水步距 K 指两个相邻的施工队先后进入第一施工段进行流水施工的时间间隔，即开始时间之差。流水步距的大小与总工期成正比，在施工段数目和流水节拍确定的条件下，流水步距越大，总工期越长；反之，流水步距越小，总工期越短。确定流水步距目的是保证作业组在不同施工段上连续作业，不出现窝工。

③流水展开期 T_0 指从第一道工序的专业队组开工时间算起，至最后一道工序的专业队组开工时间为止的时间间隔，它是计算总工期的基础。流水稳定期 T_n 是从第一个施工段的末道工序开工时间算起，到最后一个施工段的末道工序结束时间为止的时间间隔。

④技术间歇时间和组织间歇时间。技术间歇时间是指满足施工工艺或质量要求必须等待的时间，如混凝土的养生、检查验收的等待时间等；组织间歇时间是由于技术组织原因造成流水步距以外增加的间歇，如设备检修、转移等间歇时间。表 3-2 列出流水施工基本参数，图 3-5 用代号表示出流水施工的基本参数。

流水施工基本参数 表 3-2

类　别	基本参数	代号	说　明
空间参数	施工段	m	将施工对象在平面上划分为若干个劳动量大致相等的施工区段
	工作面	A	安排专业工人进行操作或布置机械设备进行施工所需的活动
工艺参数	施工过程	n	施工过程又称工序，指一组流水的施工过程的个数
	流水强度	v	某一施工过程单位时间内完成的工程量
时间参数	流水节拍	t_i	各个专业班组在每个施工段上完成施工任务所需要的工作时间
	流水步距	K_{ij}	两相邻施工过程进入同一施工段开始施工的时间间隔
	流水展开期	T_0	第一道工序的专业队组开工时间算起，至最后一道工序的专业队组开工时间为止的时间间隔

续上表

类　　别	基 本 参 数	代号	说　　明
时间参数	流水稳定期	T_n	第一个施工段的末道工序开工时间算起，到最后一个施工段的末道工序结束时间为止的时间间隔
	技术间歇		满足施工工艺或质量要求必须等待的时间间歇
	组织间歇		由于技术和组织原因造成流水步距以外增加的间歇

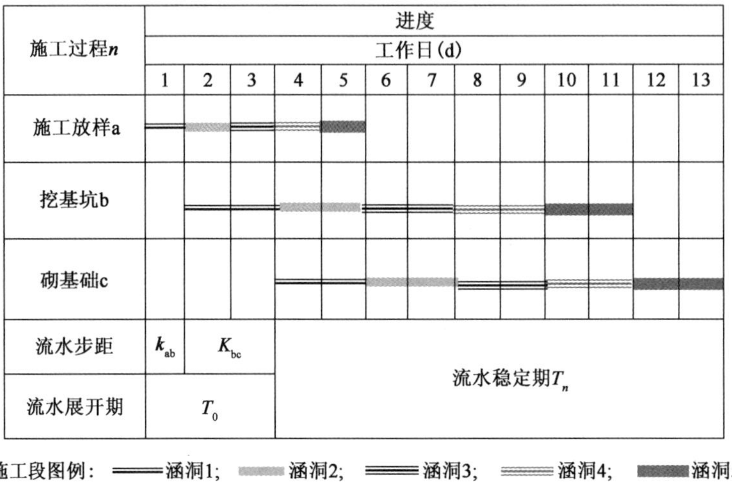

图 3-5　流水作业横线图示例

$$T = T_0 + T_n = (n-1) \times K + T_n \quad (3\text{-}7)$$

式中：T——流水总工期；

T_0——流水展开期；

T_n——流水稳定期；

K——流水步距；

n——工序数。

三、流水施工类型及总工期计算

流水施工的类型按照流水节拍值是否相同，可以分为有节拍（有节奏）流水施工和无节拍（无节奏）流水施工两大类。有节拍流水施工又可分为全等节拍流水施工和异节拍流水施工（包括成倍节拍流水施工和分别流水施工）。本书着重介绍全等节拍流水、成倍节拍流水、分别流水和无节拍流水施工的求解方法及组织施工，具体分类见图 3-6。

1. 全等节拍流水施工（等步距等节奏）

所有的施工过程在各个施工段上的流水节拍都相等时，即相同工序流水节拍相同，不同工序的流水节拍也相同，$t_i = K_{ij}$ = 常数，这样组织的流水施工方式称为全等节拍流水施工。总工期计算公式如下：

$$T = T_0 + T_n = (n-1) \times K + m \times t_i = (m+n-1) \times t_i \quad (3\text{-}8)$$

式中：T——流水总工期；

T_0——流水展开期；

T_n——流水稳定期；

K——流水步距；

m——施工段数；

n——工序数；

t_i——流水节拍(某一道工序在某一道施工段上的作业时间)。

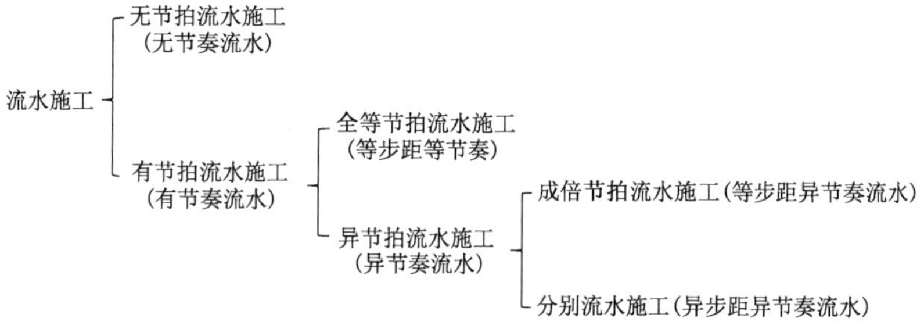

图 3-6　流水施工的分类

2. 成倍节拍流水施工(等步距异节奏流水)

成倍节拍流水施工是指相同工序流水节拍相同,不同工序的流水节拍互为倍数(1 除外)。为了使各施工队能连续、均衡地依次在各施工段上施工,应按以下步骤组织施工:

(1)求各流水节拍的最大公约数 K,其相当于各施工过程都共同遵守的"公共流水步距"。

(2)各施工过程的专业施工队数目 $b_i=\frac{t_i}{K}$。

(3)将专业施工队数目的总和看成是施工过程数,将 K 看成流水步距后,按全等节拍流水的施工方法安排施工进度。

(4)计算总工期。

$$T=(m+\sum b_i-1)K \tag{3-9}$$

式中:T——流水总工期;

b_i——专业施工队数 b_i;

K——流水步距;

m——施工段数。

3. 分别流水施工(异步距异节奏流水)

分别流水施工是指各施工过程的流水节拍各自保持不变,但不存在最大公约数,流水步距也是一个变数的流水作业,即相同工序流水节拍相同,不同工序的流水节拍不一定相同。组织分别流水作业时,首先应保持各施工过程本身均衡而不间断地进行,然后将各个施工过程彼此搭接协调。

分别流水施工总工期一般采用作图法,可以采用两种方法:紧凑法和潘特考夫斯基法(作业队连续作业法)。紧凑法是满足开工条件就开工,即只要具备工作面和劳动力就可以开工,潘特考夫斯基法在无节拍流水作业中介绍。图 3-7a)是紧凑法绘制的,工期为 21d;图 3-7b)是用潘特考夫斯基法计算并绘制的,工期为 24d,从中可以看出紧凑法满足条件就开工，一般情况下工期较短，但是潘特考夫斯基法虽然工期较长些，但更易管理，造价较为经济。

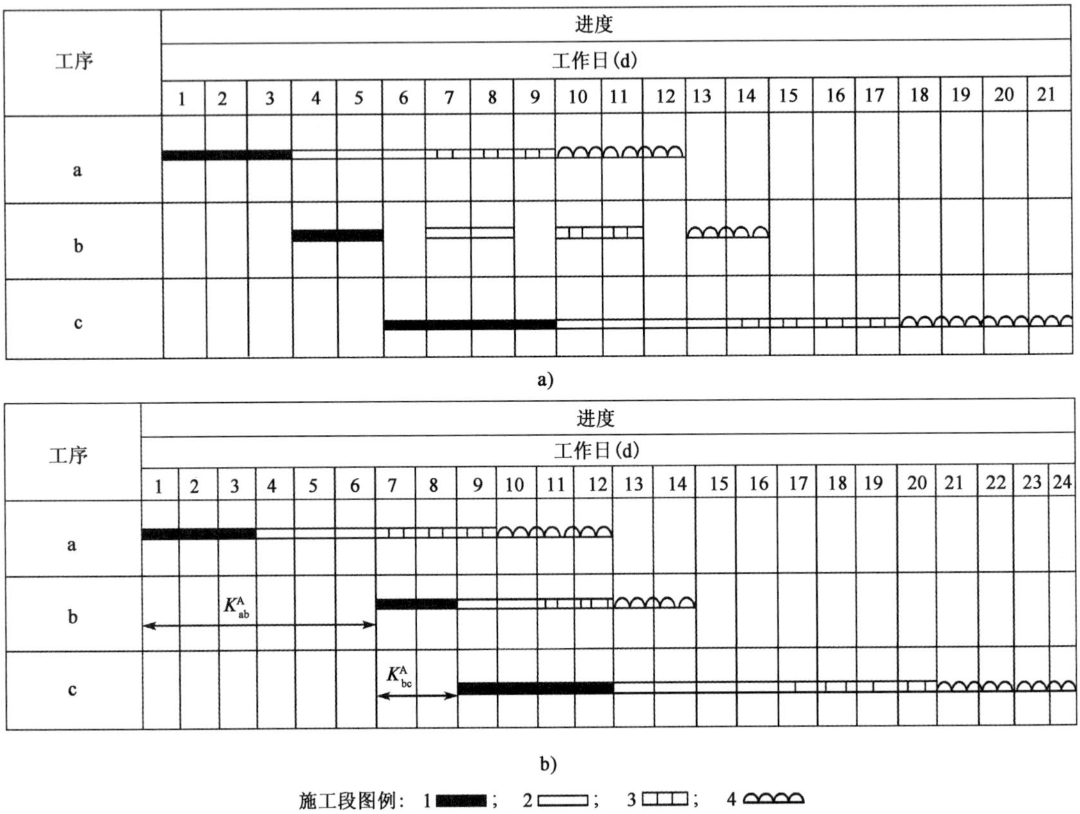

图 3-7

4. 无节拍流水施工（无节奏流水）

无节拍流水作业是指相同工序的流水节拍不一定完全相等，而不同工序的流水节拍也不一定完全相等。无节拍流水的各个参数及总工期的确定，都必须通过对专业队逐个落实，反复调整，才能得到满意结果。

为在总工期尽可能短的条件下，各施工专业队能在各个施工段间进行连续作业，必须确定相邻各专业队（相邻工序）间最小流水步距 K_{min} 和施工段的最优排序。最小流水步距 K_{min} 可以用潘特考夫斯基法（简称潘氏法）确定。

1）潘氏法内容

潘氏法内容为：累加数列错位相减取大差法。

潘氏法具体步骤如下：

（1）作表。按施工段和工艺顺序将各工序（施工专业队）在各施工段上的流水节拍值列表，见表 3-3。

（2）求首施工段上各最小流水步距。

求 K_{ab}：将 a 工序的 t_a 依次累计叠加，得数列：2　5　8　10；

将 b 工序的 t_b 依次累计叠加，得数列：2　4　7　10。

流水节拍值表　　　　表 3-3

工　序	施　工　段			
	1 号	2 号	3 号	4 号
a	2	3	3	2
b	2	2	3	3
c	3	3	3	2

将后一工序的数列向右错一位，两数列相减：

a：	2	5	8	10	
b：（－）		2	4	7	10
	2	3	4	3	－10

所得数列中的最大正数为 4，a、b 两工序的最小流水步距 $K_{ab}=4$。

同理求 K_{bc}：

b：	2	4	7	10	
c：（－）		3	6	9	11
	2	1	1	1	－11

所得数列中的最大正数为 2，即为 b、c 两工序的最小流水步距 $K_{bc}=2$。如果还有更多的工序，施工段也多，最小流水步距的求法也完全相同。

（3）绘制流水作业图：根据求得的最小流水步距和流水节拍表，绘制流水作业图（图 3-8）。

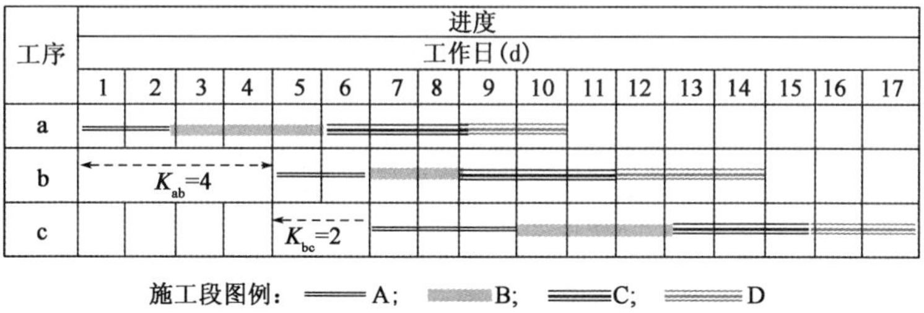

图 3-8　流水作业横线图

施工段的最优排序问题属于管理科学中的动态规划，为达到施工工期最短的目的，可以采用约翰逊（S. M. Johnson）-贝尔曼（R. Bellman）法则（下面简称约贝法则）为基本思想的方法来解决。

2）约贝法则基本思想

取 $\min\{t_a, t_b\}$，先行工序安排在最前施工，后行工序安排在最后施工；挑出后继续取最小值，先行工序安排在次前，后行工序安排在次后；以此类推，直到完成排序，即可得到最佳施工顺序。

（1）二道工序，多项任务（施工段）。

假设工程只有两道工序。即在 m 项任务中，完成每项任务都需要完成 a、b 两道工序，且应首先完成 a 工序，方能再做 b 工序。

【例 3-5】 某工程队拟对相邻的五座小桥的基础工程进行施工，按工程队的机具设备等施工能力，各小桥的挖基和砌筑基础工序的生产周期(d)如表 3-4 所示，试确定其施工总工期最短的施工顺序。

流水节拍值表 表 3-4

工　序	施　工　段				
	1 号桥	2 号桥	3 号桥	4 号桥	5 号桥
挖基 a	4	4	8	6	2
砌基础 b	5	1	4	8	3

解：第一步：$\min\{t_a,t_b\}=t_b=1\text{d}$，为 2 号桥后续工序，即把 2 号桥放在最后施工。

第二步：去除 2 号桥，余下的 1、3、4、5 号桥中，取最小值 $t_a=2\text{d}$，是先行工序，即把 5 号桥放在最前施工。

第三步：表中 1 号桥 $t_a=4$ 为最小，是先行工序，1 号桥任务放在第二位施工。

第四步：表中 3 号桥 $t_b=4$ 为最小，是后续工序，3 号桥任务放在第四位施工。

第五步：4 号桥放在第三位施工。

因此，五座小桥的施工顺序为：5 号桥—1 号桥—4 号桥—3 号桥—2 号桥，按照排定的新顺序施工，绘制横线图，可计算最短施工总时间为 25d(一般排序不可能获得最短施工时间)。

(2)三道工序，多项任务(施工段)。

每项任务都由三道工序 a、b、c 组成，且工作顺序为 a→b→c，即完成前道工序方能进行后道工序。与 2 道工序的情形相比，该排序情况要相对复杂，通常取决于一些条件。三道工序，多项任务，如符合下列条件：

条件 1：第 1 道工序最小的施工周期 $\min(t_a)$ 大于或等于第 2 道工序的最大施工周期 $\max(t_b)$ 即 $\min(t_a)\geqslant\max(t_b)$。

条件 2：第 3 道工序的最小施工周期 $\min(t_c)$ 大于或等于第 2 道工序的最大施工周期 $\max(t_b)$ 即 $\min(t_c)\geqslant\max(t_b)$。

两条件同时成立或其中一项成立，则可用下述方法进行最优施工顺序排序。第 1 步：将第 1、2 道工序上各项任务的施工周期依次分别相加；第 2 步：将第 2、3 道工序上各项任务的施工周期依次分别相加；第 3 步：将前两步计算所得的施工周期序列看作“二道工序，多项任务”的情形；第 4 步：用约贝法则求最优工序；第 5 步：所得最优顺序即三道工序上的最优工序。

思考：如果三道工序，多项任务(施工段)，不满足上述约贝法则特定条件，如何排出最优施工段顺序?

答：可以采用穷举法，找出最优施工段顺序。即将工序重新组合成两道工序(包括所有可能的情况)，再按约贝法则确定最优施工顺序。如有三道工序，三个施工段，不满足约贝法则限定条件，可以把 a、b、c 三道工序重新组合以下两道工序(包括所有组合情况)：(a，b + c)、(a + b，c)、(a + c，b)、(a + b，b + c)、(a + c，b + c)、(a + b，a + c)，同时先行工序和后续工序的位置不能颠倒，即例如(a + c，b)、(a + c，b + c)、(a + b，a + c)类的组合是错误的。

某工程具备三道工序，五项任务，见表3-5，求最优施工顺序。

流 水 节 拍 值 表 表3-5

工 序	施工段				
	1号	2号	3号	4号	5号
a	4	2	8	10	5
b	5	2	3	3	4
c	5	6	9	9	7

流水节拍满足条件 $\min(t_c) \geq \max(t_b)$ 可以直接用五步进行最优施工顺序排序。第1步：计算a+b；第2步：计算b+c；第3步：相当二道工序，五项任务，得到流水节拍值表（表3-6）；第4步：按约贝法则排出最佳施工段排序：2号、5号、1号、3号、4号。第5步，得出横线图（图3-9）。

流 水 节 拍 值 表 表3-6

工 序	施工段				
	1号	2号	3号	4号	5号
a+b	9	4	11	13	9
b+c	10	8	12	12	11

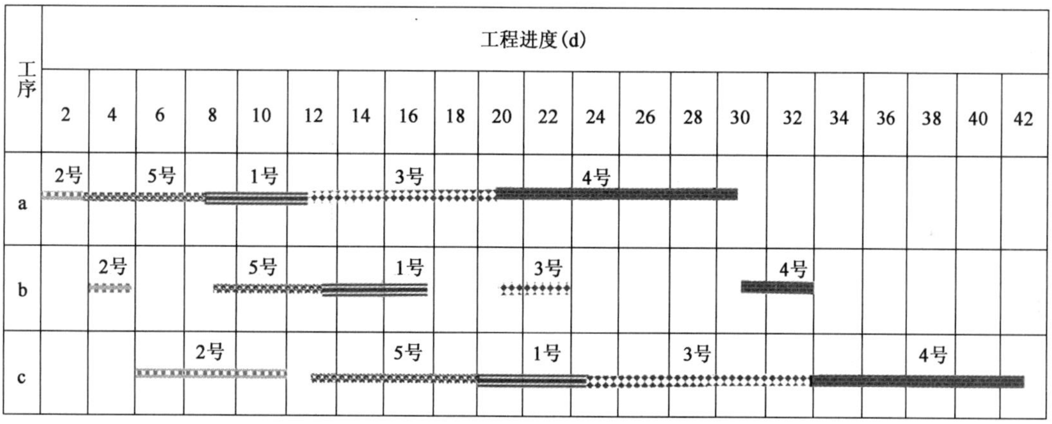

图3-9 施工进度横线图（2号—5号—1号—3号—4号）

注意：第二道工序要在第一道工序完工的基础上才能开始；第三道工序要在第二道工序完工的基础上才能开始。

【例3-6】 若对施工段不进行排序，这时可使用直接编阵法快速求得施工总工期，但是这种方法只能得到预估结果。直接编阵法计算工期的原理是，只要具备了开工要素就开工，属于紧凑法施工组织安排。

直接编阵法流水节拍值表见表3-7。

直接编阵法流水节拍值表 表3-7

工 序	施工段			
	1号	2号	3号	4号
a	3	4(7)	2(9)	5(14)
b	3(6)	2(9)	6(15)	1(16)
c	5(11)	3(14)	7(22)	3(25)
d	2(13)	6(20)	4(26)	2(28)

步骤：第一行各新元素，可以直接累加得到，因为对于 a 工序，所有施工段上的工作面都是闲置的，只要有生产力就可以开工，到第 14d，a 工序（作业队）就完成了所有施工段上的施工任务。同理，第一列各新元素，也是直接累加得到，因为所有工序（作业队）都是闲置的，只要有工作面就可以开工。其他新元素值，是用旧元素加上面或左边两新元素中的较大值（较大值代表既有工作面也有劳动力），从第二行起顺序进行，直至完成。

自我测试

一、问答题

1. 试述施工过程的组成和基本原则。

2. 施工作业方法有哪几种？哪种作业更科学？为什么？

3. 流水作业的特点或实质是什么？

4. 流水作业的时间参数有哪些？各自含义是什么？

5. 试述潘氏法的原理。

6. 试述约贝法则的原理。

二、填空题

1. 施工的时间组织有________、________、________三种基本作业方法，其中________最科学。

2. 流水作业法的参数有________、________和________三类，其中________又包括________、________、________、________、________、________。

3. 在组织无节拍流水作业时主要解决两个问题：________________和________________。

三、单选题

1. 某工程由 A、B、C 三个施工过程组成，划分为四个施工段，流水节拍均为 3d，试组织流水施工，该项目工期为（　　）d。

A. 21　　B. 18　　C. 30　　D. 20

2. 缩短工期也不能无限制增加施工班组内人数，这是因为受到（　　）的限制。

A. 足够工作面　　B. 劳动力　　C. 生产资源　　D. 时间

3. 某流水作业中，设 $m=4$，$n=3$，$t_a=6d$，$t_b=8d$，$t_c=4d$，在资源充足、工期紧迫的条件下适宜组织（　　）。

A. 全等节拍流水　　B. 成倍节拍流水

C. 分别流水　　D. 无节拍流水

4. 某基坑大开挖，土方量 $32000m^3$，施工单位采用 3 台反铲挖掘机开挖土方，每台产量定额 $529m^3$，当工期规定在 10d 内完成时，则安排（　　）班次施工。

A. 2　　B. 3　　C. 1　　D. 1.5

四、判断题

1. 顺序作业法是指各施工段同时开工，不同工序依次投入施工的作业方式。（　　）

2. 流水节拍是指一个专业施工队在一个施工段上完成某一道工序所需的时间。

（　　）

3. 流水作业法是指将一个施工段的各工序依次完成之后，再去做下一施工段的方法。（　　）

4. 潘特考夫斯基法主要解决无节拍流水各施工段的施工顺序问题。（　　）

5. 施工段的划分不能太零碎，每段应有足够的工作面。（　　）

6. 约翰逊—贝尔曼法则主要解决各相邻工序最小流水步距问题。（　　）

五、计算题

1. 某段公路有5道涵洞，已知每道涵洞挖基需3d，铺底需2d，砌墙身需4d，浇盖板需3d，回填需1d，试求施工总工期。

2. 某工程有3道工序，5个施工段，其各工序流水节拍值表如表3-8所示，试求最优施工顺序及其所对应的总工期。

流水节拍值表　　表3-8

工　序	施工段				
	1号	2号	3号	4号	5号
a	5	6	7	9	7
b	5	2	3	3	4
c	3	2	8	10	5

任务二　施工进度横线图的编制

学习目标

（1）了解施工进度计划编制的原则、依据、作用。

（2）了解施工进度计划的表示方法。

（3）熟悉施工进度图的常用格式及特点。

（4）掌握施工项目次序的确定及施工进度横线图的绘制。

任务描述

本工作任务是通过流水施工参数的计算及施工项目次序的确定，绘制出横线式施工进度图，可以方便地表达出分部分项工程的施工持续时间及施工计划的总工期，便于计算完成施工计划所需的劳动力、材料、机械设备及资金等各种资源需要量。

相关知识

一、施工进度计划概念及作用

施工进度计划是根据施工部署中的施工方案和工程项目的开展程序，对全工地的所有工程项目进行时间上的安排，反映了工程从施工准备工作开始，直至工程竣工为止的全部施工过程，反映了各分部分项工程及各工序之间的衔接关系。

施工进度计划的作用，在于确定各个施工项目及其主要工种工程、准备工作和全工地性工程的施工期限以及开工、竣工日期，从而确定公路施工现场上劳动力、材料、成品、半成品、施工机械的需要数量和调配情况，现场临时设施数量、水电供应数量和能源、交通的需要数量等。通过施工进度计划的编制，有助于领导部门抓关键，统筹全局，合理布置人力、物力；有利于工人明确目标，更好地发挥主观能动性；有利于施工企业内部及时配合，协同作战。

二、施工进度计划的表示方法

施工进度计划的表示方法有三种，横线图（横道图、甘特图）、斜线图（垂直图）和网络图。

横线图是将各项生产任务的作业时间用一条横向线段（横道）表示在具有时间坐标的表栏上的形式。横线图有横向工序式和横向工段式两种表现形式。如图3-10所示。

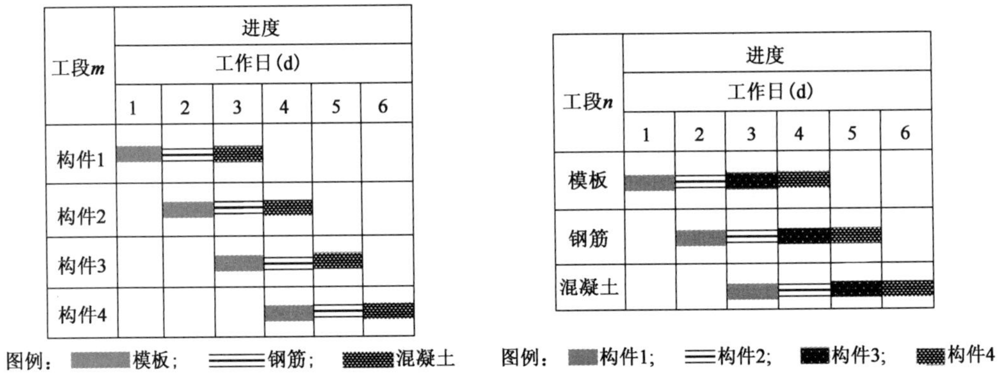

a）横向工序式　　b）横向工段式

图3-10　横线图的两种表示方法

斜线图在图式上与横线图的区别仅仅是用斜线表示各项施工任务的时间进程，而且绘图的过程是由下至上进行的。斜线图有斜线工序式和斜线工段式两种表现形式。如图3-11所示。

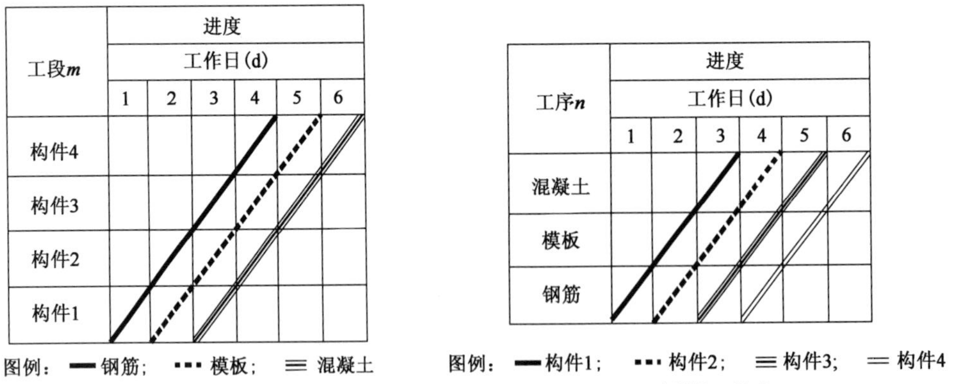

a）斜线工序式　　b）斜线工段式

图3-11　斜线图的两种表示方法

网络图是由箭线和节点组成的、用来表示工作流程的有序有向的网状图形。在网络图上标注作业时间等参数编制的施工进度计划称为网络计划。常见的网络计划有单代号、双代号、时标、搭接、流水网络等形式。如图3-12所示。

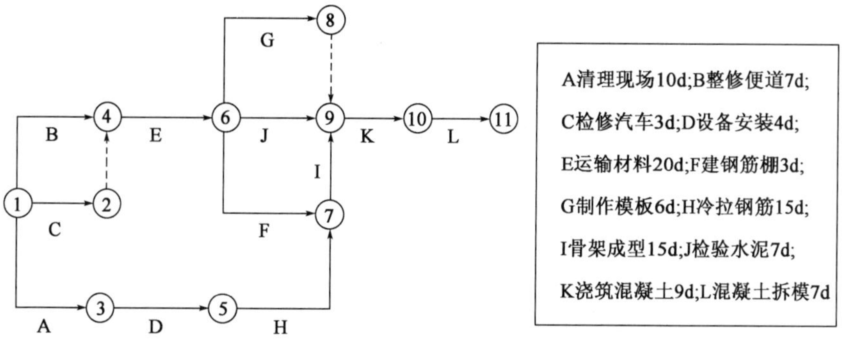

图3-12　网络图

横线图、斜线图与网络图三种施工进度表示方式比较见表3-9。

横线图、斜线图与网络图三种施工进度表示方式比较　　表3-9

方　式	优　点	缺　点
横线图	简单、直观、易懂、易编制;每项工作何时开始、何时结束一目了然;便于计算完成施工计划所需的劳动力、材料、机械设备及资金等各种资源需要量	工序之间的逻辑关系不明确,仅反映工作之间的前后衔接关系;施工期限与地点关系无法表示,不能绘制对应的平面示意图;工程数量的分布情况不具体;反映不出关键工作及哪些工作决定总工期;不能使用电子计算机进行定量分析;不能进行计划方案的比较及选优
斜线图	工程数量的分布情况和施工日期一目了然;项目的相互关系、施工程度都清楚;可直接找出任何时间各作业队的施工位置和施工情况,可以预测在正常施工条件下的施工进程	不能确定工作的机动时间及关键工作;计划的编制及修改的工作量较大;不能使用电子计算机进行定量分析;不能进行计划方案的比较及选优
网络图	能够明确表达各项工作之间的逻辑关系;能确定工作的机动时间及关键工作;可以使用电子计算机进行定量分析;能进行计划方案的比较及选优	识图较困难,进度状况不能一目了然;编制中必须要考虑工序间的逻辑关系,编制比较麻烦;绘图的难度和修改的工作量都很大

三、施工进度横线图的画法

1. 横线图的概念

横线图以时间为横坐标,以各分部分项工程或施工工序为纵坐标,按一定的先后施工顺序和工艺流程,用带时间比例的水平横线表示对应项目或工序持续时间的施工进度计划图表。

2. 横线图的常用格式

横线图是由两大部分组成:左面部分是以分部分项工程或工序为主要内容的表格,包括序号、项目名称(工序名称)、施工方法、工程量、定额和劳动量等计算数据;右面部分是用横线条表示的指示图表,它是由左面的有关数据经计算得到的。

在指示图表中用水平横向线条形象地表示出各工序的施工进度,其线条的长度表示施工持续时间长短,线条的位置表示施工过程,线上可以用数字表示劳动力数量;有时也可以采用不同线条符号表示作业班组或施工段。

3. 任务实施

【例3-7】 某基础工程有三个施工段，每个施工段有土方开挖、铺设垫层、绑扎钢筋、浇混凝土、砌筑基础5道工序，每道工序的流水节拍 $t_i=2d$、$K_{ij}=2d$。试确定施工组织的方法、绘制施工进度横线图并计算总工期。

分析： $t_i=K_{ij}=2$，符合全等节拍流水特性，所以套用公式(3-8)得到：

$$T=(m+n-1)\times t_i=(m+n-1)\times K=(3+5-1)\times 2=14d$$

绘制施工进度横线图，见图3-13。

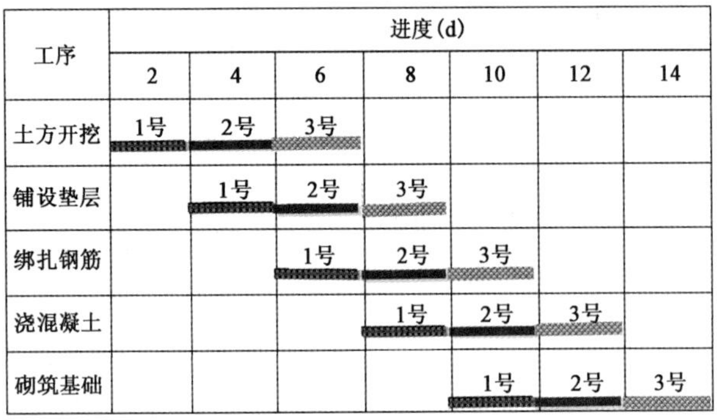

图3-13　施工进度横线图

【例3-8】 有6座类型相同的管涵，每座管涵包括四道工序。每个专业队由4人组成，工作时间为：挖槽2d，砌基4d，安管6d，洞口2d。试绘制施工进度横线图并计算总工期 T。

分析： 相同工序 t_i 相同，不同工序 t_i 互为倍数，判定为有节拍流水中的成倍节拍流水。

解： 挖槽工序设为工序1，砌基工序设为工序2，安管工序设为工序3，洞口工序设为工序4，可得：$t_1=2$，$t_2=4$，$t_3=6$，$t_4=2$，得最大公约数 $K=2d$。

施工队数目：$b_1=\frac{t_1}{K}=\frac{2}{2}=1$，$b_2=\frac{4}{2}=2$，$b_3=\frac{6}{2}=3$，$b_4=\frac{2}{2}=1$，$\sum b_i=1+2+3+1=7$ 按7个专业队，流水步距为2组织施工。总工期 $T=(m+\sum b_i-1)\times K=(6+7-1)\times 2=24d$。

绘制施工进度横线图，见图3-14。

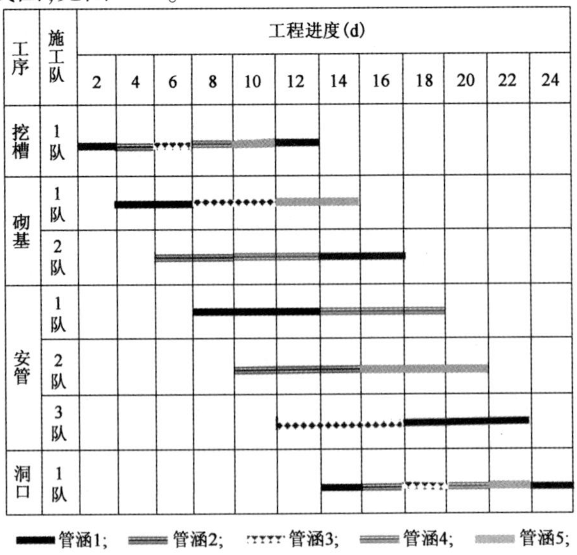

图3-14　施工进度横线图

【**例 3-9**】 现有结构尺寸相同的涵洞 5 座，每个涵洞都有挖槽、砌基、安管、洞口四道工序，各涵每道工序的工作时间为 $t_1=3\mathrm{d}$、$t_2=2\mathrm{d}$、$t_3=4\mathrm{d}$、$t_4=5\mathrm{d}$，求总工期并绘制横线图。

分析：相同工序 t_i 相同，不同工序 t_i 都不同，分别为 3、2、4、5，所以这道题属于分别流水。分别流水可采用两种方法，即潘氏法和紧凑法，本题列举两种方法进行对比。

解：用潘氏法（累加数列错位相减取大差法）求解，见表 3-10。

流水节拍值表

表 3-10

工序	施工段				
	涵洞 1	涵洞 2	涵洞 3	涵洞 4	涵洞 5
挖槽a	3	3	3	3	3
砌基b	2	2	2	2	2
安管c	4	4	4	4	4
洞口d	5	5	5	5	5

求 K_{ab}、K_{bc}、K_{cd}：

a：	3	6	9	12	15	
b：（−）		2	4	6	8	10
	3	4	5	6	7	−10

故 $K_{ab}=7$

b：	2	4	6	8	10	
c：（−）		4	8	12	16	20
	2	0	−2	−4	−6	−20

故 $K_{bc}=2$

c：	4	8	12	16	20	
d：（−）		5	10	15	20	25
	4	3	2	1	0	−25

故 $K_{cd}=4$

$T=T_0+T_n=$ 流水步距之和 + 最后一道工序持续的时间 $=7+2+4+5\times5=38\mathrm{d}$

由潘氏法绘制的横线图如图 3-15a）所示，总工期为 38d，紧凑法绘制的横线图如图 3-15b）所示，总工期为 34d，紧凑法总工期更短是因为紧凑法是满足开工条件就开工，一般比潘氏法更节省时间,但是没有潘氏法经济。

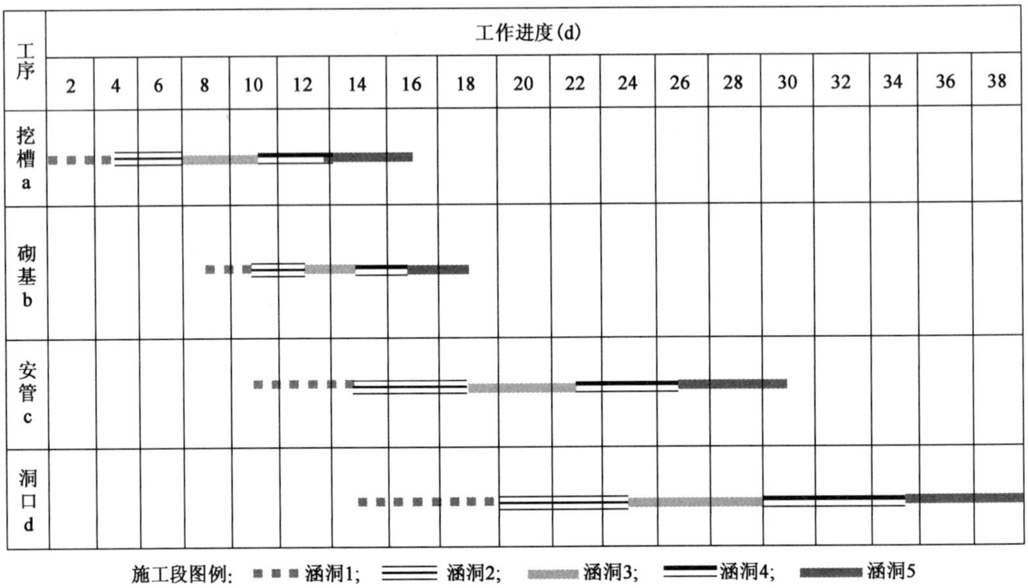

a)施工进度横线图(潘氏法)

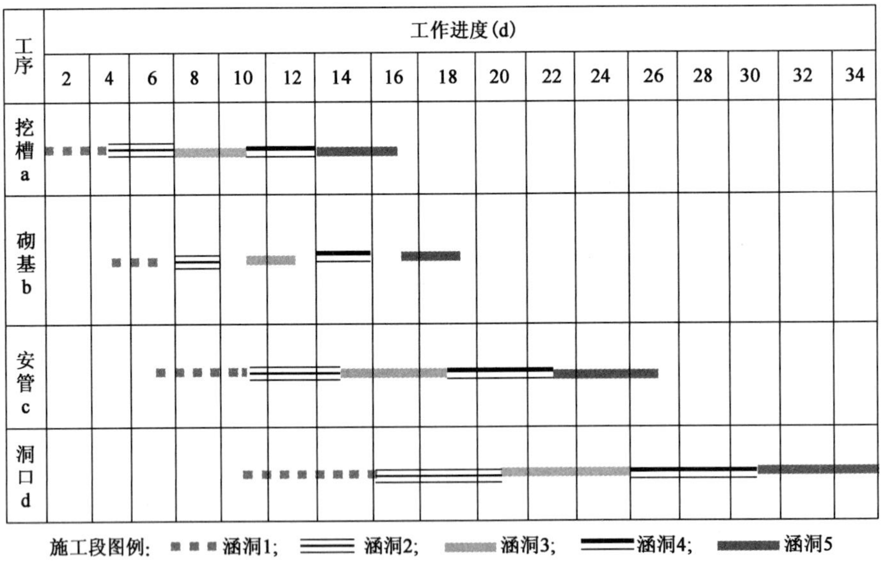

b)施工进度横线图(紧凑法)

图3-15　施工进度横线图

【例3-10】　现有一钢筋混凝土结构物,分为Ⅰ、Ⅱ、Ⅲ、Ⅳ四个施工段,每个施工段又分为立模、扎筋、浇混凝土三道工序,各工序工作时间见表3-11。试确定最小流水步距,求总工期并绘制其施工进度横线图。

流水节拍表　表 3-11

工　序	施　工　段			
	Ⅰ	Ⅱ	Ⅲ	Ⅳ
立模a	2	3	4	3
扎筋b	3	4	2	5
浇混凝土c	2	3	3	2

分析:属于三道工序,m 个施工段的无节拍流水作业,但是不符合约贝法则的判定条件,不能排出施工段的最优顺序,所以仍按照Ⅰ—Ⅱ—Ⅲ—Ⅳ的顺序施工。

解:用潘氏法计算 K_{ab}。

①将第一道工序的工作时间依次累加后得:

2　5　9　12

②将第二道工序的工作时间依次累加后得:

3　7　9　14

③将上面两步得到的两行错位相减,取大差得 K_{ab}。

$$\begin{array}{rrrrrr} & 2 & 5 & 9 & 12 & \\ (-) & & 3 & 7 & 9 & 14 \\ \hline & 2 & 2 & 2 & 3 & -14 \end{array}$$

$K_{ab}=3$。

用潘氏法计算 K_{bc}。

①将第二道工序的工作时间依次累加后得:

3　7　9　14

②将第三道工序的工作时间依次累加后得:

2　5　8　10

③将上面两步得到的两行错位相减,取大差得 K_{bc}。

$$\begin{array}{rrrrrr} & 3 & 7 & 9 & 14 & \\ (-) & & 2 & 5 & 8 & 10 \\ \hline & 3 & 5 & 4 & 6 & -10 \end{array}$$

$K_{bc}=6$。

总工期 $T=T_0+T_n=K_{ab}+K_{bc}+\sum t_c=3+6+(2+3+3+2)=19\text{d}$

施工进度横线图如图 3-16 所示。

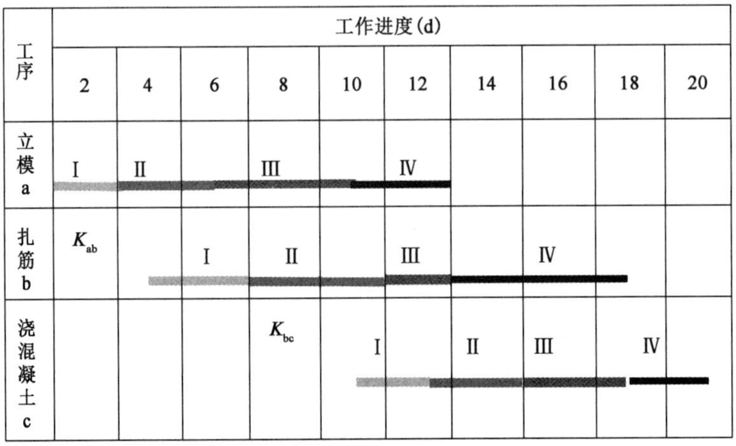

图3-16　施工进度横线图

自我测试

一、论述题

施工进度图的类型主要有哪些？试论述每种类型的优缺点。

二、计算题

1. 某段公路有5道涵洞，已知每道涵洞挖基需3d，铺底需2d，砌墙身需4d，浇盖板需3d，回填1d，试绘制施工进度横线图。

2. 对下表工程进行排序，计算流水步距、总工期并绘制施工进度横线图。

工　　序	施工段				
	1号	2号	3号	4号	5号
准备	8	7	9	5	7
挖基	2	4	5	2	1
砌石	4	5	8	3	3

3. 某现浇钢筋混凝土工程，由支模、绑扎钢筋、浇混凝土、拆模板和回填土五个分项工程组成，划分为四个施工段，各分项工程在各个施工段上持续时间分别为支模2d、3d、2d、3d，绑扎钢筋3d、3d、4d、4d，浇混凝土2d、1d、2d、2d，拆模板1d、2d、1d、1d，回填土2d、3d、2d、2d，支模与绑扎钢筋可以搭接1d，混凝土浇筑后至拆模板必须有2d的养生时间，试编制该项目施工进度横线图。

任务三　施工进度斜线图的编制

学习目标

(1)了解斜线式施工进度计划编制的依据。

(2)掌握斜线式施工进度计划编制的方法与步骤。

(3)能根据工程项目相关资料绘制斜线式施工进度图。

任务描述

本工作任务是通过流水施工参数的计算及施工项目次序的确定,绘制斜线式施工进度图,可以方便地表达出分部分项工程的施工持续时间及施工计划的总工期,便于计算完成施工计划所需的劳动力、材料、机械设备及资金等各种资源需要量。

相关知识

一、施工进度斜线图相关知识

1. 斜线图的概念

斜线图以纵坐标表示施工日期和工程数量,以横坐标表示公路里程和工程位置,而各分部分项工程(工序)的施工进度,则相应地以不同的斜线或符号表示的一种施工进度图形。

2. 斜线图的常用格式

斜线图一般由三部分组成:图的上部表示了各分部分项工程的工程数量按里程分布的具体情况和构造物的具体位置、结构形式等;图的中间部分用不同的斜线或线条表示了各工序的施工进度和作业组织形式,对应进度线的右侧按月以一定的比例绘出劳动力需要量曲线;图的下部按里程绘出施工组织平面示意图。

二、施工进度斜线图的编制步骤

(1)作图的准备工作。

编制斜线图的准备工作,与编制横线图的准备工作基本相同。

(2)编制作业工期计算表。

编制斜线图作业工期计算表的内容和方法,与编制横线图作业工期计算表的内容和方法基本相同。列项时,线型工程要按里程顺序,并以公里为单位计量列项;集中型工程要按工程的桩号顺序,并单独计量列项。

(3)绘制施工进度线。

①根据作业项目的多少,绘制斜线图的图表轮廓。

②根据合同或上级确定的工程开、竣工日期,将施工进度日历绘于图的上部。

③列项计算各施工项目的劳动量、作业持续时间及机械台数。

④按各作业项目的主导工期、施工方法、作业方式,绘出不同形状的进度线。

⑤进行反复优化、比较和修改。

⑥绘制图例。

⑦编写施工进度图的说明。

(4)制订多个方案进行比较、评价,择优确定。

为了使施工组织符合施工实际,需要做多个比较方案,绘制几个施工进度草图,再经过反复平衡、比较、评价,最后才能确定采用的方案。

(5)施工进度计划的检查与调整。

三、任务实施

【例 3-11】 现有结构尺寸相同的涵洞 5 座,每个涵洞都有挖槽、砌基、安管、洞口四道工序,各涵每道工序的工作时间为 $t_1=3d$、$t_2=2d$、$t_3=4d$、$t_4=5d$,求总工期并绘制斜线图。

分析:本题属于分别流水,分析计算过程见任务二中例 3-9,潘氏法总工期为 38d,斜线图如图 3-17 所示。

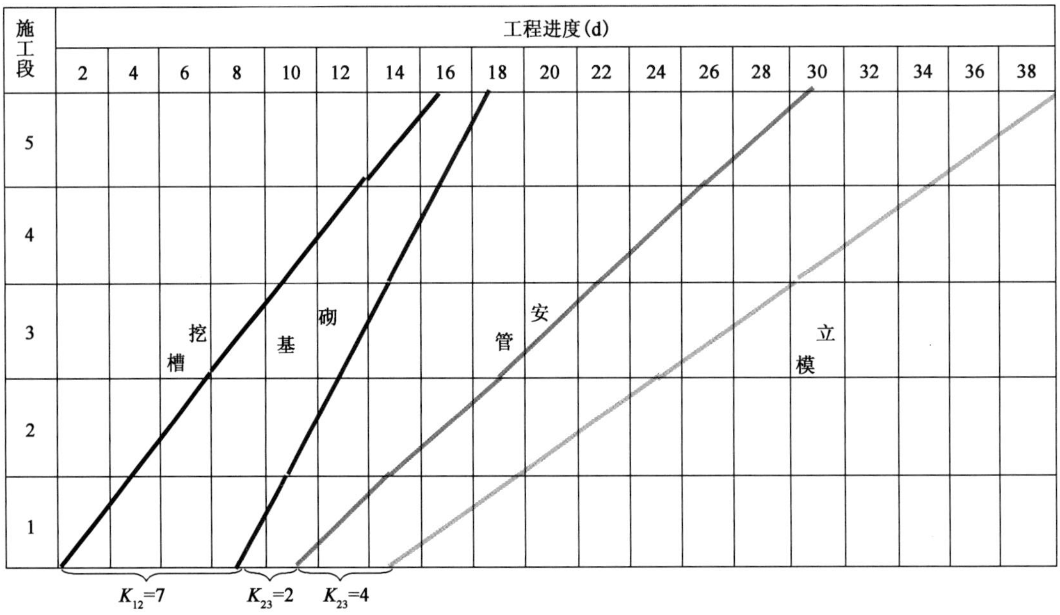

图 3-17 施工进度斜线图

【例 3-12】 现有一钢筋混凝土结构物,分为Ⅰ、Ⅱ、Ⅲ、Ⅳ四个施工段,每个施工段又分为立模、扎筋、浇混凝土三道工序、各工序工作时间见表 3-12。试确定最小流水步距,求总工期并绘制其施工进度斜线图。

流水节拍表 表 3-12

工序	施工段			
	Ⅰ	Ⅱ	Ⅲ	Ⅳ
立模 a	2	3	4	3
扎筋 b	3	4	2	5
浇混凝土 c	2	3	3	2

分析:本题属于三道工序,m 个施工段,分析计算过程见任务二中例 3-10,总工期为 19d,斜线图如图 3-18 所示。

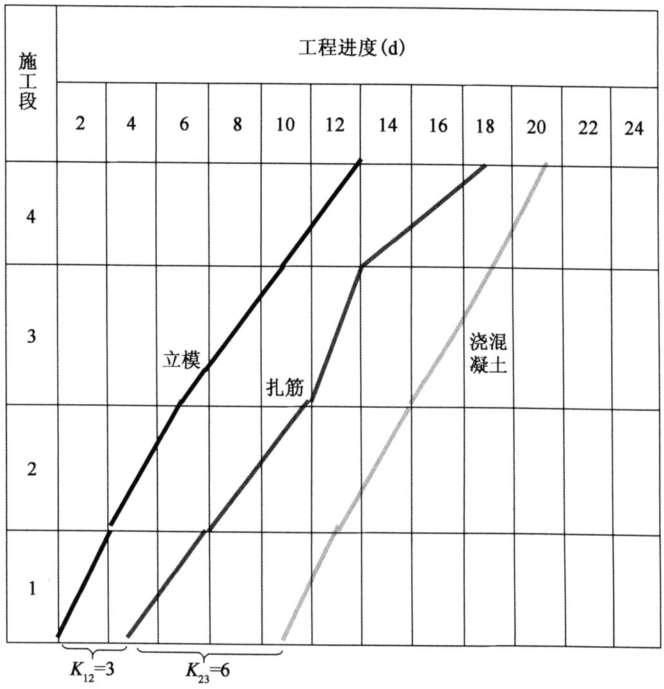

图 3-18　施工进度斜线图

自我测试

计算题

1. 某段公路有 5 道涵洞,已知每道涵洞挖基需 3d,铺底需 2d,砌墙身需 4d,浇盖板需 3d,回填需 1d。试绘制施工进度斜线图。

2. 某路面工程 5km,划分为四个施工段施工。垫层施工的持续时间 12d,基层 20d,面层 20d,保护层 8d。试绘制施工进度斜线图。

3. 对下表工程进行排序,计算流水步距,试绘制施工进度斜线图。

工　序	施工段				
	1 号	2 号	3 号	4 号	5 号
准备	8	7	9	5	7
挖基	2	4	5	2	1
砌石	4	5	8	3	3

任务四　施工进度网络图的编制

学习目标

(1) 了解网络计划技术的基本原理、优点及分类。

(2)掌握双代号网络图、单代号网络图的绘图规则及绘制方法。

(3)能根据网络关系的表示方法,规范完成网络图的绘制及时间参数的确定。

(4)了解网络计划的工期优化、资源优化、费用优化的过程。

任务描述

本工作任务是编制施工进度网络图。完成该任务,首先要根据网络图绘制原则、绘制方法及工序间逻辑关系绘制出网络图,其次计算网络图中各类时间参数,确定关键线路和总工期,最后根据工程要求进行网络计划的优化。

相关知识

一、施工进度网络图相关知识

网络计划技术是20世纪50年代国际上出现的一种计划管理的方法,将计划中的各个工作之间的关系建立在网络图的模型上,并把计划的编制、协调、优化和控制有机结合起来,这种方法称为网络计划技术。最早应用此项技术的是关键线路法(CPM)和计划评审技术(PERT),前者于1956年由美国杜邦公司提出,在1957年应用于一个价值1000多万美元的化工厂建设中,取得了良好效果。后者是1958年由美国海军部武器局特别计划室提出,首先应用于制订美国海军北极星导弹研制计划,它使北极星导弹研制工作在时间和成本方面取得了显著的效果。这两种方法的推广和应用过程中,不同国家根据本国实际对其分别进行了扩展和改进。我国从20世纪60年代初在华罗庚教授倡导下,对网络计划技术进行了研究和应用,于1991年颁布《工程网络计划技术规程》(JGJ/T 1001—1991),1992年形成国家标准,1999年重新修订颁布了《工程网络计划技术规程》(JGJ/T 121—1999),目前最新规程是《工程网络计划技术规程》(JGJ/T 121—2015)。

网络计划与横道计划相比,具有以下优点:

(1)能全面而明确地表达出各项工作开展的先后顺序和反映出各项工作之间的相互制约和相互依赖的关系。

(2)可以区分关键工作和非关键工作,并能反映出各项工作的机动时间。

(3)可以更好地运用和调配工、料、机等各种物质。

(4)可以利用计算机进行计算工作。

(5)能够进行计划的优化比较,选出最优方案。

缺点:在计算劳动力、资源消耗量时,与横道图相比较为困难。

网络计划图与横道图的关系:实际上网络计划图和横道图一样都是时间组织的一种成果,任何一个横道图(紧凑法)都可以改画成网络计划图。

1. 网络计划的表示方法

网络计划的表达形式是网络图。所谓网络图是指由箭线和节点组成的、用来表示工作流程的有向、有序的网状图形。网络图中,按节点和箭线所代表的含义不同,可分为双代号网络图和单代号网络图两大类。

1)双代号网络图

双代号网络图由三个要素组成,箭线、节点和流向(方向)。一项工作用两个节点和一根箭线表示,工作名称写在箭线上面,工作持续时间和资源写在箭线下面,在箭线前后的节点编上序号。如以节点编号 i 和 j 代表一项工作名称，如图3-19所示。

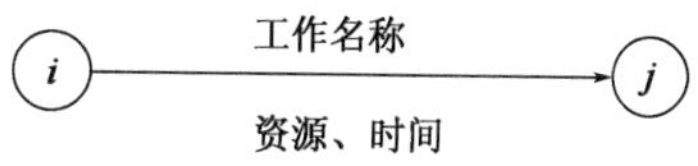

图3-19　双代号示意图

（1）箭线：一根箭线表示一项工作或表示一个施工过程。根据施工组织设计阶段的不同，箭线表示的工作，取决于网络的层次，可能是单位工程，也可能是分部、分项工程。箭线分为实箭线和虚箭线。实箭线表示的工作既消耗了时间又消耗了资源或只消耗了其中的一种，常用“⟶”表示。虚箭线表示的工作既不消耗时间也不消耗资源，只是用来表达工作之间的逻辑关系，常用“┈┈→”表示。

（2）节点：节点表示工作之间的衔接关系，具有相对性，代表前一项工作结束，后一项工作开始，不占时间、不耗资源，常用圆圈加编号表示。箭线的箭尾节点表示该工作的开始，箭线的箭头节点表示该工作的结束，所以箭尾节点编号在前，箭头节点编号在后，前小后大。

网络图中的每个节点都有自己的编号，节点编号必须满足三条基本规则：第一，箭头节点编号大于箭尾节点编号；第二，一个网络图中，所有节点不能出现重复编号；第三，节点编号的号码可以按自然数顺序进行，也可以非连续编号，以便适应网络计划调整中增加工作的需要，即编号可留有余地。

（3）流向（方向）：流向代表线路从头至尾连成一线，说明了各项工作的工艺关系，表示完成某些工作需消耗的各项资源。

工程中一项工作有三种可能：

既消耗资源也消耗时间：

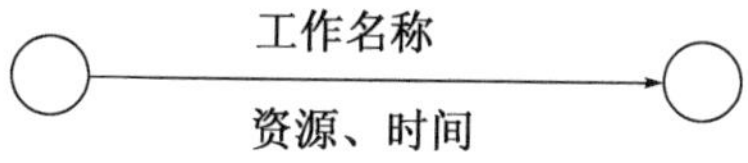

只消耗时间不消耗资源（混凝土养生等）：

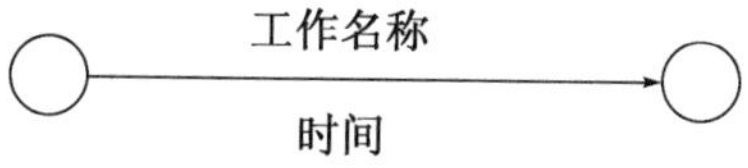

既不消耗时间也不消耗资源（虚工作）：

扩展知识：虚工作的作用

虚箭线并不表示某项工作，它只表示前后两项工作之间的关系，若是两个或多个虚箭线相连接，其所传递的关系不会断。

2）单代号网络图

单代号网络图与双代号网络图一样，也是由三要素组成，但含义却完成不相同，如图3-20所示。

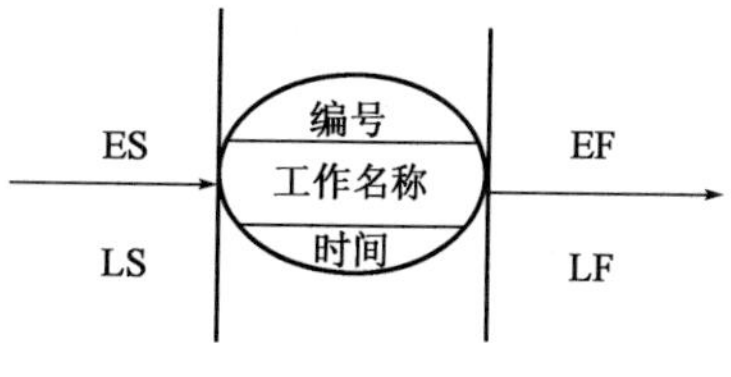

图3-20　单代号网络示意图

（1）节点：单代号网络图中节点可以用圆圈或方框表示，一个节点表示一项具体工作。节点表示的工作名称（工作代号）、工作持续时间和节点编号一般都标注在圆圈内。计算所得的时间参数一般标注在节点两侧。

(2)箭线:箭线表示工作之间的相互关系,既不消耗时间,也不消耗资源。单代号网络图中不用虚箭线,箭线的箭头方向表示工作的前进方向。

(3)代号:单代号网络图中,一项工作只能有一个代号,不能重复,箭头节点编号应大于箭尾节点编号。

2. 网络计划的分类

1)按性质分类

(1)肯定型网络计划:工作与工作之间的逻辑关系以及工作的工期(各施工段的流水节拍)都是确定的。

(2)非肯定型网络计划:工作之间的逻辑关系不肯定或工作的工期不确定。

2)按表示方法分类

(1)单代号网络计划:用单代号表示法绘制的网络图。每个节点表示一项工作,箭线用来表示各项工作之间的相互制约、相互依赖的关系。

(2)双代号网络计划:用双代号表示法绘制的网络图。箭线用来表示各项工作,节点表示各项工作之间的逻辑关系。

3)按有无时间坐标分类

(1)时标网络计划:以时间坐标为尺度绘制的网络计划。

(2)非时标网络计划:不按时间坐标绘制的网络计划图。

4)按网络计划层次分类

(1)总网络计划:以整个建设项目或单项工程为对象编制的网络计划。

(2)局部网络计划:以建设项目或单项工程的某一部分为对象编制的网络计划。

3. 网络图中各工作之间的逻辑关系及其表示方法

网络图必须正确表达整个工程的施工工艺流程和各工作开展的先后顺序以及它们之间相互制约、相互依赖的关系,即工作之间的逻辑关系。逻辑关系包括工艺关系和组织关系。工艺关系是指生产工艺上客观存在的先后顺序。例如,建筑施工时,先做基础、后做结构,就是一种工艺关系。组织关系是指在不违反工艺关系的前提下,人为安排的工作先后顺序关系。

工作之间逻辑关系的名称,相对于箭线有内向箭线和外向箭线;相对于节点有开始节点、结束节点和中间节点;相对于本工作有紧前工作、紧后工作、先行工作、后续工作以及平行工作。

1)箭线

(1)内向箭线:指向该节点的箭线称为内向箭线,如图3-21中节点⑤的内向箭线是②→⑤和③→⑤。

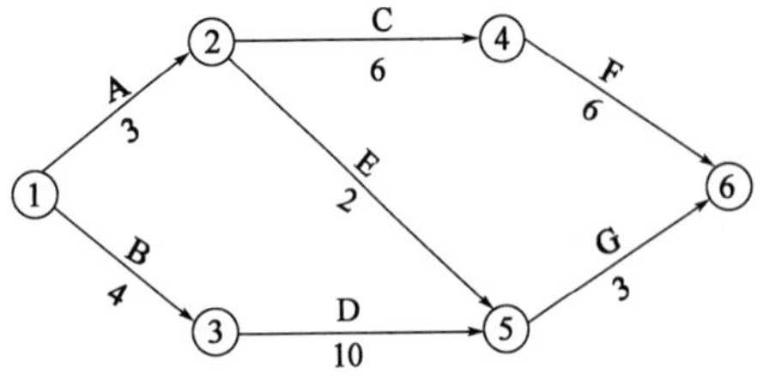

图3-21 双代号网络图

(2)外向箭线:流出该节点的箭线称为外向箭线,如图3-21中节点②的外向箭线是②→④和②→⑤。

2)节点

(1)开始节点:最先开始的、无内向箭线的节点,如图3-21中节点①所示。

(2)结束节点:最终结束的、无外向箭线的节点，如图3-21中节点⑥所示。

(3)中间节点：既有内向箭线又有外向箭线的节点，如图3-21中节点⑤所示。

3)工作

(1)紧前工作：就某一工作而言，紧靠其前的工作，如图3-21中D工作的紧前工作是B工作。

(2)紧后工作：就某一工作而言，紧靠其后的工作，如图3-21中B工作的紧后工作是D工作。

(3)先行工作：就某一工作而言某，在其工作之前的所有工作，如图3-21中G工作的先行工作有A、B、C、D、E五项工作。

(4)后续工作：就某一工作而言，在其工作之后的所有工作，如图3-21中A工作的后续工作有C、E、F、G四项工作。

(5)平行工作：就某一工作而言，与其同时施工的工作，都是该工作的平行工作，如图3-21中A工作和B工作就是平行工作。

二、双代号网络图的绘制及计算

1.双代号网络图模型

(1)依次开始：A工作完成后进行B工作，B工作完成后进行C工作，如图3-22所示。

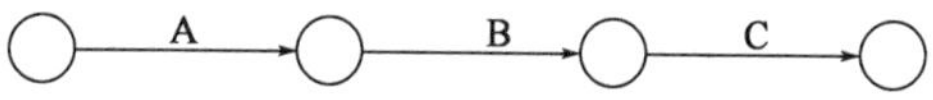

图3-22　依次开始

(2)同时开始：A工作结束后，B、C工作才能开始，如图3-23所示。

(3)同时结束：A、B工作均完成后进行C工作，如图3-24所示。

(4)全约束：A、B工作均完成后同时进行C和D工作，如图3-25所示。

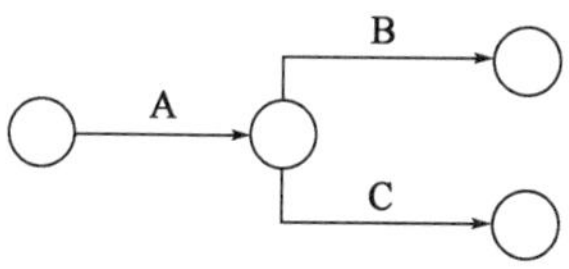

图3-23　同时开始

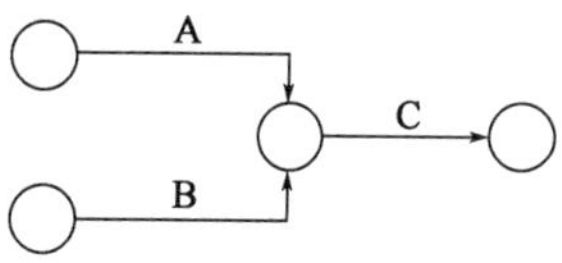

图3-24　同时结束

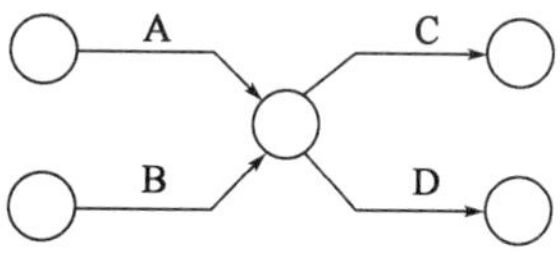

图3-25　全约束

(5)半约束：A工作完成后进行C工作；A、B工作均完成后进行D工作，如图3-26所示。

(6)三分之一约束：A工作完成后进行C工作；B工作完成后进行E工作；A、B工作均完成后进行D工作，如图3-27所示。

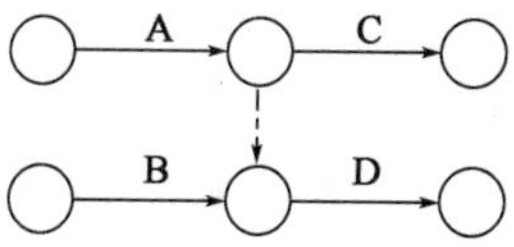

图3-26　半约束

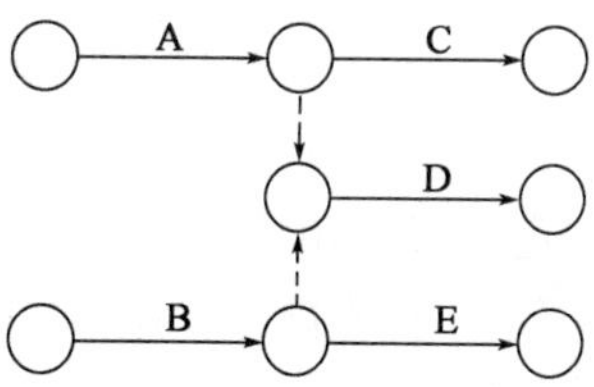

图3-27　三分之一约束

2. 双代号网络图的绘制原则

(1)一张网络计划图中只允许有一个起始点和一个终点节点。

(2)一对节点之间只能有一条箭线。

(3)网络图中不允许出现闭合回路。

(4)网络计划图中不允许出现相同编号的节点或相同代码的工作。

(5)一条箭线箭头节点编号应大于箭尾节点编号。

(6)一个网络图中不允许单代号、双代号混用。

(7)网络计划图的布局应合理,要尽量避免箭线的交叉。当箭线的交叉不可避免时,可采用“暗桥”“断线”等方法来处理,如图 3-28 所示。

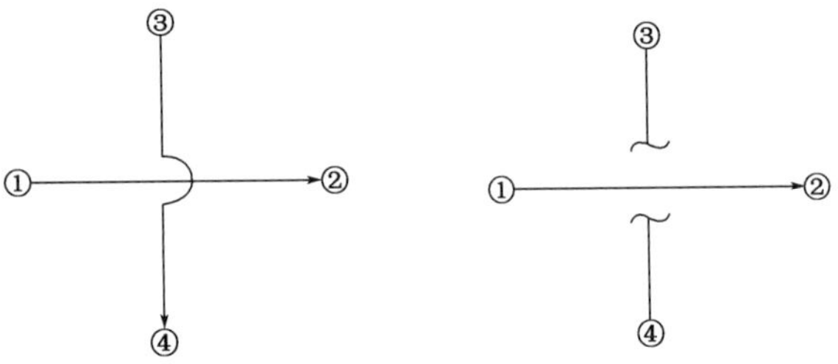

a)暗桥法　　b)断线法

图 3-28　暗桥、断线表示法

课堂练习

请判断以下双代号网络图(图 3-29 ~ 图 3-32)绘制是否正确?

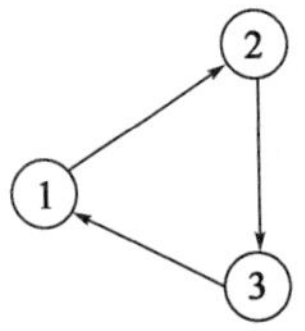

图　3-29

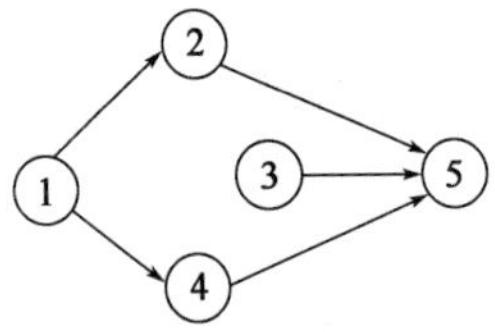

图　3-30

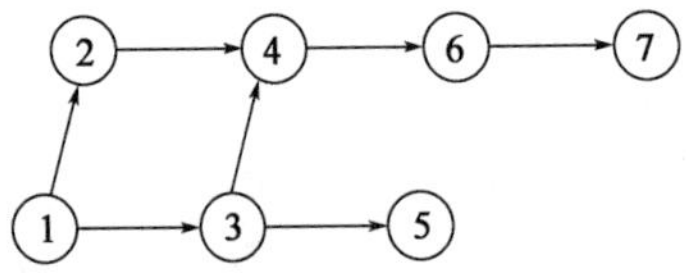

图　3-31

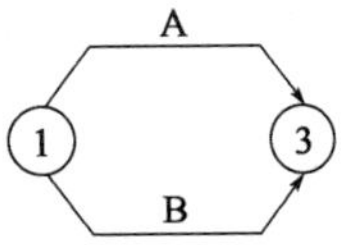

图　3-32

3. 双代号网络图的绘制步骤及方法

双代号网络计划图的绘制步骤:按施工方案分解工程任务—确定各单项工作的相互关系、时间表—逐节生长绘草图—整理草图并检查其正确性—绘制正确的网络图并将节点编号。

双代号网络图一般可用两种绘制方法,具体如下:

(1)前进法。从开始的工作排起,按紧接在后面的工作依次排下去,直至终点工作。

(2)后退法。从完成的工作开始排,由后向前排,一直排到开始工作。

【例 3-13】　制定一段城市道路更新工程的网络计划图。先分解该项目:工程可分解为测量、土方工程、路基施工、安装排水设施、清除杂物、路面施工、路肩施工、清理场地等八项,分别用 A、B、C、D、E、F、G、H 表示;然后确定各单项工作之间的关系,并根据各自的工程量确定持续时间(表 3-13),用前进法绘制得到图 3-33。

工 程 量 表　　表 3-13

工作代号	A	B	C	D	E	F	G	H
工作名称	测量	土方工程	路基施工	安装排水设施	清除杂物	路面施工	路肩施工	清理场地
紧后工作	B	C、D、E	F、G	F	G	H	H	—
持续时间	1	10	2	5	1	3	2	1

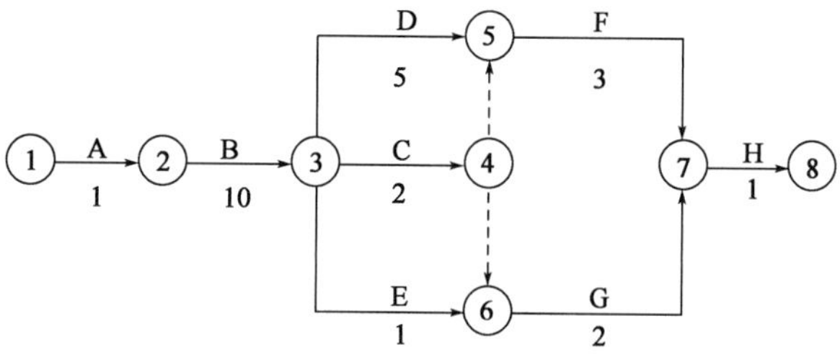

图 3-33　双代号网络图

【例 3-14】 试根据表 3-14 绘制双代号网络图，用后退法绘制得到图 3-34。

工　作　表　　表 3-14

工作代号	A	B	C	D	E	F	G	H	I	J
紧前工作	—	—	—	B	B、C	A、D	D、A	E	F	G、H

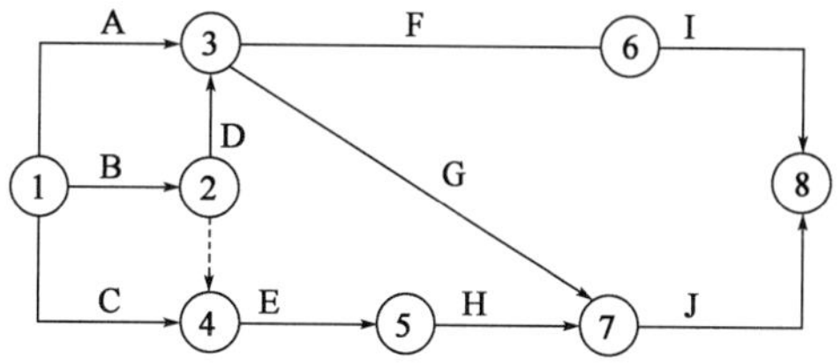

图 3-34　双代号网络图

课堂练习

(1) 已知各项工作之间的逻辑关系如表 3-15 所示，试绘制双代号网络图。

工　作　表　　表 3-15

工作代号	A	B	C	D
紧前工作	—	—	A、B	B

(2) 已知各项工作之间的逻辑关系如表 3-16 所示，试绘制双代号网络图。

工　作　表　　表 3-16

工作代号	A	B	C	D	E
紧前工作	—	—	A	A、B	B

以上两题双代号网络图分别如图 3-35、图 3-36 所示。

4. 双代号网络图时间参数的计算

网络图用网络的形式表达出了工作之间的逻辑关系。还必须通过计算求出工期，得到一

定的时间参数(图3-37)。时间参数的计算目的如下:

①确定完成整个计划的总工期、各项工作的最早可能开始时间和最早可能完成时间。

②确定各工作的最迟必须开始时间和最迟必须完成时间,各项工作的各种机动时间与计划中的关键工作及关键线路。

③时间参数的计算是绘制时标网络计划图的基础。

④时间参数的计算是网络计划调整与优化的前提条件。

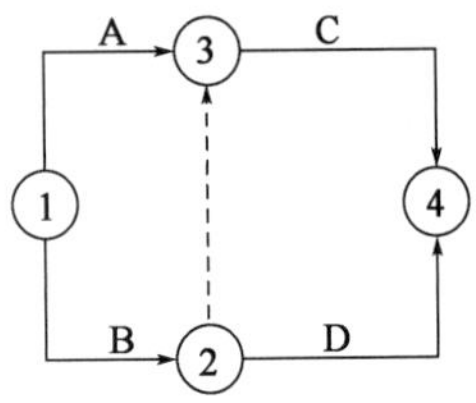

图3-35 双代号网络图

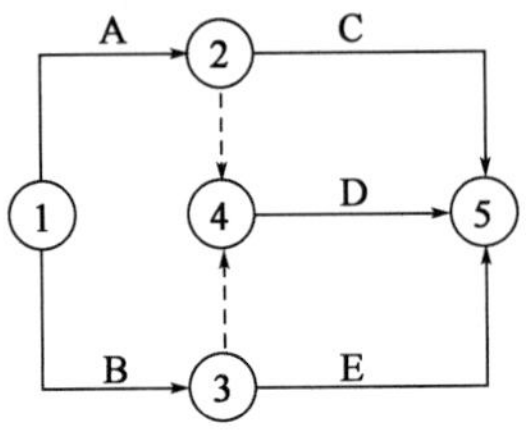

图3-36 双代号网络图

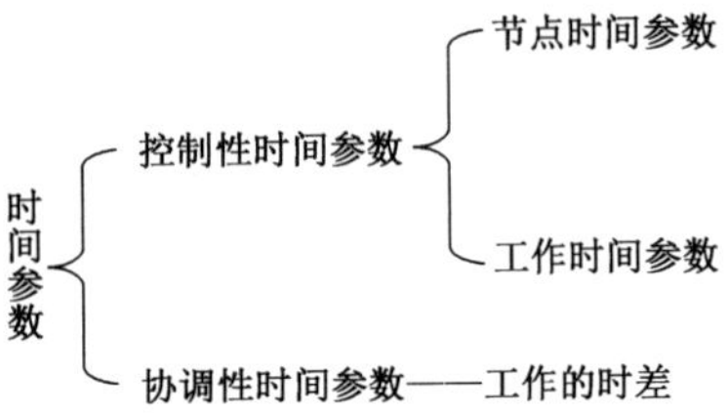

图3-37 时间参数分类

工作持续时间是指一项工作从开始到完成的时间,在双代号网络计划中,工作 i-j 的持续时间用 D_{i-j}表示。

工期指的是完成一项任务所需要的时间。在网络计划中,工期一般有三种:

①计算工期。计算工期是指根据网络计划时间参数计算而得到的工期。用 T_c 表示。

②要求工期。要求工期是指任务委托人所指出的指令性工期,用 T_r 表示。

③计划工期。计划工期是指根据要求工期和计算工期所确定的作为实施目标的工期,用 T_p 表示。

当规定了要求工期时:

$$T_p \leqslant T_r$$

当未规定要求工期时:

$$T_p = T_c$$

1)节点时间参数计算

(1)节点的最早可能实现时间(ET)。

ET是指以计划起始节点的时间 $ET_1 = 0$ 为起点,沿着各条线路达到每一个节点的时刻,它表示该节点紧前工作的全部完成,其后的紧后工作最早可能开始的时间。用公式表示即为

$$ET_j = \max\{ET_i + D_{i-j}\} \qquad (j = 2,3,4,\cdots,n) \tag{3-10}$$

式中:D_{i-j}——工作(i-j)的持续时间;

n——网络计划图中终节点的编号。

按上式计算得到终节点的最早可能实现时间即计划的总工期,即 $ET_n = T$。

(2)节点的最迟实现时间(LT)。

LT是指在计划工期确定的情况下,从网络计划图终节点开始,逆向推算即得各节点的最迟实现时间。先给定 $LT_n = ET_n = T$,由此递推:

$$LT_i = \min\{LT_j - D_{i-j}\} \qquad (i = n-1, n-2,\cdots,2,1)(j-1 \geqslant 1) \tag{3-11}$$

(3)节点时间参数计算步骤。

①设起始节点的最早可能实现时间 $\mathrm{ET}_1=0$,顺箭头计算各节点的最早可能实现时间 ET_j;如果是汇集节点,即有多条箭线进入的节点,则应对进入节点的各条箭线分别进行计算,然后取其中最大值作为该节点的 ET 值;继续计算直到终节点得到 ET_n。

②终节点的最早可能实现时间 $\mathrm{ET}_n=T$,即等于计划工期。

③设终节点的最迟必须实现时间 $\mathrm{LT}_n=\mathrm{ET}_n$,逆箭头计算各节点的最迟必须实现时间 LT_i;如果是分枝节点,即有多条箭线退入的节点,则应对退入节点的各条箭线分别进行计算,然后取其中最小值作为该节点的 LT 值;继续计算直到起始节点。

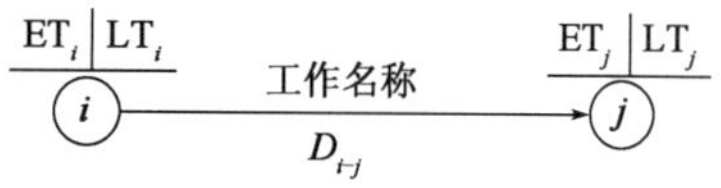

图 3-38　节点时间参数在双代号网络图上的表示方法

节点时间参数在双代号网络图上的表示方法见图 3-38。

2)工作时间参数计算

(1)工作的最早可能开始时间(ES)。

工作的最早可能开始时间是指一项工作在其紧前工作都结束后,可以开始工作的最早时间,很显然工作(i-j)的最早可能开始时间就等于箭尾节点(i)的最早可能实现时间。即:

$$\mathrm{ES}_{i-j}=\mathrm{ET}_i \tag{3-12}$$

(2)工作的最早可能结束时间(EF)。

正常情况下,工作(i-j)若能在最早可能开始时间开始,对应就有一个最早可能结束时间,它就等于箭尾节点的最早可能实现时间或者工作的最早可能开始时间加上工作(i-j)的持续时间 D_{i-j}即:

$$\mathrm{EF}_{i-j}=\mathrm{ET}_i+D_{i-j}=\mathrm{ES}_{i-j}+D_{i-j} \tag{3-13}$$

(3)工作的最迟必须结束时间(LF)。

工作的最迟必须结束时间是指一项工作在不影响工程按总工期结束的条件下,最迟必须结束的时间,它必须在紧后工作开始之前完成。从终节点逆箭线计算,工作 i-j 最迟必须结束时间应等于节点 j 的最迟必须实现时间,即:

$$\mathrm{LF}_{i-j}=\mathrm{LT}_j \tag{3-14}$$

(4)工作的最迟必须开始时间(LS)。

在正常情况下,与工作的最迟必须结束时间相对应,有工作最迟必须开始时间。它即为工作最迟结束时间减去该工作的持续时间。

$$\mathrm{LS}_{i-j}=\mathrm{LF}_{i-j}-D_{i-j} \tag{3-15}$$

总结:若工作的最早开始时间等于工作的最迟开始时间,即 ES = LS,说明此工作没有时差,为关键工作;若两者不相等,则说明此工作有机动时间可利用。

3)工作的时差计算

时差反映工作在一定条件下的机动时间范围。通常分为:总时差(TF)、局部时差(FF)。

(1)总时差(TF)。

总时差是指在不影响紧后工作的最迟开始时间的条件下,工作(i-j)所拥有的最大机动时间,是保证本工作以最迟完成时间完工的前提下,允许该工作推迟其最早开始时间或延长其持续时间的幅度。

工作(i-j)的总时差计算公式如下：

$$\begin{aligned}\mathrm{TF}_{i-j}&=\mathrm{LT}_j-\mathrm{ET}_i-D_{i-j}=\mathrm{LF}_{i-j}-\mathrm{ES}_{i-j}-D_{i-j}\\&=\mathrm{LF}_{i-j}-\mathrm{EF}_{i-j}=\mathrm{LS}_{i-j}-\mathrm{ES}_{i-j}\end{aligned} \tag{3-16}$$

由上式看出,对任何一项工作(i-j),其总时差可能有三种情况：

①总时差等于0,说明该工作没有机动时间；

②总时差大于0,说明该工作存在机动时间；

③总时差小于0,说明该工作存在负时差,计划工期长于规定工期,应采取技术组织措施予以缩短,确保计划总工期。

结论：

①总时差为0,其他时差也都等于0；

②总时差不但属于本工作,而且可以传递,为一条线路所共有；

③总时差最小的工作为关键工作,关键工作组成的线路为关键线路。

(2)局部时差(FF)。

局部时差是指在不影响其紧后工作的最早可能开始时间的条件下工作(i-j)所具有的机动时间。具体来说,它是在不影响紧后工作按最早开始时间开工的前提下,允许该工作推迟其最早开始时间或延长其持续时间的幅度。工作(i-j)的局部时差计算公式如下：

$$\mathrm{FF}_{i-j}=\mathrm{ET}_j-\mathrm{ET}_i-D_{i-j}=\mathrm{ET}_j-\mathrm{EF}_{i-j} \tag{3-17}$$

工作时间参数在双代号网络图上的表示方法见图3-39。

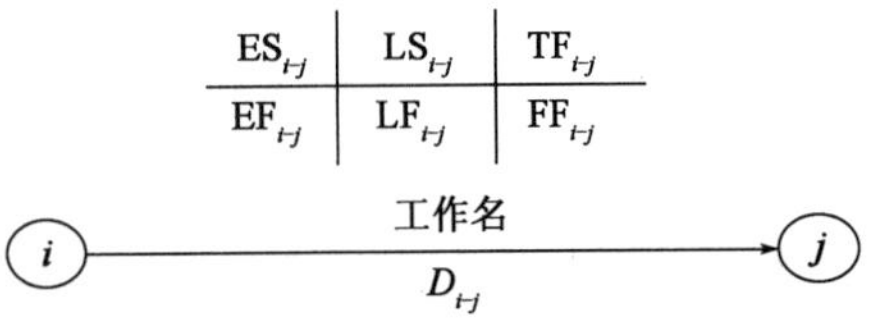

图3-39　工作时间参数在双代号网络图上的表示方法

结论：

①局部时差只限于本工作利用,不能传递；

②局部时差小于或等于总时差；

③使用局部时差对紧后工作没有影响。

4)关键路线及其确定

(1)线路。

线路是指网络计划图中顺箭线方向由开始节点至结束节点的一系列节点箭线组成的通路。

(2)关键线路。

由关键工作组成的线路称为关键线路。一个网络图中,持续时间之和最长的线路是关键线路。

(3)非关键线路。

网络计划图中除关键线路以外的线路称为非关键线路。非关键线路中存在时差的工作称为非关键工作。非关键线路上的工作并非全由非关键工作组成。

(4)关键线路的确定。

①关键线路上所有工作的总时差均为零。只要连接网络计划中总时差为零的工作组成的线路,就可以确定为关键线路(关键工作法)。

②如果节点的两个时间参数相等,还需加上以下条件：

箭尾节点时间 + 工作持续时间 = 箭头节点时间

满足此两条件的工作组成的线路,即为关键线路(关键节点法)。

(5)关键线路的特性。

①关键线路上各工作的总时差均为零。

②关键线路在网络计划中不一定只有一条,有时存在多条,但关键工作所占比重并不大。这样,就有可能使工程项目的管理者集中精力抓住主要矛盾,搞好计划管理工作。

③非关键工作如果将总时差全部用完,就会转化为关键工作。

④当非关键线路延长的时间超过它的总时差时,关键线路就转变为非关键线路。

5)双代号时间参数计算方法

(1)列式计算法。

列式计算法是根据各项时间参数的计算公式,逐一计算的方法。该法是网络计划时间参数计算的基本方法。

(2)图上计算法。

图上计算法是按照各时间参数计算公式,直接在网络图上计算时间参数的方法。由于计算过程在图上直接进行,不需列计算式,既快又不易出错,计算结果直接标在网络图上,一目了然,同时也便于检查和修改,故此比较常用。

【例 3-15】 计算图 3-40 的节点时间参数和工作参数。

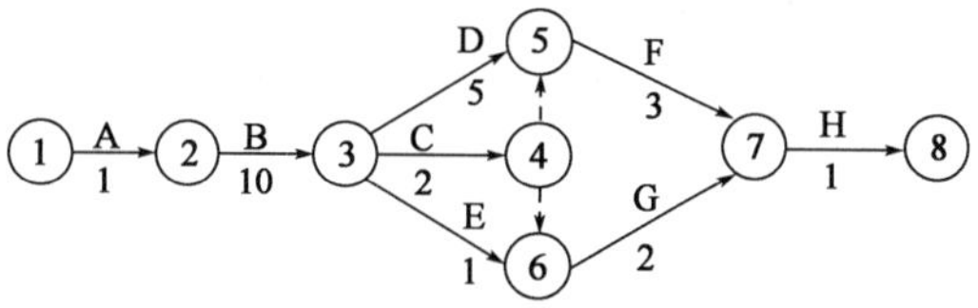

图 3-40　工作时间参数在双代号网络图上的表示方法

列式计算法求各工作 ET:

$ET_1=0$　$ET_2=ET_1+D_{1-2}=1$　$ET_3=ET_2+D_{2-3}=11$

$ET_4=ET_3+D_{3-4}=13$　$ET_5=\max\{ET_3+D_{3-5},ET_4+D_{4-5}\}=16$

$ET_6=\max\{ET_3+D_{3-6},ET_4+D_{4-6}\}=13$　$ET_7=\max\{ET_5+D_{5-7},ET_6+D_{6-7}\}=19$

$ET_8=ET_7+D_{7-8}=20$

总工期为 20d,列式计算法求各工作 LT:

$LT_8=T_P=20$　$LT_7=LT_8-D_{7-8}=19$　$LT_6=LT_7-D_{6-7}=17$

$LT_5=LT_7-D_{5-7}=16$　$LT_4=\min\{LT_5-D_{4-5},LT_6-D_{4-6}\}=16$

$LT_3=\min\{LT_5-D_{3-5},LT_4-D_{3-4},LT_6-D_{3-6}\}=11$

$LT_2=LT_3-D_{2-3}=1$　$LT_1=LT_2-D_{1-2}=0$

列式计算法求各工作 ES:

$ES_{1-2}=ET_1=0$　$ES_{2-3}=ET_2=1$　$ES_{3-4}=ET_3=11$

$ES_{3-5}=ET_3=11$　$ES_{3-6}=ET_3=11$　$ES_{4-5}=ET_4=13$

$ES_{5-7}=ET_5=16$　$ES_{6-7}=ET_6=13$　$ES_{7-8}=ET_7=19$

列式计算法求各工作 EF:

$EF_{1-2}=ES_{1-2}+D_{1-2}=1$　$EF_{2-3}=ES_{2-3}+D_{2-3}=11$

$EF_{3-4}=ES_{3-4}+D_{3-4}=13$　$EF_{3-5}=ES_{3-5}+D_{3-5}=16$

$EF_{3-6}=ES_{3-6}+D_{3-6}=12$　$EF_{4-5}=ES_{4-5}+D_{4-5}=13$

$EF_{4-6}=ES_{4-6}+D_{4-6}=13$　$EF_{5-7}=ES_{5-7}+D_{5-7}=19$

$EF_{6-7}=ES_{6-7}+D_{6-7}=15$　$EF_{7-8}=ES_{7-8}+D_{7-8}=20$

总工期为20d,列式计算法求各工作LF:

$LF_{7-8}=LT_8=20$　$LF_{6-7}=LT_7=19$　$LF_{5-7}=LT_7=19$　$LF_{4-6}=LT_6=17$　$LF_{4-5}=LT_5=16$　$LF_{3-6}=LT_6=17$

$LF_{3-5}=LT_5=16$　$LF_{3-4}=LT_4=16$　$LF_{2-3}=LT_3=11$

$LF_{1-2}=LT_1=1$

列式计算法求各工作LS:

$LS_{1-2}=LF_{1-2}-D_{1-2}=0$　$LS_{2-3}=LF_{2-3}-D_{2-3}=1$

$LS_{3-4}=LF_{3-4}-D_{3-4}=14$　$LS_{3-5}=LF_{3-5}-D_{3-5}=11$

$LS_{3-6}=LF_{3-6}-D_{3-6}=16$　$LS_{4-5}=LF_{4-5}-D_{4-5}=16$

$LS_{4-6}=LF_{4-6}-D_{4-6}=17$　$LS_{5-7}=LF_{5-7}-D_{5-7}=16$

$LS_{6-7}=LF_{6-7}-D_{6-7}=17$　$LS_{7-8}=LF_{7-8}-D_{7-8}=19$

列式计算法求各工作TF:

$TF_{1-2}=LF_{1-2}-EF_{1-2}=1-1=0$　$TF_{2-3}=LF_{2-3}-EF_{2-3}=11-11=0$

$TF_{3-4}=LF_{3-4}-EF_{3-4}=16-13=3$　$TF_{3-5}=LF_{3-5}-EF_{3-5}=16-16=0$

$TF_{3-6}=LF_{3-6}-EF_{3-6}=17-12=5$　$TF_{5-7}=LF_{5-7}-EF_{5-7}=19-19=0$

$TF_{6-7}=LF_{6-7}-EF_{6-7}=19-15=4$　$TF_{7-8}=LF_{7-8}-EF_{7-8}=20-20=0$

列式计算法求各工作FF:

$FF_{1-2}=ET_2-ET_1-D_{1-2}=1-0-1=0$　$FF_{2-3}=ET_3-ET_2-D_{2-3}=11-1-10=0$

$FF_{3-4}=ET_4-ET_3-D_{3-4}=13-11-2=0$　$FF_{3-5}=ET_5-ET_3-D_{3-5}=16-11-5=0$

$FF_{3-6}=ET_6-ET_3-D_{3-6}=13-11-1=1$　$FF_{5-7}=ET_7-ET_5-D_{5-7}=19-16-3=0$

$FF_{6-7}=ET_7-ET_6-D_{6-7}=19-13-2=4$　$FF_{7-8}=ET_8-ET_7-D_{7-8}=20-19-1=0$

图上计算法如图3-41所示。

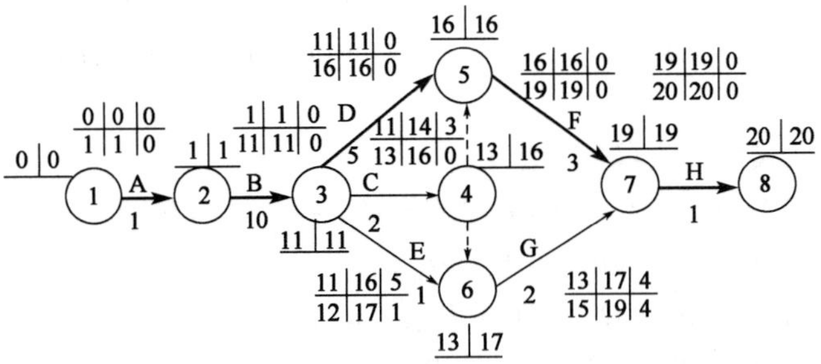

图3-41　图上计算法

从关键线路的特性可以判断出,关键线路为①→②→③→⑤→⑦→⑧(关键线路一般要在图上进行加粗),关键线路上的工作均为关键工作,故A、B、D、F、H均为关键工作。

三、时间坐标网络计划

1.时间坐标网络计划的概念

时间坐标网络计划(简称时标网络计划)是在一般网络计划的上方或下方增加一个时间坐标,箭线的长短即表示该工作持续时间的长短,它能恰当地表达进度计划中各项工作之间的时间关系,使网络计划更易于理解,是分析网络计划和对网络计划进行优化的有力工具。

2. 时间坐标网络计划的绘制

时标网络计划图可以按节点最早时间、节点最迟时间标画。

1)按节点最早时间标画时标网络

(1)求出网络各节点的时间参数,并确定关键线路。

(2)作出时间坐标,按节点最早时间把关键线路画在网中适当的位置。

(3)按节点最早时间标画出非关键线路。

在标画时标网络计划图时,应注意:

①时标网络计划图中所有节点的位置,应按节点的最早可能实现时间标画在相应的时间坐标上。

②工作用实箭线表示,实箭线的长短表示工作持续时间的长度。

③虚工作仍用虚箭线表示。

④工作的机动时间用虚线表示,并在实箭线和虚线分界处加一节短线。

⑤时间坐标网络计划图中各节点的纵向位置没有时间的含意。

2)按节点最迟标画时标网络

(1)其绘制步骤和方法与以节点最早时间标画完全相同,只而将节点位置由最早时间移至节点最迟时间即可。

(2)从最早与最迟时标网络可以看出,前者的特点是"紧前松后"而后者的特点是"紧后松前"。

3. 时间坐标网络计划的特点和应用

1)时间坐标网络计划的特点

(1)时标网络计划比较接近通常使用的横道计划图,能直观地反映出整个计划的时间进程。

(2)时标网络计划能直接反映出各项工作的开始和结束时间、机动时间及网络计划中的关键线路;在计划执行过程中,可以随时查出哪些工作应该已经完成、哪些工作正在进行以及哪些工作将要开始。

(3)由于时标网络计划图能清楚地表示出哪些工作需要同时进行,因此可以确定在同一时间内对劳动力、材料和机械设备等资源的需要量。

(4)通过优化调整后的时标网络计划,可以直接作为进度计划下达到执行单位使用。

(5)时标网络计划的调整比较麻烦,当情况发生变化时,如资源的变动或工期拖延后,要对时标网络计划进行修改时,因为改变工作持续时间就需要改变箭线的长度和节点的位置。这样往往因移动局部几项工作而牵动整个网络计划。

2)时间坐标网络计划的应用

(1)利用时标网络可以方便地编制工作项目少、工艺过程较简单的施工进度计划,编制中能迅速地边计算、边绘制、边调整。

(2)对于大型复杂工程,可以先用时标网络计划的形式绘制各分部工程或分项工程的网络计划,然后综合起来绘制出比较简单的总的网络计划。在执行过程中,如果时间有变化,则不必改动整个网络计划图,而只对这阶段分部工程的子网络计划进行修订可以了。

(3)在时间坐标的表示上,根据目的具体情况,每一小格可以是1小时、1日、1月、1季度甚至1年。同时,在时间坐标上,应扣除休息日和冬、雨季的影响。例如,按日为单位时间时,若7月6、7日为星期六、日,则时间坐标上不应标出这两天。

根据网络计划图(图3-42)分别按节点的最早时间和最迟时间绘制时标网络计划图,见图3-43、图3-44。

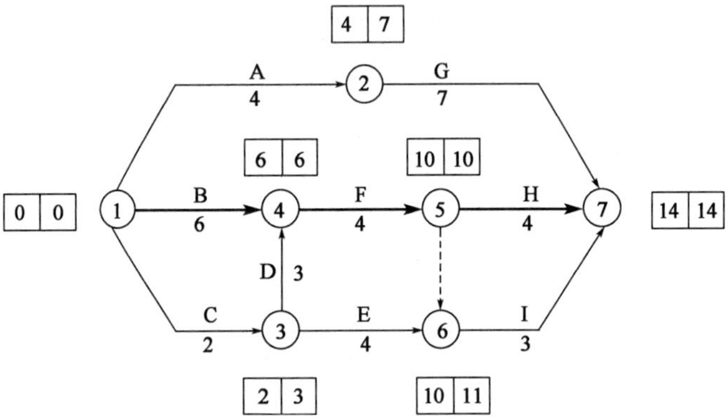

图3-42　双代号网络计划图

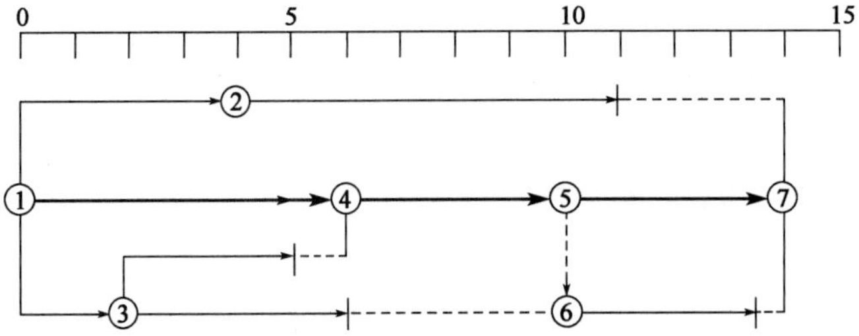

图3-43　按节点的最早时间绘制时标网络计划图

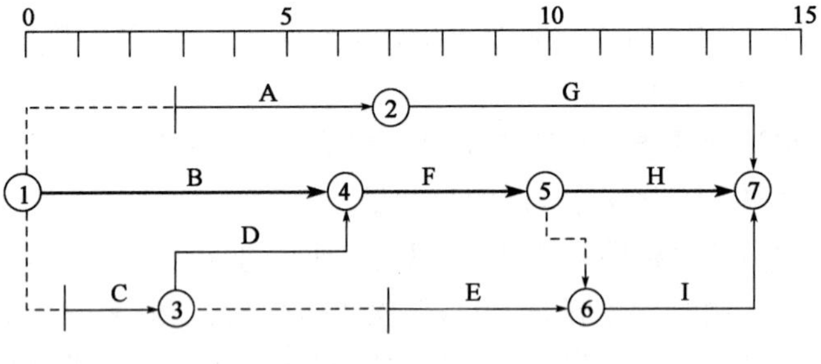

图3-44　按节点的最迟时间绘制时标网络计划图

四、单代号网络图的绘制及计算

1. 单代号网络图模型

(1)依次开始:A工作完成后进行B工作,B工作完成后进行C工作,如图3-45所示。

(2)同时开始:A工作结束后,B、C工作才能开始,如图3-46所示。

(3)同时结束:A、B工作均完成后进行C工作,如图3-47所示。

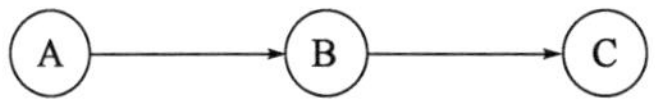

图 3-45　依次开始

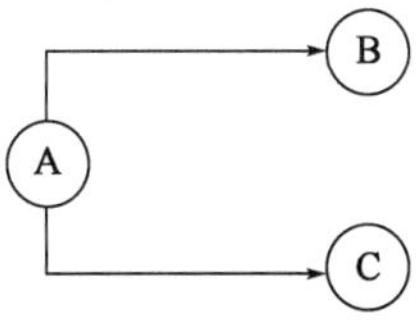

图 3-46　同时开始

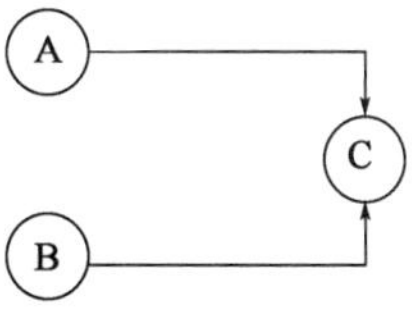

图 3-47　同时结束

(4)全约束：A、B 工作均完成后同时进行 C 和 D 工作，如图 3-48 所示。

(5)半约束：A 工作完成后进行 C 工作；A、B 工作均完成后进行 D 工作，如图 3-49 所示。

(6)三分之一约束：A 工作完成后进行 C 工作；B 工作完成后进行 E 工作；A、B 工作均完成后进行 D 工作，如图 3-50 所示。

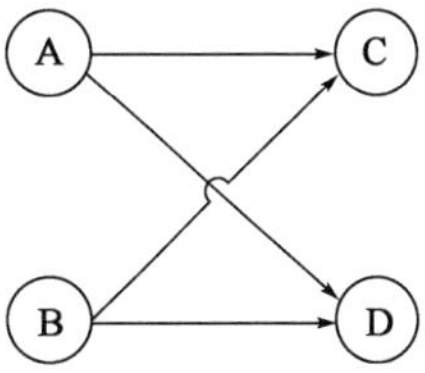

图 3-48　全约束

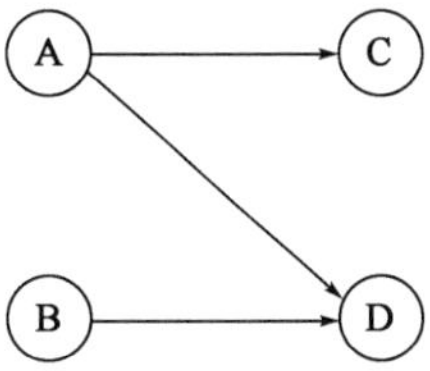

图 3-49　半约束

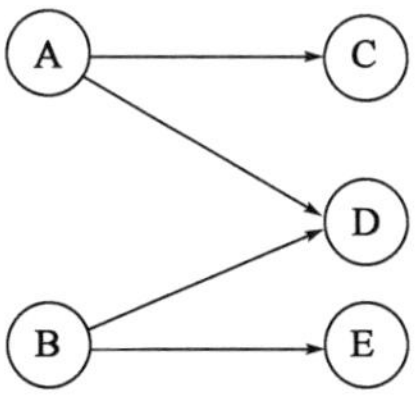

图 3-50　三分之一约束

2. 单代号网络图的绘制原则

(1)由于单代号网络图与双代号网络图的区别仅在于图形表达符号不同，而表达进度计划的内容是相同的，所以绘制双代号网络图的基本规则，在单代号网络图的绘制中都应遵守。

(2)单代号网络计划图中，若有几项工作同时开始或结束时，可以虚引入一个“始”节点或一个“终”节点。引入的“始”节点和“终”节点都是虚拟的节点，所以不消耗时间和资源。

3. 单代号网络图绘图

【例 3-16】　根据表 3-17 绘制单、双代号网络计划图。

施工顺序表　　表 3-17

工作代号	A	B	C	D	E	F
紧前工作	—	—	—	A、B	A、C	B、C、A

绘制结果见图 3-51、图 3-52。

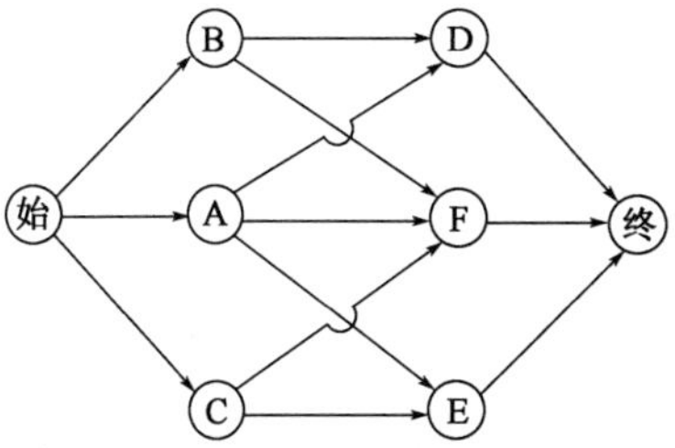

图 3-51　单代号网络图

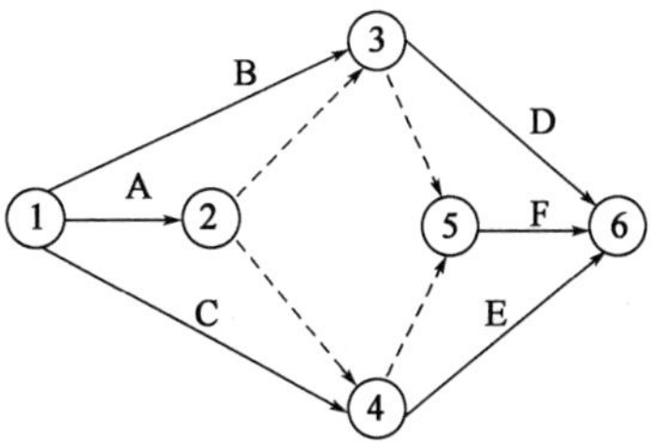

图 3-52　双代号网络图

通过单、双代号网络图绘制总结单代号网络图的特点如下：

(1)绘制比较简单，各项工作之间的相互关系容易表达。

(2)不用虚工作，网络计划图便于检查、修改。

(3)需用“暗桥法”解决交叉问题，同时单代号网络图不能标画成时标网络图。

(4)在时间参数计算时，单代号网络计划中无节点时间参数，只有工作时间参数。

4. 单代号网络图时间参数计算

1)工作的最早时间参数

表示该工作的所有紧前工作都已完工，本工作可以开工。从起始节点开始，顺箭线方向逐项计算每一个节点时，只看内向箭线，取所有紧前工作中，最早结束时间最大者，作为该工作最早可能开始 ES_i，直到终节点为止。开始节点最早可能开始时间为0。

(1)工作的最早可能开始时间(ES)。

$$ES_1 = 0 \quad ES_j = \max\{EF_i\} \tag{3-18}$$

(2)工作的最早可能结束时间(EF)。

$$EF_i = ES_i + D_i \qquad (i = 1, 2, 3, \cdots, n-1, n) \tag{3-19}$$

2)工作的最迟时间参数

计算工作的最迟时间应从终节点开始，逆箭线方向，向起始节点逐项计算上一节时，看外向箭线取紧后节点，最迟必须开始时间的最小者，作为该节点的最迟必须结束，直到起始节为止。

(1)工作的最迟必须结束时间(LF)。

$$LF_n = EF_n \quad LS_n = LF_n - D_n$$

$$LF_i = \min\{LS_j\} \tag{3-20}$$

(2)工作的最迟开始时间(LS)。

$$LS_i = LF_i - D_i \qquad (i = n, n-1, n-2, \cdots, 3, 2, 1) \tag{3-21}$$

3)工作各种时差的计算

(1)工作总时差(TF)。

$$TF_i = LF_i - ES_i - D_i = LF_i - EF_i = LS_i - ES_i \tag{3-22}$$

(2)工作局部时差(FF)。

$$FF_i = \min\{ES_j\} - ES_i - D_i = \min\{ES_j\} - EF_i \qquad (i < j) \tag{3-23}$$

4)关键线路的确定

单代号网络计划图中确定关键线路的方法与双代号网络图基本相同，只是没有节点时间参数，所以不能用节点时间参数均相等的方法来判别关键线路。

在单代号网路图中，总时差为零的工作为关键工作，由关键工作所形成的自始至终的线路即为关键线路。

【例3-17】 根据表3-18绘制单代号网络计划图、计算时间参数及确定关键线路。

施工顺序表 表3-18

工作代号	A	B	C	D	E	F	M
紧后工作	B、D	M、C	F	E	F	—	E
持续时间	5	10	10	5	5	5	4

绘制完成的单代号网络图,如图 3-53 所示。

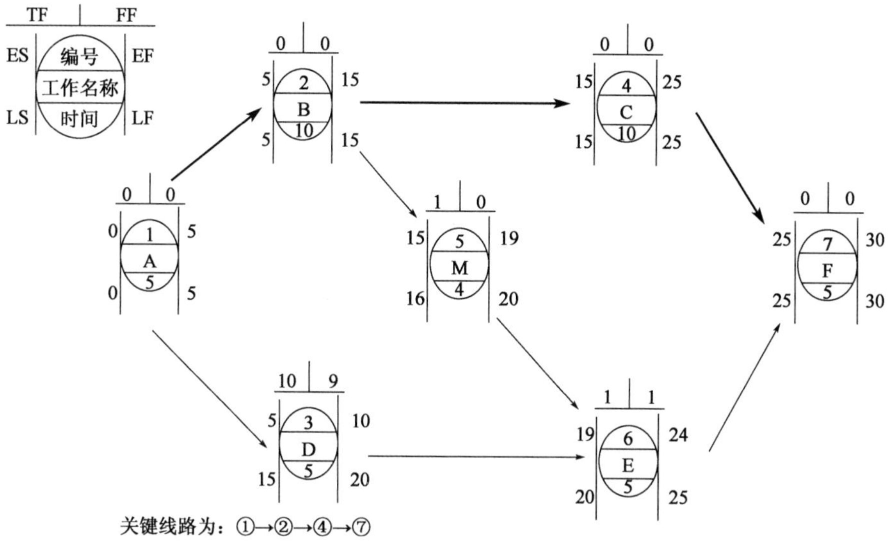

图 3-53 单代号网络图

五、网络计划的优化

网络计划的优化是既定的条件下,通过不断改善网络计划的初始方案,在满足给定网络计划的约束条件下,利用最优化原理,按某一衡量指标来寻求一个最优的计划方案,使之达到工期最短、成本最低、资源最优的目的。

根据网络计划优化条件和目标不同,通常有工期优化、时间—费用优化、资源优化等几种。

1. 工期优化

工期优化只考虑时间,不考虑各种资源。一般可通过工作顺序的优化和时间优化来实现。

1)工作顺序的优化

(1)将顺序作业调整为平行作业。

网络计划中,各工作之间的关系有两种:一是工艺关系,工作之间的逻辑关系式固定的、不能任意改变的,如桥墩的施工工艺为基础→墩身→墩帽;另一种关系为组织关系,它们之间的工作顺序的逻辑关系一般是可以改变的,对组织关系的工作可以由顺序作业调整为平行作业。如某段公路有涵洞①(工期为 5d)、涵洞②(工期为 5d)、涵洞③(工期为 5d)三座,施工顺序是涵洞①→涵洞②→涵洞③,则工期为 15d,如果改为平行作业,即涵洞①、涵洞②和涵洞③同时开工,那工期就是 5d。

(2)将顺序作业调整为流水作业。

几项串联的工作,若紧前工作部分完成后紧后工作就可以开始,那么这些工作就可以采取流水作业的方式来完成,从而可以缩短工期。

如某隧道工程,分为三道工序:掘进 A 需 30d,支模 B 需 12d,初砌 C 需 18d。该工程可以用串联形式组织生产,工期为 60d。若将 A、B、C 三项工作各分成三段交叉进行,根据工作关系(表 3-19),绘制出网络计划图并进行计算,其工期缩短到 40d。

工作关系　　表 3-19

工作代号	A1	A2	A3	B1	B2	B3	C1	C2	C3
紧后工作	A2、B1	A3、B2	B3	C1、B2	C2、B3	C3	C2	C3	—
持续时间(d)	10	10	10	4	4	4	6	6	6

画出流水作业的双代号网路图,见图 3-54。

(3)推迟非关键工作的开始时间。如图 3-55 所示,工作 A/B 平行进行,若工期要求为 16d,可以把 A 工作的人力转移到 B 上来,而把 A 推迟到 B 结束后开始,这样就使工期缩短到 16d,但关键线路改变了,如图 3-56 所示。

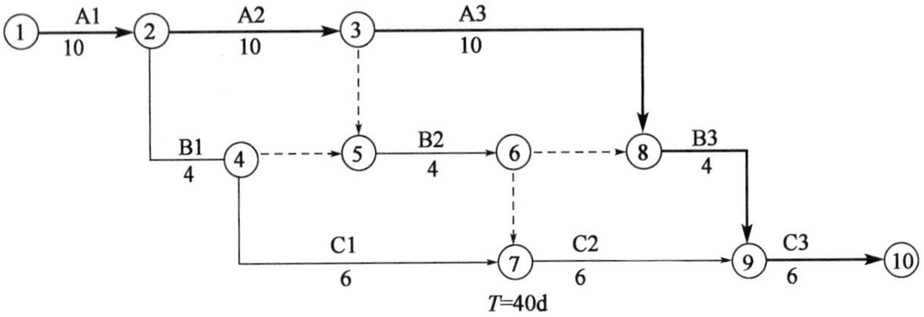

图 3-54

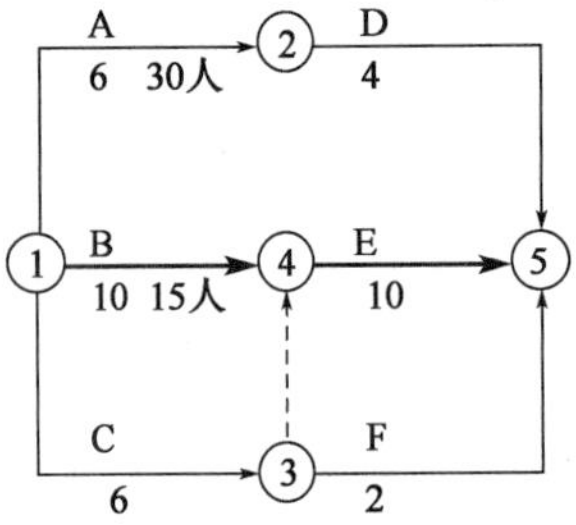

图 3-55

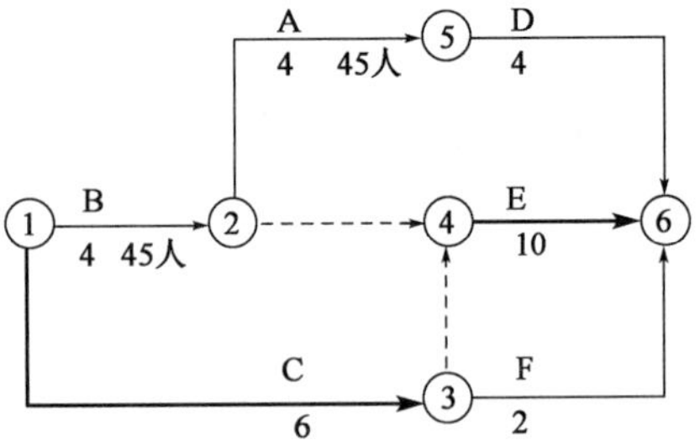

图 3-56

(4)延长非关键工作的持续时间。将非关键工作上的资源调一部分到关键工作上,这样非关键工作的时间就要延长,但由于关键线路上的资源增加,就相应缩短了关键线路的持续时间。

(5)从计划外增加资源。从计划外增加资源,如增加机械设备、运输车辆、劳动力等来加速关键工作的完成,从而使工期缩短。

2)时间优化

网络计划的工期即为关键线路的线路时间,因此,工期优化指在满足既定约束条件下,延长或缩短计算工期以达到要求工期的目标,使工期合理。

一般情况下:计算工期 T_c≤计划工期 T_p≤要求工期 T_r。

工程实践中还可能出现以下两种情况:

(1)当计算工期 T_c < 要求工期 T_r 时:

①当计算工期 T_c 与要求工期 T_r 相差较小时,可不调整。

②当计算工期 T_c 与要求工期 T_r 相差较大时,需要调整。

【例 3-18】 图 3-57 要求 28d 完成,请调整优化。

解:首先可以找出关键线路为:

1→2→3→4→5,计算工期 $T=23\text{d}<$ 要求工期 28d,相差较大需要调整。

调整关键线路:3→4;4→5 时间相对较少,可以增加,把 3→4 加 2d,4→5 加 3d,此时不影响其他线路,工期为 28d,关键线路未发生变化,调整后的网络图,如图 3-58 所示。

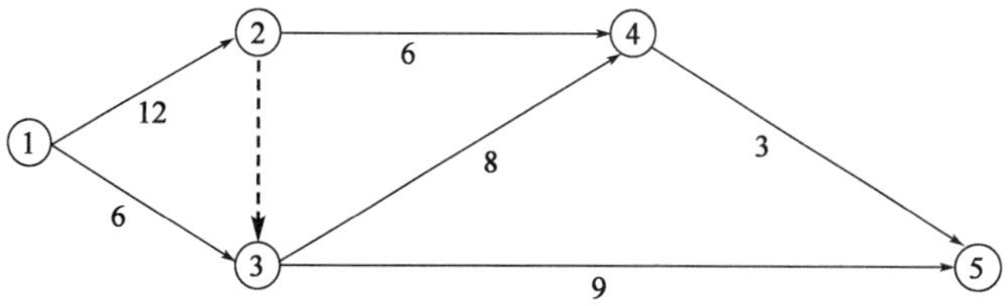

图 3-57 初始双代号网络图

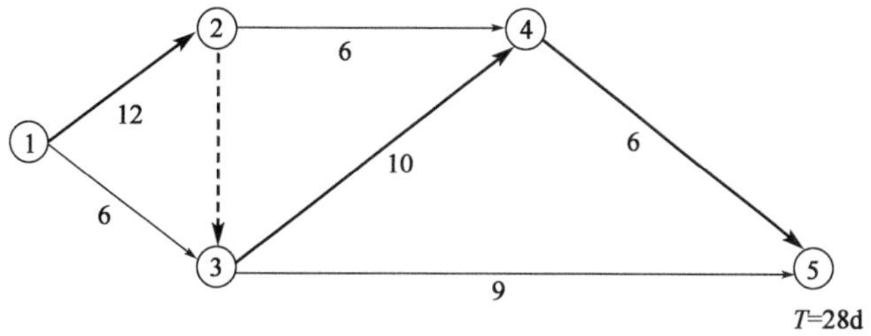

图 3-58 优化后双代号网络图

总结:把时间差值加在某些关键的工序上,使得工序时间适当加长,相应减少工序资源消耗,经反复调整,满足工期要求。

A. 尽量避免某一项工序时间的单独增加,尽量均匀分散增加工序时间。

B. 注意有工序时间增加的特殊限制性要求。

(2)当计算工期 $T_c>$ 要求工期 T_r 时。

相应减少关键工序时间,但要注意非关键工序的变化。方法有:顺序法、加数平均法、选择法等。本书利用优选系数进行优化。

优化的考虑因素:①缩短持续时间对质量和安全影响不大的工序。②有充足备用资源的工序。③缩短持续时间所增加的费用最小的工序。满足上述三项要求的系数为优选系数,优化优选系数最小,或组合优选系数为最小的工序或方案进行压缩。

优化的步骤:①计算初始网络计划的工期 T_c 及确定关键线路及关键工序。②计算应缩短的工期 $\Delta T=T_c-T_r$。③确定各关键工序能缩短的持续时间。④压缩相关各关键工序的持续时间。⑤重复上述步骤,直到结果满足工期要求。

注意:

1. 不得将关键工序压缩成非关键工序,当出现多条关键线路时,应将平行的各关键线路持续时间压缩相同的数值。

2. 当反复调整不能达到要求时,说明网络图原始方案有问题,应修改原网络图方案。

【例 3-19】 某双代号网络图如图 3-59 所示,图中箭线上方括号外为工序名称,括号内为优选系数;图中箭线下方括号外为工序正常持续时间,括号内为最短持续时间。现要求施工工期为 30d,请对工期进行优化。

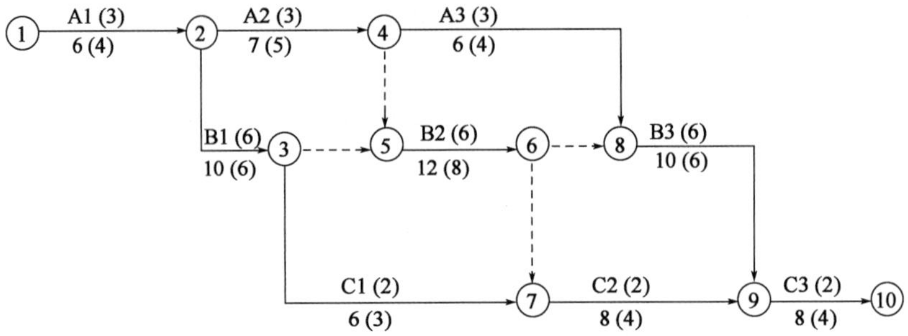

图 3-59　初始双代号网络图

解:利用前面所学知识计算初始网络计划的工期及确定关键线路及关键工作,其中关键线路用粗线标出,计算工期为 $T_c = 46\text{d}$,见图 3-60。因为计算工期 46d > 要求工期 30d,计算应缩短的时间:$\Delta T = T_c - T_r = 46 - 30 = 16(\text{d})$。具体工期优化步骤如下:

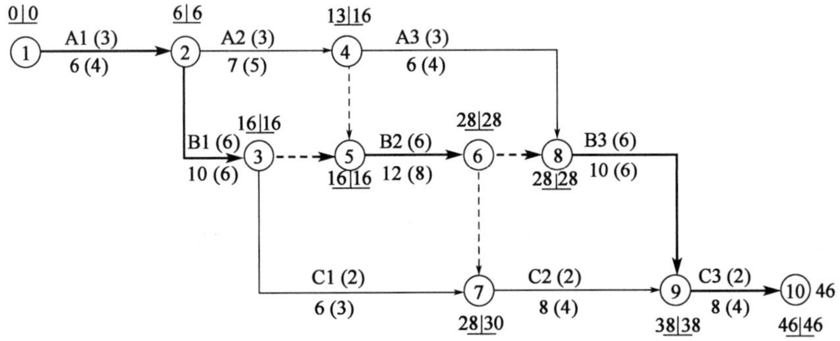

图 3-60　初始双代号网络图关键线路

(1)第一次优化:找关键线路上优化系数最小的工序 9 ~ 10 进行压缩,可压缩 4d,如图 3-61所示。

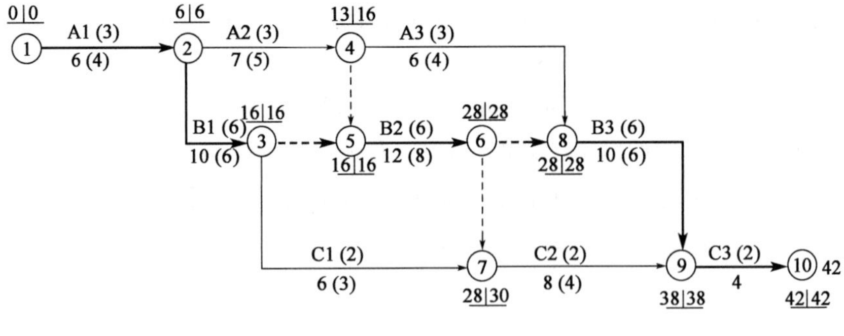

图 3-61　第一次优化

(2)第二次优化:继续找关键线路上优化系数最小的工序 1 ~ 2 进行继续压缩,可压缩 2d,如图 3-62 所示。

(3)第三次优化:根据上述结果,选择关键线路上关键工序优选系数最小的工序 2 ~ 3,虽然可以压缩 4d,但此条线路将会变成非关键线路,因此时非关键线路工序 2 ~ 4 为 7d,长于工序 2 ~3 的 6d 时间,变为关键线路,为不改变原关键线路的转变,只能压缩 3d,与工序 2 ~4 共同为关键工序,压缩后的网络图将有两条关键线路,如图 3-63 所示。

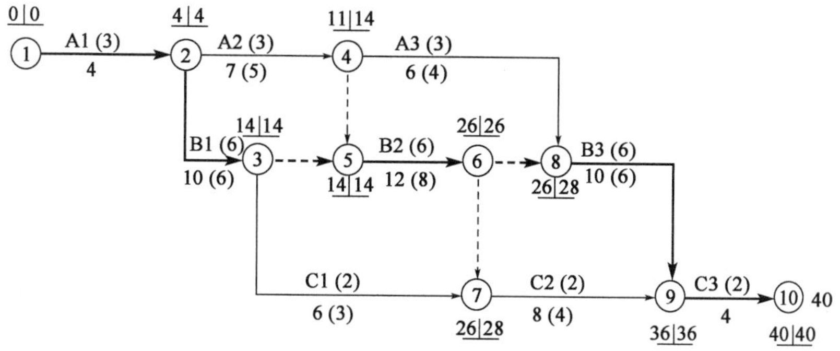

图 3-62　第二次优化

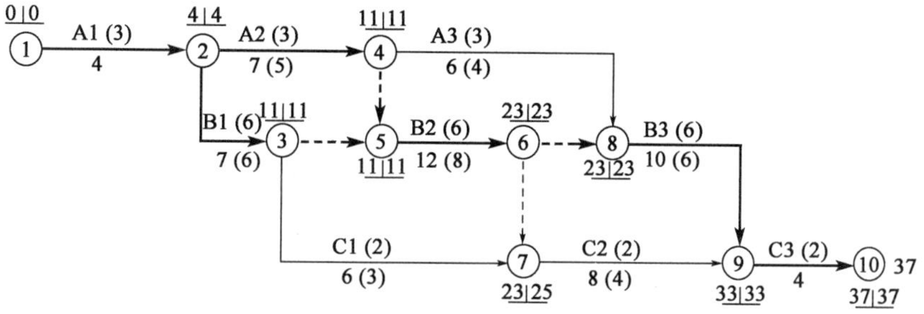

图 3-63　第三次优化

(4)第四次优化:观察上述结果,两线路同时压缩时,有一个公共的工序 5 ~6,且在原关键线路中也为最小优化系数工序,即可压缩最大幅度 4d 可以同时在两条关键线路上都压缩 4d 工期,两条关键线路未发生变化,见图 3-64。

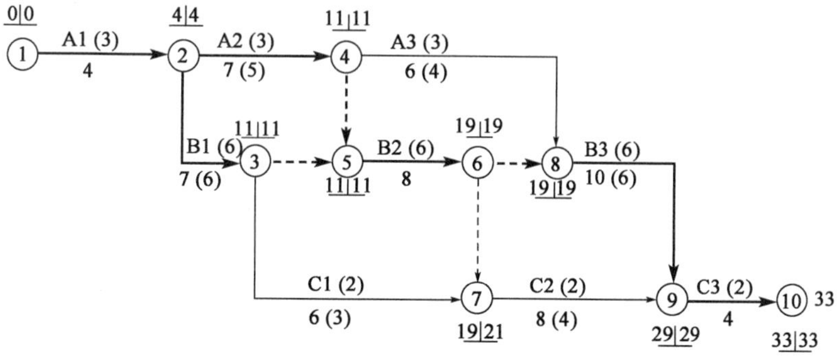

图 3-64　第四次优化

(5)第五次优化:根据上述结果,选择关键线路上关键工序优选系数最小工序 8 ~9,虽然可以压缩 4d,但此线路将会变成非关键线路,因此时非关键线路工序 7 ~9 为 8d,长于工序 8 ~9 的 6d时间,变为关键线路,为不改变原关键线路的转变,只能压缩 2d,与工序 7 ~9 共同为关键工序,压缩后的网络图将会出现三条关键线路,见图 3-65。

(6)第六次优化:继续找关键线路上优化系数最小的工序 8 ~9 及工序 7 ~9 进行压缩,各自可压缩 1d,如图 3-66 所示。至此,工期已经达到 30d,满足工期要求。优化过程见表 3-20。

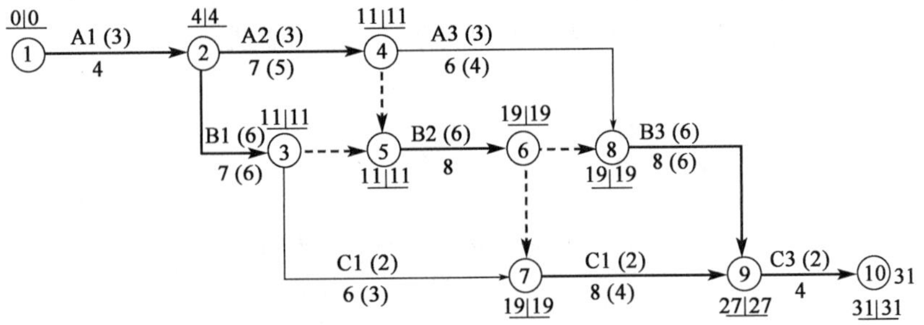

图 3-65　第五次优化

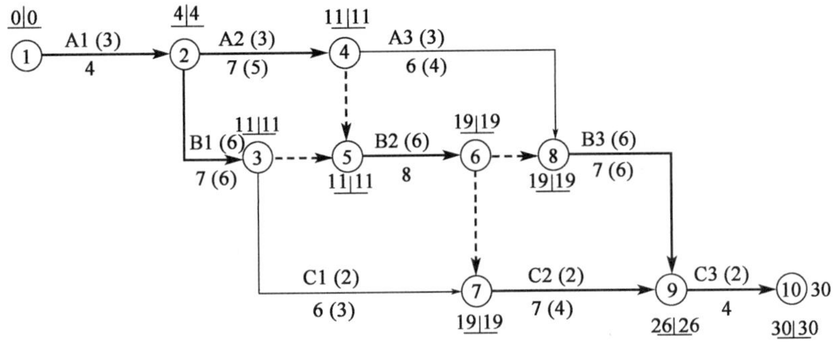

图 3-66　第六次优化

优化过程表　　表 3-20

优化次数	压缩工序	组合优选系数	压缩天数	工期(d)	关键线路
0				46	1-2-3-5-6-8-9-10
1	9-10	2	4	42	1-2-3-5-6-8-9-10
2	1-2	3	2	40	1-2-3-5-6-8-9-10
3	2-3	6	3	37	1-2-3-5-6-8-9-10 1-2-4-5-6-8-9-10
4	5-6	6	4	33	1-2-3-5-6-8-9-10 1-2-4-5-6-8-9-10
5	8-9	6	2	31	1-2-3-5-6-8-9-10 1-2-4-5-6-8-9-10 1-2-3-5-6-7-9-10
6	8-9 7-9	8	1	30	1-2-3-5-6-8-9-10 1-2-4-5-6-8-9-10 1-2-3-5-6-7-9-10

2. 时间—费用优化

一般工程项目中,要想缩短工期,通常都需要通过增加劳动力或增加资源或加班加点等来实现,这些都会引起费用的增加,因此费用和工期有着密切关系。公路工程项目的费用包括直接费用和间接费用(图 3-67)。其中,直接费用指完成工程所需要的劳动力、原材料、机械设备等费用;间接费用包括管理、利息和不便于计入直接费用的其他相关费用。直接费用随着工期的缩短而增加,间接费用随着工期的缩短而减少。因此,对于某一个项目来说,进行时间—费用优化就是求计划的最小费用的最优工期。解决这一问题的途径,可先确定间接费用与工期的关系曲线,再确定直接费与工期的关系曲线;两曲线叠加即得到总费用与工期的关系曲线,该曲线的最低点即为最小费用,此费用对应的工期即为最优工期。

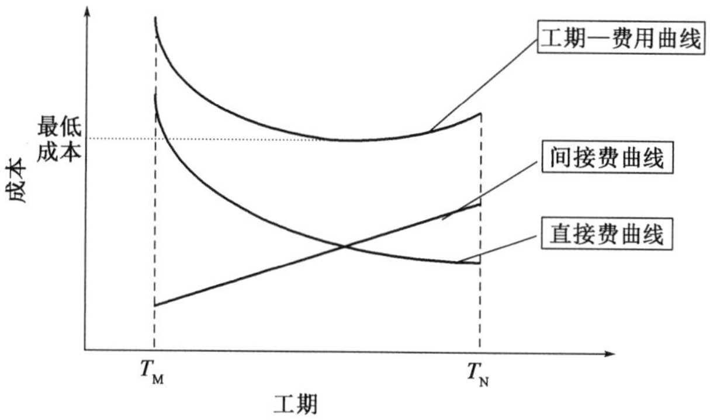

图 3-67　时间—费用曲线图

T_M-最短工期极限点;T_N-正常工期点

3. 资源优化

这里所说的资源是指为完成任务所需的劳动力、材料、机械设备和资金等的统称。资源优化通常有两种不同的情况:一是在工期规定条件下,力求资源消耗均衡,即规定工期的资源均衡;二是在资源供应有限制的条件下,寻求计划的最短工期,即资源有限、工期最短的问题。

1)规定工期的资源均衡

(1)利用时差,推迟某些工作的开始时间。推迟规则为:

①优先推迟资源强度小的工作(资源强度是指单位时间内的资源需要量)。

②当有几项工作的资源强度相同时,优先推迟机动时间大的工作。

(2)在条件允许的情况下,可在资源需求量超限的时段内中断某些工作,以减少对资源的需要量。

(3)改变某些工作的持续时间。

最理想的资源均衡是整个计划在每个单位时间的资源需求量保持不变,当然要得到这种理想计划是不可能的。事实上,资源均衡就是要近似地达到某个平均值。

2)资源有限时工期最短

资源分配的优先安排规则为:

(1)优先安排机动时间小的工作。

(2)当几项工作的机动时间相同时,优先安排持续时间短的和资源强度小的工作。

要注意的是,必须在保障关键工作的资源条件下,力争减少资源的库存积压,提高利用率。这里介绍的资源优化问题,只是单项资源调整问题,只考虑每项工作每天需要为常数的简单情况,而实际工程要复杂得多,实际问题要解决多种材料、机械设备的多资源而且需要量为变数的问题。但是复杂问题是以简单问题为基础的,它们的基本原则是一致的。

自我测试

一、单选题

1. 双代号网络图中的虚工作(　　)。

A. 既消耗时间,又消耗资源　　B. 只消耗时间,不消耗资源

C. 既不消耗时间,又不消耗资源　　D. 不消耗时间,只消耗资源

2. 在网络计划中,若某项工作的(　　)最小,则该工作必为关键工作。

A. 自由时差　　B. 持续时间

C. 时间间隔　　D. 总时差

3. 工作总时差的含义是(　　)。

A. 不影响任何一项紧后工作最早开始的情况下,该工作的极限机动时间

B. 不影响任何一项紧后工作最迟开始的情况下,该工作的极限机动时间

C. 不影响任何一项紧前工作最早完成的情况下,该工作的极限机动时间

D. 不影响任何一项紧前工作最迟完成的情况下,该工作的极限机动时间

4. 双代号网络图和单代号网络图的最大区别是(　　)。

A. 节点编号不同　　B. 表示工作的符号不同

C. 使用范围不同　　D. 参数计算方法

5. 某项工作有两项紧后工作 C、D,最迟完成时间:C = 20d、D = 15d,工作持续时间:C = 7d、D = 12d,则本工作的最迟完成时间是(　　)。

A. 13d　　B. 3d　　C. 8d　　D. 15d

6. 工程网络计划的费用优化是指寻求(　　)的过程。

A. 资源使用均衡时工程总成本最低　　B. 工程总成本固定条件下最短工期安排

C. 工程总成本最低时工期安排　　D. 工期固定条件下工程总成本最低

二、多项选择题(下列各题选项中至少有两个答案为正确选项)

1. 某分部工程双代号网络计划如下图所示,其作图错误包括(　　)。

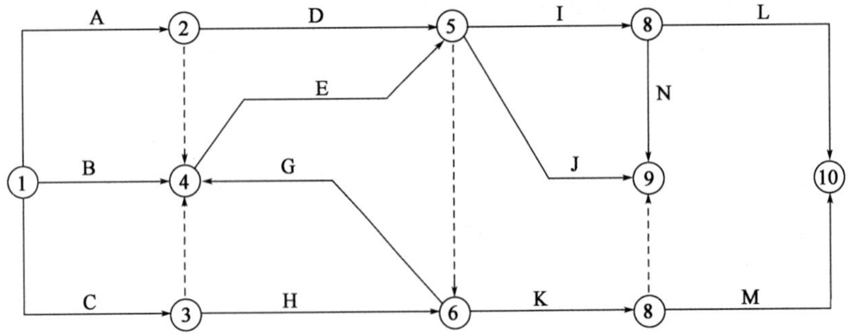

A. 有多个起点节点　　B. 有多个终点节点

C. 存在循环回路　　D. 工作代号重复

E. 节点编号有误

2. 根据网络计划优化条件的目标不同,通常有(　　)三种优化。

A. 工期　　B. 费用　　C. 资源　　D. 质量　　E. 材料

3. 某工程工作逻辑关系如下表，C 工作的紧后工作有(　　)。

工作代号	A	B	C	D	E	F	G	H
紧前工作	—	—	A	A、B	C	B、C	D、E	C、F、G

A. 工作 D　　B. 工作 E　　C. 工作 F　　D. 工作 G　　E. 工作 H

三、判断题

1. 网络计划图中对所有工作的机动时间为零的线路，称为关键线路，这样的线路只有一条。(　　)

2. 当网络计划图中的非关键线路时间延长时，关键线路就转变为非关键线路。(　　)

3. 一张网络图只允许一个开始节点，但是可以有多个终点节点。(　　)

4. 双代号网络图中，进出节点的箭线可以有许多条，但两节点间的箭线只能画一条。

(　　)

5. 工序的总时差为零，而其自由时差不一定为零。(　　)

6. 双代号网络图组成要素中，把消耗时间、不消耗资源的工作，称作“虚工作”。(　　)

7. 有时间坐标的网络图既适用于双代号网络，也可用于单代号网络。(　　)

四、计算题

1. 某项目的各施工过程间的逻辑关系见下表。

工作名称	紧前工作	持续时间(d)	工作名称	紧前工作	持续时间(d)
A	—	4	E	C	2
B	A	3	F	D	4
C	A	5	G	E、D	5
D	B、C	4	H	F、G	2

问题：(1)根据以上逻辑关系表，绘制双代号网络图。

(2)指出该双代号网络图中的关键线路和关键工作。

(3)用直接法绘制该项目的双代号时标网络计划。

(4)分析双代号时标网络计划与双代号网络图中不同之处。

2. 根据下表绘制单代号网络图，并指出关键线路和计算工期。

工作代号	A	B	C	D	E	F	G	H	I	J
紧后工作	-	-	A、B	B	B	C、D	C、D、E	D、E	F	F、G、H
持续时间	3	5	3	5	4	5	4	3	4	5

项目四 资源需要量计划的编制

任务一 劳动力需要量计划的编制

学习目标

(1)了解资源供应计划的编制原则、依据和要求。
(2)熟悉劳动力需要量计划的编制内容。

任务描述

认知公路资源供应计划,能根据施工项目的工程实际情况合理安排施工劳动力需要量计划。

知识链接

在确定工方案和施工进度的基础上,应进行工程项目资源需要量供应计划的编制。根据施工方法的确定提出劳动力使用计划;根据施工机械的确定提出所需的各种机械的使用计划;根据施工顺序的确定提出周转性材料计划;根据施工进度的要求,编制资源的供应计划,可避免停工待料对施工进度的影响。

相关知识

一、资源供应计划的编制原则、依据和要求

1. 资源供应计划的编制原则

资源供应计划准确与否,直接影响项目施工的成本,为此必须遵循下列原则:
(1)遵循国家的法律、法规和各项规定。
(2)遵循国家各项物资管理政策和要求。
(3)了解市场、掌握市场、按照市场规律编制资源供应计划。
(4)按照甲方的合同要约确定资源供应计划。
(5)编制供应计划,尽量采用当地的资源,以减少运、杂费,降低资源采购成本。
(6)用科学的态度,实事求是地编制资源供应计划,计划应留有余地。
(7)资源供应计划的严肃性和灵活性相结合。

2. 资源供应计划的编制依据

(1)设计图纸和工程量。
(2)施工方案及施工进度对资源供应的要求。
(3)甲方在合同条款中提出的特殊要求。

(4)资源消耗标准。资源消耗标准包括劳动力、材料、机构件、半成品等消耗标准。资源需要量计划是否符合实际,选择消耗定额标准很重要。没有消耗定额标准时,参考相关定额或经验进行资源需要量的计算。

3.资源供应计划的编制要求

编制资源供应计划的指导思想是以提高经济效益为中心,降低施工成本为目的。编制资源供应计划时,工程项目部各职能部门都要参加编制,投标时由施工技术部门编制,做到按质、按量、适时、适地、适价、经济合理、成套齐备地供应工程建设所需的材料,保证施工活动顺利进行。

(1)按质:指按工程设计所提供的质量标准,正确选用品种、规格并能满足相应的质量要求。

(2)按量:指进货量、储存量和供应量要能满足施工需要,要有一定的余量,不能满打满算。

(3)适时:指按施工进度对材料需要量的要求,以最短的储存时间,分批、分期地均衡供应现场。

(4)适地:指材料一次性运到指定地点,避免二次倒运,造成材料损失,增加运输费用。

(5)适价:指购进材料单价,尽量不超过工程预算价格。

(6)经济合理:指质量好、价格低。

(7)成套齐备:指材料件应要符合项目建设的配套要求;不齐,则此配套项目不能一次性完成。

二、劳动力需要量计划

劳动力需要量的多少是根据工程项目的工程量和规定使用的劳动定额和要求的工期计算完成工程所需要的劳动力。在计算过程中,要考虑日历天中扣除节假日和大雨、雪天对施工影响,同时还要考虑施工方法,不同的施工方法所需的劳动力数量也不同。

根据已确定的施工进度计划,可计算出各个施工项目每天所需的人工数,将同一时间内所有施工项目的人工数进行累加,即可绘出每日人工数随时间变化的劳动力需要量图。同时,还可编制劳动力需要量计划,附于施工进度图之后,为劳动部门提供劳动力进退场时间,保证及时调配,搞好平衡,以满足施工的需要。如现有劳动力不足或多时,应提出相应的解决措施或者增开工作面,以按时或提前完成任务。劳动力需要量计划表见表4-1。

劳动力需要量计划表 表4-1

序号	工种名	需要人数及时间										备注
		年度					年度					
		一季度	二季度	三季度	四季度	合计	一季度	二季度	三季度	四季度	合计	
1	2	3	4	5	6	7	8	9	10	11	12	13

编制: 复核:

自我测试

问答题

1.为什么要做资源需要量计划编制?

2. 资源需要量编制原则、依据和要求分别是什么？
3. 劳动力需要量计划包括的内容有哪些？

任务二　施工机具与设备需要量计划的编制

学习目标

(1)了解资源供应计划的编制原则、依据和要求。
(2)熟悉施工机具与设备需要量计划的编制内容。

任务描述

认知公路资源供应计划，能根据施工项目的工程实际情况合理安排施工机具与设备需要量计划。

相关知识

在确定施工方法时，已经考虑了各个施工项目应选择何种施工机械或设备。为了做好机械、设备的供应工作，应根据已确定的施工进度计划将每个项目采用的施工机械种类、规格和需用数量，以及使用的具体日期等综合起来编制施工机具、设备计划，以配合施工，保证施工进度正常进行。施工机具、设备需要量计划表见表4-2。

机具、设备需要量计划表　　表4-2

序号	机械名称及规格	数量		使用期限		年　度								备注
		台班	台辆	开始日期	结束日期	一季度		二季度		三季度		四季度		
						台班	台辆	台班	台辆	台班	台辆	台班	台辆	
1	2	3	4	5	6	7	8	9	10	11	12	13	14	15

编制：　　　　　　　　　　　　　　　　复核：

施工机具、设备需要量包括基本施工过程、辅助施工过程所需的主要机械、设备及其备用数量以及辅助机械的需要量。机械台班需要量计算应先根据施工方案选择机械配备方案，确定机械种类的匹配要求，再根据工程量和机械时间定额，考虑施工所需各种机械的施工班制(一班制、二班制还是三班制)，工作日是否包含节假日等因素。

自我测试

1. 举例说明常见的公路路基路面工程施工机械有哪些？如何进行机械选择和组合？
2. 施工机具、设备需要量计划包括的内容有哪些？

任务三　主要材料需要量计划的编制

学习目标

(1)了解资源供应计划的编制原则、依据和要求。

(2)熟悉主要材料需要量计划的编制内容。

任务描述

认知公路资源供应计划,能根据施工项目的工程实际情况合理安排主要材料需要量计划。

相关知识

材料计划是为物资部门提供采购供应、组织运输和筹建仓库及堆料场的依据。主要材料包括施工需要的国家调拨、统筹分配、地方供应和特殊材料,如钢材、水泥、木材、沥青、石灰等,以及有关临时设施和拟采取的各种施工技术措施用料、预制构件及其他半成品亦列入主要材料计划中。

主要材料(包括预制构件、半成品)计划应包括材料的规格、名称、数量、材料的来源及运输方式等,根据施工项目的施工进度编制年、季、月主要材料计划表,见表4-3。

主要材料需要量计划表　　表4-3

序号	材料名称及规格	单位	数量	来源	运输方式	年　度					年　度					备注
						一季度	二季度	三季度	四季度	合计	一季度	二季度	三季度	四季度	合计	
1	2	3	4	5	6	7	8	9	10	11	12	13	14	15	16	17

编制:　　　　　　　　　　　　　　复核:

材料需要量计算可按照工程量和材料消耗定额进行。编制竞标性施工组织设计时,应根据标书上指定的材料消耗标准计算材料的需要量。实施性施工组织设计采用企业的或行业的材料消耗定额,一般在实施性施工组织总设计中,计算主要材料的需要量计划比较粗略,而单位工程或分部分项工程的实施性施工组织设计中,计算所需要的材料种类比较细致,几乎除了低值易耗品外,都需要进行其需要量的计算,并提出计划,作为领发料和材料核算的依据。计划时,对于消耗量大的材料要考虑一定的储备数量。

$$\text{所需材料消耗量} = \text{工程量} \times \text{材料消耗定额} \tag{4-1}$$

自我测试

1. 主要材料指的是哪些材料?举例说明。
2. 主要材料需要量计划包括的内容有哪些?

任务四　工地运输与临时设施设计的编制

学习目标

(1)了解公路项目工地运输的任务和临时设施设置的要求。

(2)熟悉常见公路运输方式、运输工具数量的计算和临时设施的设计要求。

任务描述

认知公路项目工地运输组织和临时设施设计,能根据施工项目的工程实际情况合理安排工地运输和临时设施计划。

知识链接

公路工程施工的正常进行,除了安排合理的施工进度外,还需在正式开工前充分做好各项准备工作,包括各种临时设施(临时道路、临时供水、供电、通信、办公室、仓库、工地运输等)的设计。

相关知识

一、工地运输组织

工地运输组织的任务是编制运输计划、确定运输量、选择运输方式、确定运输工具的数量等。

公路施工需要运输的物资有建筑材料、构件、半成品以及机械设备、施工及生活用品等。这些物资由外地运到工地(即场外运输),一般都由专业运输单位承运。工地内的运输(即场内运输)通常由施工单位承担。不论哪种运输,都应有组织、按计划进行。

1. 编制运输计划

运输计划,是指寻求施工物资需用量、每日运输量、库存量三者之间的最佳平衡关系。通过运输计划,达到确保施工需要、运量均衡、库存最小的目的。运输计划是确定运输日期、计算运输工具需用量和工地临时仓库面积的依据。运输计划编制常用差额曲线法、累计曲线法、指示性供应图等方法,其中使用最广泛的是累计曲线法。

差额曲线法是指累计运输量与累计消耗量之差随施工时间的变化曲线,它反映了材料库存量的变化,正值有库存、负值则停工待料。差额曲线法不能事先控制材料的储备量,采用累计曲线法则能弥补这一缺陷。

累计曲线法,是将材料的累计消耗线、累计供应线绘于同一张图上,它反映了材料消耗量、供应量、库存量随时间变化的情况。累积曲线的作用:保证供应与消耗平衡,确定运输工具的数量。

指示性供应图实质上是累计曲线法当材料每日需要量相同时的特例。

2. 确定运输量

$$q = \frac{\sum Q_i L_i}{T} K \tag{4-2}$$

式中：q——每日运输量，t·km；

Q_i——各种物资的年度或季度需用量；

L_i——运输距离，km；

T——工程年度或季度计划运输天数；

K——运输工作不均衡系数，公路运输取1.2、铁路运输取1.5。

3. 选择运输方式

目前工地运输的方式有铁路运输、公路运输、水路运输和特种运输（索道、管道）等，当有几种可能的运输方式供选择时，应通过比较后确定。合理运输方案应满足的条件：①运距最短，运量最小；②减少运转次数，力求直达工地；③装卸迅速运转方便；④尽量运用原有的交通条件，充分使用价格低廉的水运；⑤运输工具应与所运货物相应，充分发挥运输工具的运载能力；⑥符合安全技术要求。

4. 确定运输工具数量

$$m = \frac{QK_1}{qTnK_2} \tag{4-3}$$

式中：m——所需的运输工具台数；

Q——年度或季度最大运输量，t；

K_1——运输不均衡系数，场外运输一般采用1.2、场内运输一般采用1.1；

T——工程年度或季度的工作天数；

K_2——运输工具供应系数，一般采用0.9；

q——汽车台班产量，t/台班，根据运距按定额确定；

n——每日的工作班数。

二、临时设施设计

1. 工地加工场地设计

工地临时加工场地施工组织设计的任务主要是确定建筑面积和结构形式。工地临时加工厂（站、场）的建筑面积，通常参照有关资料或按经验确定，也可以按以下公式计算。

（1）钢筋混凝土构件预制厂、木工房、钢筋加工间等的场地或建筑面积：

$$F = \frac{KQ}{TS\alpha} \tag{4-4}$$

式中：F——所需建筑面积，m^2；

Q——加工总量，m^2、t 等；

K——不均衡系数，取1.3～1.5；

T——加工总工期，月；

S——每平方米场地的月平均产量；

α——场地或建筑面积利用系数，取0.6～0.7。

（2）水泥混凝土搅拌站面积。

$$F = NA \tag{4-5}$$

式中：F——所需建筑面积，m^2；

A——每台搅拌机所需的面积，m^2；

N——搅拌机台数,按下式计算:

$$N=\frac{QK}{TR} \tag{4-6}$$

式中:Q——混凝土总需要量,m^3;

T——混凝土工程施工总工作日;

K——不均衡系数,取1.5;

R——混凝土搅拌机台班产量。

大型沥青混凝土拌和设备的场地面积,根据设备说明书的要求确定。上述建筑场地的结构形式应根据当地条件和使用期限而定。

2. 工地临时仓库设计

工地临时仓库分为转运仓库、中心仓库和现场仓库等,其施工组织设计的任务是:确定材料储备量和仓库面积、选择仓库位置和进行仓库设计等。

(1)确定材料储备量:材料储备量既要考虑保证连续施工的需要,又要避免材料积压。对于场地窄小、运输方便的现场可少储存;对供应不易保证、运输困难、受季节影响大的材料可多储存些。对常用材料,如砂、石、水泥、钢材、木材等的储备量可按下式计算:

$$P=T_e\frac{Q_iK}{T} \tag{4-7}$$

式中:P——材料储备量,m、t等;

T_e——储备期,d,按材料来源确定,一般不小于10d,即保证10d的需用量;

Q_i——材料、半成品等的总需要量;

K——材料使用不均匀系数,取1.2~1.5;

T——有关施工项目的总工日数。

对于不经常使用或储备的材料,可按年度需用量的某一百分比储备。

(2)确定仓库面积:一般仓库面积可按下式计算:

$$F=T_e\frac{P}{qK} \tag{4-8}$$

式中:F——仓库总面积,m^2;

P——仓库材料储备量,由式(4-7)确定;

q——每平方米仓库面积能存放的材料数量;

K——仓库面积利用系数(考虑人行道和车道所占面积),取0.5~0.8。

在设计仓库时,除满足仓库总面积外,还要正确地确定仓库的平面尺寸。仓库的长度应满足装卸要求,宽度要考虑材料存放方式、使用方便和仓库结构形式。特殊材料,如爆炸品、易燃或易腐蚀品的仓库面积,按有关安全要求确定。

3. 工地行政、生活、福利临时建筑设计

工地行政、生活、福利临时建筑的建筑面积主要取决于建筑工地的人数,包括职工和家属人数。建筑面积按下式计算:

$$S=NP \tag{4-9}$$

式中:S——建筑面积,m^2;

N——工地人数;

P——建筑面积指标,见表4-4。

行政、生活临时建筑面积指标(m^2/人) 表 4-4

项次	名称	面积定额	说明
1	办公室	2.1~2.5	
2	宿舍	3.0~3.5	
3	食堂	0.7	
4	卫生所	0.06	
5	浴室及理发室	0.1	
6	招待所	0.06	包括家属招待所
7	会议及娱乐室	0.14	
8	商店	0.07	
9	锅炉房	10~40m^2	总面积

做施工组织设计时,应尽量利用工地附近的现有建筑物,或提前修建能利用的永久房屋。临时建筑按节约、适用、拆装方便的原则设计,其结构形式按当地气候、材料来源和工期长短确定。

4. 工地临时供水、供电、供热设计

工地临时供水、供电、供热应解决的主要问题有:确定用量、选择供应来源、设计管线网路等。

1)工地临时供水

(1)施工工程用水。

$$q_1 = K_1 \sum \frac{Q_1 N_1}{T_1 b} \frac{K_2}{8 \times 3600} \tag{4-10}$$

式中:q_1——施工工程用量,L/s;

K_1——未预见的施工用水系数,$K_1 = 1.05 \sim 1.15$;

Q_1——年度或季度工程量(以实物计量单位表示);

N_1——施工用水定额,见表 4-5;

T_1——年度或季度有效作业日;

b——每日工作班数;

K_2——施工用水不均衡系数,见表 4-6。

施工用水定额表 表 4-5

序号	用水对象	单位	耗水量(L)	备注
1	浇筑混凝土全部用水	m^3	1700~2400	
2	搅拌混凝土	m^3	250~350	
3	混凝土养生	m^3	200~700	
4	湿润、冲洗模板	m^3	5~15	
5	洗石子、砂	m^3	600~1000	
6	砌砖工程全部用水	m^3	150~250	
7	砌石工程全部用水	m^3	50~80	
8	搅拌砂浆	m^3	300	

续上表

序号	用 水 对 象	单　　位	耗水量(L)	备　　注
9	抹灰	m^2	4～6	不包括调整用水
10	素土路面、路基	m^2	0.2～0.3	
11	消化生石灰	t	3000	
12	浇砖	千块	500	

施工用水不均衡系数表　　表4-6

K编号	用 水 名 称	系　　数
K_2	施工工程用水	1.5
	生产企业用水	1.25
K_3	施工机械、运输机具	2
	动力设备	1.05～1.10
K_4	施工现场生活用水	1.30～1.50
K_5	居住区生活用水	2.00～2.50

(2)施工机械用水。

$$q_2 = K_1 \sum Q_2 N_2 \frac{K_3}{8 \times 3600} \tag{4-11}$$

式中：q_2——施工工程用量，L/s；

K_1——未预见的施工用水系数，$K_1 = 1.05 \sim 1.15$；

Q_2——同一种机械台数，台；

N_2——施工机械台班用水定额，见表4-7；

K_3——施工机械用水不均衡系数，见表4-6。

施工机械用水量参考定额表　　表4-7

序号	机 械 名 称	单　　位	耗水量(L)	备　　注
1	内燃挖掘机	L/(台班·m^3)	200～300	以斗容量m^3计
2	内燃起重机	L/(台班·t)	15～18	以起重吨数计
3	蒸汽打桩机	L/(台班·t)	1000～1200	以锤重吨数计
4	内燃压路机	L/(台班·t)	12～15	以压路机吨数计
5	拖拉机	L/(昼夜·台)	200～300	
6	汽车	L/(昼夜·台)	400～700	
7	空气压缩机	L/台班(m^3/min)	40～80	以压缩空气排量计
8	内燃动力装置	L/(台班·kW)	160～480	直流水
9	内燃动力装置	L/(台班·kW)	35～55	循环水
10	锅炉	L/(h·t)	1000	以小时蒸发量计
11	锅炉	L/(h·m^2)	15～30	以受热面积计
12	电焊机	L/h	100～350	
13	对焊机	L/h	300	
14	冷拔机	L/h	300	
15	凿岩机	L/min	8～12	

(3)施工现场生活用水。

$$q_3=\frac{p_1N_3K_4}{8\times3600}\times b \tag{4-12}$$

式中：q_3——施工现场生活用水量，L/s；

p_1——施工现场高峰人数，人；

N_3——施工现场生活用水定额，一般为20~60L/(人·班)；

b——每天工作班数；

K_4——用水不均衡系数，见表4-6。

(4)生活区生活用水。

$$q_4=\frac{p_2N_4K_5}{24\times3600} \tag{4-13}$$

式中：q_4——生活区生活用水量，L/s；

p_2——生活区居住人数，人；

N_4——生活区生活用水量定额，见表4-8；

K_5——用水不均衡系数，见表4-6。

生活区用水量参考定额表 表4-8

序号	用水名称	单位	耗水量(L)	备注
1	生活用水	L/(人·d)	20~30	
2	食堂	L/(人·d)	15~20	
3	淋浴	L/(人·次)	50	人数按出勤人数30%计
4	洗衣	L/(人·次)	30~35	
5	理发室	L/(人·次)	15	
6	工地医院	L/(病床·次)	100~150	

(5)消防用水量。消防用水量见表4-9。

消防用水量参考表 表4-9

序号	用水区域	用水情况	火灾同时发生次数	用水量(L/s)
1	生活区	5000人以内	一次	10
		10000人以内	二次	10~15
		25000人以内	二次	15~20
2	施工现场	施工现场在25万m^2以内	一次	10~15
		施工现场每增加25万m^2	一次	5

(6)总用水量。总用水量并不是所有用水量的总和，因为施工用水是间断的，生活用水时多时少，消防用水是偶然发生的。因此，工地总用水量按以下公式计算：

当$(q_1+q_2+q_3+q_4)\leqslant q_5$时，则：

$$Q=q_5+0.5(q_1+q_2+q_3+q_4) \tag{4-14}$$

当$(q_1+q_2+q_3+q_4)>q_5$时，则：

$$Q=q_1+q_2+q_3+q_4 \tag{4-15}$$

当工地面积小于$5\times10^4m^2$，而且$(q_1+q_2+q_3+q_4)<q_5$时，则：

$$Q=q_5 \tag{4-16}$$

式中：Q——总用水量，L/s；

其余符号意义同前。

2）工地临时供电

（1）工地总用电量。工地用电可分为动力用电和照明用电两类，用电量可用下式计算：

$$P=(1.05-1.10)\left(K_1\frac{\sum P_1}{\cos\varphi}+K_2\sum P_2+K_3\sum P_3+K_4\sum P_4\right) \tag{4-17}$$

式中：P——工地总用电量，kVA；

P_1、K_1——电动机额定功率，kW，需要系数 $K_1=0.5\sim0.7$，电动机 10 台以下取 0.7，超过 30 台取 0.5；

P_2、K_2——电焊机额定容量，kW，需要系数 $K_2=0.5\sim0.6$，电焊机 10 台以下取 0.6；

P_3、K_3——室内照明容量，kW，需要系数 $K_3=0.8$；

P_4、K_4——室外照明容量，kW，需要系数 $K_4=1.0$；

$\cos\varphi$——电动机的平均功率因数，根据用电量和负荷情况而定，最高为 0.75～0.78，一般为 0.65～0.75。

（2）选择电源及确定变压器。根据所确定的总用电量来选择电源，并确定变压器。如果选择当地电网供电，要考虑当地电源能否满足施工期间最高负荷，电源距离较远时是否经济；如果设临时电站，供电能力应满足需要，避免浪费或供电不足，电源设置应设在设备集中、负荷最大而输电距离又最短的地方。

一般首先考虑将附近的高压电通过工地的变压器引入。变压器的功率按下式计算：

$$P=K\frac{\sum P_{max}}{\cos\varphi} \tag{4-18}$$

式中：P——变压器的功率，kVA；

K——功率损失系数，取 1.05；

$\sum P_{max}$——各施工区的最大计算负荷，kW；

$\cos\varphi$——功率因数。

（3）选择导线截面。合理的导线截面应满足三个方面的要求。

①足够的机械强度，在不同的敷设方式下确保导线不因一般机械损伤而折断或损坏漏电；②应满足能通过一定的电流强度，导线必须能承受电流长时间通过所引起的温度升高；③导线上引起的电压降必须限制在容许范围之内。

按这三项要求，选其截面最大者。

（4）配电线路的布置要点。线路宜架设在道路的一侧，并尽可能选择平坦路线。线路距建筑物的水平距离应大于 1.5m。在 380/220V 低压线路中，木杆间距为 25～40m。分支线及引入线均应从电杆处接出。

临时布线一般都用架空线，因为架空线工程简单、经济、便于检修。电杆及线路的交叉跨越要符合有关输变电规范。配电器要设在便于操作的地方，并设有防雨、防晒设施。各种施工用电机具必须单机单闸，绝对不可一闸多用。闸刀的容量按最高负荷选用。

3）工地临时供热

工地临时供热的主要对象是：临时房屋（办公室、宿舍、食堂等）的冬季采暖、给某些冬季施工项目供热、预制场（钢筋混凝土构件的蒸汽养生等）供热。建筑物内部采暖耗热量，按有关建筑设计手册计算。

临时供热的热源，一般都设立临时性的锅炉房或个别分散设备，如果有条件，也可用当地的现有热力管网。临时供热的蒸汽用量用下式计算：

$$W = \frac{Q}{IH} \tag{4-19}$$

式中：W——蒸汽用量，kg/h；

Q——所需总热量，按建筑采暖设计手册计算，J/h；

I——在一定压力下蒸汽的含热量，查有关热工手册，J/kg；

H——有效利用系数，一般为0.4～0.5。

蒸汽压力根据供热距离确定，供热距离在300m以内时，蒸汽压力为30～50kPa即可；在1000m以内时，则需要200kPa。确定了蒸汽压力后，按式(4-19)计算得到蒸汽用量，即可查阅锅炉手册，选定锅炉型号。

5. 其他临时工程设施设计

在施工组织设计中，除了前面提到的临时设施，还会遇到其他的临时工程设施，如：便道、便桥、临时车站、码头、通信设施等。全部临时建筑及临时工程设施都应在设计完成之后，再编制临时工程一览表，见表4-10。

临时工程计划表　　表4-10

序号	设置地点	工程名称	说明	单位	数量	工程数量							备注
1	2	3	4	5	6	7	8	9	10	11	12	13	14

编制：　　　　　　　　　　复核：

自我测试

问答题

1. 公路项目工地运输组织方式有哪些？运输量如何确定？
2. 公路项目临时设计包括的内容有哪些？
3. 公路项目临时供水计划是如何确定的？

任务五　资源需要量编制计划实例

学习目标

(1)熟悉劳动力需要量计划的编制内容。

(2)熟悉施工机具、设备需要量计划的编制内容。

(3)熟悉主要材料需要量计划的编制内容。

任务描述

认知公路资源供应计划，能根据施工项目的工程实际情况合理安排劳动力、施工机具、设备和主要材料需要量计划。

1. 工程概况

某公路是国道主干线的重要组成部分，其中3标段起点桩号为K134+031，终点桩号为K162+131，全长28.1km。本项目部主要承揽路面工程施工任务，合同工期335d。

路面结构形式：28cm水泥混凝土路面，路面宽度为24.0m；路面基层为18cm厚5%的水泥稳定砂砾，基层宽度为24.5m，路面底基层为16cm级配砾石，底基层宽度为25m。

设计标准及主要技术指标：设计行车速度为80km/h，路基宽25m，土路肩宽0.5m，水泥混凝土路面厚28cm，平曲线最小半径280m，最大纵坡5%，最大超高4%。设计荷载为汽车超—20级，挂车—120级。

2. 施工方法

（1）级配砾石路面底基层采用机械摊铺，拖拉机带铧犁拌和的施工方法，压路机碾压。

（2）水泥稳定砂砾基层采用厂拌法施工，摊铺机分两幅摊铺（12.5m以内稳定土摊铺机摊铺），压路机碾压。同时，水泥稳定砂砾混合料采用15t以内自卸车运输，平均运距为12km。

（3）路面面层采用混凝土搅拌楼拌和、滑模式摊铺机摊铺，并采用8t以内自卸车运送混凝土，平均运距为8km。

3. 工程进度计划

工程进度计划见表4-11。

工程进度计划表 表4-11

序号	施工项目	工程数（m^2）	开工日期	结束日期	工期（d）	人数
1	底基层	702500	2018年12月1日	2019年6月30日	210	20
2	基层	688450	2019年3月10日	2019年9月26日	196	30
3	面层	674400	2019年5月1日	2019年11月3日	182	60

试确定每日所需主要材料需求量计划和施工机具、设备需求量计划。

人工、主要材料需求量计划和主要机械需求量计划求解可以利用项目三中学过的流水节拍的定额公式法进行推导求解。

$$R_i = \frac{Q_i S_i}{t n_i} = \frac{P_i}{t n_i} \tag{4-20}$$

式中：t——工期；

Q_i——工段上第i道工序要完成的工程数量，Q_i = 实际工程量/定额单位；

P_i——工段上第i道工序的劳动量或作业量，即完成第i道工序需要的人工工日数或机械台班数；

S_i——工段上第i道工序的时间定额，即完成单位合格产品的时间（与产量定额C_i互为倒数）；

R_i——完成工段上第i道工序的专业队需要的人工或机械台数，受工作面限制；

n_i——完成工段上第i道工序的专业队的作业班制数，可采用一、二或三班制。

1）底基层

查《公路工程预算定额》（JTG/T 3832—2018）[2-2-3-9+12×(16-8)]，可得到完成该施工任务需要机械为：

120kW 以内自行式平地机:0.23 台班/1000m^2;

75kW 以内履带式拖拉机:0.22 台班/1000m^2;

12 ~15t 光轮压路机:0.12 台班/1000m^2;

18 ~21t 光轮压路机:0.68 台班/1000m^2;

10000L 以内洒水汽车:0.08 +0.01 ×8 =0.16 台班/1000m^2。

底基层每日机械需要量:

120kW 以内自行式平地机:(702500 ÷1000) ×0.23 ÷210 =0.77 台/d –(1 台/d);

75kW 以内履带式拖拉机:(702500 ÷1000) ×0.22 ÷210 =0.74 台/d –(1 台/d);

12 ~15t 光轮压路机:(702500 ÷1000) ×0.12 ÷210 =0.40 台/d –(1 台/d);

18 ~21t 光轮压路机:(702500 ÷1000) ×0.68 ÷210 =2.27 台/d –(2 台/d);

10000L 以内洒水汽车:(702500 ÷1000) ×0.16 ÷210 =0.54 台/d –(1 台/d)。

查预算定额[2 –2 –3 –9 +12 ×(16 –8)],可得到完成该施工任务需要材料为:

土:7.69 +8 ×0.96 =15.37m^3;

砂:23.98 +8 ×3 =47.98m^3;

2cm 砾石:49.39 +8 ×6.17 =98.75m^3;

4cm 砾石:27.46 +8 ×3.43 =54.9m^3;

6cm 砾石:10.96 +8 ×1.37 =21.92m^3。

底基层材料日需要量:

土:(702500 ÷1000) ×15.37 ÷210 =51.4m^3/d;

砂:(702500 ÷1000) ×47.98 ÷210 =160.5m^3/d;

2cm 砾石:(702500 ÷1000) ×98.75 ÷210 =330.3m^3/d;

4cm 砾石:(702500 ÷1000) ×54.9 ÷210 =183.7m^3/d;

6cm 砾石:(702500 ÷1000) ×21.92 ÷210 =73.3m^3/d。

2)基层

查《公路工程预算定额》(JTG/T 3832—2018)[2 –1 –7 –3 +4 ×(18 –20)]“厂拌基层稳定土混合料”、[2 –1 –9 –11]“机械铺筑厂拌基层稳定土混合料”和{2 –1 –8 –7 +8 ×[(12 –1)/0.5]}“厂拌基层稳定土混合料运输”可得到完成该施工任务需要机械为:

3m^3以内轮胎式装载机:0.54 –0.03 ×2 =0.48 台班/1000m^2;

300t/h 以内稳定土厂拌设备:0.25 –0.01 ×2 =0.23 台班/1000m^2;

12 ~15t 光轮压路机:0.08 台班/1000m^2;

20t 以内振动压路机:0.41 台班/1000m^2;

12.5m 以内稳定土摊铺机:0.16 台班/1000m^2;

16 ~20t 以内轮胎式压路机:0.25 台班/1000m^2;

10000L 以内洒水汽车:0.16 台班/1000m^2;

15t 以内自卸车:4.54 +(12 –1)/0.5 ×0.46 =14.66 台班/1000m^3 –2.64 台班/1000m^2。

基层每日机械需要量:

3m^3以内轮胎式装载机:(688450 ÷1000) ×0.48 ÷196 =1.69 台/d –(2 台/d);

300t/h 以内稳定土厂拌设备:(688450 ÷1000) ×0.23 ÷196 =0.81 台/d –(1 台/d);

12 ~15t 光轮压路机:(688450 ÷1000) ×0.08 ÷196 =0.28 台/d –(1 台/d);

20t 以内振动压路机：(688450 ÷ 1000) × 0.41 ÷ 196 = 1.44 台/d - (2 台/d)；

12.5m 以内稳定土摊铺机：(688450 ÷ 1000) × 0.16 ÷ 196 = 0.56 台/d - (1 台/d)；

16 ~ 20t 以内轮胎式压路机：(688450 ÷ 1000) × 0.25 ÷ 196 = 0.88 台/d - (1 台/d)；

10000L 以内洒水汽车：(688450 ÷ 1000) × 0.16 ÷ 196 = 0.56 台/d - (1 台/d)；

15t 以内自卸车：(688450 ÷ 1000) × 2.64 ÷ 196 = 9.3 台/d - (10 台/d)。

基层查定额，可得到完成该施工任务需要材料为：

32.5 级水泥：22.125 - 2 × 1.106 = 19.913t/1000m^2；

水：27 - 2 × 1 = 25m^3/1000m^2；

砂砾：268.18 - 2 × 13.41 = 241.36m^3/1000m^2。

基层材料及日需要量：

32.5 级水泥：(688450 ÷ 1000) × 19.913 ÷ 196 = 69.94t/d；

水：(688450 ÷ 1000) × 25 ÷ 196 = 87.81m^3/d；

砂砾：(688450 ÷ 1000) × 239.01 ÷ 196 = 839.52m^3/d。

3) 面层

查《公路工程预算定额》(JTG/T 3832—2018) [2 - 2 - 17 - 5 + 6 × (28 - 20)] 和 {2 - 2 - 19 - 3 + 4 × [(8 - 1)/0.5]}，可得到完成该施工任务需要机械为：

3.0 ~ 9.0m 滑模式水泥混凝土摊铺机：0.33 + 8 × 0.02 = 0.49 台班/1000m^2；

混凝土电动刻纹机：7.22 台班/1000m^2；

混凝土电动切缝机：2.827 台班/1000m^2；

10000L 以内洒水汽车：1.48 台班/1000m^2；

8t 以内自卸车：9.79 + 1.39 × 14 = 29.25 台班/1000m^3 = 8.19 台班/1000m^2。

面层每日机械需要量：

3.0 ~ 9.0m 滑模式水泥混凝土摊铺机：(674400 ÷ 1000) × 0.49 ÷ 182 = 1.82 台/d - (2 台/d)；

混凝土电动刻纹机：(674400 ÷ 1000) × 7.22 ÷ 182 = 26.75 台/d - (26 台/d) - (13 台/d，两班制)；

混凝土电动切缝机：(674400 ÷ 1000) × 2.827 ÷ 182 = 10.48 台/d - (10 台/d) - (5 台/d，两班制)；

10000L 以内洒水汽车：(674400 ÷ 1000) × 1.48 ÷ 182 = 5.48 台/d - (6 台/d) - (3 台/d，两班制)；

8t 以内自卸车：(674400 ÷ 1000) × 8.19 ÷ 182 = 30.35 台/d - (30 台/d)。

面层查预算定额，可得到完成该施工任务需要材料为：

型钢：0.001t/1000m^2；

石油沥青：0.138 + 8 × 0.006 = 0.186t/1000m^2；

煤：0.028 + 8 × 0.001 = 0.036t/1000m^2；

水：31 + 8 × 2 = 47m^3/1000m^2；

中(粗)砂：93.84 + 8 × 4.69 = 131.36m^3/1000m^2；

4cm 碎石：169.32 + 8 × 8.47 = 237.08m^3/1000m^2；

32.5 级水泥：76.908 + 8 × 3.845 = 107.67t/1000m^2。

面层材料日需要量：

型钢：$(674400 \div 1000) \times 0.001 \div 182 = 0.0037m^3/d$；

石油沥青：$(674400 \div 1000) \times 0.186 \div 182 = 0.7t/d$；

煤：$(674400 \div 1000) \times 0.036 \div 182 = 0.13t/d$；

水：$(674400 \div 1000) \times 47 \div 182 = 174.2m^3/d$；

中(粗)砂：$(674400 \div 1000) \times 131.36 \div 182 = 486.8m^3/d$；

4cm 碎石：$(674400 \div 1000) \times 237.08 \div 182 = 878.5m^3/d$；

32.5 级水泥：$(674400 \div 1000) \times 107.67 \div 182 = 399t/d$。

注意事项：①劳动力、施工机械每日需要量不能出现小数点，必须取整，材料可以按具体数量计取；②施工中施工机具要结合项目实际情况决定，若有施工机具相同的情况，可以共用，比如底基层、基层、面层中都有洒水车，所以洒水车可以共用；③一些施工机具每日需要台数较多时，可以采用多班制的方式减少每日机械需要量。

劳动力每日需要量计划见表 4-12。

劳动力每日需要量计划表　　表 4-12

作业时间		施工项目	劳动力分配	需要量
2018 年 12 月 1 日	2019 年 3 月 10 日	底基层	20	20
2019 年 3 月 10 日	2019 年 5 月 1 日	底基层	20	50
		基层	30	
2019 年 5 月 1 日	2019 年 6 月 30 日	底基层	20	110
		基层	30	
		面层	60	
2019 年 6 月 30 日	2019 年 9 月 26 日	基层	30	90
		面层	60	
2019 年 9 月 26 日	2019 年 11 月 3 日	面层	60	60

主要材料每日需要量计划，见表 4-13。

主要材料每日需要量计划表　　表 4-13

主材名称	规格	施工任务	开工时间	完成时间	每日消耗量
土		底基层	2018 年 12 月 1 日	2019 年 6 月 30 日	$51.4m^3/d$
砂		底基层	2018 年 12 月 1 日	2019 年 6 月 30 日	$160.5m^3/d$
砾石	2cm	底基层	2018 年 12 月 1 日	2019 年 6 月 30 日	$330.3m^3/d$
砾石	4cm	底基层	2018 年 12 月 1 日	2019 年 6 月 30 日	$183.7m^3/d$
砾石	6cm	底基层	2018 年 12 月 1 日	2019 年 6 月 30 日	$73.3m^3/d$
水泥	普通 32.5 级	基层	2019 年 3 月 10 日	2019 年 9 月 26 日	69.94t/d
	普通 32.5 级	面层	2019 年 5 月 1 日	2019 年 11 月 3 日	399t/d
砂砾		基层	2019 年 3 月 10 日	2019 年 9 月 26 日	$839.52m^3/d$
碎石	4cm	面层	2019 年 5 月 1 日	2019 年 11 月 3 日	$878.5m^3/d$
中(粗)砂		面层	2019 年 5 月 1 日	2019 年 11 月 3 日	$486.8m^3/d$

施工机具、设备每日需要量计划，见表 4-14。

施工机具、设备每日需要量计划表 表 4-14

名称	施工任务	规格型号	开工时间	完成时间	2018 年		2019 年											备注
					11月	12月	1月	2月	3月	4月	5月	6月	7月	8月	9月	10月	11月	
平地机	底基层	120kW	2018 年 12 月 1 日	2019 年 6 月 30 日		1	1	1	1	1	1	1						主导
拖拉机	底基层	75kW	2018 年 12 月 1 日	2019 年 6 月 30 日		1	1	1	1	1	1	1						
压路机	底基层	12～15t 光轮	2018 年 12 月 1 日	2019 年 6 月 30 日		1	1	1	1	1	1	1						
		18～21t 光轮	2018 年 12 月 1 日	2019 年 6 月 30 日		2	2	2	2	2	2	2						
	基层	12～15t 光轮	2019 年 3 月 10 日	2019 年 9 月 26 日					1	1	1	1	1	1	1			
		16～20t 轮胎	2019 年 3 月 10 日	2019 年 9 月 26 日					1	1	1	1	1	1	1			
		20t 振动	2019 年 3 月 10 日	2019 年 9 月 26 日					2	2	2	2	2	2	2			
装载机	基层	$3m^3$	2019 年 3 月 10 日	2019 年 9 月 26 日					2	2	2	2	2	2	2			
稳定土厂拌站	基层	300t	2019 年 3 月 10 日	2019 年 9 月 26 日					1	1	1	1	1	1	1			
稳定土摊铺机	基层	12.5m	2019 年 3 月 10 日	2019 年 9 月 26 日					1	1	1	1	1	1	1			主导
滑模摊铺机	面层	$3.0\sim9.0m^3$	2019 年 5 月 1 日	2019 年 11 月 2 日							2	2	2	2	2	2	2	主导
电动刻纹机	面层		2019 年 5 月 1 日	2019 年 11 月 2 日							13	13	13	13	13	13	13	
电动切缝机	面层		2019 年 5 月 1 日	2019 年 11 月 2 日							5	5	5	5	5	5	5	
洒水车	底基层	10000L	2019 年 12 月 1 日	2019 年 6 月 30 日		1	1	1	1	1	1	1						
	基层		2019 年 3 月 10 日	2019 年 9 月 26 日					1	1	1	1	1	1	1			
	面层		2019 年 5 月 1 日	2019 年 11 月 2 日							6	6	6	6	6	6	6	
自卸车	基层	15t	2019 年 3 月 10 日	2019 年 9 月 26 日					10	10	10	10	10	10	10			组合
	面层	8t	2019 年 5 月 1 日	2019 年 11 月 2 日							30	30	30	30	30	30	30	组合

注:施工主导机械安排是否合适将直接影响施工进度,主导机械每日需要量确定后,其他辅助机械可根据施工组织情况或采取必要的组织措施调整每日需要量,但不管如何调整,都要保证主导机械效率的最大化。

自我测试

某水泥混凝土路面工程施工任务,路面厚度为 20cm。工程量为 $50000m^2$,分散拌和,手推车运输,人工铺筑。查施工进度计划,该项施工任务在 120d 内完成,采用一班制作业,试确定日劳动力、主要材料和施工机具需要量计划。

项目五　施工平面图布置

学习目标

(1)了解施工平面布置的分类及作用。

(2)熟知施工总平面布置,单位工程施工平面布置的基本内容。

(3)依据施工平面图布置的原则,掌握施工总平面图、单位工程平面布置图的绘制。

任务描述

要求学生理解施工平面布置的意义和作用,明确施工平面图的布置原则、内容和方法。通过完成该任务,掌握各类施工平面图的绘制。

相关知识

一、施工平面布置的意义和作用

1.施工平面布置的意义

施工平面图是对一个施工项目施工现场的平面规划和空间布置的具体成果。它是根据工程规模、特点和施工现场的条件、按照一定的设计原则,正确地解决施工期间所需设置的各种临时工程和其他设施的合理位置关系。它是施工组织设计的重要组成部分。施工平面图是进行施工现场布置的依据和实现施工现场有组织有计划进行文明施工的先决条件,它对指导现场文明施工有着重要的意义,它是加强施工管理、指导现场文明施工的重要依据。

2.施工平面布置的作用

(1)确定生产要素的空间位置。

(2)施工过程中,确保施工互不干扰,做到有秩序地进行施工。

(3)可使施工所需要的各种资源及服务设施,相互间有效地组合和安全运行。

(4)减少场内物、料的二次搬运费,降低了成本。

(5)施工现场平面布置图是现场平面管理的依据、现场调度指挥的标准。

二、施工平面图布置的原则和依据

1.施工平面图布置的原则

施工平面图设计总的原则是:平面紧凑合理、方便施工流程、运输方便通畅、降低临建费用、便于生产生活、保护生态环境、保证安全可靠。具体内容包括:

(1)在满足现场施工要求的前提下,充分利用原有地形、地物,尽可能减少施工用地,以利降低工程成本。

(2)在确保施工顺利进行的前提下,尽可能减少临时设施,充分利用施工现场附近的原有建筑物、构筑物作为施工临时用房,并利用永久性道路供施工使用。临时道路的布置做到永临结合，并设置回车道，保证场内外运输畅通，路面质量达到晴雨无阻。

(3)材料堆放要考虑运输、使用方便，并尽量减少二次搬运次数。即使场内搬运也要距离最短，不出现反向运输。

(4)临时设施的布置应便利施工管理及工人生产和生活。办公用房应靠近施工现场。施工管理机构的位置必须有利于全面指挥和管理施工现场。

(5)生产、生活设施应尽量分区，以减少生产与生活的相互干扰，保证现场施工生产安全进行。

(6)施工平面布置必须要符合安全防火、劳动保护的要求。

(7)工程分期施工时施工平面布置，要符合施工方案中安排的施工顺序。

2.施工平面图布置的依据

施工平面图布置的依据主要有：工程平面图；施工进度计划与主要施工方案；各种材料、半成品的供应计划与运输方式；各种临时设施的性质、形式、面积与尺寸；各加工、预制场地规模与设备数量；设计图纸；水源、电源资料；其他有关资料。

(1)工程地形地貌图、区域规划图、项目建设范围内各种地上、地下设施及位置图。

(2)施工进度计划与主要施工方案。

(3)有关施工组织的自然调查资料和施工条件调查资料。

(4)各类临时设施的规模和数量，各加工、预制场地规模与设备数量等。

(5)各种材料、半成品的供应计划和运输方式。

(6)设计图纸，水源、电源资料，以及其他有关资料。

三、施工平面图的类型及主要内容

1.按施工平面图的作用划分

1)施工总平面图

施工总平面图是整个拟建项目施工场地的总体规划布置图，是以整个工程为对象的施工平面布置方案。它是加强施工管理指导现场文明施工的重要依据。

它按照施工布置和施工总进度计划的要求，对施工现场的道路交通、材料仓库、附属企业、临时房屋、临时水电管线等作出合理的规划布置，从而正确处理整个工地施工期间所需各项设施和永久建筑、拟建工程之间的空间关系。施工总平面图的绘图比例一般为1:500或1:2000。图5-1为某公路施工总平面图。施工总平面图一般应包括以下内容：

(1)施工用地范围和工程所在地原有河流、居民点、交通路线(公路、铁路、大车道等)、车站、码头通信、运输点等及工地附近与施工有关的建筑物。

(2)拟建公路的主要工程内容和位置。如路线及里程；大中桥、隧道、集中土石方、交叉口、特殊路基等重点工程的位置；永久性测量放线标桩位置；公路养护、运营管理使用的永久性建筑，如道班房、加油站，高速公路的收费站、服务区等。

(3)施工管理机构的位置。

(4)公路临时设施的布置。

①各种运输道路及临时便桥、过渡工程设施的位置。

②临时生活房屋位置。如管理人员、施工人员的宿舍，管理办公用房，食堂、浴池、文化服务用房。

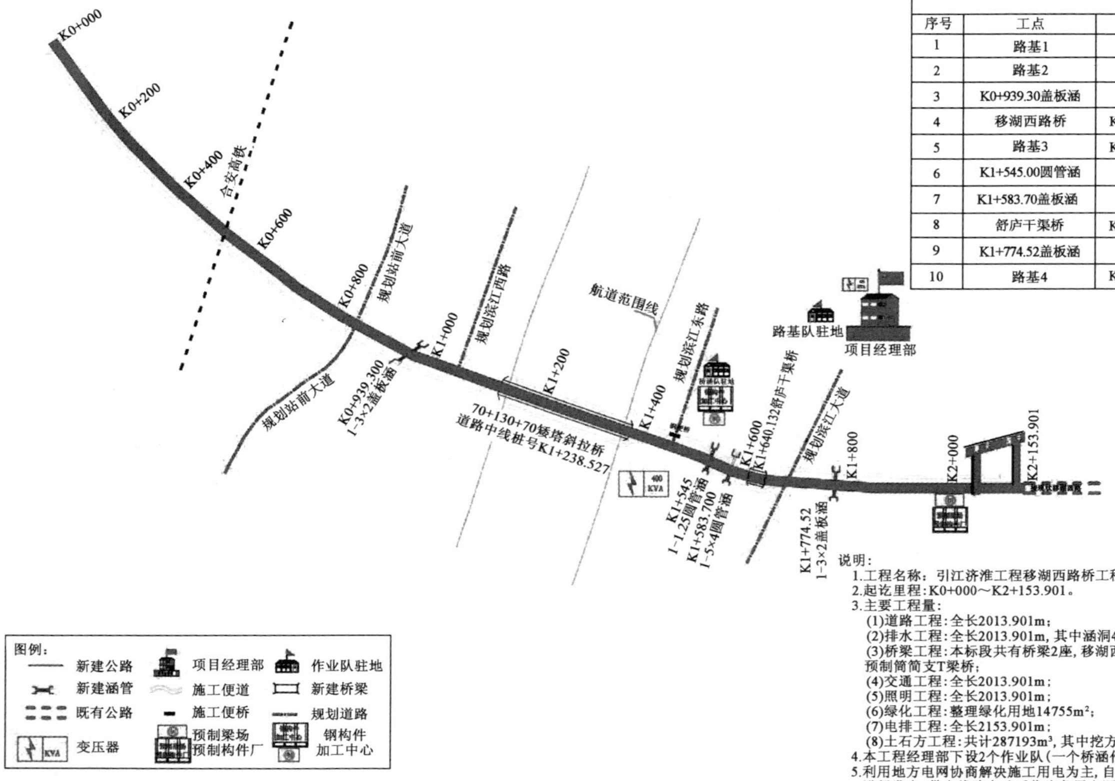

项目主要工点表

序号	工点	起讫里程		长度(m)	备注
1	路基1	K0+000	K0+410	410.000	K0+410～K0+550
2	路基2	K0+550	K1+101.677	450.000	不计入本工程
3	K0+939.30盖板涵			74.100	1-3×2m盖板涵
4	移湖西路桥	K1+101.677	K1+375.377	273.700	70+130+70m矮塔斜拉桥
5	路基3	K1+375.377	K1+619.832	244.455	
6	K1+545.00圆管涵			57.500	1-1.25m圆单涵
7	K1+583.70盖板涵			57.000	1-5×4m盖板涵
8	舒庐干渠桥	K1+619.832	K1+660.432	40.600	20+20预制T梁桥
9	K1+774.52盖板涵			81.810	1-3×2m盖板涵
10	路基4	K1+660.432	K2+153.901	493.469	

说明:

1.工程名称：引江济淮工程移湖西路桥工程。

2.起讫里程：K0+000～K2+153.901。

3.主要工程量：

(1)道路工程：全长2013.901m；

(2)排水工程：全长2013.901m，其中涵洞4个(3个盖板涵,1个圆管涵)；

(3)桥梁工程：本标段共有桥梁2座，移湖西路桥为(70+130+70)m现浇矮塔斜拉桥，舒庐干渠桥为(20+20)m预制简简支T梁桥；

(4)交通工程：全长2013.901m；

(5)照明工程：全长2013.901m；

(6)绿化工程：整理绿化用地14755m^2；

(7)电排工程：全长2153.901m；

(8)土石方工程：共计287193m^3，其中挖方7559m^3，填方279634m^3。

4.本工程经理部下设2个作业队(一个桥涵作业队、一个路基作业队)、1个钢筋加工厂和1个预制梁厂。

5.利用地方电网协商解决施工用电为主，自备发电机为铺的供电方案。施工初期配足一定数量的发电机组进行发电，供电线路启动后作为备用电源，保证工地24h正常供电。

6.施工用水采用就近利用既有水源或打井取用地下水。检验合格后使用。

7.驻地办公生活区设办公室、职工宿舍、职工食堂、浴室、厕所等办生活设施。

图5-1　某公路施工总平面图

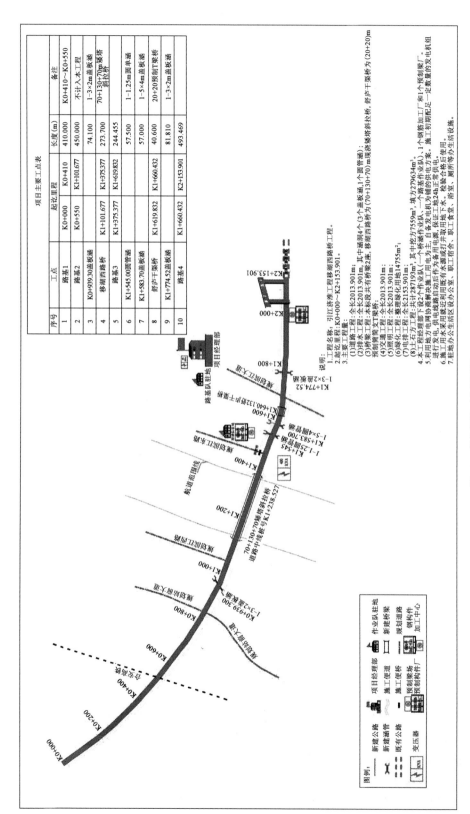

③各种加工房屋位置。

④各种材料、半成品、成品等仓库或堆放位置。

⑤大堆料的堆放地点及机械设备的设置地点位置。如砂、石料堆放处等。

⑥临时供电线(变电站)供水、蒸汽、压缩空气站及其管线和临时通信线路等。

⑦其他生产房屋、木工棚、铁工棚、机具修理棚、车库、油库、炸药库等。

⑧现场安全及防火设施等。

(5)取土和弃土场位置。当取土和弃土场离施工现场很远,在平面布置上无法标注时,可用箭头指向取土或弃土场方向并加以说明。

(6)其他与施工有关的内容,如地质不良路段,国家测量标志,气象台,水文站变电站和防洪、防火、安全设施等。

2)单位工程或分部、分项工程施工平面图

单位工程或分部、分项工程施工平面图,是以单位工程或分部、分项工程为对象的空间组织平面设计方案。图上应详细绘出施工现场、辅助生产、生活区域及原有地物等情况,如某工程项目中的大桥施工平面图、隧道施工平面图、立交枢纽施工平面图、附属加工厂施工平面图、基础工程施工平面图、主梁吊装施工平面图等。

该类平面图的布置有两种情况:一是在施工总平面图的控制下进行布置;二是以施工总平面图为依据,即基本上按照施工总平面有关内容进行布置。这两种平面图都比施工总平面图更加深入和具体。

(1)重点工程施工场地布置平面图。

重点工程是指公路立交枢纽、集中土石方工点、大中桥、隧道等施工技术复杂或施工条件困难的重点工程地段。其施工场地布置平面图应在有等高线的地形图上按比例绘制。

(2)其他单项局部平面布置图。

对于大型项目,因施工周期长,管理工作量大,附属、辅助企业多,必要时应绘制其他的平面布置图。这类图主要有以下几种:

①沿线砂石料场平面布置图。

②大型附属企业如沥青混合料拌和厂、预制构件厂、主要材料加工厂(木工厂、机修厂)等平面布置图,图5-2所示为某预制场平面布置。

③临时供水、供电、供热基地及管线分布平面图。

④主要施工管理机构的平面布置图。

2. 按主体工程形态划分

1)线形工程施工平面图

公路工程线形施工平面图是沿路线全长绘制的一个狭长的带状式平面图。图中一方面要反映原有河流、公路、铁路、大车道、车站、码头、运输点、田地、悬崖湿地等地形、地物,另一方面要反映施工组织设计成果,如采料场、附属加工厂、仓库、施工管理机构、临时便道和便桥及大型机械设备的停放、维修厂等。公路施工平面图可以按道路中线为假想的直线进行相对的展绘,也可以在平面图的下方展绘出道路纵断面。

2)集中型工程施工平面图

公路立交枢纽、集中土石方工程、大中桥、隧道等集中型工程,由于施工环节多,需用较多的机械、设备和人力,为了做好集中型工程施工场地的布置,需要用较大的比例尺(一般为

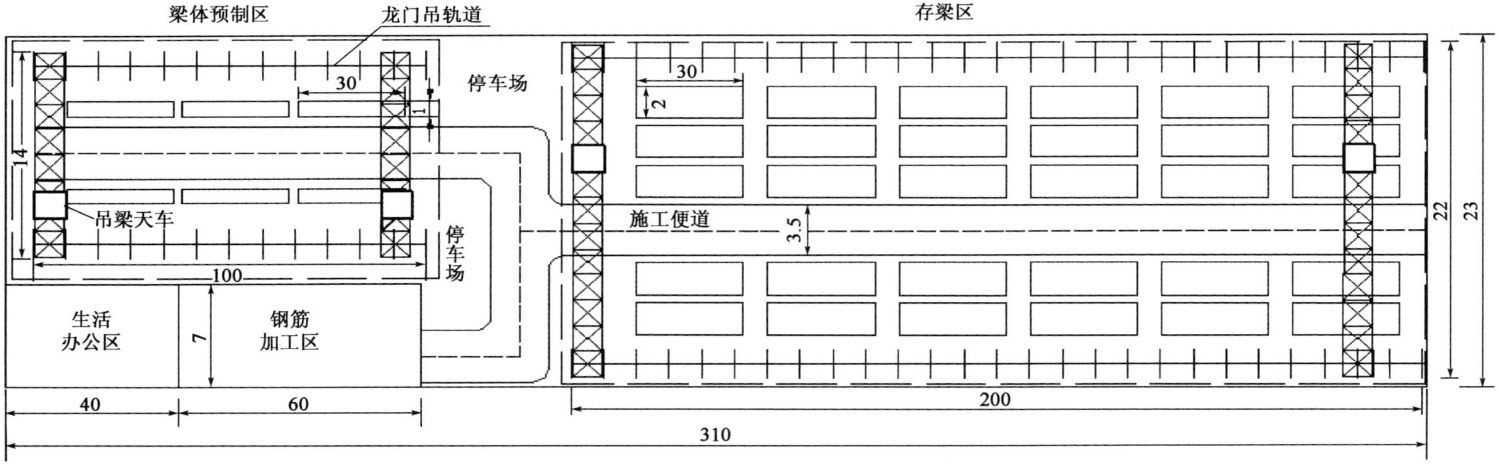

说明：1.本梁场修建于新建路基上，长310m，宽23m，共占地7130m²。
2.梁体预制区长100m，宽14m，占地1400m²；设有六个预制台座，2台50t龙门吊。
3.生活区长40m，宽7m，共占地280m²；房屋采用彩钢活动板房搭建；钢筋加工区长60m，宽7m，共占地420m²。
4.存梁区长200m，宽22m，占地4400m²；存梁区预计存梁60片，采用上下两层，共五行六列，2台50t龙门吊移梁、存梁。

图5-2　某预制场平面布置图(尺寸单位：m)

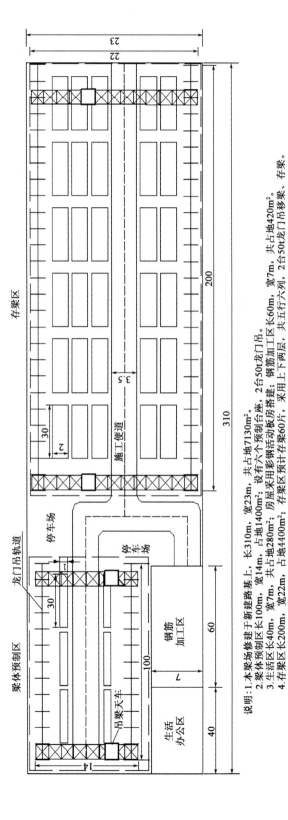

1∶500～1∶100)绘制施工平面布置图。这类工程施工平面图,既可以是施工总平面图,也可以是单项工程或分部分项工程施工平面图。其总的特点是工程范围比较集中(包括局部线形工程),反映的内容比较深入和具体。这类施工平面图所包括的内容,应根据工程内容和施工组织的需要而定,一般应包括:原有地形地物;场区的生产、行政、生活等区域的规划及其设施;施工用地范围;主要的测量及水文标志;基本生产、辅助生产、服务生产的空间组织成果;场区运输设施;安全消防设施等。

四、施工平面图布置的方法和步骤

(1)在1∶500～1∶2000的线路平面图(即地形图)上进行布置各种临时设施的位置。主要包括:场内外交通的布置;仓库与材料堆场的布置;加工厂布置;场内运输路线布置;其他各种临时房屋的布置。

①施工组织总设计及竞标性施工组织设计平面图的布置较粗些,第一,首先表明场外道路的引入(场外道路指已建的公路或乡村道路);第二是仓库、加工厂棚、混凝土搅拌站;第三是场内主干道路;第四是临时房屋;第五是水、电、动力、通信等管线网及设施;第六是任务划分区域;第七是绘制施工场地总平面图。

②单位工程施工组织施工场地平面图的布置要求要细致些,它直接指导施工。一般是首先确定高空作业的起重吊装机械的位置;第二,确定搅拌站、楼的位置及仓库、棚、预制构件厂、构件成品、材料露天堆放位置;第三,运输主干道和支道的位置;第四,水、电、通信管线;第五,场内排水系统。

(2)临时设施及新建工程、既有工程所使用符号,一般采用各行业的通用符号、图示及文字叙述的要求进行标注。

(3)施工场地平面设计说明。

①对图上采用的标注符号、图示分别加以说明。

②对施工场地平面布置的重点要加以说明。

自我测试

问答题

1. 施工平面图布置的原则和依据是什么?
2. 施工平面图有哪几种形式? 包括哪些内容?
3. 施工总平面图和分项工程施工平面图绘制的区别有哪些?

项目六　施工技术组织措施

任务一　认知施工技术组织措施

学习目标

(1)掌握施工技术组织措施的概念。
(2)掌握施工技术组织措施的分类。
(3)了解施工技术组织措施的重要性。

任务描述

要求学生理解施工技术组织措施的基本概念,明确影响工程项目实施技术方面和组织管理方面各类措施的主要因素。通过完成该任务,学会分析影响工程项目实施的主要因素;掌握确保项目实施的各类施工技术组织措施的基本内容;完成工程项目各类施工技术组织措施的编制。

相关知识

施工技术组织措施是指在技术、组织方面对保证质量、安全、节约和季节性施工以及防止环境污染所采用的方法。施工技术组织措施是公路施工组织设计文件的重要内容之一,也是施工方案的补充内容。施工技术组织措施主要是确保施工质量、加快施工进度、保证安全施工和环保、降低工程施工成本等方面的措施。

它包括技术方面和组织管理方面的措施。通过施工技术组织措施的编制,能系统完整地反映承包商对工程施工的筹划水平和承诺,使业主更能全面了解承包商的现代化管理水平,增强业主对承包方完成项目的信心。同时,施工技术组织措施也是对企业和工程项目施工的一种约束,可减少或杜绝施工过程的随意性,避免施工过程中的重大失误。

因此,编制施工质量、工期、安全及其他技术组织措施是施工组织设计中的不可缺少的重要内容,是保证施工进度能顺利进行的重要条件。

一、质量保证措施

保证质量的关键是对施工组织设计的工程对象经常发生的质量通病制订防治措施,要从全面质量管理的角度,把措施落到实处,建立质量保证体系。对采用的新工艺、新材料、新技术和新结构,须制订有针对性的技术措施,以保证工程质量。

二、安全施工措施

安全施工措施应贯穿安全操作规程,对施工中可能发生安全问题的环节进行预测,提出预防性措施。安全施工措施主要包括:

(1)对于采用的新工艺、新材料、新技术和新结构,须制订有针对性的、行之有效的专门安全技术措施,以确保安全。

(2)预防自然灾害(防台风、防雷电、防洪水、防地震、防降暑降温、防冻、防寒、防滑等)的措施。

(3)高空及立体交叉作业的防护和保护措施。脚手架搭设、基坑支护及塔吊、升降梯等大型机械安装必须有上级主管安全部门审批的施工方案,各种施工机械的合格证、检测证及安全防护装置齐全,杜绝发生高空坠物、土方坍塌等一切施工安全事故。

(4)防火防爆措施。现场消火栓及其他消防器材配备齐全、位置合理,应有明显的警示标志,严禁挪用,保证消防道路畅通;施工现场严禁吸烟,剧毒、易燃易爆物品及施工动火必须有专人负责管理。

(5)安全用电和机电设备的保护措施。

三、降低成本措施

降低成本措施的制订应以施工预算为尺度,以企业(或基层施工单位)年度、季度降低成本计划和技术组织措施计划为依据进行编制。要针对工程施工中降低成本潜力大的(工程量大、有采取措施的可能性、有条件的)的项目,想方设法提出措施,并计算出经济效果和指标加以评价决策。这些措施必须是不影响质量的、能保证施工的、能保证安全的。降低成本措施应包括节约劳动力、节约材料、节约机械设备费用、节约工具费、节约间接费、节约临时设施费、节约资金等措施。一定要正确处理降低成本、提高质量和缩短工期三者的关系,对措施要计算经济效果。

四、季节性施工措施

当工程施工跨越冬季和雨季时,就要制订冬期施工措施和雨季施工措施。制订这些措施的目的是保证质量、安全、工期,保证节约。

雨期施工措施要根据工程所在地的雨量、雨期及施工工程特点(如深井基础、使用的设备、施工设施、工程部位等)制订。要在防淋、防潮、防泡、防淹、防拖延工期等措施,分别采用疏导堵挡、遮盖、防雷、合理储存、改变施工顺序、避雨施工、加固防陷等措施。

冬季因为气温、降雪量不同,工程部位及施工内容不同,施工单位的条件不同,则应采用不同的冬季施工措施。北方地区冬期施工措施必须严格、周密,要按冬期施工手册或有关资料(科研成果)选用措施,以达到保温、防冻、改善操作环境、保证质量、控制工期、安全施工,减少浪费的目的。

五、防止环境污染的措施

为了保护环境,防止污染,尤其是防止在城市施工中造成污染,在编制施工方案时应提出防止污染的措施。主要应对以下方面提出措施:

(1)防止施工废水污染的措施,如搅拌机冲洗废水、油漆废液、灰浆水等。

(2)防止废气污染的措施,如加热沥青、消解石灰等。

(3)防止垃圾粉尘污染的措施,如运输土方与垃圾、白灰堆放、散装材料运输等。

(4)防止噪声污染的措施,如打桩、搅拌混凝土、混凝土振捣等。

六、文明施工措施

文明施工是指建设工程施工过程中按照规定采取措施,保障作业环境、市容环境卫生质量和人员健康安全的施工活动。

文明施工主要从以下方面提出措施：

(1)施工现场应围挡整齐，沿街及重要部位须保证安全美观，施工标语内容文明；现场布局合理整洁，无杂草、积水、异味，场内道路必须进行硬化并保证畅通；各种材料应堆放整齐，施工垃圾须定点堆放，及时清运。

(2)施工现场布局及工序安排应考虑噪声、照明控制，严格按照国家和地方有关规定执行，避免扰民；施工现场必须设置专用厕所，并有专人管理，严禁随意大小便；生活、生产废水及施工降水未处理合格，不得排入地下水；不得破坏树木、绿地；土方外运过程，严格按程序操作，不得遗洒，同时应有避免扬尘的措施。

(3)施工现场临时用电必须符合《施工现场临时用电安全技术规范》，固定式配电箱应设置围栏并有明显的安全警示标志，严禁非专业人员接拆电线，防止发生触电事故，严禁使用电炉子等妨碍现场安全的用电设备。

(4)现场施工人员须统一着装、佩戴胸卡，严禁闲杂人员进入施工现场；进入施工现场必须佩戴安全帽(红色为业主专用颜色)，高空作业必须系好安全带，严禁工人酒后上岗，严禁攀爬脚手架，高空作业严禁向下抛掷物品。

(5)工人食堂必须干净整洁，无蝇无鼠，操作人员证件齐全，认真执行食品卫生安全的有关规定，严防工人食物中毒；施工人员宿舍要求卫生整洁，严禁随意拉扯电线，冬季取暖严防工人煤气中毒。

(6)施工单位现场应有专门负责文明施工的管理人员，定期检查，发现问题及时整改；对建设单位提出的其他有关安全、文明施工等方面问题必须积极配合，认真履行。

自我测试

问答题

1. 施工技术组织措施的概念是什么？
2. 施工技术组织措施由哪几部分组成？
3. 施工技术组织措施的作用有哪些？

任务二　施工质量组织措施的制订

学习目标

(1)分析影响工程质量的主要因素。

(2)描述确保工程质量的技术组织措施的基本内容。

(3)准确完成工程项目施工质量组织措施的编制。

任务描述

要求学生掌握影响工程质量的主要因素，描述确保工程质量的技术组织措施；通过完成该任务，学会制定工程项目施工质量组织措施。

相关知识

公路工程建设中,质量是工程建设的关键,任何一个环节或部位出现质量问题,都会给工程建设带来严重的后果,直接影响到公路的使用年限,甚至会造成巨大的经济损失。因此,公路工程项目建设必须把工程质量放在第一位,进行“全方位、全过程”的施工质量控制。始终把“百年大计、质量第一”作为施工的指导思想,以提高项目全员的质量意识,加强和保证工程建设施工质量。

一、影响工程质量的主要因素

影响工程质量的因素主要有两个方面,即人为因素和自然因素。

1. 人为因素

人员是影响工程质量的重要因素,往往也是容易克服的。人为因素主要体现在人员的素质不高、责任心不强、思想不重视、文化技术水平偏低等,具体表现如下:

(1)人员素质不高。主要体现在思想、文化、技术、身体等方面。

(2)管理人员责任心不强或管理水平低。不认真执行和落实各项管理制度。

(3)技术人员责任心不强或技术水平较低。在施工的每一个环节上都可能会出现问题,如测量放样时出现偏差、现场试验时不按规程操作等,所有这些都会直接影响工程质量。

(4)工人的责任心不强或技术水平较低。施工中不严格按规范要求去做,如土基压实时未按操作要领进行,压实度不够。这就会使生产质量大大降低,达不到验收标准。

2. 自然因素

自然因素主要包括气候、水文、地质等因素的影响。

(1)气候的影响。比如同一等级的公路因所在不同自然区划的气候条件不同,其质量控制和要求也会不同。即使是同一区划不同海拔,气候条件也会有所差异,如不区别对待,就会造成质量事故。

(2)水文与水文地质的影响。比如潜水层水位较高而影响到路基工作区,这时就必须设置相应的排水设施,把路基范围内的地下水引排到较深的潜水层或透水层中,以免对路基质量造成影响。

(3)地质的影响。公路沿线岩土的种类、成因,岩层走向、倾向和倾角、风化程度等,都会影响工程构造物的稳定性,从而影响工程质量。

二、施工质量技术组织措施的主要内容

1. 建立和完善质量保证体系

(1)质量体系。建立与 ISO 9000 系列相一致的质量保证体系。项目设质检部和工程部,作业班(组)设质检员,实行分级质量管理制度。每道工序都必须经过作业班(组)质检员自检,班(组)间质检员互检,工程部、质检工程师联检,在自检、互检、联检基础上,交监理工程师检查签证后,方可进行下道下序的施工。

(2)试验体系。施工现场设立试验室,为试验室配备与工程任务相适应的仪器、设备和专业技术人员,保证满足工程试验需要。试验室必须严把施工材料进场关,任何结构用材,进场

前必须携带厂家出具的产品质量合格证及其主要技术指标文件，经试验室在现场按有关试验规程规定抽检合格，并得到签证批准后，方准进场使用；同时严格执行试验规程，确保每项工程开工前有标准试验，施工中有试验检查，完工后有真实、准确、完整的试验资料，以充分反映结构物实体内部质量状况。

（3）测量体系。施工单位设立测量队，配备 GPS 全站仪、经纬仪、水准仪等测量仪器，以满足工程所需。测量队负责本工程控制测量和施工放样工作。测量工作自始至终必须严格按测量规程进行操作和控制，做到施工前有控制性测量和施工放样，施工中有测量校核，完工后有成品测量检查，确保施工全过程的测量资料真实、准确、完整地反映结构物几何空间尺寸。

2. 实行全员工程质量岗位责任制

成立以项目经理、项目技术负责人和总自检工程师为核心的领导小组，建立严格的质量承包责任制，明确每个员工自己工作范围以及在工程质量方面的责任，确保每个员工的工作质量，以此来保证工程质量。

3. 严格施工过程质量控制工作，确保工作质量

组织有关人员认真学习、会审设计图纸，充分理解设计意图。严格按设计图纸、招标文件施工技术规范、施工工艺、施工操作规程的要求组织施工，做到各工程项目开工前有详细的施工方案、方法和技术交底，施工操作有施工工艺和施工操作规程作指导，技术、质量、指标有图纸、规范、招标文件等的具体要求，施工过程中有完整的检查签证表格、施工日记及施工总结等记录，确保每一施工过程质量控制来保证项目工程质量。

4. 加强施工人员的技术培训

根据工程特点，适时组织各种技术培训和技术考核工作，做到关键技术工种必须持证上岗，并选派经验丰富、年富力强、技术水平高的工人、技师担当带头人。在提高技术水平的基础上，促进工程质量的提高。

5. 积极采用新技术

结合工程实际积极开展 QC（Quality Control）小组技术、质量攻关活动。采用新的施工技术、新的施工工序、新的施工方法、新设备、新材料、新工艺，推进技术进步，确保工程质量优良。

6. 加强质量防范

实行质量一票否决权制度，坚持预防为主，把质量事故、隐患消灭在萌芽状态中。一旦发生质量事故，坚决做到“三不放过”，即事故原因分析不清不放过，事故责任者和群众没有受到教育不放过，没有防范措施不放过。

7. 严格实行质量检查制度及奖罚办法

施工管理部门定期组织大检查一次，并不定期随时抽查，施工人员应及时对已完成单项工程进行检查，发现问题及时整改。对质量工作作出突出贡献的个人或集体给予适当的奖励，出现质量问题的要严惩不贷，并与经济处罚挂钩。

8. 充分发挥技术监控机构对工程质量的控制作用

积极配合监理工程师的工作，服从其监督，维护其权威。每道工序完成转入下一步工序之前，必须请监理工程师签证，确保各工序质量合格。

自我测试

1. 影响工程质量的主要因素有哪些?
2. 施工质量技术组织措施的主要内容有哪些?

任务三　施工进度组织措施的制订

学习目标

(1)分析影响施工进度的主要因素。
(2)描述确保施工进度的技术组织措施的基本内容。
(3)准确完成工程项目施工进度技术组织措施的编制。

任务描述

要求学生掌握影响工程施工进度的主要因素,描述确保工程施工进度的技术组织措施;通过完成该任务,学会工程项目施工进度技术组织措施的编制。

相关知识

一、影响施工进度的主要因素

1. 施工计划的贯彻与实施情况

施工计划是将施工进度计划进行的细化,因此,施工计划的实施情况将直接影响工程的进展情况。

2. 物资供应情况

物资供应不足或供应不及时,都会造成施工的中断,影响整个工程的进度。

3. 机械设备状况

机械在施工过程中,因维护不善、未及时维修而造成机械设备损坏停机,或因机械设备陈旧、状况不佳而导致施工的中断,都将影响施工的进度。

4. 组织与协调因素

施工单位未按施工方案中的顺序执行或现场施工协调不及时,造成各施工单位互相干扰或倒序,重点、难点工程的工期安排不当造成工期延误,延误拖后工程的进度调整不及时造成局部工程施工不到位。所有这些都会减缓施工速度,甚至导致停工,从而影响施工进度。

5. 其他因素

气候条件、地质条件、政治原因等,都会干扰工程进度目标的实现。

二、施工进度技术组织措施的主要内容

1. 实行施工进度的控制及动态管理

利用网络计划编制施工进度,优化施工安排,制定最优的关键线路,确定出关键工作。充

分利用工程的空间关系，在互不干扰的前提下，可以同步安排多个工程进行立体交叉的平行流水作业。由于施工组织设计方案是施工前制订的，所以在施工过程中应结合实际情况对网络计划进行及时调整和优化。

2. 正确处理质量和进度的关系

在施工过程中，当质量和进度关系发生矛盾时，应将质量放在第一位，在保证质量的前提下加快进度。

3. 建立物资保障机构

根据工程的进展情况，制订详细的材料供应计划，保证物资采购渠道的畅通，并且做好材料的检测试验，把好质量关，这样才能为工程的顺利实施提供充足、合格的物资保障。

4. 机械设备的组织

为加快施工进程，尽量使用先进的机械设备，合理调度，开展高效率的机械化生产。现场设立机械维修养护站，备足所需的机械配件，做好机械设备的日常维护及施工前的检修工作，以提高机械设备的完好率、出勤率和利用率。

5. 做好施工现场的组织与协调工作

加强施工现场调度工作，对于现场出现的影响施工进度的情况，可通过调度协调解决；对于控制工期的重点工程优先保证物资供应和机械的使用，加强施工管理和控制；根据地域气候特点，尽可能在最有利季节加快施工进度。

6. 积极开展劳动竞赛，适时掀起施工高潮

在施工中采取层层责任承包、重奖重罚等行政手段，调动职工生产积极性，进而达到按期或提前完工的目标。

7. 实行施工进度的岗位责任制及管理制度

为保证和加快施工进程、建立目标管理制度，每阶段的进度目标落实到人，明确职责，实行严格的考核奖惩制度；实行技术保证制度，严格执行技术交底制度，使每个人在施工前都要明确每项工程、每道工序的结构、质量要求、施工要领等，从而尽可能地避免误工、返工等现象的发生。

自我测试

1. 影响施工进度的因素有哪些？针对这些因素如何保证施工进度？
2. 施工进度技术组织措施的主要内容有哪些？

任务四　施工安全组织措施的制订

学习目标

(1)分析影响施工安全的主要因素。
(2)描述确保施工安全技术组织措施的基本内容。

(3)掌握工程项目施工安全技术组织措施的编制。

任务描述

要求学生掌握影响施工安全的主要因素，描述确保施工安全的技术组织措施；通过完成该任务，学会工程项目施工安全组织措施的编制。

相关知识

工程项目的施工往往会存在高空、露天、爆破等危险作业，因此安全生产就占有很重要的位置，施工安全的好与坏直接影响企业的效益和发展。安全生产是指生产过程处于避免人身伤害、设备损坏及其他不可接受的损害风险的状态。工程项目在施工时必须采取一定的措施减少至消除事故隐患，尽量把事故消灭在萌芽状态，保证施工人员的健康、安全，避免财产损失。

一、安全控制的方针与目标

1. 安全控制的方针

"安全第一，预防为主"是安全控制的方针。安全控制方针中的"安全第一"，就是生产中要把施工人员的人身安全放在首位，只有人身安全得到保障，安全生产才能得以顺利进行。"预防为主"就是采用一定措施进行安全控制，减少或消除事故隐患。"预防为主"是实现"安全第一"的重要手段，也是安全控制的主导思路。

2. 安全控制的目标

安全控制是以减少或消除不安全行为为目标；以减少或消除设备、材料的不安全状态为目标；以改善生产环境和保护生态环境为目标；以实现安全管理为目标。安全控制的目标旨在减少或消除生产中不安全因素确保施工人员的人身健康安全和施工场地的财产安全。

二、影响施工安全的主要因素

(1)对安全施工的宣传力度不到位，施工人员安全意识淡漠，对可能出现的安全隐患重视不够。

(2)安全保证体系不健全或虽然健全但落实不到位。

(3)施工人员技术水平较低或违反操作规程。

(4)施工安全技术交底工作落实不到位。

三、施工安全控制措施

1. 开展安全教育，强化安全意识

广泛开展安全施工的宣传教育，组织学习有关安全施工的规则及要求，学习安全操作的规范，使每个施工人员从思想上认识到安全的重要性和必要性，从技能上实行规范化操作。并且做到安全教育与日常施工一起抓，使施工人员时刻保持安全意识，杜绝一切可能发生的不安全因素，防止事故的发生。

2. 建立健全安全保证体系

按照综合治理、从严治理、标准化管理、抓施工必抓安全、一票否决制等原则建立健全安全保证体系，强化安全领导机构，充实安全监视人员，从组织上落实安全工作。

3. 实行安全责任制

建立和完善安全岗位责任制，明确各部门在各自职责范围以内对安全应负的责任，严格执行奖惩制度。集思广益、勇于揭露问题、处理问题，把事故消灭在萌芽状态。

4. 实施安全检查

随时检查施工人员对安全施工是否重视；检查工程的安全施工管理是否到位；检查安全设施是否完好；检查施工过程中是否符合安全的要求；对已经发生的事故，应查明其原因，明确其责任并作出处理，同时要落实整改措施。

5. 施工安全措施的具体要求

(1)对于易燃、易爆、强腐蚀等危险品，要严格执行保存与发放制度。对于其来源、用途、用量做好详细的记录，确保不发生意外。

(2)现场防火设施的设置应满足消防距离和消防供水量的要求，但也要避免设置不必要的防火设施。

(3)现场临时用电线路的架设应符合电力安全规范的要求，架设前应对架设的位置、高度进行设计，避免对其他工程的施工造成影响。注意用电安全，非专业电气操作人员不得触动电气设备。

(4)各种机械必须有专人负责维修、维护、操作、安装，并经常对其关键部位进行检查，避免机械故障产生安全事故。

(5)夜间施工必须配备足够的照明设备，施工人员必须严格遵守作息时间，提高夜间施工的安全意识，避免因人员夜间精力不足而造成事故。严禁在大风、大雨等不利天气的夜间施工。

(6)跨线施工或与已有线路相近施工时，应采取保证已有线路行车安全的措施。比如搭建防护棚、防护网等。

(7)爆破施工人员必须取得“安全技术合格证”，方可实施爆破工作。

(8)保证施工现场安全防护设施的投入，确保其性能良好，使安全生产建立在科学的管理、先进的技术、可靠的防护设施上。

(9)重点、难点工程施工要有针对性的安全方案。如隧道施工时，必须要有若干处理危石或塌方的施工安全方案，经过方案的研究比对，再确定安全可行的施工方案。

自我测试

问答题

1. 施工安全控制的方针和目标是什么？
2. 施工安全控制措施有哪些？

任务五　施工环境保护组织措施的制订

学习目标

(1)分析影响施工环境的主要因素。

(2)掌握保护施工环境技术组织措施的基本内容。

(3)掌握施工环境保护技术组织措施的编制。

任务描述

要求学生掌握影响施工环境的主要因素，描述施工环境保护的技术组织措施；通过完成该任务，学会施工环境保护技术组织措施的编制。

相关知识

随着社会的进步、经济的发展，施工环境保护日益显得重要。施工环境保护直接影响施工的进展。环境保护就是按照法律法规、各级主管部门和企业的要求，保护和改善作业现场环境，控制现场的各种粉尘、废弃物、噪声、振动等对环境的污染和危害。

一、施工环境保护的意义

1. 施工环境保护是保证人们身体健康和体现社会文明进步的需要

采取专项措施防止粉尘、噪声和水源污染，保护好现场与周边环境，是保证施工人员和周边居民身体健康、体现以人为本和社会文明进步的具体体现。

2. 施工环境保护是现代化生产的客观要求

现代化施工生产中广泛应用的新技术、新工艺、新设备，对环境的质量要求很高，尤其是一些精密仪器。超标的粉尘、振动都有可能损坏设备，影响其效率。

3. 施工环境保护是消除外部干扰和保证施工顺利进行的需要

随着人们法制观念和自我保护意识的增强，施工扰民问题越来越突出。减少施工对环境的污染和对居民正常生活的干扰，不但可减少因施工造成的与当地居民的矛盾，而且可以保证施工生产的顺利进行。

4. 节约能源、保护人类生存环境，是保证社会与企业可持续发展的需要

现代社会化大生产在给人们带来诸多方便的同时，环境污染和能源紧缺等问题也凸显出来。为了保护子孙后代赖以生存的自然环境，社会上每个公民和企业都有义务和责任保护环境、节约能源。所以保护环境和节约能源不仅造福子孙，而且也有利于社会和企业的可持续发展。

二、施工环境保护的技术组织措施

施工环境保护的技术组织措施，包括对空气污染、水污染、噪声污染、固体废弃物污染的处理，以及对文物的保护。

1. 空气污染防治措施

(1)易于引起粉尘的细料或松散料，应予覆盖或适当洒水润湿，运输时注意遮盖，施工便道应随时洒水润湿。

(2)混凝土拌和站应封闭严密，进料仓应安装除尘装置，且距居民区不宜小于300m，同时应设在居民区主要风向的下风处。

(3)禁止在施工场地焚烧能产生有害气体或烟尘的物质，如油毡、橡胶、枯草树叶等。

(4)拆除建筑物时,为了防止产生扬尘,应适当洒水。

2. 水污染防治措施

(1)施工废水、生活污水不得直接排入农田、耕地、灌溉渠和水库,不得排入饮用水源。

(2)施工区域、砂石料场,在施工期间和完工以后应妥善处理,以减少对河道、溪流的侵蚀,防止沉渣进入河道或溪流。

(3)冲洗集料或含有沉积物的操作用水,应采取过滤、沉淀池处理或其他措施,使其做到达标排放。

(4)施工期间,施工材料如沥青、水泥、油料、化学品等应堆放管理严格,防止在雨季物料随雨水径流排入地表及附近水域造成污染。

(5)施工机械应防止严重漏油,禁止机械在运转中产生的油污水未经处理就直接排放,或维修施工机械时油污水直接排放。

3. 噪声污染防治措施

(1)尽量采用低噪声设备和工艺,在声源适当位置安装消声设备,这是防止噪声污染的最根本的措施。

(2)在距居民区较近的施工现场,应严格控制强噪声的作业时间,设置封闭隔声屏等设施。

(3)处于噪声中的施工人员,应佩戴耳塞、耳罩等防护用品,减少人员在噪声环境中的滞留时间,减少噪声对人身体的危害。

(4)严格控制人为噪声,不得无故甩打模板、尽量减少使用高音喇叭,最大限度地减少噪声扰民。

(5)凡在人口密集区进行强噪声施工时,必须严格控制施工时间,一般晚10点到次日早6点之间停止强噪声作业。尽可能地不采取夜间施工,如特殊情况必须夜间施工时,应采取措施最大限度地减少噪声,并做好与周边居民的协调工作。

4. 固体废弃物污染防治措施

(1)妥善处理废方,应尽量避免破坏或掩埋路基下侧的林木、农田及其他工程设施;沿河弃土应避免壅塞河道、改变水流方向和抬高水位而淹没或冲毁农田、房屋;应重视弃土堆的整修,有条件时,宜在弃土堆顶面绿化,或整平成为耕地。

(2)弃土场弃土前,先挖除耕植土,弃渣后回填耕植土复耕。弃方严格按设计要求弃方,严禁乱挖乱弃。

(3)弃渣场按设计要求进行防护,防止水土流失。填方路段属农田段时,将耕植土挖除集中堆放,在荒坡处造田,并进行防护。

(4)制订废渣、泥浆的处理、处置方案,选择有资质的运输单位,采取登记制度,确保运输到指定地点。

(5)生活垃圾不得随意堆放,应协助环卫部门定时清理、清运或经集中收集后运至环保部门指定的地点掩埋。

5. 文物保护

施工期间如发现文物古迹,不得擅自移动和私自收藏,施工人员应保护好现场,防止文物流失,并暂时停止作业,立即上报业主及有关部门进行处理。

自我测试

问答题

1. 影响施工环境的主要因素有哪些？

2. 施工环境保护有何意义？

3. 施工环境保护的技术组织措施有哪些？

任务六　其他组织措施的制订

学习目标

(1)分析影响施工环境的主要因素。

(2)掌握文明施工及季节性施工技术组织措施的基本内容。

(3)掌握文明施工及季节性施工技术组织措施的编制。

任务描述

要求学生掌握影响文明施工及冬、雨季施工的主要因素，明确其相应施工技术组织措施的基本内容；通过完成该任务，掌握文明施工及冬、雨季施工技术组织措施的编制。

相关知识

一、文明施工的技术组织措施

文明施工就是在施工场地保持良好的作业环境、卫生环境和施工秩序。具体表现为施工现场整洁卫生、施工生产科学有序、对周边居民和环境的影响较小、施工人员的健康和安全得以保证等。

1. 建立文明施工的组织与管理体制

成立文明施工组织管理机构，制订文明施工的相关规定，加强和落实文明施工的检查、考核、奖惩制度。

2. 加强文明施工的宣传、教育

利用多种形式进行文明施工的宣传与教育工作，尤其是新工作人员和临时工的岗前教育；管理人员应熟悉和掌握文明施工的制度、规定。

3. 文明施工的基本要求

(1)在项目部设置公告牌，标明工程项目的名称、概况、技术等级、质量标准、安全重点及建设、设计、施工、监理单位的名称与负责人等。

(2)施工现场的管理与施工人员要佩戴证卡，工作要热情投入，待人要尊敬礼貌。

(3)加强施工现场安全管理，在施工现场设置“六牌一图”，即单位名称牌、工程概况牌、安全措施牌、警卫制度牌、安全质量宣传牌、安全记录牌和现场总平面图，促进施工现场的文明管理。

(4)施工机械操作人员必须建立机组责任制，并按照有关规定持证上岗，禁止无证人员上岗操作。

(5)场地布置要整齐,材料、成品、半成品和机具要分类放置、标示明确,保持施工现场清洁卫生。

(6)加强安全管理。施工生产及生活用电的管理要落实到人,各种安全设施和防护器材必须做到定期检查和维护,及时消除隐患,保证其安全有效。

(7)驻地周边要种植适当的花草,加强绿化,美化环境。

(8)加强与当地群众的沟通,做到相互尊重、相互理解,对于群众的合理要求应尽快整改,不合理的应给予说服教育,避免激化矛盾,教育职工不得扰民。

(9)加强与业主及当地政府部门的联系、交流,共创文明。

(10)施工现场应当设置各类必要的职工生活设施,并符合卫生、通风、照明等要求。职工的膳食、饮水供应等应当符合卫生标准。

(11)健全管理制度,把文明施工列入经济承包责任制中,并采取相应的奖罚制度,严格管理,以达到文明施工的要求。

二、季节性施工的技术组织措施

工程项目的施工绝大部分属于野外露天作业,因此受季节变化的影响较大,尤其是雨季、冬季。为了减少这些自然条件给施工带来的影响,需要从技术措施、进度安排等方面来保证施工不受或少受其影响。

1. 冬季施工的技术组织措施

当气温达到冬季施工条件,即昼夜平均气温低于5℃和最低气温低于-3℃时,应采取必要的防护措施,严格控制温度的测量,加强外加剂等材料的试验与管理。冬季施工可以采取以下措施:

(1)结合工程所在地的气象资料,由技术人员制订工程的冬季施工方案,经业主和监理工程师同意后方可实施进行。

(2)提前做好水源及消火栓保温工作,防止受冻。暂设的工程水管、供热管在入冬前做好保温工作,保证冬季施工时能正常供水供热。备足冬季施工生产、生活所需的物资,确保冬季施工的顺利进行。

(3)生活和施工取暖要采取安全防火措施,实施安全防火巡检制度,并配备足够的消防器材,室内取暖要采取措施防止一氧化碳中毒。

(4)做好机械的防冻保温工作,保证各种机械保持正常的工作状态。

(5)施工现场在入冬前建立测温组织机构,每日对大气温度、混凝土温度、砂浆等温度进行观测。测温时间和所测温度值应详细记录,整理归档。每天、每施工段停止测温后,由技术员审阅测温记录签字后交技术负责人审查。技术员定期将测温记录归入档案,以备存查。

(6)测温人员保持与供热、保温人员联系,如发现供热故障或保温措施不当使温度急剧变化或降温过快等情况,应立即向技术负责人报告并进行处理。

(7)混凝土施工。

①冬季施工的外加剂,其技术指标必须符合相应的质量标准,并有产品合格证。新品种外加剂,应进行掺外加剂混凝土和空白混凝土强度对比试验,以及其他有关外加剂性能的对比试验。

②当原材料的温度不能满足要求时,可考虑对混凝土拌和用水进行加热。水加热的温度控制在60~80℃,避免温度超过80℃的水与水泥直接接触。混凝土的出料温度一般不低于20℃,并根据其运输方式和运输距离适当地调整拌和点的位置。

③在混凝土运输过程中,应注意保温,防止运输过程中热量损失过快,保证混凝土的入模温度。

④浇筑好的混凝土要经常进行洒水养生,温度太低时应覆盖保温保水薄膜养生。未达到受冻临界强度前不得拆除保温设施。重点及特殊要求的部位要进行拆模前强度验算。

(8)运输沥青混合料的车辆要采用覆盖设备保温,以保证混合料到达工地时的温度不能过低,做到快卸料、快摊铺、快碾压,摊铺机的熨平板及其他与沥青混合料接触的机具要经常加热,摊铺前应对已压实的沥青层进行预热,排铺后在接茬处用热夯夯料、热烙铁熨平,并用压路机沿接缝加强碾压。

2. 雨季施工的技术组织措施

(1)成立雨季影响工作小组,加强雨季前的设备维修、材料供应以及相关人员的培训工作。

(2)注意收听天气预报,做好汛前和暴风雨来临前的检查工作,及时认真整改存在的隐患,做到防患于未然。汛期和暴风雨期间要组织昼夜值班,做好记录。

(3)保证现场排水设施通畅,做好防护与排水工作。比如钢筋、水泥等物资的存放应注意防潮、防雨。

(4)做好雨季施工工程材料和必备物资的储备工作。对水泥库进行重点加固并做好防潮处理。

(5)路基在施工过程中,在路基两侧挖置排水沟,及时将路基的雨水顺排水沟排除。及时做好梁板预制场地的排水工作。

(6)基坑周围应挖排水沟,防止地表雨水直接汇入基坑、冲刷边坡;基坑底应修集水沟和集水坑并及时排水,配备足够的水泵及时抽水。

(7)雨量较大时应立即停止大面积作业,并对新作业段采用塑料薄膜或篷布等进行保护;较小面积施工时应使用篷布等遮雨设施。

(8)注意边坡防护,防止塌方,发现问题应立即停止施工,隐患排除之前不得继续施工。

自我测试

问答题

1. 为什么要进行文明施工?

2. 文明施工的技术组织措施有哪些?

3. 冬季和雨季施工时可采取哪些技术组织措施?

项目七　施工组织设计案例

任务一　竞标性公路施工组织设计的特性与要求

学习目标

(1)了解竞标性施工组织设计文件的特性要求和编制侧重点。

(2)掌握竞标性施工组织设计的编制内容和编制方法。

任务描述

要求学生掌握公路基本建设项目各个阶段的施工组织设计文件的分类、内容及特点,了解各个不同施工组织设计文件在编制时所需要注意的问题。通过完成该任务,明确竞标性施工组织设计编制的侧重点,掌握竞标性施工组织设计的内容和编制方法。

相关知识

一、《公路工程标准施工招标文件》(2018 年版)中的若干规定

公路工程施工组织设计的形式与内容在项目一中已做介绍。竞标性公路工程施工组织设计与实施性施工组织设计不同,它是以满足发包人(招标人)的要求为主。近年来对其要求越来越高,尤其 2018 年以后对具体内容和格式的要求有些变化,应引起重视。

根据《公路工程标准施工招标文件》(2018 年版)的要求,投标文件共有 9 个组成部分:

(1)投标函及投标函附录。

(2)授权委托书或法定代表人身份证明。

(3)联合体协议书。

(4)投标保证金。

(5)施工组织设计。

(6)项目管理机构。

(7)拟分包项目情况表。

(8)资格审查资料。

(9)其他资料。

投标书的施工组织设计作为投标文件的第五个组成内容,按照《公路工程标准施工招标文件》(2018 年版)的要求分为两个部分:施工组织设计文字内容和 8 个附图、附表。

二、竞标性施工组织设计编制的内容

1. 投标人应按以下要点编制施工组织设计(文字宜精炼、内容具有针对性)

(1)总体施工组织布置及规划。

(2)主要工程项目的施工方案、方法与技术措施(尤其对重点、关键和难点工程的施工方案、方法及措施)。

(3)工期保证体系及保证措施。

(4)工程质量管理体系及保证措施。

(5)安全生产管理体系及保证措施。

(6)环境保护、水土保持保证体系及保证措施。

(7)文明施工、文物保护保证体系及保证措施。

(8)项目风险预测与防范,事故应急预案。

(9)其他应说明的事项。

2. 施工组织设计除采用文字表述外可附图表(表7-1～表7-7)

施工总体计划表

表7-1

年度	___年												___年												___年				
主要工程项目	月份																												
	1	2	3	4	5	6	7	8	9	10	11	12	1	2	3	4	5	6	7	8	9	10	11	12	1	2	3	4	…
1. 施工准备																													
2. 路基处理																													
3. 路基填筑																													
4. 涵洞																													
5. 通道																													
6. 防护及排水																													
7. 路面基层																													
(1)底基层																													
(2)基层																													
8. 路面铺筑																													
9. 路面标志标线																													
10. 桥梁工程																													
(1)基础工程																													
(2)墩台工程																													
(3)梁体工程																													
(4)梁体安装																													
(5)桥面铺装及人行道																													
11. 隧道																													
12. 其他																													

分项工程进度率计划(斜率图)

表 7-2

年度		___年												___年										
季度		一			二			三			四			一			二			三			四	
月份		1	2	3	4	5	6	7	8	9	10	11	12	1	2	3	4	5	6	7	8	9	10	…
图例:	100																							
施工准备	90																							
路基填筑	80																							
路面基层	70																							
路面面层	60																							
防护及排水	50																							
涵洞及通道	40																							
桥梁下部结构	30																							
桥梁上部结构	20																							
隧道	10																							

注:1. 应按各标段实际工程内容填写。

2. 各个项目的进程可用线条的长短来表示。

工 程 管 理 曲 线

表 7-3

年度		___年												___年							
季度		一			二			三			四			一			二			…	
月份		1	2	3	4	5	6	7	8	9	10	11	12	1	2	3	4	5	6		
	100																				
	90																				
	80																				
工程完成的百分比(%)	70																				
	60																				
	50																				

续上表

年度	____年												____年							
季度	一			二			三			四			一			二			…	
月份	1	2	3	4	5	6	7	8	9	10	11	12	1	2	3	4	5	6		
工程完成的百分比(%) 40																				
30																				
20																				
10																				

0 10 20 30 40 50 60 70 80 90 100

工期历程的百分比(%)

分项工程生产率和施工周期表 表7-4

序　　号	工 程 项 目	单位	数量	各生产单位平均规模(__人,各种机械__台)	各生产单位平均生产率(数量、每周)	各生产单位平均施工时间(周)	生产单位总数(个)
1	特殊路基处理	km					
2	路基填筑	万 m^3					
3	路面基层	万 m^2					
4	路面面层	万 m^2					
5	路基防护及排水	km					
6	涵洞	道					
7	通道	道					
8	桥梁基桩	根					
9	桥梁墩台	座					
10	梁体预制安装	片					

注:互通立交、分离立交的匝道、匝道涵洞、通道、桥梁分别归入表中相关的项目内。

劳 动 量 计 划 表 表7-5

工种	按工程施工阶段投入劳动力情况						

临时占地计划表　　表 7-6

用　　途	面积(m^2)					需要时间 __年__月至__年__月	用地位置		
	菜地	水田	旱地	果园	荒地		桩号	左侧 (m)	右侧 (m)
一、临时工程									
1. 便道									
2. 便桥									
3. ……									
……									
二、生产及生活临时设施									
1. 临时住房									
2. 办公室公用房屋									
3. 料库									
4. 预制场									
……									
租用面积合计									

外供电力求计划表　　表 7-7

用电位置		计划用电数量 (kW·h)	用　　途	需要时间 ___年___月至___年___月	备　　注
桩号	左或右(m)				

投标人应递交一份施工总平面图(略),绘出现场临时设施布置图表并附文字说明,说明施工营地、料场、临时设施、加工车间、现场办公、设备及仓储、供电、供水卫生、生活、道路、消防等设施的情况和布置。

三、竞标性施工组织设计的特性

竞标性施工组织设计的特性主要表现为:强制性、理念性、答题性、时间性、可视性。

强制性源于发包人(招标人)的要求不能改;理念性是为表达投标人遵从的原理和发包人(招标人)要求的思路;答题性是根据发包人(招标人)的要求,表达投标人的承诺,体现出响应招标文件;时间性是指编标时间短,递交投标书要满足投标截止时间要求,因此,编制施工组织设计受到了时间的限制;可视性,由于投标书内容多,而且评标时间短,要让评委在较短评标时间内对施工组织设计有个全面的了解、便于打分,应尽量减少文字,必须提高可视化的水平。如果用图表形式能表达清楚的、一律采用图表方式,信息量大,做到一目了然,文字表述要简练。

四、竞标性施工组织设计的要求

(1)编制竞标性施工组织设计应做到四个一致。

投标人的施工组织设计必须满足招标人的要求,有些地方的招标甚至规定了很细致的目录,不符合格式要求,违背招标人(发包人)的意图,招标人视为严重错误,作为废标。比如发包人要求开工时间为3月31日,投标时计划4月1日开工,从本质上没有错,但从严格的意义上讲,这是推迟了开工时间;再比如,设计采用控制爆破开挖基坑,投标人认为基岩风化严重,可以采用挖掘机开挖,从本质上讲没有错,但却改变了设计施工方法。类似于这些,是在编标中经常遇到的为难的问题。经验表明,编写标书必须做到四个一致:要与招标文件一致,要与设计文件一致,要与现场一致,要与评标办法一致。保证这四个一致的方法如下:

①要认真阅读招标文件、设计图纸和设计说明,分析评标办法的细节并与以往投标经历对比。阅读过程中不能遗漏相关的内容、关键词句,对称谓、时间等不能忽视,不明白或含糊不清的地方尽量要求招标人(发包人)澄清。对于标前预备会的内容,要认真记录和领会,对于补遗书、答疑书要传达到参加编制施工组织设计的每一个人。只有完整准确领会了招标文件,明确重点所在,才能编制好施工组织设计。总之,不能想当然,不要轻易放过一个含糊的问题,更不能把重点和关键领会错。

要坚持先吃透招标文件精神,然后确定总体方案,最后动笔。编制程序千万不能颠倒,若编制完成发现与招标文件不符,再修改方案要比重写还难。

②要认真考察现场。凡是涉及施工方案的主要便道、供电路径、取弃土位置、地方材料的供应、重点工程施工现场等重大情况,一定要仔细考察;凡是涉及工程特点的描述、现场地形、地貌等自然条件的描述,一定要仔细考察;派出考察工地的人员一定要精明强干,具有综合的施工组织设计编写能力,这样才能保证施工组织设计不会出现不一致的错误。现场考察一定要采取拍照或录像的方式,带回现场资料,供大家参考。

③按照评标办法模拟评价施工组织设计内容,修改完善施工组织设计目录和内容,做到内容全面不漏项。尽管投标人须知和招标文件中其他部分对施工组织设计有一些要求,但评标办法是最后的、最全面的要求,按照评标办法模拟评价施工组织设计也是保证四个一致的关键所在。编出的标书一定要适合发包人和评委的习惯,得到他们的认同。

(2)施工组织设计要能反映企业的综合实力,施工方案应科学、合理、先进可行,措施得力可靠。

施工组织设计的核心是其施工方案、施工方法及各项保证措施,这反映了一个企业是否具有施工能力,是否有施工经验,是否能让发包人(招标人)放心。竞标性施工组织设计的目的就是要让发包人(招标人)了解企业的组织和管理水平,反映企业的综合实力。为此,参加编制人员应多掌握技术、管理方面的信息,多了解现场,熟悉和了解当今国内外的先进施工机械,先进的施工方法、施工工艺和新材料等高科技信息,掌握施工程序及施工方法,科学合理地编制施工进度、安排施工顺序、优化配置劳动量和机械设备,做到在保证合同工期的前提下,充分发挥资源作用。

(3)施工组织设计要注重表达方式的选择,做到图文并茂。

在投标文件中的施工组织设计一定要有其独到的表达方式。如果太冗长、重点不突出,提纲紊乱、不一致,逻辑性不强,那么施工方法再先进,评委也不会给高分。

评标的一大特点是时间短,针对这一特点,施工组织设计必须具备鲜明的特点,具有提纲式文本特点,才能让评委看得明白、看得轻松,这是编标的基本出发点。

因此,施工组织设计提纲要条理分明,内容要详略得当。好的提纲能把标书的内容有条理地安排好,既有逻辑性,又能一目了然,还能防止漏项,便于评标。在一些标书中容易犯的错误是,目录重点不突出,小提纲里往往包含了大提纲。目录层次要么偏多要么偏少,这需要编制者多学习,清楚基本概念,真正理解什么是施工方案、什么是施工方法、什么是施工工艺,真正理解什么是施工顺序、什么是工艺流程等关键概念。

施工组织设计的内容要详略得当,关键的地方如总体方案、关键技术方法要细一点,一般性的常规的施工方法、施工工艺要略一些。此外,要尽量用图、表来表达施工安排和施工方法,因为人们看图、表要比看文字轻松,图与表能够容易完整表达想法。尤其是彩图可以多维表达,突破了二维的限制,应尽量采用。

(4)编写内容与排版必须与招标文件要求相一致。

根据《公路工程标准施工招标文件》(2018 年版)的要求,投标文件的施工组织设计内容分为两个部分:施工组织设计文字内容和 8 个附图、附表。投标文件中的施工组织设计要与招标文件要求相一致。

自我测试

问答题

1. 竞标性施工组织设计由什么单位在什么阶段编制?其作用是什么?
2. 竞标性施工组织设计编制的主要内容有哪些?

任务二　竞标性公路施工组织设计实例

学习目标

掌握竞标性施工组织设计的编制体例和编制方法。

任务描述

要求学生明确竞标性施工组织设计编制的侧重点,掌握竞标性施工组织设计的编制内容及流程。通过完成该任务，掌握竞标性施工组织设计的编制方法。

相关知识

以下施工组织设计实例是某施工单位投标时按照《公路工程标准施工招标文件》(2018 年版)要求编写的施工组织设计，为适应教学要求，本文对施工组织设计中的原工程内容作了适当的简化。

第一章　总体施工组织布置及规划

一、项目概况

项目名称：某高速公路 B 标 A 合同段。

项目简介(位置、规模及工期)：本项目位于黑龙江省密山市，本合同段起讫桩号 K120 +000 ~ K130 +000，全长 10km。标段起点位于密山市太平村，沿线经过共裕、庆先、青松、太平、立新等村庄，工程主要施工内容包括路基挖土石方、路基填筑、桥涵、防护及排水等。路基宽度 24.5m，设计速度 80km/h。工程计划施工工期从 2010 年 5 月 1 号至 2012 年 9 月 30 日，共 29 个月。

合同段路线位于丘陵漫岗地带，漫岗上为旱田，河道两侧有少量湿地和水稻田。

二、施工总体部署

1. 工程结构形式、工程数量及材料数量

本合同段桥梁共 10 座，其中大桥 157.64m/1 座、小桥 34.24m/1 座、通道桥 121.32m/3 座、天桥 378.2m/5 座、箱涵 7 道、通道 2 道。桥梁上部结构除锅盔河大桥采用 30m 预应力混凝土连续箱梁、2 座天桥采用现浇连续梁外，其他桥均采用预应力混凝土空心板，桥梁下部结构采用柱式墩、柱(肋)式台、桩基础；涵洞、通道均采用钢筋混凝土箱涵结构。

各分部分项工程主要工程量如下：

(1)路基挖方：挖土方 391662m^3，挖软石方 108618 m^3，水田、湿地挖淤泥 91435m^3。

(2)路基填筑：利用土方 230396m^3，借土填方 252837m^3；利用石方 108175 m^3，借石填方 212778m^3。水田、湿地换填砂砾 108351m^3，低填浅挖路段换填砂砾 34790m^3，桥涵台背砂砾回填 18347m^3。鱼塘抛石挤淤 27472m^3。

(3)防护及排水：浆砌片石基础 7093m^3，预制 C20 混凝土(空心)六棱块 4476 m^3。浆砌石矩形盖板边沟 4900m(浆砌片石 2852m^3)，C25 混凝土预制(空心)六棱块 557m^3，钢筋 105879kg；浆砌石梯形边沟 6802m(4547m^3)，浆砌片石急流槽 200m，土质边沟 13662m。浆砌石急流槽 200m(浆砌石 233m^3)，天然砂砾渗沟 3780 m(天然砂砾石 3258m^3)。

(4)桥梁：混凝土 6415m^3，钢筋 1303t，钢绞线 67746kg，$\phi1.0 \sim \phi1.5$m 桩基 161 根(3153m)，柱式墩 71 根，肋(柱)台 30 座，盖梁(台帽)59 座，预制安装 30m 箱梁 40 片。空心板共 264 片，由其他单位预制、运输及安装。

(5)涵洞和通道：涵洞 7 道，通道 2 道，总长 283.37m，均为钢筋混凝土箱涵结构。

2. 施工组织机构及施工队伍任务划分

(1)施工组织机构的组成。

经理部设工程技术部、计划合同部、质量安全部、物资机电部、环境保护部、财务部、综合办公室、中心试验室。经理部下设 2 个路基施工队、3 个桥梁施工队、2 个混凝土拌和站、2 个预制厂和2个砌石施工队。

(2)施工队伍组成及任务部署。

路基一队:负责K120+000~K125+000段路基清表、路基基底处理、路基土石方开挖、路基填筑、料场开采等施工。

路基二队:负责K125+000~K130+000段路基清表、路基基底处理、路基土石方开挖、路基填筑等施工。

桥梁一队:负责庆先2号通道桥、庆先1号天桥、庆先2号天桥、青松通道桥施工。

桥梁二队:负责青松小桥、太平通道桥、太平天桥、立新1号天桥的施工。

桥梁三队:负责立新2号天桥和锅盔河大桥的施工。

砌石一队:负责K120+000~K125+000段路基防护与排水的施工。

砌石二队:负责K125+000~K130+000段路基防护与排水的施工。

1号拌和站:负责K126+646立新1号天桥(包括立新1号天桥)至终点段所有桥涵、箱梁、六棱块、边沟盖板等小构件混凝土的拌制和运输。

2号拌和站:负责K126+646立新1号天桥(不包括立新1号天桥)至起点段所有桥涵、六棱块、边沟盖板等小构件混凝土的拌制和运输。

1号预制场:负责锅盔河大桥40片30m箱梁、K126+646立新1号天桥(包括立新1号天桥)至终点段所有六棱块、边沟盖板等小构件的预制。

2号预制场:负责K126+646立新1号天桥(不包括立新1号天桥)至起点段所有六棱块、边沟盖板等小构件的预制。

3.施工总平面布置

(1)施工总平面布置图(见附表施工总平面布置图)。

(2)场内施工便道、便桥。

沿主线路基一侧修临时便道约9km,便道宽6m,征地4m宽,采用30cm厚石渣硬化路面,需临时征地54亩。在锅盔河桥址上游修建贝雷梁桁架临时便桥1座。整修取K123+185路基左侧取土场、石料场的施工便道共4.6km。

(3)施工及生活用水。

当地水源丰富,混凝土拌和站、预制场从河中抽水,各工作面用水采用水罐车拉水或在就近水源抽取,项目部等生活用水打深井水抽取或采用水罐车拉水。

(4)施工、生活用电。

施工、生活用电以当地电网为主,自发电为辅。混凝土拌和站设350kVA变压器1台,备用1台120kW的柴油发电机。项目部设150kVA变压器1台,备用1台75kW的柴油发电机。各结构物工作面设200kVA变压器5台,75kW柴油发电机3台。架设临时电力线路800m。

(5)施工通信。

施工通信以移动或联通无线通信为主,项目部实现网络办公,设1台传真机,施工现场配对讲机10部。

(6)临时设施。

全线共设2个混凝土拌和站和2个预制场,共占地22亩;除存梁区外,场地采用10cm厚C10混凝土硬化。存储仓库、储油库相邻混凝土拌和站而建,占地4亩,建仓库200m^2,砖木结构,石棉瓦屋顶。项目经理部设在K124+277太平通道桥附近。项目经理部占用旱地6亩,建彩钢板房84间，工地试验室12间。

4.施工进度计划安排

(1)总工期计划安排。

施工工期从2010年5月1号至2012年9月30日，共29个月。接中标通知书后5d内第一批人员进场，进行交接桩、施工复测、图纸会审和临建准备工作。接中标通知书后10d内项目部所有技术及管理人员全部进场。2010年4月30日以前完成临时征地，施工队伍、设备全部进场。5月15日以前项目部营地、混凝土拌和站、预制场、临时施工便道、临时电力线路架设全部完成，工地试验室通过检查验收，建立健全质量保证体系和安全保证体系。

(2)路基工程进度计划。

①2010年路基基底处理、路基挖土方、涵洞、通道全部完成，2011年6月30日前路基工程全部完成。

②路基土方开挖约39万m^3，其中清表土方和水田、湿地基底换填砂砾挖土方各4.9万m^3；挖方量主要集中在K129+200~K130+000，其中土方约17万m^3，石方约10.8万m^3，上层土方开挖完后再开挖下层石方。

③清表土方和水田、湿地基底换填砂砾挖土方各4.9万m^3全部弃掉，其他路基挖土方约23万m^3全部利用，从土场借土填方约25万m^3。

④填石路基利用K129+200~K130+000段挖石方约10.8万m^3，从石料场借石填方约21万m^3。

⑤涵洞、通道尽早安排施工，以消除路基断点。

(3)桥梁施工进度计划。

①本合同段共10座桥，从小桩号向大桩号依次编号。

②2010年基础全部完成，2011年8月底完成中小桥工程。2012年6月底完成锅盔河大桥工程。

③桥梁桩基安排3个专业施工队伍，桥梁下部及上部结构安排3个施工队伍，箱梁预制安排1个施工队伍，桥梁一队负责1号、2号、3号、4号桥施工任务，桥梁二队负责5号、6号、7号、8号桥施工任务，桥梁三队负责9号桥和10号锅盔河大桥施工任务。

5.设备和人员配置计划

根据施工进度计划、最大施工强度、设备生产效率进行设备和人员配置，并且满足招标文件对设备配置的强制性要求，施工设备配置表和人员配置表，见表7-8、表7-9。

施工设备配置表

表7-8

序号	设备名称	型号或吨位	数量	备注
1	挖掘机	$1.4m^3$	6	路基挖土方4台，取土场2台
2	挖掘机	$2.5m^3$	3	路基石方开挖装车1台，石料场装车2台
3	推土机	HP220	2	用于路基土方工程
4	推土机	HP220	4	路基石方开挖和石料场各1台，填石路基两个工作面各1台
5	平地机	PY180	2	填土路基两个工作面各1台
6	光轮自行式振动压路机	21t	4	填石路基两个工作面各2台
7	光轮自行式振动压路机	18t	2	用于填土路基

续上表

序号	设 备 名 称	型号或吨位	数量	备　　注
8	凸块振动压路机	20t	2	用于填土路基
9	装载机	ZL50	6	
10	自卸汽车	20t	34	用于场内填土、填石路基
11	洒水车	8t	4	
12	加油车	5t	1	
13	履带式露天潜孔钻机	CM351	2	路基石方开挖和石料场各1台
14	液压破碎锤	CAT330	2	爆破料解小，路基石方开挖1台，石料场1台
15	电动空压机	$12m^3$	2	路基石方开挖和石料场各1台
16	混凝土拌和站	HZS60	1	
17	混凝土拌和站	HZS30	1	
18	混凝土搅拌运输车	$8m^3$	4	
19	汽车式起重机	16t	2	
20	汽车式起重机	25t	2	
21	架桥机	160t	1	40片30m箱梁架设
22	回旋钻机	GPS－15	15	桩基成孔
23	龙门式起重机	90t	2	

人员配置表　　表7-9

施工队伍	技术管理人员	技　　工	普　　工	合　　计
项目经理部	40	5	0	45
现场管理技术人员	20	0	0	20
路基一队	2	30	3	35
路基二队	2	30	3	35
桥梁一队	4	48	8	60
桥梁二队	4	48	8	60
桥梁三队	3	46	6	55
箱涵一队	1	15	4	20
箱涵二队	1	15	4	20
砌石一队	1	35	10	46
砌石二队	1	35	10	46
混凝土拌和站	2	21	2	25
预制场	2	40	3	45
合计	83	368	61	512

第二章　主要工程项目的施工方案、施工方法

一、路基工程

1. 路基土石方施工方案

本合同段全长10km，路基土石方工程安排两个土方施工队伍各负责5km，两支队伍分别

从起点和终点相向进行清表、基底处理、路基挖填、料场开采等施工。每支队伍组建两个路基填筑工作面，每个工作面配压路机2台、推土机1台，平地机和洒水车两个工作面共用1台。路基施工前，作出经济合理的土石方调配计划，分别进行填土路基、填石路基试验段施工，确定松铺厚度、碾压遍数等施工参数，以指导施工。路基填筑分段进行，推土机分层摊铺，平地机刮平，振动压路机分层碾压密实。

本合同段挖方量主要集中在K129+250~K130+000段（土方约17.5万m^3、石方约10.8万m^3），K125+000~K127+000有两段浅挖土方（土方约10万m^3），其他路段为填方路基。在施工安排上，路基开挖和填筑同步施工，以便开挖的合格土石方能被就近利用，不足部分从料场开采。对于终点K129+250~K130+000挖方段，土方全部开挖完后再爆破开挖石方，以避免土方开挖和石方爆破相互干扰。土方采用挖掘机从上至下水平分层开挖，挖掘机直接装车或装载机配合装车，路基挖土方配4台挖掘机，取土场配2台挖掘机。路基石方采用从上至下分层梯段爆破开挖，坡面采用预裂爆破技术，石料场和K129+250~K130+000挖方段各配1台CM351履带式液压潜孔钻机钻孔和1台破碎锤解小，推土机集渣，挖掘机装车。

2.路基工程施工方法

1）清表及基底处理

路基清表30cm，共约4.9万m^3，采用推土机或装载机取土，装载机装自卸汽车运至K123+185路基左侧弃土场，运距10km。路基通过鱼塘采用抛石挤淤的方法进行处理。路基位于水田、湿地，采用换填砂砾的方法进行基底处理。

2）低填浅挖路基处理

本标段低填浅挖路基共6段，总长2625m。其中有4段基底以下为黏土，根据黏土含水情况，换填40cm或80cm的天然砂砾，共换填砂砾35106m^3。另外2段基底以下为砂砾或碎石土，翻松碾压80cm，共14210m^3。

对于4段换填砂砾段，采用纵向分段、全幅开挖、分层回填碾压的方法进行施工，开挖采用挖掘机，自行式光轮振动压路机碾压底面，推土机分层摊铺砂砾料。对于2段翻松重新回填碾压段，采用纵向分段、半幅开挖、分层碾压回填的方法进行施工。每层压实厚度不超过20cm，每层压实度不小于96%。

3）填土路堤施工方法

路堤施工必须始终坚持"三线四度"，三线即：中线、两侧边线；四度即：厚度、密实度、拱度、平整度。控制路基分层厚度以确保每层的密实度；控制密实度以确保路基的压实质量及弯沉符合要求；控制拱度以确保雨水及时排出；控制平整度以确保路基碾压均匀及路基上不积水。

（1）分层填筑。

①填料选择：下路堤填料液限小于50%、塑性指数小于26的土；上路堤填料液限小于40%、塑性指数小于16的土。

②填土路堤施工从低向高水平分层填筑；填方作业应分层平行摊铺，填料铺设宽度每侧比路堤设计宽度超填500mm（见路基横断面控制示意图），以保证路堤边缘压实度。对于不同土质的填料应分层填筑，且尽量减少层数，每种填料层总厚度不得小于500mm。土方路堤填筑至路床顶面最后一层的压实厚度不得小于100mm。

③当路堤填土厚度小于800mm（不包括路面结构层厚度）时，对于原地面清理与挖除之后

的土质基底，应将表面翻松至少深300mm，然后整平压实；当路堤填土厚度大于800mm时，将路堤基底整平处理并在填筑前进行碾压，其压实度不得小于90%。

④当填土路堤相邻作业段交接处不在同一时间填筑时，则先填段按1:1坡度分层留台阶；如两段同时施工，则分层相互交叠衔接，其搭接长度不得小于2m。

⑤任何靠压实设备无法压碎的大块硬质材料，予以清除或破碎，破碎后的硬质材料最大尺寸不超过压实层厚的2/3，并尽量分布均匀，以便达到要求的压实度。

(2)摊铺整平。

填土区段完成一层卸料后，先用推土机初平，再用平地机终平，做到填层面在纵向和横向平顺均匀，以保证压路机的碾压轮表面能基本均匀接触地面进行压实，达到效果。雨季施工时，摊铺时层面做成向两侧倾斜2%～3%的横向排水坡，以利路基面排水。在推土机摊铺平整的同时，对路肩进行预压，保证压路机进行压实时压到路肩不致滑坡。

(3)机械碾压。

碾压前，先对填层的厚度及平整度进行检查，确认层厚和平整度符合要求方能进行碾压。不符合要求时，用平地机再整平，确认符合要求后再进行碾压。碾压按试验段确定的工艺、参数进行：填土碾压时，先用小吨位光轮压路机对松铺土表面预压，然后再用大吨位压路机碾压。压实作业按照先压路基边缘，后压路基中间，纵向进退，先慢后快，先静压后振动，由弱振至强振的操作规程进行碾压。碾压施工中，压路机往返行驶的轮迹必须重叠一部分，光轮压路机重叠1/2轮宽，振动压路机重叠40～50cm，相邻两区段纵向重叠2.0m。压实作业做到无偏压、无死角、碾压均匀。

(4)路拱整形、边坡整修。

路基分层填筑至路基设计高程时，先恢复中线，每20m设置一桩，进行水准测量，计算平整高度，施放路肩边桩，按设计断面形式进行路拱整修及边坡修整，并挂线细致找平，以保证完工后的路基面的宽度、高程、平整度及拱度、边坡符合规范和设计要求。

4)填石路堤施工方法

填石路堤摊铺采用220HP以上的推土机，压实采用自重18t以上的大功率振动压路机进行分层堆料和摊铺。

(1)填石路堤填筑按水平分层、逐层进行。要求每层填筑厚度不超过50cm，石块最大粒径不得超过压实厚度的2/3，且有良好的级配。填筑顺序按先低后高，先两侧后中央卸料，并用大型推土机摊平，个别不平处配合人工用细石块找平。

(2)填石路堤的堆料和摊铺同步进行，填石料直接堆放在摊铺初平的表面上，由大功率推土机向前摊铺。填石料在推土机摊铺初平后，对大粒径块石进行人工摆平，在摆放过程中，大块石尽量贴近层面并大面向下，在同一位置大粒径块石不得重叠堆放。

(3)本合同段填石路基填料为软岩，边坡不用人工码砌大块石头，路基两侧设计有水平宽度1m的包边黏土，1m宽的包边黏土属于路基填筑范围，为保证路基范围内填料的压实度，路基两侧至少各超填加宽50cm，即路基一侧黏土水平填筑宽度达到1.5m，并且黏土和填石路基要同步施工。

(4)碾压按试验段确定的工艺、参数进行：

①碾压时，机械碾压速度为2～4km/h，振动频率30Hz左右。碾压作业开始，先用压路机静压一遍，然后振动碾压6～8遍。碾压作业应由两侧开始向中间进行，然后再由中间向两侧碾压，并且每次要求错轮1/3轮宽。对于有明显空洞、空隙的地方，及时补充细料，再行碾压。

对于碾压后仍有松动的块石,用合适粒径的小块石嵌实。

②施工中压实度由压实遍数控制。压实遍数由现场试验确定,并报监理工程师批准。

③填石路基填料粒径应不大于50cm,并且不超过层厚的2/3;石块最大粒径不得超过压实厚度的2/3,路床底面以下40cm范围内,填料粒径应小于150mm;路床0~80cm范围内,填料粒径应小于100mm。

④填石路堤上、下路堤压实标准。

5)土石方开挖

本合同段主要挖方量集中在K129+250~K130+000(终点)段,上部为腐殖土,下部为全风化岩石、强风化岩石。

根据路堑开挖的深度、纵向长短及现场施工条件采用以下几种方式开挖:一般短而浅的路堑横向全宽一次开挖到位;短而深的路堑采用横向全宽分层开挖;长度较长、深度较大时,采用纵向分段、分层开挖方式。开挖方法视具体土石类别确定:

(1)土方开挖、运输采用机械化作业。当运距在100m内时用推土机直接推送,大于100m时采用挖掘机配合自卸汽车施工。

(2)石方采用风动凿岩机、潜孔钻钻孔,浅孔或中深孔松动控制爆破开挖,坡面采用预裂爆破技术,以保证对路堑边坡的稳定和坡面的平整,提高开挖边坡的平顺性,减少超欠挖。

(3)土、石方开挖施工技术措施。

土方路堑开挖前做好堑顶截水沟,防止冲刷开挖后的边坡。施工尽量避开雨季,并及时做好排水工作,确保排水畅通、杜绝淤积,以避免边坡受雨水冲刷和降雨下渗而失稳。陡坡地段的半填半挖路基,在挖方一侧宽度不足一幅行车道时,将路床深度内的原有土质全部挖除换填,以保证行车道内土基的均匀性。当开挖过程中,路堑或边坡内出现地下水渗流时,根据渗流位置及流量大小采取设置临时排水沟、集水井、渗沟等设施,降低地下水位或将地下水排走。

石方路堑爆破开挖时,采用坡面预裂爆破技术,采用不耦合间隔装药结构,用导爆索分散均匀装药。爆破参数通过试验确定。当岩层层理与边坡大致平行时,在岩石的走向、倾角不利于边坡稳定及施工安全的地段,顺层开挖,注意不得挖断岩层,且尽量减弱施工震动。当路堑坡面上出现坑穴、凹槽时,及时采取灌浆、嵌补、支顶等措施进行防护和加固。

6)桥涵台背回填

为减少桥涵台背不均匀沉降,消除跳车现象,桥梁、涵洞、通道台背采用砂砾料分层回填。回填范围:对于桥梁和明涵,底面换填长度5m,和已填路基以1:1的坡比衔接,若顶面换填长度小于搭板长度,则顶面换填长度采用搭板长度;对于暗涵,回填高度为涵洞顶面高程,底面换填长度为台背回填高度的2倍,和已填路基以1:1的坡比衔接。

对于涵洞、通道,前后台背要对称回填,碾压采用自行式光轮振动压路机,压路机压不到的死角,人工采用小型夯实机具夯实。

二、桥梁工程

1.桥涵施工方案

本合同段共有桥梁10座,其中大桥157.64m/1座、小桥34.24m/1座、通道桥121.32m/3座、天桥378.2m/5座。

桥梁上部结构除锅盔河大桥采用预应力混凝土连续箱梁、2座天桥采用现浇连续梁外,其他桥均采用预应力混凝土空心板,桥梁下部结构采用柱式墩、柱(肋)式台、桩基础。桥梁桩基采用回旋钻机成孔,导管法灌注混凝土。系梁、墩柱、盖梁(台帽)、耳墙、护栏均采用定型钢模板,混凝土在拌和站集中拌制,混凝土运输车水平运输,汽车吊入仓。灌注桩、墩柱和盖梁(台帽)钢筋在钢筋加工场统一制作成骨架,运至现场整体吊装焊接,其他钢筋在钢筋加工场下料制作好后,运至现场焊接绑扎成型。除5座天桥(单墩柱)盖梁采用搭设满堂支架施工外,其他5座桥地处水田或湿地,盖梁(台帽)采用抱箍法施工。

30m箱梁共40片,边梁和中梁各配1套定型钢模板,共设6个制梁台座。30m箱梁采用底板、腹板、顶板一次浇注施工工艺,混凝土入仓采用龙门式起重机,从箱梁一端向另一端分层浇注混凝土,附着式振捣器和插入式振捣器联合振捣,混凝土强度达到设计张拉强度后,采用4台千斤顶按设计顺序两端对称张拉,并在24h以内完成压浆,压浆采用真空压浆法,最后封端并移梁至存梁区。箱梁采用运梁平板车运至现场,架桥机安装箱梁。

在桥梁施工队伍安排上,桩基安排3支专业队伍,配回旋钻机15台,桥梁下部和上部结构安排3个专业队伍,预制场安排一支专业队伍,负责40片30m箱梁、六棱块、矩形边沟盖板等小构件的预制。

本合同段涵洞、通道共9道,安排2支专业队伍在2010年分别完成,尽早拉通路基、消除断点,为路基填筑创造有利条件。

路基成形一段后即可安排防护和排水施工,防护和排水安排2个砌石施工队伍。防护施工时先挖掘机刷坡,人工修整并夯实,再分段施作,先做浆砌片石基础,再从下向上铺设预制混凝土六棱块。防护完成一段后,开始排水沟或边沟的施工,沟槽采用小型挖掘机开挖,人工修整夯实,坐浆法分段砌筑,最后人工勾缝。

2. 主要分项施工方法、施工工艺及技术措施(简略)

1)钻孔灌注桩

本合同段有桩基161根,共3153m,其中ϕ1.0m的88根,ϕ1.2m的28根、ϕ1.4m的12根、ϕ1.5m的33根。根据招标文件对设备的强制性要求,桩基采用回旋钻机成孔,共配回旋钻机15台。若遇坚硬岩石层,采用其他机具成孔。钢筋笼采用汽车吊吊放就位,混凝土集中拌和,混凝土输送车运输,导管法灌注混凝土。

2)墩身、系梁、盖梁施工

(1)模板工程。

墩柱、盖梁、耳背墙模板均采用拼装式整体钢模,面板厚度6mm,委托专业厂家提前订做。锅盔河大桥墩柱直径为ϕ130cm,共24根,配置定型钢模18m;5座天桥墩柱直径为ϕ120cm,共15根,配置定型钢模16m;3座通道桥和1座小桥墩柱直径为ϕ80cm,共32根,配置定型钢模32m。盖梁(台帽)共59座,盖梁侧模5套,盖梁底模10套,耳背墙30个(2个耳墙加1个背墙),定型钢模6套。

(2)模板制作、安装。

墩柱模板采用两块半圆柱形钢模拼装,按不同长度分节制作,每节2~3m,并相应配置调节段。接头处用L50×5角钢加工成法兰盘形连接。拼装要求接头缝隙小于1mm。

模板加工完成后,应进行试拼检验工作,检查其结构尺寸、平整度、刚度、光洁度是否满足设计及规范要求,避免造成使用困难和工程缺陷。

模板采用现场拼装好后,吊车吊装一次组装就位。双墩柱盖梁采用抱箍法施工。模板支撑及脚手体系采用碗扣式脚手架或 ϕ48mm 钢管,配合水平、斜向撑、拉杆组成。

(3)钢筋工程。

墩柱和盖梁(台帽)钢筋在钢筋加工场统一制作成型,运至现场整体安装,其他钢筋在钢筋加工场下料制作好后,运至现场焊接绑扎成型。制作前先进行调直和清除污锈,然后按设计要求下料加工。焊缝长度符合规范要求,焊缝饱满,敲掉焊渣。同一断面上的钢筋接头的数量符合规范规定。水平钢筋的接头内外、上下互相错开。同时,在钢筋骨架不同高度处绑扎适量的水泥砂浆垫块,保证钢筋的净保护层厚度。

(4)混凝土浇筑。

混凝土在拌和站集中拌制,混凝土搅拌运输车水平运输,起重机配串筒入模,串筒底部距浇注面不大于2m,防止混凝土离析,插入式振捣器分层振捣,塑料薄膜包裹或无纺布覆盖洒水养生。

3)预应力箱梁预制安装

本合同段锅盔河有40片后张法30m预应力混凝土箱梁。

(1)预制台座。

箱梁预制台座采用C25混凝土,台座采用δ5钢板贴面,台座外沿用L40×40×4角铁包边,表面应水平。台座共设6个。

(2)箱梁模板。

本合同段边梁和中梁各20片,边梁和中梁模板各配1套。模板面板厚度6mm,委托专业厂家定做。箱梁台座成型后,将外模试块拼在台座上,检查各部位几何尺寸是否符合设计要求,并要求外模和台座之间的接缝严密,严禁产生漏浆现象,外模间接缝必须严密、不漏浆,平整度满足规范要求。

(3)钢筋骨架的制作与安装。

钢筋分底板、腹板钢筋骨架和顶板钢筋网片两部分整体制作、整体安装。钢筋骨架和网片制作均在绑扎台架上进行。内外保护层采用成品塑料垫块。

(4)浇注混凝土。

混凝土采用模板、钢筋全部安装好后一次性浇注施工工艺。混凝土在拌和站采用强制式拌和机拌制,混凝土搅拌运输车水平运输,龙门吊提料斗入模,从箱梁一端向另一端水平分层浇注,附着式振捣器和插入式振捣器联合分层振捣,插入式振捣器振捣时不能碰触波纹管,梁端、顶板张拉槽钢筋密集处仔细振捣。顶板采用人工木模收面并拉毛。脱模后,及时对箱梁端头和翼板边缘进行凿毛。

(5)钢绞线编束和穿索。

钢绞线下料按设计长度用砂轮锯切割,严禁使用电焊或气割。裁好索后应对钢绞线进行梳理和编束,严防钢绞线互相交叉、缠绕。编束完成,用木料支垫,分类挂牌标记,堆放备用。穿索前,先检查预应力孔道是否畅通,管道内用空压机清理,把预应力束的一端用铁丝扎紧并用胶带包裹后,穿入预应力孔道,穿束完成后,进行锚具夹片的安装。

(6)后张法预应力张拉。

混凝土强度达到设计张拉强度后开始进行张拉施工。张拉前,千斤顶和配套油表要经过鉴定。张拉采用4台千斤顶按设计张拉顺序两端对称张拉。张拉采用应力控制,伸长量进行校核。

(7)压浆、封端。

张拉工作完毕后,应尽快进行压浆工作。预应力管道采用真空压浆技术,压浆顺序:先下后上，先低后高，水泥净浆由一端注入，由另一端流出同稠度水泥净浆为止。堵头板提前预制，在箱梁连续端安装堵头板，四周采用水泥砂浆抹缝。箱梁非连续端堵头板安装好后，排出箱梁空腔内的养生水，将梁端头混凝土凿毛，绑扎锚端钢筋，安装封端模板，浇注封端混凝土。

(8)移梁、运输、安装。

压浆强度达设计要求后，即可用门式起重机起吊箱梁，移梁到存梁区分层存放，层数两层，设横向枕木两端简支。分层存放时两端支点宜平整，上下对正，支点距梁端0.5m。预制好的箱梁表明梁的编号、张拉日期和混凝土灌注日期等。梁体运输采用运梁平板车，通过预制场门式起重机将预制好的梁片吊装到桥下运梁平板车上运至架桥地点，汽车起重机起吊梁片上桥，装上桥面运梁平车，用架桥机安装。

4)桥面系施工

箱梁安装→湿接头、湿接缝和横隔板→二次负弯矩张拉→孔道压浆→解除临时支座、体系转换→防撞护栏→桥面调平混凝土→喷洒防水层→沥青混凝土铺装→伸缩缝安装。

湿接缝采用竹胶板吊模法施工，模板采用竹胶板，螺栓对拉，ϕ25钢筋围图加固，混凝土在一天气温最低时浇注。所有人工穿负弯矩钢绞线，按设计顺序单根张拉，张拉时采用应力控制张拉力，采用钢绞线伸长量进行校核，张拉完后及时压浆，最后解除临时支座(砂箱)，完成简支到连续的体系转换。

桥梁外侧墙式防撞护栏和内侧波形梁护栏座均采用定型钢模板。防撞护栏模板下部使用拉杆螺栓固定，上部用花秆螺栓配合支杆固定，混凝土分三层浇注：第一层浇注到护栏底部斜边下角变点，第二层浇注到斜边上角变点，第三层浇注到顶。

桥面铺装混凝土采用振动梁全幅一次性浇注，中间不设施工缝，钢筋网片铺设时注意应偏向顶面(钢筋网片上保护层厚度3cm)，槽钢高程控制带作为侧模和振动梁的行走支撑轨道。振动梁振捣密实后，用铝合金直尺刮平，待混凝土稍硬，采用钢丝刷横向拉毛，扫除浮渣。

5)现浇预应力混凝土箱梁

本合同段太平天桥和立新1号天桥现浇箱梁采用满堂式支架进行施工。

(1)支架搭设与预压。

①地基处理。

首先清除地面杂物，对原地表以下换填40cm砂砾，然后浇注10cm厚C15混凝土找平硬化，四周设置好排水沟。

②支架设立。

采用WDJ碗扣式多功能脚手架搭设满堂式钢支架，支架搭设好后，在可调撑托上横向铺设一层10cm×10cm方木作为横梁，横梁之上按50cm间距铺设一层10cm×15cm方木作为纵梁，顶面铺组合钢模板。

③支架预压。

在组合钢模板上堆码砂袋进行支架预压，以消除支架非弹性变形。预压荷载相当于所浇筑混凝土质量与施工荷载的总质量。预压前后分别进行高程测量，确定底模的预拱度，按二次抛物线形式通过可调撑托调整底模高程。

(2)模板制作与安装。

①模板制作。

在支架顶组合钢模板之上铺设一层光面竹胶板作为底模，侧模采用整体定型钢模板，内侧模和内顶模采用木模板和组合钢模板结合安装，内模板采用木支撑加固。

②模板安装。

侧模制作成 2～3m 一节，在底模测量定位铺装好之后，人工配合汽车起重机安装侧模。内模分两次进行安装，梁体底板和腹板混凝土浇注前安装好内侧模，顶板翼缘板钢筋绑扎安装之前安装好内顶模，内顶模板上预留进入天窗，以便顶板浇注后拆除内模。

(3)钢筋骨架制作与安装。

为减少在支架上的钢筋安装工作，梁内钢筋预先分段制成骨架。

钢筋接头采用搭接电弧焊，直径 10mm 以下的钢筋接头可采用绑扎搭接；钢筋头错开布置，数量和间距须符合技术规范要求。采用搭接电弧焊时，须保证两接合钢筋在搭接范围内轴线一致。骨架的施焊顺序由骨架的中间到两边，对称地向两端进行，并先焊下部后焊上部，相邻的焊缝应分区对称地跳焊，不可顺方向连续施焊。为保证保护层的厚度，在钢筋骨架与模板之间错开放置适当数量的塑料垫块，骨架侧面的垫块应绑扎牢固。

(4)预应力筋设置。

①管道成孔。

预应力管道采用金属波纹管，内穿牵引铁丝，接头套管管径应稍大，接头处用胶带纸缠裹密封严实；按预应力管道设计坐标用井字架固定波纹管；安装端模和锚垫板，并垂直于管道轴线，检查合格后穿束。按设计和规范要求设置排气孔。

②钢绞线的加工及穿束。

钢绞线下料切割使用砂轮锯，严禁使用气(焊)割；钢绞线按设计要求下料编束，须逐根理顺，绑扎牢固，防止互相缠绕；在波纹管安装好之后，浇注混凝土之前利用管内牵引铁丝人工穿束。

(5)混凝土的运送、浇注。

混凝土在拌和站集中拌制，混凝土搅拌运输车运送到施工现场，汽车式起重机输送入模。每孔箱梁混凝土分两层浇注成型，第一层浇注底板及腹板，第二层浇注顶板及翼缘板。混凝土浇注时，采用斜向分段、水平分层，由箱梁两端向中间进行，前后两层混凝土的浇注时间间隔不得超过混凝土的初凝时间。混凝土振捣采用插入式振动器振捣。

每层现浇预应力混凝土连续箱梁，首先施工中跨箱梁，然后沿中跨向边跨整孔施工。

(6)预留天窗封顶。

预留天窗封顶采用吊模法施工，首先将天窗四周混凝土浮浆凿除，并冲洗干净，绑扎并焊接好钢筋，然后用膨胀混凝土浇筑封死，按要求加强养生。

(7)预应力张拉和压浆。

梁体混凝土强度符合设计要求时，对梁体外观、尺寸等检验合格后，按设计顺序分阶段对称张拉预应力束，张拉完成后及时压浆并封端。

(8)拆(落)模方法、设备和期限。

当梁体混凝土强度达到设计强度的 80% 以上时或预应力张拉压浆完成后，方可卸落和拆除模板与支架。现浇连续箱梁支架和模板拆卸要对称、均匀、有序地进行。先拆侧模，后拆底模，从跨中向两端进行。碗扣式满堂支架卸落设备采用可调托撑。

三、涵洞、通道工程

本合同段有涵洞 7 道、通道 2 道，全部为钢筋混凝土箱涵结构，其中 1 道为明涵，其他 8 道均为暗涵，计划安排 2 支专业队伍分别来完成。涵洞按地基处理→底板→侧墙→顶板→进出口八字墙或一字墙的顺序施工。

涵洞、通道地基承载力必须满足设计要求，按设计要求采用换填砂砾、铺砌浆砌片石的方法进行地基处理。底板和侧墙每5～6m一段跳仓浇注，模板采用大块钢模板，钢管围囹、螺栓对拉加固模板。顶板采取搭设满堂支架现浇的方法，模板采用竹胶板。涵洞每5～6m设1道沉降缝，沉降缝上下要贯通。涵身混凝土浇注完成后，人工坐浆法砌筑涵洞进出口一字墙或八字墙，外露面人工勾凹缝。混凝土在拌和站集中拌制，混凝土运输车运输，汽车式起重机入仓，插入式振捣器分层振捣。钢筋在加工场下料制作好后，运至现场绑扎。

四、防护及排水工程

本合同段路基防护有以下三种形式：路堤边坡高度小于6m及路堑边坡高度小于4m的路段采用植紫穗槐防护，河滩地路堤采用满铺预制六棱块防护，六棱块下设砂砾垫层和防渗土工布，其他路段采用铺砌空心六棱块防护。填方路基排水沟一般为梯形土质排水沟，纵坡较大处及汇水较大段为梯形浆砌片石排水沟，挖方路基及村庄段采用盖板浆砌片石矩形边沟。

路基成形一段后，即可安排防护和排水施工。六棱块、空心六棱块统一在预制场预制，三轮车运至施工现场，人工分段铺砌，每隔15m设一道伸缩缝，缝宽2cm，缝内用沥青麻絮填塞紧密。先刷坡，再做浆砌片石基础，最后铺砌(空心)六棱块。刷坡前先放出路基边线，撒白灰标志，用坡尺测量挂线，挖掘机从上至下刷坡，人工修整并夯实坡面。刷坡完成一段后，采用小型挖掘机开挖基槽，人工修整并夯实基底，坐浆法砌筑基础，人工回填，小型夯实机具夯实。基础做完一段后开始从下向上铺设(空心)预制六棱块，砌筑采用M10水泥砂浆，河滩地路堤六棱块满铺前先要铺设砂砾垫层和防水土工布。

路基防护完成一段后，紧跟着进行排水沟、边沟的施工。先测量放线，再采用小型挖掘机开挖沟槽，挖出的土装车运至弃土场，人工修整沟槽并夯实地基，最后砌筑浆砌片石边沟并勾缝，砌筑砂浆采用M7.5水泥砂浆，勾缝采用M10水泥砂浆，片石强度不小于30MPa，砂浆采用滚筒拌和机集中拌和，三轮车运至工作面。混凝土盖板在预制场集中预制，三轮车运至施工现场，人工安装。

第三章　工期保证体系及保证措施

一、工期保证体系

工期保证体系见图7-1。

二、工期保证措施(简略)

我公司近年来参加了宝天高速公路、青兰高速公路、渭蒲高速公路等多条高速公路的建设，积累了丰富的高速公路工程施工经验，锻炼出一批技术水平较高的施工管理人才和技术骨干以及有着良好协作基础的施工队伍，为确保本工程施工方案的科学性、实用性、可靠性奠定了基础，这些对确保工期也起到了保证作用。鉴于本工程的施工特点，拟采取的具体措施如下：

(1)加强领导及组织管理，挑选精兵强将，强化施工管理。

我公司中标后，及时组建各种专业化队伍，投入足够的管理力量、技术力量和劳动量，迅速进驻施工现场，并建立健全各种管理体系，在施工中始终抓住工程中的重点、难点，确保工程按期完工。

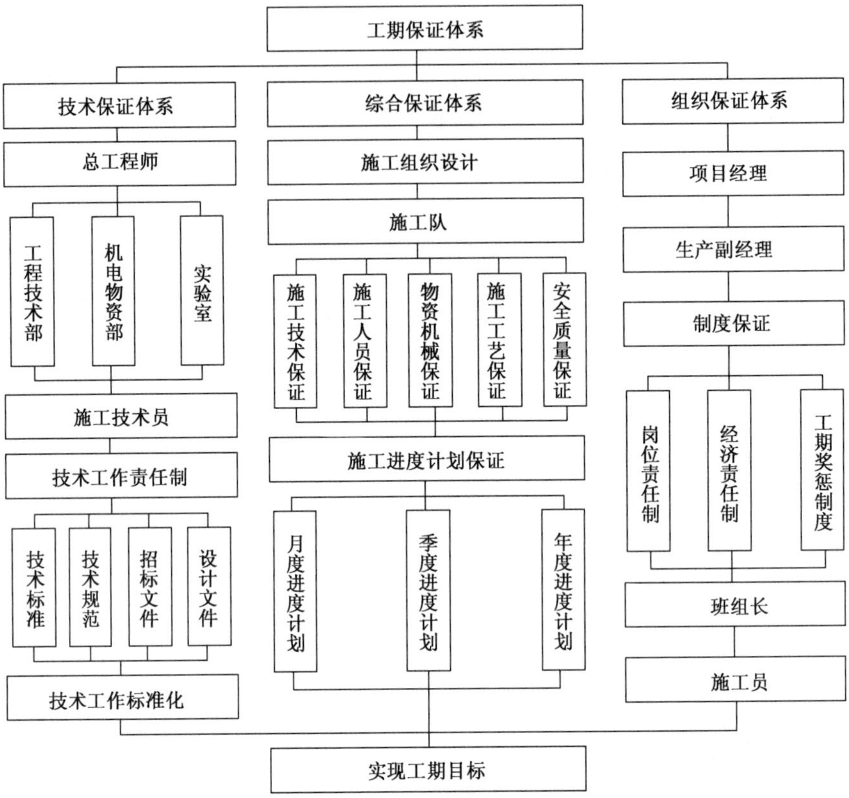

图 7-1　工期保证体系框图

(2)科学组织,抓好协调。

运用统筹法、网络技术、系统工程等新技术编制切实可行的实施性施工组织设计,做到点线明确、轻重分明、施工计划可靠、资源配置得当,并在施工中积极做好各方面的协调工作,确保工程顺利进行。

(3)应用先进的生产设备及采用先进合理的施工工艺。

(4)加强网络计划管理。

运用网络技术,抓好关键线路。对工程的重难点和控制工期的工序统筹考虑,优先安排。在保证质量、安全的前提下,尽可能地多开工作面,控制作业循环时间,合理安排作业层次,并采取措施减少雨季和冬季对施工的影响,利用有利季节加快施工进度。

(5)技术保证措施。

①编制好实施性施工组织设计。

②对施工进度进行监控。

③积极推广先进经验和先进技术,提高劳动生产率。

第四章　工程质量管理体系及保证措施

一、工程质量保证体系

(略)

二、工程质量保证措施

1. 技术保证措施

(1)成立测量队。

负责工程的控制测量及抽查性测量工作。施工队组建测量班负责施工放样,在测量队指导下工作。确保桥梁中线、高程和各结构物几何尺寸的准确性。

(2)建立中心试验室。

选派有资质的试验技术人员,配备齐全的试验仪器,建立严格的试验检测制度。

(3)成立技术专家组。

成立专家组,协助总工程师制定合理的施工组织方案,对关键部位和关键技术组织技术攻关,确保本工程安全、高效、按期完成。

(4)投入高素质的人才群体。

抽调施工技术骨干,特别配备多年从事类似工程施工的高级专业技术人员,组成人才群体,担负本工程建设重任。

(5)选用有针对性的施工工法和"四新"技术。

积极广泛应用"四新"技术。发扬我公司近年来在高速公路施工领域中积累的丰富经验,大力推广相关的国家级工法,以保障施工安全和工程质量。

2. 施工保证措施

(1)工艺控制措施。

单位工程开工前,认真编制实施性施工组织设计,主要分部分项工程开工前,编制施工方案,经监理工程师审批后,严格按照施工组织设计施工,认真进行技术交底,交方法、交工艺、交标准。并在施工过程中经常检查落实情况。

(2)工序质量控制措施。

①操作者必须具有相应工种岗位的实践技能,必须做到考核合格、持证上岗,坚持"三检"制度。

②检查质量责任制落实情况,提高自我控制施工质量的意识。

③推行工序作业样板制,以点带面,达到全面程序化、标准化、规范化作业的目的。

(3)工程原材料质量控制措施。

工程材料和辅助材料,将构成建筑工程的实体。保证工程材料按质、按量、按时的供应是提高和保证质量的前提。

按有关要求实行材料采购招标。建立材料进场前的检查验收和取样送检制度,杜绝不合格材料进入现场,对经检验不合格材料必须限时清理出现场。

(4)严格工序质量验收。

按技术规范和验收评定标准验收工序质量,填写中间交工证书,并经监理工程师签证。对存在个别缺陷的工序,限期改正;对质量不合格工序,坚决返工。

第五章　安全生产管理体系及保证措施

一、安全生产管理体系

在施工中认真贯彻执行"安全第一,预防为主"的安全生产方针,认真遵守安全管理规范。

同时，建立严密的安全保证体系，分别从组织、工作、制度等方面来保证施工生产的安全进行，消除安全隐患及事故苗头，防止安全事故的发生，具体见安全生产保证体系框图（图7-2）。

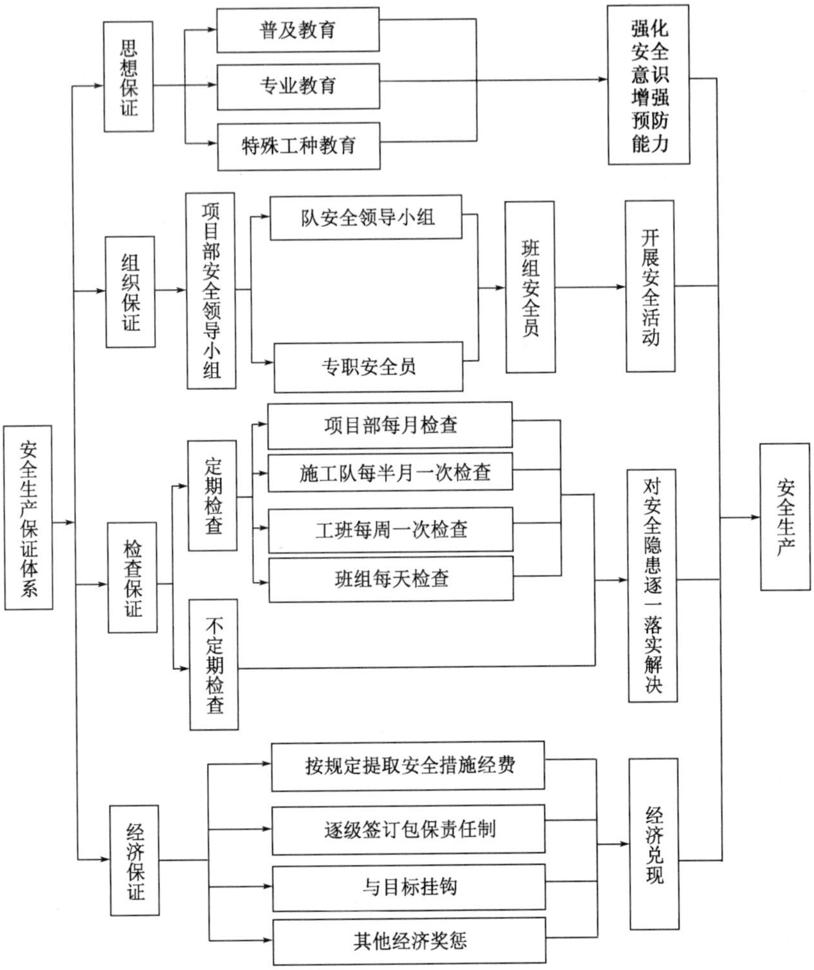

图7-2　安全生产保证体系框图

二、安全生产保证措施

实行项目经理部→质安部→施工队三级安全管理体系。各级质量第一负责人为安全负责人，成立三级安全领导小组。制订详细的安全细则和条例，配备专职和兼职安全工程师、安全员，实施安全教育和安全检查工作。

（1）桥梁工程施工安全保证措施。

①桥梁各分项分部工程施工前编制安全技术措施，制订操作细则，并向施工人员进行安全技术交底，做好安全教育工作，提高全体参建职工的安全意识。

②对桥梁施工中的辅助结构、临时工程支架、起吊设备、爬杆等进行安全验算，并采取相应的安全措施。

③桥梁施工的特种作业人员坚持持证上岗，其他人员进行安全技术培训和考核，合格后才可进行工程施工。

④桥梁墩台整体模板吊装前，使模板连接牢固，支撑、拉模钢筋、箍筋加固可靠，吊点正确

牢固。起吊时，拴好溜绳，并听从信号指挥，不得超载，在竖立模板过程中，模板工作人员的安全带必须拴牢于固定结点，穿拉杆时，内外呼应。

(2)现场安全用电措施。

施工现场临时用电须编制施工组织设计，按《施工现场临时用电安全技术规范》的要求进行设计、验收和检查，进行安全技术交底，并建立、健全安全用电管理制度，严格落实，防止误触带电体、防止漏电、实行安全电压三项技术措施。

(3)安全教育。

加强全员的安全教育和技术培训考核，使各级领导和广大职工认识到安全生产的重要性、必要性；懂得安全生产、文明生产的科学知识，牢固树立"安全第一，预防为主"的思想，克服麻痹思想，自觉地遵守各项安全生产法令和规章制度。

加强职工入场前的安全教育，使职工增强安全防范意识，遵守安全法规。建立健全项目经理部、施工队、班组的三级安全教育。特种作业人员安全生产教育除进行一般安全教育外，还要经过本工种的安全技术教育，经考核合格发证后，方准独立操作。把经常性的安全教育贯穿于管理工作的全过程。

第六章　环境保护、水土保持保证体系及保证措施

一、环境保护体系

为保护环境、控制污染，环境保护工作贯穿于施工全过程。同时，按照"统筹规划，合理布局，预防为主，综合治理"的原则，按合同约定的环保内容制订切实可行的施工环保措施，随时接受业主与监理的监督及地方环保部门的检查指导。(环境保护保证体系框图略)

二、环境保护措施

我公司在施工过程中，严格遵守有关环境保护的法律法规，履行合同约定的环境保护义务，采取有效措施保护施工范围内及周边的环境，严格遵守《招标文件》及黑龙江省环保部门的有关规定，实施标准化工地管理。项目部设立环境保护部，负责施工中的施工环保，生态环保工作，检查、监督各项环保工作的落实，对施工人员进行教育管理，使人人明确环保工作的重大意义，积极主动地参与环保工作。具体的环境保护措施如下：

(1)自然生态环境保护措施。

①保护植被：对施工界线内外的植被尽量维持原状；严禁乱砍滥伐。

②美化环境：对临时用地的裸露地表进行绿化。

③控制废弃物：对有害物质(如废油、废料垃圾等)，按规定运至指定地点进行处理，防止对动、植物造成损害。

(2)大气环境保护及粉尘的防治。

①在设备选型时选择低污染设备，安装空气污染控制系统，控制废气浓度。

②配备专用洒水车，对施工现场和运输道路经常进行洒水湿润，减少扬尘。

③汽油等易挥发品的存放要密闭，并尽量缩短开启时间。

(3)生产、生活垃圾管理。

①施工营地和施工现场的生活、生产垃圾要集中堆放，统一处理。

②施工中的废弃物经当地环保部门同意后，运至指定地点进行合理的处理。

③弃土不随意堆放，运至指定弃土场。

(4)水环境保护措施。

①邻近生活水源施工时，用沟壕将生活水源隔开，避免污染生活水源。

②禁止将清洗机械、施工设备及维修机械时的废水、废油排入江河。

③施工中的废浆运到指定的地点设渗坑进行处理，严禁排放到河流、灌溉系统里。

④工区中的饮用水按国家饮用水管理标准定期进行检测，防止施工活动污染水源。

(5)完工时的环保措施。

工程完工后对临时用地内的所有建筑、生活垃圾进行清理，不得任意堆放，破坏周边环境。对场地清理平整合格后，将其恢复原状。工程完工后请当地政府有关部门进行环保验收，取得当地政府的认可，确保不留环保后患。

三、水土保持保证体系

在施工过程中本着“防止水土流失，改善生态环境”的环保理念，认真做好水土保持工作，严格遵守《中华人民共和国水土保持法》的有关规定。在施工过程中各部门积极参与，发现问题随时解决。(水土保持保证体系框图略)

四、水土保持保证措施

为了将工程建设带来的不利影响及水土流失减少到最小，使泄入下游河道的泥沙显著减少，不损害原有的生态环境，特制订如下水土保持保证措施：

(1)在施工临时用地内，将原有的地表有肥力的土壤推至一旁，待施工完成后，再将这些熟土运至原有地，恢复原有地表，以利于今后耕种。

(2)施工中造成的裸露地表，造林种草，绿化栽植，形成综合性保水保土体系。

(3)取土造成的开挖边坡处设置截水沟，进行支护，稳定边坡。

(4)做好《中华人民共和国水土保持法》宣传，树立宣传牌，提高公众参与意识，实行舆论监督。

第七章　文明施工、文物保护保证体系及保证措施

一、文明施工保证体系

文明施工体系包括管理制度齐全，管理机构健全，人员到位、责任到人，操作人员熟悉规范规程和设计要求，不得违章施工、野蛮施工等。(文明施工保证体系框图略)

二、文明施工保证措施

文明施工管理是一项综合性工作，涉及计划、技术、安全、调度、施工总平面布置、材料仓储管理以及施工道路、防水设施、卫生、环境保护等方面。同时必须要有全体职工的积极配合，实施措施方能奏效。

在施工期间严格按照黑龙江省公路建设关于文明工地的要求进行该工程建设，严格遵守噪声、振动、粉尘污染等环保规定；全面开展创建文明工地活动，确保达到省级文明工地。

项目部及各施工队驻地办公、生活区整洁明亮，材料存放区堆码整齐，标志清楚，现场施工便道及料场场地硬化，排水系统畅通，施工区域标志醒目，危险区域禁令明显，机械设备有操作

规程牌,施工总平面布局、布置合理。同时,为全面提高施工管理水平,做到科学组织,文明施工,我们将成立专门的文明施工管理组织机构,并制订以下文明施工保证措施。

(1)组织管理措施。

施工现场要成立以项目经理为首的现场管理小组,作为文明施工现场管理的组织保证。开展全员文明施工教育,懂得文明施工是安全无事故的基础。

(2)施工现场管理。

在开工前做好施工组织设计、绘制施工组织图、现场总体平面布置图。进入施工现场的每一名职工必须身着单位统一的工作服、安全帽,并佩戴标明身份的胸牌。严格按照公安、消防部门的要求设置防火设施,定期对灭火器等设施进行检查,保证防火设施的使用性能。施工便道安排专用洒水车经常洒水,防尘飞扬,专人进行养生,保证晴雨通车,避免影响当地群众正常生活、生产活动。

(3)办公、生活设施。

办公室干净、卫生、整齐。职工宿舍做到通风、明亮、保暖、隔热,地面采用瓷砖或做水泥砂浆地面,做到整洁卫生。职工食堂干净、卫生,锅台、锅灶用瓷砖或马赛克贴面,食堂工作人员有健康证,穿戴工作服、工作帽,食物容器上有生熟标记,餐具经过严格消毒,并设置防蝇、防鼠措施,职工饮水桶加锁。厕所有专人管理,生活垃圾及时处理;并设立职工浴室及诊所。

三、文物保护保证体系(略)

对文物保护加强宣传和教育,学习《中华人民共和国文物保护法》,制订相应的文物保护保证措施。

四、文物保护保证措施

(1)认真组织全体施工人员深入学习《中华人民共和国文物保护法》及当地政府对文物保护的有关规定,增强文物保护意识。

(2)项目部、施工队设专门的文物保护人员,分工负责文物保护工作。施工前做好调查,主动积极采取保护、防护措施。

(3)施工时如果发现古墓或其他古迹时,立即停止作业,不得移动和私藏,同时采取严密的保护措施保护好现场,防止文物流失,并及时将有关情况报告监理工程师及当地文物保护部门。在主管部门未结束处理前,不得重新进行作业。

第八章　项目风险预测与防范及事故应急预案

一、项目风险预测与防范

项目主要风险点及防范措施见表7-10。

项目主要风险点及防范措施　　表7-10

序号	区域或作业过程	重要/重大危险源	预控措施
1	基础及下构施工	洪水及坍塌	加强教育,落实安全操作规章,现场督促检查,制订安全生产重大事故应急预案
2	支架及作业平台	支架作业及作业平台未按设计施工,未设置安全施工防护栏	加强教育,落实安全操作规章,现场督促检查,制订安全生产重大事故应急预案

续上表

序号	区域或作业过程	重要/重大危险源	预控措施
3	模板工程	支模人员未戴安全帽、未系安全带	执行安全管理措施、现场督促检查，制订安全生产重大事故应急方案
4	模板工程	模板强度、刚度、稳定性不符合设计要求	现场检查验收，制订安全生产重大事故应急方案
5	混凝土施工	钢筋上下无走动防护措施	要求执行安全管理措施、现场督促检查，制订安全生产重大事故应急方案
6	起重作业	高处作业人员不系安全带	要求执行安全管理措施、现场督促检查，制订安全生产重大事故应急方案
7	电工及临时作业	单人进行水上作业及电工作业	要求执行安全管理措施、现场督促检查，制订安全生产重大事故应急方案
8	高空作业	安全网拉设不规范、破损、超过使用标准	要求执行安全管理措施、现场督促检查，制订安全生产重大事故应急方案
9	高空作业	晚上作业照明度不够	要求执行安全管理措施、现场督促检查
10	交叉作业	高空坠落物品	要求执行安全管理措施、现场督促检查
11	张拉作业	张拉时拉力超过设计标准	要求执行安全管理措施、现场督促检查，制订安全生产重大事故应急方案
12	张拉作业	作业区未设危险标志、无防护安全措施	向提出要求、现场督促检查，制订安全生产重大事故应急方案

二、事故应急预案

(1)为了保证安全生产工作落实到实处，认真贯彻落实《中华人民共和国安全生产法》《建设工程安全生产管理条例》《中华人民共和国建筑法》《中华人民共和国消防法》等法律、法规和标准，根据有关政策规定，并结合项目的实际情况，特制订此事故应急救援预案。以便快速、有序、高效地控制紧急事件的发展，将事故损失减小到最低限度。

(2)项目部成立应急救援小组，负责事故现场应急的指挥工作，进行应急任务分配和人员调度，有效利用各种应急资源，保证在最短时间内完成对事故现场的应急行动。

(3)应急响应中必须遵循的原则。

①紧急事故发生后，发现人立即报警。

②项目在接到报警后，立即组织自救队伍，按事先制订的应急方案进行自救。若事态严重，难以控制和处理，立即在自救的同时向专业救援队伍求救，并密切配合救援队伍。

③疏通事故发生现场道路，保证救援工作顺利进行，疏散人群到安全地带。

④在急救过程中，遇到威胁人身安全情况时，首先要确保人身安全，迅速组织脱离危险区域或场所后，再采取急救措施。

⑤切断电源、可燃气体(液体)的输送，防止事态扩大。

⑥项目设紧急联络员一名，负责紧急事件与救援物资的联络工作，明确联络地址和电话。

⑦紧急事故处理结束后，部门负责人如实填写记录，并召集相关人员研究防止事故再次发生的对策。

(4)重大事故报告及报警原则。

①工地现场任何人发现发生重大事故的,必须立即报告工地负责人,工地负责人接到报告后,立即通知公司总部,并组织现场应急救援小组开展现场抢救工作,如发生人员伤亡或火情等,在第一时间分别打120或119求助,同时以最快的方式报告公司工程总部及公司领导。

②公司领导接到事故报告后,立即组织公司应急救援组赶赴施工现场,组织指挥现场抢救工作,同时将事故的概况(包括伤亡人员、发生事故时间、地点、原因等)分别用电话和快报的办法报告上级主管部门以及政府有关部门。

(5)救援器材及设备。

①通信设备:包括固定电话、移动电话、对讲机。

②交通工具:供指挥、联系、救援用的车。

③急救药品及器材:止血带、颈托、担架等救援器材及灭火器等。

(6)对各类事故建立预防和应急预案。

第九章　其他应说明的事项

一、冬雨季施工措施

雨季施工前,根据现场和工程进展情况制订雨季阶段性计划,并提交业主和监理工程师审批后实施。

混凝土浇注特别是桥面箱梁浇注时,必须事先注意天气情况,尽量避开雨天,否则要做好防雨措施,预备足够的活动防雨棚,准备好塑料薄膜、油布等。必要时,严格按施工规范、规程允许的方式、方法,采取留置中止施工缝的措施,事后按规定要求处理施工缝,再续浇混凝土。

必须连续施工的混凝土工程,要有可靠的防雨措施,备足防雨物资,及时了解气象情况,选择合适的时间施工。如中途遇雨时及时采取覆盖及调整混凝土坍落度等方法,加强计量测试工作,及时准确地测定砂、石含水率,从而准确地调整施工配合比,确保混凝土施工质量。

雨季前组织有关人员对现场临时设施、脚手架、机电设备、临时线路等进行检查,针对检查出的具体问题,采取相应措施及时整改。

冬季施工时,现场备好防冻保暖物品以及防冻剂、草袋等,临时自来水管做好防冻保温工作,采用稻草泥或纸巾包裹。

做好冬季施工混凝土、砂浆外掺剂的试配试验工作,提出施工配合比。混凝土浇捣后,及时覆盖草包,采取防冻蓄热养生方法,对强度达到设计强度等级40%的混凝土,保持草包薄膜内混凝土表面温度不低于5℃,在低温施工时,对于混凝土构件延长保温养生期,适当延长拆模时间。

二、与其他在建单位之间的配合与协调

(1)为保证施工按计划顺序进行,我公司将主动或在甲方的协调下做好与参建单位、前后专业工序之间的联系和配合。

(2)项目经理部统一协调与相邻合同段施工单位的关系。

(3)本合同段内进行桩位、高程复测时,须深入相邻合同段两个桩位和高程点,并将测量结果及时通知相邻合同段施工单位,共同确保测量工作的正确性。

(4)在与相邻合同段交界处工期安排上与对方协商一致,做到同步施工,确保工程质量。

(5)在合同段起始点附近进行开挖爆破施工时，通知相邻合同段施工人员，做好警戒工作。

(6)施工中要互相帮助，相邻便道、便桥、用电等邻近工程达到相互方便，土方调配互相协商。

三、计算机信息化管理

我公司项目部将对项目进行信息化管理，项目部各部室配备台式电脑或笔记本电脑，并将上网宽带接入项目部，确保网络通信畅通，与业主和监理及时进行信息沟通和交流。

施工期间，充分使用计算机进行进度、质量、计量支付等工程管理工作。计算机数量、硬件和软件均满足施工管理的需要。

在施工前和竣工后采用数码摄像机对本合同段的地形地貌进行数码摄像，在施工过程中根据工程进展及需要及时收集影像资料，并按要求建立分项工程施工、检测照片档案，除规范规定的检测记录外，增加施工和检测照片，同时在计算机上进行多份备份。

按照业主要求配备专门的计算机系统用于电子档案的管理和查检，同时配备文档型扫描仪等满足工程建设期文档电子化的必要设备，明确电子档案管理机构及负责人，确保电子档案、纸质档案的收集、整理与工程建设同步。

任务三　实施性施工组织设计案例

学习目标

(1)了解实施性施工组织设计文件编制的侧重点。

(2)掌握实施性施工组织设计的内容和编制方法。

任务描述

要求学生掌握公路基本建设项目各个阶段的施工组织设计文件的分类、内容及特点，了解各个不同施工组织设计文件在编制时所需要注意的问题。通过完成该任务，明确实施性施工组织设计编制的侧重点，掌握实施性施工组织设计的内容和编制方法。

相关知识

公路施工组织设计可分为指导性施工组织设计和实施性施工组织设计。本例编制的是四川省成洛大道(东延线)工程的实施性施工组织设计。为适应教学要求，对原工程做了适当的简化。

一、工程概况

成洛大道东延线位于成都市龙泉驿区东北部，路线起于成洛大道终点，经泉水沟，采用洛带古镇隧道穿过鲤鱼村，在三道拐出隧道，经过大石村钟家老房子，过石板沟进入将军顶隧道。在大湾村三组李家湾出隧道后，沿沟谷东北侧坡地行进。于大兰跨过无粮湾，沿河谷东北侧坡地继续前行，在罗家湾花庙子附近接上五福大道金堂段终点。

本项目主线方案起点位于已建成的成洛大道终点处，东止于正在修建的五福大道金堂段终点。起讫桩号为：K0 +500 ~ K11 +555.576，全长 11.056km。项目共设大桥 408m/3 座，涵洞（通道）27 座，长隧道 4924m/2 座，隧道管理区 1 处与养护工区 1 处合并设置，其余部分均为路基。

临时工程共设置了 15 处改移道路（G1 ~ G15，其中 G3K 为分离式立交，以桥梁形式上跨主线，分离式立交桥长 106m），涵洞 6 道，改移道路总长 4.264km，路基宽度为 4.5m、7.0m 和 7.5m。

1. 地理位置及气象水文

成洛大道东延线起点段（K0 +500 ~ K2 +000）位于龙泉驿区洛带镇，属龙泉山西部，为成都平原向低山过渡的丘陵区；K2 +000 ~ K11 +555.576 由西至东方向经过龙泉低山地带。本项目区海拔高度 460 ~ 921.6m，切割深度 200 ~ 510m，线路经过境内最高峰为将军顶，海拔 921.6m。

项目区位于成都平原东部和川中丘陵西缘，属我国亚热带季风气候区。气候温和，四季分明，雨量充沛，湿度大、云雾多。日照少，平均风速小，无霜期长，大陆性季风气候显著，多年日平均气温 16.6℃，年平均降雨量 920.5mm，雨量较为丰富；年均日照时数为 1268.7h，属全国日照低值区之一。风向夏季多偏南风，冬季多偏北风。年平均风速为 1.1m/s，最大风速为 15m/s。

区内主要地质构造是龙泉山褶皱带和龙泉山次生断裂带。该线路曲线内沿线不良地质为滑坡，沿线特殊岩土为石膏层。

2. 主要技术指标

公路等级：双向 4 车道一级公路。

设计速度：60km/h。

路基宽度：整体式路基宽度 23m，分离式路基宽度 11.25m。

汽车荷载等级：公路—Ⅰ级。

最小曲线半径：设计值 200m。

最大纵坡：6%。

3. 主要工程项目及数量

（1）路基工程。

路基工程数量表见表 7-11。

路基工程数量表 表 7-11

序号	项　目	单位	数量	序号	项　目	单位	数量
1	路基清表	万 m^3	12.44	8	防护 C20 混凝土	万 m^3	0.96
2	挖土方	万 m^3	17.85	9	M7.5 浆砌片石	万 m^3	0.55
3	石方开挖	万 m^3	96.70	10	客土喷播植草	万 m^2	11.1
4	土方回填	万 m^3	14.73	11	三维植被网	万 m^2	4.127
5	石方回填	万 m^3	61.36	12	排水 C20 混凝土	万 m^3	1.07
6	冲击碾压	万 m^3	10.31	13	钢筋	t	150
7	特殊路基处理	万 m^3	19.28	14	土工格栅	万 m^2	13.81

(2)路面工程。

路面工程数量表见表 7-12。

路面工程数量表　　表 7-12

序号	项　目	单位	数量	序号	项　目	单位	数量
1	沥青混凝土路面	万 m^2	12.49	5	水泥稳定类基层	万 m^2	13.37
2	路面垫层	万 m^2	14.83	6	黏层油	万 m^2	24.99
3	碎石垫层	万 m^2	14.83	7	透层油	万 m^2	13.36
4	20cm 3.5% 水泥稳定底基层	万 m^2	13.84	8	水泥混凝土基层 26cm	万 m^2	7.7

(3)桥涵工程量。

桥梁工程数量表见表 7-13。

桥涵工程数量表　　表 7-13

序号	项　目	单位	数量	序号	项　目	单位	数量
1	水泥混凝土	万 m^3	12600	4	圆管涵	m	239.5
2	钢筋	t	1933	5	盖板涵	m	806.0
3	钢绞线	t	156.24				

(4)隧道工程。

隧道工程数量表见表 7-14。

隧道工程数量表　　表 7-14

序号	项　目	单位	数量	序号	项　目	单位	数量
1	土石方开挖	万 m^3	94.28	6	型钢	t	5677.32
2	喷射混凝土	万 m^3	6.54	7	EVA 防水板	万 m^2	29.28
3	模筑混凝土	万 m^3	21.26	8	无纺布	万 m^2	29.29
4	钢筋	t	4456.02	9	波纹管	万延米	4.63
5	锚杆	万延米	175.04				

4. 总工期

本项目为中国水电建设集团投资 BT + EPC 项目,工期 36 个月。

二、施工总体安排

1. 施工总平面布置

项目共建 1 个预制场、5 个钢木加工厂和 5 个混凝土拌和站,本着少占地和方便施工的原则进行施工场地布置,具体布置情况参见施工总平面布置图。

2. 预制梁场

项目桥梁工程共有 130 片 30m T 梁和 4 片 25m 箱梁,其中预应力箱梁为现浇梁。

T 梁预制场设置在主线路基上,中心桩号 K8 + 650,长 310m,面积 7130m^2。从小桩号向大桩号方向依次为制梁区、存梁区。预制场内设胎座 6 座,配备 50t 龙门吊 2 座。存梁区配置 2 台 50t 龙门吊移梁、存梁,场地全部硬化,按标准化建设要求建设布置,梁场布置图 7-3。

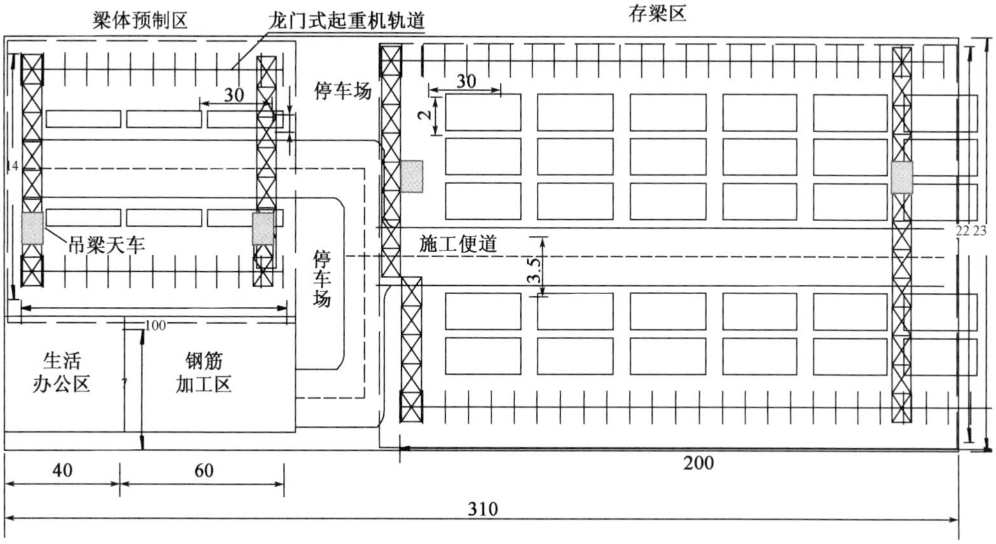

说明：1.本梁场修建于新建路基上，长310m，宽23m，共占地7130m^2。
2.梁体预制区长100m，宽14m，占地1400m^2；设有6个预制台座，2台50t龙门式起重机。
3.生活区长40m，宽7m，共占地280m^2；房屋采用彩钢活动板房搭建；钢筋加工区长60m，宽7m，共占地420m^2。
4.存梁区长200m，宽22m，占地4400m^2；存梁区预计存梁60片，采用上下两层，共五行六列，2台50t龙门式起重机移梁、存梁。

图 7-3　梁场布置图(尺寸单位:m)

3. 施工便道、便桥

施工中材料、设备进场通道可利用原有道路。由于本项目在龙泉山区与淮洛路及乡村公路有相互交叉。为保证原有道路的功能，并把既有乡村公路与本项目主线有效衔接起来，方便沿线的车辆上下本项目，共进行 15 处改移道路，将因本项目实施被阻断的道路衔接起来，并满足当地群众的生产、生活需要。

4. 施工用电

生活区及预制场地，施工中考虑与当地电力部门联系，配备 5 台变压器。变压器配置是洛带古镇隧道进出口各一套 800kVA + 630kVA 的变压器；将军顶隧道进出口各一台 630kVA + 630kVA 的变压器。所有变压器适用范围为隧道洞内施工、拌和站、办公区、钢筋加工场和施工用电；生活用电和施工用电从洞口变压器接出后分开布置。路桥分部共设置 1 台 315kVA 箱变压器供给生活、拌和站、预制场及桥梁施工用电。

5. 施工用水

全线工程用水资源较为丰富，主要为山涧溪水、地下水或自来水等。

6. 项目部组织机构

按照中国水电建设集团积极开拓非水电市场的要求，树立全新的建设管理理念，积极探索、深化“BT 项目”的管理新模式，由中国水电建设集团路桥工程公司调派精兵强将，配备一流技术管理人才，建立一个精干高效的施工总承包部，全面负责本项目的施工管理工作。总包部由 1 名总经理、1 名生产副经理、1 名安全总监、1 名项目总工程师和 1 名总经济师共 5 人组成项目领导班子；并设 7 个部门，即设计部、工程技术部、质量部、经营核算部、安全环保部、财务部和综合管理部，质量部作为试验室的归口管理部门。土建隧道工程分四个施工队、路桥涵分三个施工队；其余路面、机电、绿化和安全设施工均按一个施工队进行施工。

三、施工组织设计方案

1.路基工程

1）概况

本项目路基工程主要施工内容包括：路基清表、挖方路基、填方路基、结构物台背回填及特殊路基处理、路基边坡防护、排水和涵洞工程。

2）总体施工方案

（1）本项目路基的土石方明挖及填方工程量较大，分别为114.4万m^3和98.5万m^3，根据沿线土石方分配情况和弃土场位置，路基分为三个施工队同时进行施工，具体划分如下：路基一队，K0+500～K2+035段；路基二队，K4+950～K6+040段；路基三队，K8+055～K11+555.776。各段路基防护及排水、涵洞工程也按三个作业队同时进行施工。

（2）路堤填筑开工前先进行试验路段施工、路基填筑作业等一系列试验，确定相关碾压参数。

（3）路堑开挖采取纵向分层、横向分台阶自上而下分级开挖，防护紧跟的施工方案。

（4）土石方运输采用PC320挖掘机装车、20t自卸车运输的方法。

（5）填筑采用TY220推土机推料、PY190平地机整平、YZ22振动压路机碾压，碾压参数以试验段的试验数据为准。

3）工期安排

路基工程计划于2013年9月1日开工，2016年3月31日结束，共计31个月。

4）路基工程的机械设备表

路基工程的机械设备见表7-15。

本项目路基工程的机械设备表　　表7-15

序　号	名　称	规格型号	产　地	数量（台套）	性　能	备　注
1	挖掘机	PC320	日本	12	良好	
2	推土机	TY220	中国	7	良好	
3	自卸汽车	KM1166G6	中国	30	良好	
4	振动压路机	YZ18	中国	6	良好	
5	振动压路机	YZ22	中国	6	良好	
6	冲击式压路机	YCT25	中国	1	良好	
7	平地机	PY190	中国	6	良好	
8	洒水车	东风	中国	6	良好	
9	柴油发电机	200kW	中国	2	良好	
10	电焊机	BX6－125	中国	8	良好	
11	蛙式打夯机	HW20	中国	8	良好	
12	混凝土运输车	9m^3	中国	8	良好	

5）人力资源配置

路基人力资源配置见表7-16。

路基工程人力资源配置表 表 7-16

序号	工种名称	人数	备注	序号	工种名称	人数	备注
1	施工负责人	3	施工队总负责	9	爆破工	9	
2	技术负责人	3	路基施工技术负责	10	砌筑工	24	
3	质检工程师	3		11	驾驶员	18	
4	技术员	6	现场技术指导及资料管理	12	混凝土工	12	
5	试验检测工程师	6		13	模板工	12	
6	材料员	3		14	钢筋工	9	
7	安全员	6		15	电焊工	6	
8	普工	120		16	合计	240 人	

6)各分项工程施工方法与技术措施

(1)路基处理。

路基采用 TY220 推土机、PC320 挖掘机与 20t 自卸汽车相配合,对施工区域内的表层种植土进行全面清理,所清理的腐殖土运至与之较近的弃土场。路基填筑前,先要对不同路基原基使用不同施工工艺进行不同程度的处治,经验收合格后,再进行下一步的施工。

(2)土方开挖。

土方开挖时,先做好堑顶排水沟。深挖路堑要尽量避开雨季施工,开挖时要加强对边坡稳定性的监测,及时清刷整修边坡,加固及防护工程紧跟施工。路堑开挖方式要根据地形情况、土层产状等因素合理确定。

(3)石方开挖。

本项目合同内石方开挖总量为 96.7 万 m^3,石方地段采用浅孔或深孔微差松动爆破,边坡采用光面爆破。对于全挖路堑地段,采用纵向浅层开挖,横向台阶布孔,中深孔松动控制爆破;对于高边坡半挖路堑,采用分层布孔,深孔松动控制爆破,上层顺边坡沿倾斜孔进行预裂爆破,下层靠边坡的垂直孔控制在边坡线以内。少量石方段和局部石方如侧沟、挡墙挖基、刷边坡等采用风动凿岩机造孔,浅孔松动控制爆破。

(4)路基填筑。

正式施工前用路堤填料铺筑长度为 200m 的试验路段,以确定合适的工艺和参数,试验段填筑结束后,经检测并经监理工程师批准后,采用经试验确定的配套设备、填筑厚度、碾压工艺制订施工作业指导书,按作业指导书进行路基正式填筑施工。

(5)排水工程。

路基地表排水采用路堤边沟、平台截水沟、急流槽等形式。铺砌之前,对边沟、排水沟、急流槽和截水沟进行修整,确保线形顺畅,同时保证沟底和沟壁坚实平整,沟底高程及断面尺寸符合图纸要求。按设计要求进行基础处理,并夯压密实。

水沟开挖完放样后,模板采用钢模板,钢管支撑,混凝土采用商品混凝土,人工入仓,插入式振捣器振捣密实,覆盖洒水养生。浇筑时,先浇筑沟底,再浇筑侧壁。边沟预制盖板混凝土在就近的预制场集中预制,工程车运至施工现场,人工配合16t吊车安装。

(6)路基的边坡防护。

本地区每年的5月到9月为雨季,雨季时间较长,长时间降雨过后,易造成路基边坡的失稳。因此,在雨季到来之前及时施作路基的边坡防护就显得尤为重要。路基边坡防护主要采取衡重式路肩挡土墙、拱形骨架护坡、正六边形骨架、客土喷播植草、三维网喷播植草等。

2.路面工程

本项目主线路面的结构形式为:15cm未筛分碎石垫层+20cm 3.5%水泥稳定碎石底基层+34cm 5%水泥稳定碎石基层+粗粒式改性沥青7cm(AC-25C)下面层+5cm中粒式改性沥青(AC-20C)中面层+4cm细粒式改性沥青(AC-13C)上面层。

桥面铺装形式为5cm中粒式改性沥青(AC-20C)下面层+4cm细粒式改性沥青(AC-13C)上面层。

隧道路面结构层为:26cm强度不小于5MPa的水泥混凝土下面层+6cm中粒式改性沥青(AC-20C)中面层+4cm细粒式改性沥青(AC-13C)上面层。

1)施工安排

本项目路面基层分为路基和隧道两个作业面分别施工,路面沥青混凝土面层按一个作业面进行施工。

2)工期安排

路面工程计划于2015年9月1日开工,2016年5月31日结束,共计9个月。

3)路面工程机械设备表

路面工程机械设备,见表7-17。

路面工程的机械设备表 表7-17

序号	名称	规格型号	产地	数量(台套)	性能	备注
1	推土机	TY220	中国	1	良好	
2	平地机	PY190	中国	1	良好	
3	振动压路机	YZ22	中国	1	良好	
4	钢轮压路机	XD121E	德国	1	良好	
5	双钢轮压路机	DD15	德国	1	良好	
6	胶轮压路机	26t	中国	2	良好	
7	摊铺机	ABG423	中国	1	良好	
8	沥青洒布车	ZST-2000	中国	1	良好	
9	自卸汽车	KM1166G6	中国	20	良好	
10	洒水车	东风	中国	2	良好	

4)路面工程人力资源配置表

路面工程人力资源配置,见表7-18。

路面工程人力资源配置 表7-18

序号	工种名称	人数	备注	序号	工种名称	人数	备注
1	施工负责人	2	施工队总负责	8	普工	20	
2	技术负责人	2	路面施工技术负责	9	驾驶员	20	
3	质检工程师	2		10	混凝土工	24	
4	技术员	4	现场技术指导及资料管理	11	模板工	10	
5	试验检测工程师	4		12	钢筋工	8	
6	材料员	2		13	电焊工	4	
7	安全员	4		14	合计	106人	

5)未筛分碎石垫层施工

15cm未筛分碎石垫层施工采用外购砂石料,由20t自卸汽车运输至施工现场,用TY220推土机初平、PY190平地机精平,一次性达到摊铺厚度,人工配合挑拣超粒径料,摊铺后的碎石基本均匀。经整平和整形后的未筛分碎石层,在全宽范围内采用YZ22振动压路机均匀振动碾压,凡压路机不能作业的地方,采用手扶式激振夯压实至规定的压实度。石料具体要求应符合《四川省高速公路施工标准化技术指南(路基路面)》中的相关要求。

6)水泥稳定碎石基层(底基层)施工

(1)试验段施工。

经监理工程师批准后,在施工之前,选择100m试验段进行施工,通过修筑试验段进行施工优化组合。修建试验段的具体任务是检验拌和、运输、摊铺、碾压、养生等所投入设备的可靠性,并检验混合料配合比设计是否满足设计要求和质量要求,检验各道工序的质量控制措施,测出施工用的生产配合比和松铺系数,确定一次施工长度和摊铺厚度,测定拌和到碾压成型所需时间,从而确定施工方法。

(2)混合料拌和、运输。

本项目稳定土混合料由商混凝土站统一提供,运输至现场。

(3)混合料摊铺。

水泥稳定碎石基层厚度34cm,分两层铺料碾压成型,水泥稳定碎石底基层厚度20cm,一次摊铺碾压成形。摊铺前,将下承层表面清扫干净,洒水湿润,摊铺采用1台摊铺机全幅摊铺作业。

(4)碾压。

碾压时,遵循先低后高的原则,纵向保证1/2~1/3轮宽重叠。初压选用胶轮压路机静压1~2遍,碾压速度控制在1.5km/h;复压选用12~15t单钢轮压路机碾压3~4遍,碾压速度控制在2km/h,边碾压边检测压实度,并及时检查高程、厚度是否合适,整修后用振动压路机碾压成形;最后用重型单钢轮压路机静压,终压控制在2.5km/h,直至无轮迹并合格为止。

(5)养生。

养生14d,养生期间保持表面湿润,养生7d后,可洒布下封层油。

7)沥青混凝土路面施工

本项目沥青混凝土采用商品混凝土,由拌和厂家严格按照施工要求拌和好后运输至施工现场。

(1)沥青混凝土拌和。

安排专门试验检测人员常驻商品沥青混凝土拌和站,在沥青混凝土拌制过程中进行旁站取样,严格控制各种材料用量及其加热温度,严格控制拌和温度和出厂温度。要求拌和后的沥青混凝土要均匀一致,无花白、无离析和结团成块现象。

要每班抽样做沥青混凝土性能,矿料级配组成和沥青专用量检验。不符合技术要求的沥青混凝土禁止出厂。

(2)沥青混合料的施工温度。

严格掌握沥青和集料的加热温度以及沥青混合料运输到施工现场的温度。集料温度应比沥青高10~15℃,热混合料成品在储料仓储存后,其温度下降不应超过10℃。普通及改性沥青混合料的施工温度控制范围见表7-19。

沥青混合料的施工温度(℃) 表7-19

沥青种类	普通沥青	SBS改性沥青
运输到现场温度	不低于145	不低于170
摊铺温度	不低于140	不低于165
初压开始温度(内部)	不低于135	不低于155
复压最低温度(内部)	不低于120	不低于140
碾压终了表面温度	不低于80	不低于100

(3)沥青混合料的运输。

①根据运距、拌和产量配备足够的自卸汽车,运输时要防止沥青与车厢板黏结,车厢应清扫干净,车厢侧板和底板应涂一薄层防粘剂。

②采用数字显示插入式热电偶温度计检测沥青混合料的出厂温度和运到现场温度。插入深度要大于150mm,在运料车侧面中部设专用检测孔,孔口距车箱底面约300mm。

③拌和机向运料车放料时,汽车应前后移动,分"前,后,中"装料,以减少粗集料的分离现象。

④沥青混合料运输车的运量要较拌和能力和摊铺速度有所富余,摊铺机前方应有五辆运料车等候卸料。

⑤运料车要有良好的阻燃棉篷布覆盖设施,卸料过程中继续覆盖直到卸料结束取走篷布,以保温或避免污染环境。

⑥连续摊铺过程中,运料车在摊铺机前10~30cm处停住,不得撞击摊铺机,卸料过程中运料车要挂空挡,靠摊铺机推动前进。

⑦运输车进入摊铺现场时,轮胎上不得沾有泥土等可能污染路面的脏物。沥青混合料在摊铺地点凭运料单接收,若混合料不符合施工温度要求,或已经结成团块、已遭雨淋的不得用于路面施工。

(4)沥青混合料的摊铺。

摊铺沥青混合料前，检查确认下层的质量，当下层质量不符合要求时，或未按要求撒布透层、黏层、铺筑下封层时，不得铺筑沥青面层。采用一台 ABG423 大功率摊铺机进行全幅摊铺。为保证路面线形的平顺，沥青混合料摊铺时，路面边缘立木模或钢模(涂刷隔离剂)。

摊铺沥青混合料应缓慢、均匀、连续不间断。摊铺过程中不得随意变换速度或者中途停顿，摊铺机的摊铺速度应该根据拌和机的产量、施工机械配套情况以及摊铺厚度、摊铺宽度，按 2 ~ 4m/min 予以调整选择。在铺筑过程中，摊铺机螺旋送料器要不停顿地转动，两侧保持有不少于送料器高度 2/3 的混合料，并保证在摊铺机全宽度断面上不发生离析。

摊铺不得中途停顿，摊铺好的沥青混合料要及时碾压，当不能及时碾压或遇雨时，要停止摊铺，并对卸下的沥青混合料采用覆盖等保温措施。遭受雨淋的混合料应废弃，不得卸入摊铺机摊铺。

(5)沥青混合料的压实成形。

沥青混合料的压实是保证沥青面层质量的重要环节，施工前根据试验段确定合理的压路机组合方式及碾压步骤。在混合料不产生推移、开裂等前提下。初压、复压、终压都尽可能在高温下进行。同时，不得在低温状态下做反复碾压，使石料棱角磨损、压碎，破坏集料嵌挤。

压路机要以缓慢而均匀的速度碾压，压路机的适宜碾压速度随初压、复压、终压及压路机的类型而别，通过试验段确定碾压组合。初步选定采用 2 台双钢轮压路机初压和复压，2 台胶轮压路机复压收光。碾压工艺：双钢轮静压 1 ~ 2 遍 + 双钢振 4 ~ 6 遍 + 胶轮收光至无明显轮迹。

压路机从外侧向中心碾压，相邻碾压带应重叠 1/3 ~ 1/2 轮宽，最后碾压路中心部分，压完全幅为一遍。

碾压段落长度为 30 ~ 50m，具体长度根据天气及温度情况而定，天气晴朗或者温度较高时可长，天气阴或者温度较低时可短。要对初压、复压、终压段落设置明显标志，便于驾驶员辨认。对松铺厚度、碾压顺序、压路机组合、碾压遍数、碾压速度及碾压温度应设专岗管理和检查，使面层做到既不漏压也不超压。

3. 桥梁工程

本项目共设置大桥 408m/3 座，分离式立交桥 106m/1 座。

三元大桥采用 5 × 30m 正交布置，桥梁宽度 2 × 11.25m，桥长 156m。上部构造采用装配式预应力混凝土简支 T 梁，桥墩采用双柱式墩，桥台采用座板式桥台，桥台(半幅)采用 6 根群桩基础。

大兰水库大桥为 6 × 30m 正交布置，桥梁宽度 2 × 11.25m，桥长 186m。上部构造采用装配式预应力混凝土简支 T 梁，桥墩采用双柱式墩，左幅 6 号桥台采用桩柱式桥台，桥台(半幅)采用 2 根桩基。0 号桥台、右幅 6 号桥台采用挡土式桥台，桥台(半幅)采用 4 根群桩基础。

庙子嘴中桥为 2 × 30m 正交布置，桥梁宽度 2 × 11.25m，桥长 66m。上部构造采用装配式预应力混凝土简支 T 梁，桥墩采用双柱式墩；左幅 0 号、2 号桥台采用桩柱式桥台，桥台(半幅)采用 2 根桩基。右幅 0 号桥台采用挡土式桥台，桥台(半幅)基础采用 4 根群桩基础。

分离式立交桥为 4 × 25m 正交布置，桥梁宽度 8m，全长 106m。桥梁跨越主线，与主线右线交角 104°，上部结构采用预应力混凝土现浇连续箱梁。桥墩采用独桥墩；0 号、4 号桥台采用桩柱式桥台，桥台采用 2 根桩基。

1)施工方案

(1)桩基础采用冲击钻机开挖成孔,混凝土运输车配合25t吊车进行混凝土浇注。

(2)承台、系梁紧跟基础施工,采用钢模,人工配合25t吊车安装,混凝土运输车配合汽车式起重机进行混凝土浇注。

(3)对于无间系梁的柱式墩,采用定型钢模板,一次立模浇注完成,对于有间系梁的立柱,在间系梁处分两次立模浇注完成。

(4)盖梁采用抱箍法施工。

(5)30m T梁在预制场集中预制,平板运梁车运输,双导梁桥机统一架设。

(6)水泥混凝土拌和站设置在K8+600处右侧,混凝土采用混凝土运输车运输。

2)桥梁工程机械设备配置表

桥梁工程机械设置配置,见表7-20。

桥梁工程的机械设备表 表7-20

序号	名称	规格型号	单位	数量	产地	现状
1	钢筋弯曲机	GW-40	台	6	中国	完好
2	钢筋切断机	GQ-40	台	6	中国	完好
3	电焊机	BX6-315	台	10	中国	完好
4	钢筋调直机	GT6-12	台	4	中国	完好
5	冲击钻机	CK	台	10	中国	完好
6	混凝土运输车	$10m^3$	台	4	中国	完好
7	装载机	ZL50	台	4	中国	完好
8	汽车式起重机	25t	台	3	中国	完好
9	挖掘机	PC320	台	1	中国	完好
10	龙门式起重机	MGH50T	台	4	中国	完好
11	架桥机	HZP100/30	台	1	中国	完好
12	发电机	200kW	台	2	中国	完好
13	油压千斤顶		台	8	中国	完好
14	油泵	3kW	台	8	中国	完好
15	压浆机	4.5kW	台	2	中国	完好
16	制浆机	4.5kW	台	2	中国	完好
17	附着式振动器		台	10	中国	完好
18	振捣棒		个	15	中国	完好
19	水泵	2kW	台	4	中国	完好
20	空压机	7.5kW	台	2	中国	完好
21	变压器	315kVA	台	1	中国	完好

3)各分项工程施工方法与技术措施

(1)钻孔灌注桩施工。

施工前先采用全站仪测量放样,根据设计桩顶高程,采用TY220推土机或PC320挖掘机对灌注桩施工区域进行平整碾压、并按施工要求修建泥浆池。

桩基采用冲击钻成孔,泥浆护壁,钢筋笼在现场加工制作,并绑扎成型,人工配合25t汽车式起重机将就位后的钢筋笼整体吊入孔内。为防止钢筋偏位,可在钢筋笼顶加焊定位钢筋,与护筒连接,钢筋笼定位后,4h 内浇注混凝土,以防止坍孔。

混凝土灌注完成后,采用风镐凿除桩头,至少在 7d(一般 14d)后进行超声波检测。

(2)承台、系梁施工。

基坑采用人工配合 PC320 挖掘机开挖,模板采用组合钢模,钢筋在钢木加工厂制作,运至现场后人工安装,混凝土在拌和站集中拌制,混凝土运输车运输,溜槽入仓,插入式振动棒分层振捣。混凝土达到设计强度后,人工配合机械分层对称回填压实。

(3)墩台施工。

根据施工进度情况,安排专业队伍进行墩台施工,及时进行调整各施工队之间人员设备的调配,以满足施工进度需要。

墩柱模板采用定型钢模板,模板面板厚度为 6mm,节与节连接采用企口形式,连接面板钢板厚 10mm,每节加工长度为 6m。

墩柱钢筋,分别在桥梁钢筋场制作成节,现场焊接成形,25t 汽车式起重机配合人工安装,墩柱模板采用 ϕ12mm 钢筋(配法兰螺栓)十字对称外拉、方木外撑固定,确保浇注混凝土时模板不倾斜移位。墩柱混凝土浇注采用 25t 汽车式起重机提升料斗用串筒入仓,插入式振动器分层捣实,层厚不超过 30cm。

(4)盖梁、台帽施工。

根据施工进度情况,安排专业队伍进行盖梁施工,及时进行调整各施工队之间人员设备的调配,以满足施工进度需要。

盖梁模板采用大块定型钢模板,抱箍法施工,在抱箍上焊钢牛腿,牛腿上放置工字钢或槽钢(背焊)形成工作平台,平台四周设安全防护网。混凝土由拌和楼集中拌制,混凝土运输车运输,25t 汽车式起重机配吊罐入仓,插入式振捣器分层振捣密实。

(5)预应力混凝土 T 梁施工。

本项目的 3 座大桥共有 130 片 30m 后张法预应力 T 梁。T 梁计划在 K8 +650 的预制厂进行统一预制,然后运输至施工现场采用双导梁架桥机进行架设。

T 梁模板采用定型钢模板,委托厂家制作。混凝土由拌和站集中拌制,混凝土运输车运输,50t 龙门式起重机配吊罐入仓。钢筋在钢木加工厂集中制作,运至现场后人工安装。覆盖土工布洒水养生至少 14d,混凝土强度达到 90% 以上时两端张拉,伸长量和应力值双向控制,真空吸浆法压浆,龙门式起重机起吊移梁。

(6)25m 现浇箱梁施工。

跨线分离式立交桥为 4 ×25m 的现浇预应力箱梁结构,共计 4 片 25m 箱梁。现浇箱梁计划从分离式立交小桩号向大桩号方向逐跨进行浇筑。

(7)桥面调平层及桥面铺装。

桥面采用 10cm 厚的 C40 混凝土调平层 +9cm 的沥青混凝土桥面铺装。

①调平层施工。

防撞护栏施工完成且混凝土强度达到设计要求后,在行车道两侧布置高程控制带(带宽 30cm),立模并加固,经验收合格,将桥面混凝土铺装顶部设计高程用黑墨线标记在模板上(每 5m 设一个高程控制点)。现场绑扎桥面钢筋网,混凝土浇筑,平板振捣器振捣,木模收面,全断面一次成形,采用“三振二抹一拉毛”的方法施工。土工布覆盖,洒水养生,养生不少于 14d,养生期间确保混凝土面始终处于潮湿状态。

②桥面铺装。

桥面铺装和主线路面工程沥青混凝土同时施工，在施工时应注意桥面泄水孔的施工。其施工工序为：下面层拉毛及测量放线→撒布下封层→沥青混凝土拌制与运输→沥青混凝土摊铺→碾压→接缝处理。

4. 防护排水工程施工方案

1)边沟、排水沟施工

(1)采用人工挖基，挖基尺寸满足设计要求。

(2)边沟和涵洞结合处与涵洞洞口建筑配合，以便边沟水流畅通引入涵洞。

(3)排水沟尽量采用直线，长度不超过500m，排水沟与其他水道连接做到畅通。

(4)砌缝均匀饱满，砌体抹面平整，压光直顺，保持没有裂缝、突鼓现象。

2)护坡施工

(1)护坡必须在坡面夯实平整，铺设砂砾垫层后方可砌筑。

(2)砌体的外漏面和坡顶，边口选用表面平整的石块。

(3)砌筑时每10m设一沉降缝，缝宽2cm，用沥青木板填塞。

(4)在护坡距地面30cm处和130cm处分别设泄水孔，泄水孔尺寸为5×10cm，泄水孔间距为2m，上下错开设置。

四、施工进度安排

1. 工程主要的结点工期

本项目计划于2013年8月1日开工，2016年7月31日完工，总工期36个月，详见总体进度计划横道图7-4所示。工程主要的结点工期如下：

涵洞工程：2013年9月1日—2014年9月30日。

路基土石方工程：2013年12月1日—2015年9月30日。

桥梁工程：2014年2月16日—2015年8月31日。

梁板预制及安装：2014年6月1日—2015年6月10日。

洛带古镇隧道：2013年8月20日—2016年1月31日。

将军顶隧道：2014年2月11日—2015年7月31日。

路面工程：2015年9月1日—2016年5月31日。

交安工程：2016年1月1日—2016年6月10日。

临时改路工程：2014年3月1日—2014年8月31日。

绿化工程：2016年1月1日—2016年5月15日。

机电工程：2015年6月1日—2016年4月30日。

房建工程：2014年3月1日—2015年12月31日。

2. 主要分项工程进度指标

1)路基工程

(1)项目路基土石方开挖共计114.4万m^3，工期为2013年9月1日—2014年12月31日，计486个工作日，日平均开挖0.235万m^3。

(2)合同内路基填筑98.5万m^3，工期为2013年12月1日—2014年12月31日，计395个工作日，日平均填筑0.25万m^3。

2)桥梁工程

(1)桥梁钻孔灌注桩共93根1172延米,工期为2014年2月16日—2014年7月31日,计165个工作日,日平均灌注约0.56根7.1延米。

(2)梁板预制共计130片,工期为2014年7月1日—2015年6月10日,计344个工作日,日平均预制约0.378片。

3)隧道工程

(1)洛带古镇隧道和将军顶隧道洞身开挖及初期支护共计9710延米,工期为2013年9月21日—2015年9月30日,计739个工作日,日平均开挖支护13.139延米。

(2)隧道二次衬砌共计9848延米,工期为2013年10月20日—2015年11月10日,计751个工作日,日平均开挖支护13.113延米。

4)路面工程

(1)路面基层共计224.4万m^2,工期为2015年11月21日—2015年12月31日,计40个工作日,日平均铺筑5.64万m^2。

(2)沥青混凝土路面共计546.3万m^2,工期为2016年3月1日—2016年5月31日,计91工作日,日平均铺筑6.0万m^2。

五、施工总平面图

根据线路所经区域的水文、地质、地形、地貌及交通等情况,结合工程量的分布,本着方便适用合理和便于管理的原则,进行平面布置。平面布置时,应合理使用场地,保证现场道路水、电、排水系统畅通;对便道与各工点进行综合布置,并与场外道路连接;尽量利用永久征地;拌和站考虑分散与集中相结合,混凝土集中拌和设置在桥涵密集处;施工队伍尽量靠近施工现场。施工总平面布置如图7-5所示。

六、资源需要量计划

根据本合同段提供的工程数量清单及工期的安排,提出具体使用计划。详见“三、施工组织设计方案”中各分项工程资源需要量表。

七、工期、质量、安全、成本、环保施工技术措施

1. 工期保证措施

(1)挑选精兵强将,强化施工管理。我公司进场后,组建各种专业化队伍,投入足够的管理力量、技术力量和劳动量,迅速进驻施工现场,并建立健全各种管理体系,在施工中始终抓住工程中的重点、难点,确保工程按期完工。

(2)应用先进的生产设备及采用先进合理的施工工艺。广泛应用成型配套的机械化生产线,充分发挥机械作用,组织机械化施工。采用先进的施工方法,制订合理的施工工艺,及时下达各关键工序的施工作业指导书。

(3)加强网络计划管理。运用网络技术,抓好关键线路,对工程的重难点和控制工期的工序统筹考虑,优先安排。在保证质量、安全的前提下,尽可能地多开工作面,控制作业循环时间,合理安排作业层次,并采取措施减少雨季和冬季对施工的影响,利用有利季节加快施工进度。

(4)编制好实施性施工组织设计。加强施工计划的科学性,运用网络技术、系统工程等新技术原理,根据本项目工程的技术特点、现场实际情况等编制详细的、切实可行的实施性施工组织设计,选择最优施工方案,使工程施工做到点线明确、轻重分明、计划可靠、资源配置合理。

(5)积极推广先进经验和先进技术,提高劳动生产率。积极推广先进经验和先进技术,提高劳动生产率。向"四新"要质量,要进度。积极采用"四新"技术,坚持信息化施工管理,科学制订施工方案。运用动态网络管理技术,寻找关键工序、关键点,确保资源最优配置,深挖潜力,合理安排工序,组织平行、交叉、流水作业,特别是协调好施工、道路交通之间相互干扰,有效争取施工时间。

2. 工程质量保证措施

1)技术保证

(1)成立测量队。

负责工程的控制测量及测量抽查工作。施工队组建测量班负责施工放样,在测量队指导下工作。确保隧道和桥梁中线,路线高程和各结构物几何尺寸的准确性。

(2)建立试验室。

选派有资质的试验技术人员,配备齐全的试验仪器,建立严格的试验检测制度。

(3)投入高素质的人才群体。

抽调施工技术骨干,特别配备多年从事类似工程施工的高级专业技术人员,组成人才群体,担负本工程建设重任。

(4)选用有针对性的施工工法和"四新"技术。

积极广泛应用"四新"技术。发扬我公司近年来在公路施工领域中积累的丰富经验,大力推广相关的国家级工法,以保障施工安全和工程质量。

2)施工保证

(1)工艺控制措施。

单位工程开工前,认真编制实施性施工组织设计,主要分部分项工程开工前,编制施工方案,经监理工程师审批后,严格按照施工组织设计施工,认真进行技术交底,交方法、交工艺、交标准,并在施工过程中经常检查落实情况。

(2)工序质量控制措施。

①操作者必须具有相应工种岗位的实践技能,必须做到考核合格、持证上岗,坚持"三检"制度。

②检查质量责任制落实情况,提高自我控制施工质量的意识。

③推行工序作业样板制,以点带面,达到全面程序化、标准化、规范化作业的目的。

(3)工程原材料质量控制措施。

按有关要求实行材料采购招标。建立材料进场前的检查验收和取样送检制度,杜绝不合格材料进入现场,对经检验不合格材料必须限时清理出现场。

(4)严格工序质量验收。

按《技术规范》和《验收评定标准》验收工序质量,填写中间交工证书,并经监理工程师签证。对存在个别缺陷的工序,限期改正;对质量不合格工序,坚决返工。

3. 施工安全保证措施

(1)建立安全保证体系。树立“安全第一”的思想,抓生产必须抓安全,以安全促生产。项目部成立以项目经理为首的安全领导小组,配备专职安全工程师,负责全面的安全管理工作;各施工作业班(组)要配备专职安全员,负责各项安全工作的落实。

(2)加强全员安全教育。通过安全教育,使广大职工牢固树立“安全第一、预防为主”的意识,做到思想上高度重视、生产上严格执行操作规程。

(3)坚持经常和定期安全检查,及时发现事故隐患,堵塞事故漏洞,奖罚当场兑现。

(4)不断改善劳动条件,搞好劳动保护,定期对职工进行体检,预防疾病的发生。

(5)生产、生活设施的现场布置要结合防汛考虑,并在汛期到来前做好各项防范准备工作。

(6)施工现场要设临时围墙和门卫,做好防盗、防火、防破坏工作。

(7)建立伤亡事故及时报告制度,做到“三不放过”,即:事故原因分析不清不放过;事故责任人和当事人未受到教育不放过;没有防范措施不放过。

4. 成本控制保证措施

(1)加强成本管理与控制的教育,使项目全员懂得施工成本的高低与个人收入的关系,做到全员参加成本管理和控制,提高增产节约、降低消耗、杜绝浪费的意识。

(2)编制项目的目标成本和班组责任成本,实行项目责任成本管理。

(3)实行工序成本责任制与奖惩制度。

(4)项目各管理层实行层层责任成本承包制。

5. 环境保护与水土保护措施

(1)施工中严格按设计要求和规定进行取土、弃土、弃渣、挖基、回填,避免对道路、农田造成污染和水土流失堵塞河道。

(2)施工排水和废料的处理按环保要求执行,排列和堆放到指定地点。

(3)施工现场材料、机械堆放整齐,施工有条不紊,做到工完料尽。施工过程中要保护当地水源和建筑物。

(4)生活区设垃圾箱并带盖。垃圾入箱,及时清理,运至环境保护部门指定地点弃放。

(5)对项目全员进行环保教育,提高环保意识,全员动手做好环境保护工作。项目全员要做好周围的绿化工作,不破坏天然植被;施工完毕将破坏的植被予以恢复。

(6)施工中如发现文物、古迹、宝藏,应及时向业主及有关部门报告并负责保护。

自我测试

问答题

1. 什么是施工组织设计?施工组织设计的任务是什么?

2. 施工组织设计的类型有哪些?

3. 施工组织设计的内容包括哪些?

4. 根据《公路工程标准施工招标文件(2018 年版)》的要求,投标文件共有哪几个组成部分?

5. 施工组织设计除采用文字表述外还可附哪些图表?

项目八　公路工程定额应用

任务一　认识公路工程定额

学习目标

(1)了解工程定额的含义、发展历史。

(2)熟悉定额的作用及特性。

任务描述

定额属于计价依据的范畴,是计算人工、材料、机械台班消耗的主要依据。本任务要求学生掌握公路工程定额的含义,了解定额的发展历史、作用和特性。

相关知识

一、定额的含义

在建筑工程施工过程中,完成任何一件产品,都需要消耗一定数量的人工、材料和机械,而这些资源的消耗是随着生产中各种因素的不同而变化的。定额就是在正常生产条件以及合理地组织施工、合理地使用材料和机械的情况下,完成单位合格产品所必需的人工、材料、机械、设备及资金消耗的限额标准。同时,在定额中还规定了相应的工作内容和要达到的质量标准以及安全要求。

定额属于计价依据的范畴,是计算人工、材料、机械台班消耗的主要依据。计价依据是指用来计算工程造价的基础资料的总称,除包括定额、指标、费率、基础单价外,还包括工程数量数据以及政府主管部门颁布的各种相关经济法规、政策、计价办法等。

二、定额的产生和发展

公路工程定额的出现应该追溯到1954年8月,交通部在当时公路总局的设计局内设立了预算定额科,由此拉开了公路工程定额编制工作及管理工作的序幕。1954年,在国家技术标准、技术规范统一的前提下,开始增加力量编制《公路基本建设预算定额》,1955年正式在全国公布施行。但从1957—1976年,概预算定额工作虽几经反复,可是一直处于停滞状态。直到1978年,随着公路工程建设高潮的到来,定额工作得以快速发展并从此走向正规化管理的轨道。1984年11月15日,在国家计委文件的指导下,经交通部批准组建了交通部公路工程定额站,此后公路工程定额编制及管理工作在全国各地定额站全面展开。公路造价人员经过对其他土建行业定额工作的研究分析,建立了公路工程定额及造价工作完整的体系。该体系既适应公路工程技术标准、规范的发展需要,又与国家的经济方针、政策相协调,并且具有公路工程造价管理的特色。

近年来,随着我国公路建设市场经营体制的大力发展,为适应活跃的市场经济活动,交通部于1992年、1996年和2007年先后颁布了《公路工程施工定额》《公路工程预算定额》《公路工程概算定额》《公路工程估算指标》《公路工程机械台班费用定额》《公路基本建设工程概算、预算编制办法》《公路基本建设工程投资估算编制办法》等计价文件。在随后多年的应用过程中,经济水平和施工技术又有了新的发展,这些定额显然已不能满足建设市场需求,于是全国众多省、自治区、直辖市根据部颁公路工程定额,结合本地具体情况,编制出适合地方的公路工程补充定额,开创了定额向市场迈进的步伐。为了满足新时期公路建筑市场经济的需求,交通运输部于2018年又颁布了《公路工程建设项目投资估算编制办法》(JTG 3820—2018)、《公路工程建设项目概算预算编制办法》(JTG 3830—2018),同期颁布了《公路工程估算指标》(JTG/T 3821—2018)、《公路工程概算定额》(JTG/T 3831—2018)、《公路工程预算定额》(JTG/T 3832—2018)、《公路工程机械台班费用定额》(JTG/T 3833—2018)等,并从2019年5月1日起实施。

三、定额的特性

我国公路工程定额具有科学性、系统性、统一性、法令性和稳定性的特点。

1.定额的科学性

定额的科学性表现在定额中的各类参数是遵循客观规律的要求,运用科学的方法确定的。定额项目的内容采用了经过实践证明是成熟的、行之有效的先进技术和操作方法,同时编制定额时吸取了现代科学管理的成就,形成了一套科学的、严密的确定定额水平的手段和方法。因此,定额中各种消耗量指标,能正确反映当前社会生产力的水平。

2.定额的系统性

任何一种专业定额都是一个完整、独立的系统。公路工程定额与公路技术标准、规范配套,完全、准确地反映了公路工程施工工艺流程中的每一个环节。

公路工程定额是一个庞大的实体系统,其项目可以分解为成千上万道工序,而其内部却层次分明,任何一个分部分项工程在公路定额中都能一一确定,如概算定额中,一共用七章定额来将所有公路工程的内容分割、包容。而且在编制定额的过程中,每一个不同的工作都有不同的计算规则和计算模型。它们互相协调组成一个完善的系统。

3.定额的统一性

定额的统一性,主要是由国家对经济发展的有计划的宏观调控职能决定的。为了使国民经济按照既定的目标发展,就需要借助于某种标准、定额、参数等对工程建设进行规划、组织、调节、控制。

公路定额由初期借助于国家统一的技术标准、规范,到现在依据交通工程的统一标准、规范,在交通运输部定额总站的统一领导下,按照定额的制定、颁布和贯彻执行统一制度,使定额管理工作有统一的程序、原则、要求和标准。

4.定额的法令性

定额的法令性表现在定额是由国家主管部门或其他授权机关统一制定的,一经颁布便具有了法令性质,只要在执行范围以内,任何单位都必须严格执行,不得任意变更定额的内容和水平。定额的法令性保证了对工程项目有一个统一的核算尺度,使国家对设计的经济效果和施工管理水平能够实行统一的考核和监督。

5. 定额的相对稳定性

工程建设定额中的任何一种都是一定时期内施工技术和管理水平的反映,因此在一定时期内都表现出稳定的状态。根据具体情况不同,稳定的时间有长有短,公路工程定额的稳定期一般在5~10年,但是定额会随着生产力水平的变化而变化。由于定额的编制和修改需要动员和组织大量的人力、物力,需要很长的周期完成,因此,当生产力水平变化不大时,有必要保持定额的相对稳定,但当生产力变化幅度较大时,定额必须随之变化。从一段时期看,定额是稳定的;从长时间看,定额是变动的。

随着新工艺、新材料和新技术的不断涌现,定额应该及时补充新内容。补充定额就是随着设计、施工技术的发展,在现行定额不能满足需要的情况下,为了补充缺项所编制的定额。例如,各省、自治区、直辖市交通运输厅可编制公路工程概算、预算补充定额、公路工程机械台班费用补充定额。补充定额只能在指定的范围内使用,并可以作为以后修订定额的基础。

四、定额在现代管理中的地位与功能

定额是管理科学的基础,也是现代管理科学中的重要内容和基本环节。我国要实现工业化和生产的社会化、现代化,就必须积极吸收和借鉴世界上各个发达国家的先进管理方法,必须充分认识定额在社会主义经济管理中的地位。

定额的作用主要表现如下:

1. 定额具有节约社会劳动和提高生产效率的作用

一方面,企业以定额作为促使工人节约社会劳动(工作时间、原材料等)和提高劳动生产效率、加快工作进度的手段,以增加市场竞争能力,获取更多的利润。另一方面,作为工程造价计算依据的各类定额,又促使企业加强管理,把社会劳动的消耗控制在合理的限度内。再者,作为项目决策依据的定额指标,又在更高的层次上促使项目投资者合理而有效地利用和分配社会劳动。

2. 定额是国家对工程建设进行宏观调控和管理的手段

利用定额对工程建设进行宏观调控和管理,是国家对工程建设进行宏观调控和管理的手段,主要表现在:①对工程造价进行宏观管理和调控。②对资源配置进行预测和平衡。③对经济结构,包括企业结构和所有制结构,进行合理的调控,也包括对技术结构和产品结构的调控。

3. 定额有利于市场公平竞争

公平竞争、优胜劣汰,这是市场运行的基本准则。定额既是对市场信息的加工,又是对市场信息的传递,定额为各经济主体之间的公平竞争提供了有利条件,也促使市场经济更加繁荣。

4. 定额有利于规范市场行为

一方面,定额是投资决策的依据。投资者可以利用定额权衡自己的财务状况和支付能力,预测资金投入和预期回报,还可以充分利用有关定额的大量信息,有效地提高其项目决策的科学性,优化投资行为。另一方面,定额是价格决策的依据。对于企业来说,由于定额在一定程度上制约着工程中人工、材料、机械台班(时间)的消耗,因此,势必会影响到产品的价格水平。

企业在投标报价时，只有充分考虑定额的要求，才能在投标报价时作出正确的价格决策，才能占有市场竞争优势，才能获得更多的工程合同。由此可见，定额在上述两个方面上不但规范了市场主体的经济行为，还对完善我国固定资产投资市场和工程建设市场起到重要作用。也就是说，定额在工程建设市场竞争中扮演着经济尺度的角色。

5. 定额有利于完善市场的信息系统

定额管理是对大量市场信息的加工，也是对大量信息进行市场传递，同时也是市场信息的反馈。信息是市场体系中不可缺少的要素，它的可靠性、完备性和灵敏性，是市场成熟和市场效率的标志。在我国，以定额形式建立和完善市场信息系统，是以公有制经济为主体的社会主义市场经济的特色，在发达的资本主义国家是难以想象的。

6. 定额有利于推广先进的施工技术和工艺

定额中包含着某些已成熟的先进的施工技术和经验，工人要达到和超过定额，就必须掌握和应用这些先进技术；如果工人要大幅度超过定额，他就必须创造性地劳动。第一，在自己的工作中注意改进工具和改进技术操作方法，注意原材料的节约，避免能源的浪费。第二，企业或主管部门为了推行施工工具和施工方法，所以贯彻定额也就意味着推广先进技术。第三，企业或主管部门为了推行定额，往往要组织技术培训，以帮助工人能达到或超过定额。这样，新技术、新工艺、新材料、新经验就很容易推广，而大大提高全社会的劳动生产效率。

自我测试

问答题

1. 简述工程定额的含义及其特性。
2. 定额的功能是什么？

任务二　认识定额体系

学习目标

(1) 公路工程定额的分类体系。
(2) 各种工程定额之间的关系。

任务描述

根据使用对象和组织生产的目的不同，定额可以分为很多种类。本任务单元要求学生掌握按照生产要素对定额进行的分类，以及按照用途不同对定额进行的分类，掌握不同工程定额之间的关系，了解整个定额体系的组成。

相关知识

工程定额是一个综合的概念，是工程建设中各类定额的总称。它包括许多种类定额，由于具体的生产条件各异，根据使用对象和组织生产的目的不同，编制出不同的定额。

一、按编制程序和用途分类

按编制程序和用途可以把公路工程定额分为施工定额、预算定额、概算定额、投资估算指标四种,如图 8-1 所示。

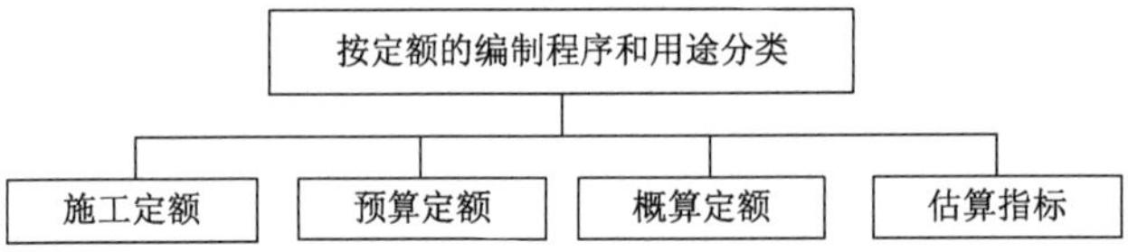

图 8-1 按定额的编制程序和用途分类

1. 施工定额

它是施工企业(建筑安装企业)为了组织生产和加强管理,在企业内部使用的一种定额,属于企业生产定额的性质。它由劳动定额、材料定额和机械定额三个相对独立的部分组成。为了适应组织生产和管理的需要,施工定额的项目划分很细,是工程建设定额中分项最细、定额子目最多的一种定额,也是工程建设定额中的基础性定额。在预算定额的编制过程中,施工定额的劳动、材料、机械消耗的数量标准,是计算预算定额中劳动、材料、机械消耗数量标准的重要依据。

2. 预算定额

它是在编制施工图预算时,计算工程造价和计算工程中劳动量、材料需要量、机械台班使用的一种定额。预算定额是一种计价性的定额,在工程委托承包的情况下,它是确定工程造价的主要依据。在招标和投标的过程中,它是计算标底和确定报价的主要依据。所以,预算定额在工程建设定额体系中占有很重要的地位。从编制程序看,施工定额是预算定额的编制基础,而预算定额则是概算定额或估算指标的编制基础。

3. 概算定额

它是编制设计概算时,计算和确定工程概算造价,计算劳动量、机械台班、材料需要量所使用的定额。它的项目划分粗细程度,与初步设计的深度相适应。它一般是在预算定额的基础上经综合扩大而编制的。概算定额是控制项目投资的重要依据,在工程建设的投资管理中有重要作用。

4. 估算指标

它是在项目建议书和可行性研究报告阶段编制投资估算、计算投资需要量时使用的一种定额。它非常概略,往往以独立的单项工程或完整的工程项目为计算对象。它的概略程度与可行性研究相适应。它的主要作用是为项目决策和投资控制提供依据。估算指标虽然往往根据历史的预、决算资料和价格变动等资料编制,但其编制基础仍然离不开预算定额和概算定额。

上述各种定额与工程造价有着紧密关系,在工程建设过程的各阶段有不同的造价方式,所使用的定额也各不相同,它们之间的关系如图 8-2 所示。

各种工程定额的比较,见表 8-1。

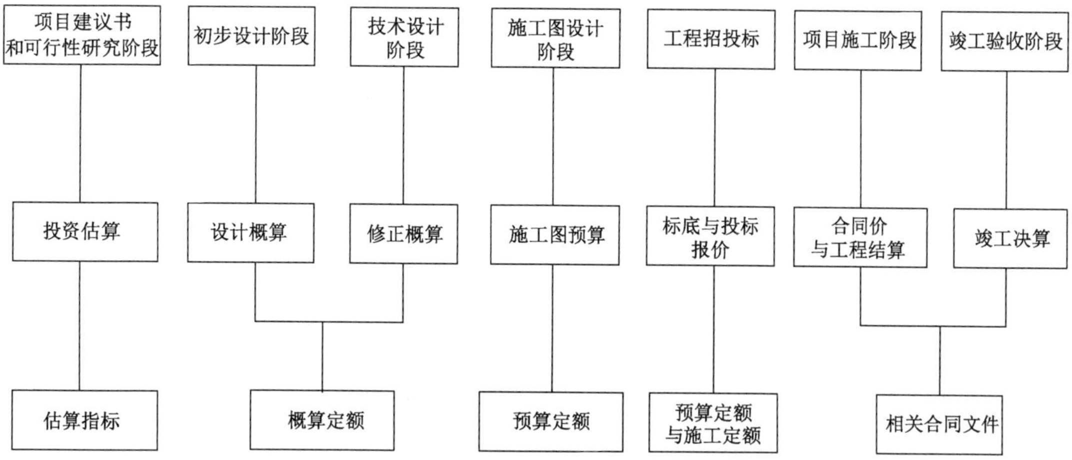

图 8-2　工程造价的各阶段所使用的定额关系图

各种工程定额的比较　　表 8-1

定额	施工定额	预算定额	概算定额	估算指标
对象	工序	分项工程或结构构件	扩大分项工程或扩大结构构件	独立的单项工程或完整的工程项目
项目划分	最细	细	粗	很粗
定额水平	平均先进	社会平均		
定额性质	企业定额	计价定额		

二、按生产要素分类

按生产要素分类有劳动定额、材料消耗定额和机械台班使用定额。这是最基本的分类法，它直接反映出生产某种单位合格产品所必须具备的因素，见图 8-3。

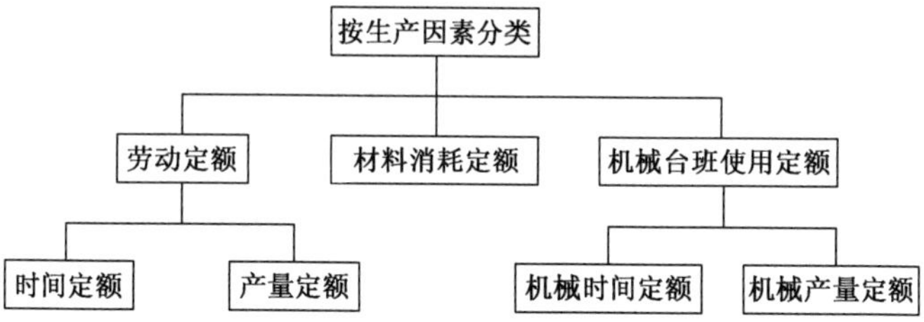

图 8-3　按生产因素分类

1. 劳动定额

劳动定额又称劳动消耗定额、工时定额或人工定额，它是指在正常的生产技术和生产组织条件下，为完成单位合格产品或工作所规定的劳动消耗量标准。

劳动定额的表现形式有时间定额和产量定额两种。

1）时间定额

时间定额是指在技术条件正常、生产工具使用合理和劳动组织正确的条件下，工人为生产单位合格产品所必需消耗的工作时间。工人的工作时间包括定额时间和非定额时间两种，即工人的工作时间有些可以计入时间定额内,有些是不能纳入时间定额中的。

时间定额以工日为单位,1个工日相当于1个工人工作8h的劳动量,其中潜水工作按6h、隧道工作按7h计算。时间定额的计算方法如下:

$$S=\frac{D}{Q} \tag{8-1}$$

式中:S——时间定额(劳动量单位/产品单位);

D——耗用劳动量数量,一般单位为工日;

Q——完成合格产品数量(产品实物单位)。

2)产量定额

产量定额是指在技术条件正常、生产工具使用合理和劳动组织正确的条件下,工人在单位时间内完成合格产品的数量。产量定额与时间定额互为倒数的关系。其计量单位以产品数量/工日计,如m^3/工日、m^2/工日。产量定额的计算方法如下:

$$C=\frac{Q}{D}=\frac{1}{S} \tag{8-2}$$

式中:C——产量定额(产品单位/劳动量单位);

其余符号意义同前。

【例8-1】 已知人工挖运普通土(运输距离20m)的时间定额为完成$1000m^3$天然密实方,需要181.1工日,试确定人工每工日产量定额。

解:按照时间定额和产量定额互为倒数的关系,可得知每工日的产量定额为:

$$C=\frac{Q}{D}=\frac{1000}{181.1}=5.52m^3/\text{工日}$$

2. 材料定额

材料定额又称材料消耗定额,它是指在节约和合理使用材料的条件下,生产单位合格产品所必需消耗的一定品种规格的材料、半成品、配件和水、电、燃料等的数量标准。计算单位是以材料的实物计量单位表示,如m、kg、t、m^3等。

材料定额是由材料净消耗定额和材料损耗及废料定额两部分组成。材料净消耗是指直接用于构造物上的材料量;材料损耗及废料是施工中不可避免的废料和必要的工艺性损耗,如在浇灌混凝土构件或砌体浆砌时,所需混凝土混合料或砂浆混合料在搅拌运输过程中不可避免会产生的损耗。材料损耗量和材料净用量之比称为材料损耗率,即:

$$\text{材料损耗率}=\frac{\text{材料损耗量}}{\text{材料净用量}}\times 100\% \tag{8-3}$$

一般材料定额的基本计算公式为:

$$\text{材料消耗定额}=(1+\text{材料损耗率})\times\text{完成单位产品的材料净用量} \tag{8-4}$$

材料消耗定额还有两种表现形式,即材料产品定额和材料周转定额。

材料产品定额是指一定规格的原材料,在合理的操作条件下,获得的合格产品的数量。这种定额形式在公路工程定额中应用较少,这里不予以叙述。

工程中有些材料,如模板、支架、拱盔等非一次性使用,而是周转使用的,这种材料统称为周转材料。周转性材料在施工中合理周转使用的次数或用量称为材料周转定额。在预算定额中,周转性材料均按其正常周转次数计入定额之中。

3. 机械设备定额

机械设备定额简称机械定额,一般可分为按台班数量计算的定额和以货币形式表示的定额(如小型机具使用费等)。按台班数量计算的机械设备定额又称机械台班消耗定额,它是指在正常的施工条件下,合理组织和利用某种机械完成单位合格产品所必需的机械台班消耗标准,或在单位时间内机械完成的产品数量。因此机械台班定额有时间定额和产量定额两种。

机械时间定额是指在一定的操作内容及质量、安全要求的条件下,某种机械完成单位合格产品所必须消耗的工作时间。机械时间定额以“台时”或“台班”为单位,一台机械工作 1h 为一台时,潜水设备每台班按 6h 计算、变压器和配电设备每昼夜按一个台班计算,除此之外,各类机械每台班均按 8h 计算。

机械产量定额是指在一定的操作内容及质量、安全要求的条件下,某种机械每单位作业量(如台班、台时等)所完成的合格产品的数量标准。机械时间定额和机械产量定额互成倒数。

【例 8-2】 已知 90kW 以内履带式推土机推运普通土(运距 20m)的机械时间定额为完成单位 $1000m^3$ 天然密实方,需要 2.39 台班,试问其产量定额是多少?

解:由于推土机的时间定额为 2.39 台班/$1000m^3$ 天然密实方,按照互为倒数的关系,则该机械的产量定额为:$1000m^3/2.39=418.4(m^3/台班)$。

机械台班费用定额是以机械的一个台班为单位,规定其所消耗的工时、燃料及费用等数量标准并可折算为货币形式表现的定额,是计算机械台班单价的依据。

三、按照颁发部门和管理权限分

按照颁发部门和管理权限划分,可以分为全国统一定额、行业统一定额、地区统一定额、企业定额和补充定额五种。

1. 全国统一定额

由国家建设行政主管部门,综合全国工程建设中技术和施工组织管理的情况编制,并在全国范围内执行的定额,如全国统一安装工程定额。

2. 行业统一定额

考虑到各行业部门专业工程技术特点,以及施工生产和管理水平编制的,一般只在本行业和相同专业性质的范围内使用的专业定额,如公路工程定额、水运工程定额等。

3. 地区统一定额

地区统一定额主要是考虑地区性特点和全国统一定额水平做适当调整补充编制的。由于各地区不同的气候条件、经济技术条件、物质资源条件和交通运输条件等,构成对定额项目、内容和水平的影响,是地区统一定额存在的客观依据。

4. 企业定额

由施工企业考虑本企业具体情况,参照国家、部门或地区定额的水平制定的定额。企业定额只在企业内部使用,是企业素质的一个标志。企业定额水平一般应高于国家现行定额,才能满足生产技术发展、企业管理和市场竞争的需要。

5. 补充定额

补充定额是指随着设计、施工技术的发展,现行定额不能满足需要的情况下,为了补充缺项所编制的定额。补充定额只能在指定的范围内使用,可以作为以后修订定额的基础。

四、定额体系

通过以上分析,并根据定额的用途来看,各个公路工程定额之间形成了一个完整的定额体系，每个类别的定额均在一定范围内发挥着不同的作用，形成了这个体系中的一个环节，相互之间既有区别，又紧密联系，是互为补充的，它们均为公路建设的投资和管理发挥不可或缺的作用。公路工程定额体系，见图 8-4。

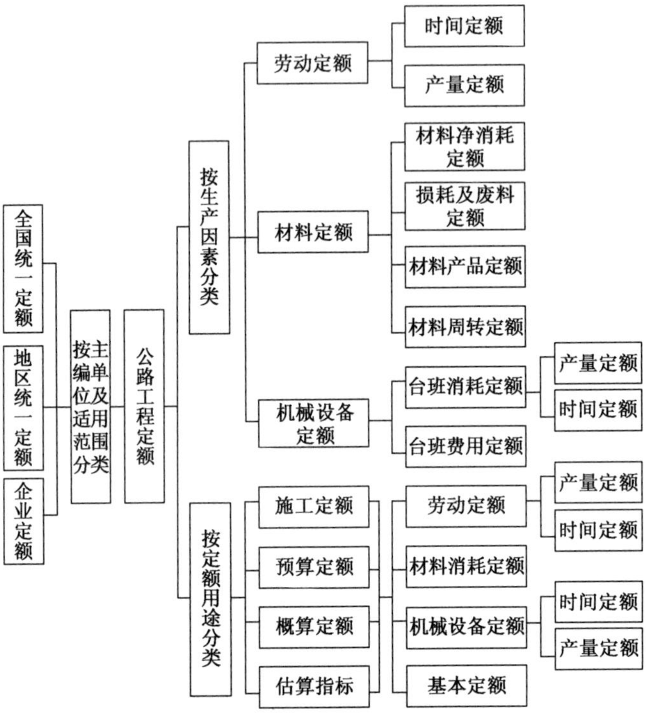

图 8-4　公路工程定额体系示意图

自我测试

问答题

1. 按生产要素不同，定额可以分为哪几种？
2. 按编制程序和用途不同，定额可以分为哪几种？简述它们之间的关系。

任务三　公路工程定额的组成

学习目标

以公路工程预算定额为例，详细掌握定额的组成内容。

任务描述

公路工程预算定额是工程造价文件编制过程中使用很广泛的一种定额。本任务要求学生详细掌握预算定额的组成内容。

相关知识

一、《公路工程预算定额》(JTG/T 3832—2018)的组成

本书以《公路工程预算定额》(JTG/T 3832—2018)(以下简称预算定额)为例,详细介绍定额中的主要内容。预算定额中主要包括路基工程、路面工程、隧道工程、桥涵工程、交通工程及沿线设施、绿化及环境保护工程、临时工程、材料采集及加工、材料运输等九章及附录。

预算定额由颁发定额的公告,总说明,目录,各种工程的章、节说明,定额表及附录等组成。

1. 颁发定额的公告

刊印在定额前面部分的政府主管部门(交通运输部)关于发布定额及施行日期,阐明定额性质、适用范围及负责解释部门等的法令性文件。

2. 总说明

总说明是各章说明的总纲,具有统管全局的作用。使用定额时应仔细阅读,认真理解,切实掌握,适当记忆总说明,否则稍有疏忽,将产生错误,从而影响分析计算成果。

3. 目录

目录位于总说明之后,简明扼要地反映定额的全部内容及相应的页码,对查用定额起索引作用。由于现行预算定额分上、下两册,故在总目录后,增加了上、下册目录。

4. 章、节说明

根据工程项目特点及性质的不同,各章又分出若干小节。除附录外,各章节前面均附有说明。章节说明主要介绍本章节工程项目的共性问题、工程量的计算方法和规则、计算单位、尺寸的起讫范围、应增加或扣除的部分以及计算使用的系数和附表等。它是工程量计算及应用定额的基础,必须全面准确地掌握,以防止错误发生。

5. 定额表

定额表是各种定额最基本的组成部分,它是定额指标数量的具体表示,如表 8-2 所示。定额表内容及形式包括:

预算定额表内容及形式 表 8-2

4-7-4 预制圆管涵

工程内容:1)搭、拆临时脚手架、跳板;2)制作、安、拆、修理、涂脱模剂、堆放;3)钢筋除锈、下料、弯曲、电焊、绑扎;4)混凝土浇筑、捣固及养护。

单位:表列单位

顺序号	项目	单位	代号	混凝土		预制圆管涵	
				预制圆管管径(m)		钢筋	冷拔低碳钢丝
				1.0 以内	2.0 以内		
				$10m^3$ 实体		1t	
				1	2	3	4
1	人工	工日	1001001	43.7	32.8	6	6.4
2	普 C30 - 32.5 - 2	m^3	1503009	10.10	10.10	-	-
3	HPB300 钢筋	t	2001001	-	-	1.025	0.336

续上表

顺序号	项　目	单位	代号	混凝土		预制圆管涵	
				预制圆管管径(m)		钢筋	冷拔低碳钢丝
				1.0 以内	2.0 以内		
				10m³ 实体		1t	
				1	2	3	4
4	冷拔低碳钢丝	t	2001012	-	-	-	0.699
5	20 ~22 号铁丝	kg	2001022	-	-	4.62	4.45
6	钢模板	t	2003025	0.118	0.074	-	-
7	电焊条	kg	2009011	-	-	-	0.95
8	水	m³	3005004	16	16	-	-
9	中(粗)砂	m³	5503005	4.65	4.65	-	-
10	碎石(2cm)	m³	5505012	7.98	7.98	-	-
11	32.5 级水泥	t	5509001	4.101	4.101	-	-
12	其他材料费	元	7801001	21.2	16	-	-
13	5t 以内汽车式起重机	台班	8009025	0.61	0.46	-	-
14	32kV · A 以内交流电弧焊机	台班	8015028	-	-	-	0.16
15	小型机具使用费	元	8099001	4.8	4.9	4.7	4.5
16	基价	元	9999001	8111	6615	4081	5165

注:表中的"4-7-4"是定额的真正表号。

1)表号及定额表的名称

定额是由大量的定额表组成的,每张定额表都具有自己的表号和表名。如表 8-2 所示,表上方"4-7-4"为表号,其含义是第 4 章第 7 节第 4 个表。"预制圆管涵"是定额表的名称。

2)工程内容

工程内容位于定额表的左上方。主要说明本定额表所包括的主要操作内容。查定额时,必须将实际发生的操作内容与表中的工程内容相对照,若不一致时,应按照章(节)说明中的规定进行调整或抽换。

3)定额单位

位于定额表的右上方,如表 8-2 中"单位:10m³ 实体、1t 钢筋"。定额单位是合格产品的计量单位,实际的工程数量应是定额单位的倍数。当定额表有两个或两个以上定额单位时,其定额值不能叠加,而应按不同的定额单位分开单列。

4)顺序号

顺序号是定额表中的第 1 项内容,如表 8-2 中"1、2、3、…"顺序号表征人工、材料、机械及费用的顺序号,起简化说明的作用。

5)项目及项目单位

项目是定额表中第 2 项内容,如表 8-2 中"人工、普 C30-32.5-2、…"项目是本定额表中工程所需的人工、材料、机具、费用的名称和规格。项目单位是指各项目内容所对应的单位。

6)代号

代号系采用计算机编制概预算时,作为对人工、材料、机械名称识别的符号,不可随便变动。编码共采用7位,第1、2位按照人工、材料、机械的类型进行编制,例如配合比材料、路面混合料及制(成)品等材料代号前两位均为15,第3、4位采用奇数编制,后3位采用顺序编制。当编制补充定额时,遇有新增材料或机械名称,编码采用同样方法编制,第1、2位取相近品种材料或机械代号,但第3、4位采用偶数编制。

7)工程细目

工程细目表征本定额表所包括的具体内容,如表8-2中"管径1.0以内"等。但要注意,定额细目表中注明"某某数以内"或"某某数以下"者,均包括某某数本身;而注明"某某数以外"或"某某数以上"者,则不包括某某数本身。

8)栏号

栏号是指工程细目的编号,如"管径1.0以内"的定额栏号为"1","普通钢筋"的定额栏号为"3"。

9)定额值

定额值是表中各种资源消耗量的数量值。

10)基价

基价是指该工程细目以规定的人工、材料、机械基价计算的工程价格,它是人工费、材料费、机械使用费的合计价值。基价中的人工费、材料费按《公路工程预算定额》(JTG/T 3832—2018)附录四定额人工、材料、设备单价表计算,机械使用费按《公路工程机械台班费用定额》(JTG/T 3833—2018)计算,它是计算其他费用的基数。项目所在地海拔超过3000m以上,人工、材料、机械基价乘以系数1.3。

11)小注

有些定额表在其表下方列有注解。"注"是对定额表中内容的补充说明,使用时必须仔细阅读,以免发生错误。

6. 附录

附录包括路面材料计算基础数据,基本定额,材料的周转及摊销,以及定额基价人工、材料单位质量、单价表四部分内容。

1)路面材料计算基础数据

主要列出了路面工程概、预算定额中各种材料定额消耗量计算所依据的各项基础数据。如路面压实混合料干密度、各种路面材料松方干密度、单一材料结构的压实系数。

2)基本定额

基本定额是介于施工定额和预算定额之间的一种扩大施工定额,其项目是按完成某一专项作业将施工定额的有关工序加以综合制订的,根据材料的周转和摊销次数、材料场内运输及操作损耗以及人工、机械的幅度差,综合为若干包括人工、材料、机械的基本定额。其目的是避免在编制预算定额时重复计算这些工序,并可统一计算方法和口径,简化计算工作。

基本定额有桥涵混凝土及钢筋混凝土工作;砂浆及混凝土消耗材料;砌筑工程石料及砂浆消耗;脚手架、踏步、井字架工料消耗四部分组成。

3)材料的周转及摊销

材料的周转及摊销定额,对材料的周转和摊销次数作了具体规定。

4)定额基价人工、材料单位质量、单价表

表中给出了定额中人工和材料的代号、定额中材料名称的相应规格以及编制定额时采用的材料损耗率和人工、材料单价。

二、公路工程定额的查用方法

公路工程具有结构物多的特点，与之相对应的定额也是内容繁多。因此，查用定额的工作不仅量大，而且十分细致。为了正确运用定额，首先要熟练掌握定额的查用方法，按以下步骤进行：

1. 确定定额种类

公路工程定额按使用要求共分为估算指标、概算定额、预算定额、施工定额等，在查用定额时，应根据使用目的，确定所用定额的种类，如在初步设计阶段查用的定额应该为概算定额。

2. 确定定额编号

定额编号是每一工程细目所对应的唯一编号。在查用定额时，首先应确定工程细目的编号，并将其填入概算、预算表格中。其目的一方面是便于快捷查找，核对所选用定额的准确性；另一方面是便于计算机识别和运算。定额编号表达方式主要有以下三种。

(1)[页-表-栏]式，指定额所在的[页号-表号-栏号]。例如，《公路工程预算定额》(JTG/T 3832—2018)第19页第1章第1节第12表第1栏，即推土机功率在75kW以内推土机推松土第一个20m，其定额编号为[19-1-1-12-1]。[页-表-栏]式优点是复核、检查方便，但是书写比较麻烦。

(2)[表-栏]式，指定额所在的[表号-栏号]，省去了页号。上例时，其定额编号为[1-1-12-1]。[表-栏]式优点是书写简单，但复核、检查不方便。

(3)数码式，指用计算机软件编制概算、预算文件时，用不同数码表示，每一个数码对应一条定额，特点是方便查找，适合于较为熟练操作软件的人员。

3. 阅读说明

在查到定额编号后，应详细阅读总说明和章、节说明，并核对定额表上方的“工程内容”及下方的“注”。目的如下：

(1)检查所选用的定额编号是否有误。如“浆砌块石护拱”与“浆砌块石护坡”，虽然都是“浆砌块石”工程，但前者是“桥涵工程”，后者为“防护工程”。

(2)确定定额值。在确认定额编号无误之后，根据上述各种“说明”“工作内容”及“注”的要求，看定额值是否需要调整。若不需要调整，则直接抄录；若需调整还应做下一步工作。

4. 定额抽换

当设计内容或实际内容与定额表中规定的内容不完全相符时，应根据“说明”及“注”的规定调整定额值，即定额抽换。关于定额抽换详见本章任务四。

自我测试

问答题

1. 预算定额的内容包括哪几部分？
2. 简述公路工程定额的查用方法。

任务四　公路工程预算定额的运用

学习目标

(1)掌握预算定额的使用方法。

(2)掌握预算定额的抽换方法。

任务描述

本任务要求学生掌握预算定额套用过程中常用的运距、厚度等施工条件的调整方法与技巧,掌握预算定额中混凝土强度等级、混合料配合比、周转性材料摊销量的抽换方法,能够运用预算定额完成常见工程的定额套用,将理论知识与实际工程应用相结合。

相关知识

一、预算定额运用的基本知识

1.预算定额的使用步骤

1)确定定额编号

(1)首先将公路工程施工任务分解至分项工程,应根据概预算项目表依次按项、目、节和细目确定待查定额的项目名称,再据此在定额目录中找到其所在的页次,从而确定定额的编号。

(2)其次检查定额表上的"工作内容"与设计要求、施工组织要求是否相符,如相符,则可在表中找到相应的细目,并进一步确定定额子目(栏号)。一定要认真检查所确定的定额表号是否有误。如"浆砌块石护拱"与"浆砌块石护坡"虽然都是砌石工程,但前者为"桥涵工程",预算定额表号为[630-4-5-3-2],后者为"路基防护工程",预算定额表号为[117-1-4-11-2]。

(3)检查定额表的计量单位与工程项目取定的计量单位是否一致、是否符合章、节说明规定的工程量计算规则。

2)阅读说明和注解,确定定额值

(1)查得定额表号后,应详细阅读总说明,章、节说明,并核对定额表左上方的"工程内容"及表下方的"注",看是否与所查子目的定额有关,若有关,则采取相应措施。

(2)根据设计图纸和施工组织设计检查一下,当设计内容或实际工作内容与定额表中规定的内容不完全相符时,应根据"说明"及"注"的规定调整定额值,即定额抽换。

(3)依子目各序号确定各项定额值,若不需要调整,就直接抄录,此时查用定额的工作结束。若需要调整,还应做下一步工作。

2.引用定额的编号方法

定额编号在概预算文件中十分重要。一方面是保证复核、审查人员利用编号快速查找,核对所用定额的准确性;另一方面,对如此繁多的工程细目的工作内容以编号形式建立一一对应的模式,便于计算机处理及修编定额人员的统计工作。

建立定额编号一般采用[页码-表号-栏号]或[表号-栏号]的编号方法。如预算定额中的[8-1-1-4-2]或[1-1-4-2],是指引用第8页的表1-1-4表中第2栏,即人工挖土质台阶(土质为普通土)的定额表8-3。

1-1-4 挖土质台阶 表8-3

工程内容:1)画线挖土,台阶宽不小于1m;2)将土抛到填方处。

单位:$1000m^3$

顺序号	项目	单位	代号	人工挖台阶					挖掘机挖台阶
				松土	普通土	硬土	松土	普通土	硬土
				1	2	3	4	5	6
1	人工	工日	1001001	17.4	28.1	43.7	1.6	1.9	2.1
2	$1.0m^3$以内履带式液压单斗挖掘机	台班	8001027	-	-	-	1.12	1.3	1.49
3	基价	元	9999001	1849	2986	4644	1508	1755	2004

用计算机软件编制概预算文件时,可以采用八位数字编号方法。

□ □□ □□ □□□
章 节 表 子目

首位数字表示"章",第二、三位数字表示"节",第四、五位数字表示"表",最后三位数字表示"子目"。例如,人工挖图纸台阶(土质为普通土)的定额亦可表示为"10104002"。

二、预算定额的运用

如果设计的要求、工作内容及确定的工程项目,完全与相应定额的工程项目符合,则可直接套用定额。但是如果出现材料运输距离、结构层厚度、现场施工条件等基本参数与定额中不符时,可以依照定额内容直接进行简单调整,以下为几种常见的定额运用练习。

1.材料运输距离的调整——定额编号的确定

【例8-3】 试确定下列工程项目预算定额编号。

(1)8t以内自卸汽车运路基土方5km。

(2)8t以内自卸汽车运输沥青混合料5km。

(3)8t以内自卸汽车运土5km。

(4)8t以内自卸汽车运路基石方5km。

解:以上各题虽然都是汽车运输,但运输对象不同,故各自的定额编号亦不同。

(1)汽车运输已明确是运路基土,因此,该工程属于"路基工程"的一项。其定额编号为[1-1-11-3+4],表名为"自卸汽车运土、石方"。

(2)汽车运路面混合料,属于"路面工程"中的一项。其定额编号为[2-2-13-1+2],表名为"沥青混合料运输"。

(3)因汽车运土未明确为何工程运土,故土应作为材料自办运输,属于"材料运输"中的一项,其定额编号为[9-1-6-Ⅲ-37+38],表名为"自卸汽车运输"。

(4)汽车运输机械采用自卸汽车,因此该工程亦属于定额表"自卸汽车运土、石方"的内容，但是运输对象为路基石方，因此本题定额编号与(1)中的不同，为[1－1－11－17＋18]。

2.路面结构层厚度调整——章、节说明的应用

【例 8-4】 试确定 20cm 厚级配碎石面层的预算定额。该面层施工采用平地机分两层拌和，机械摊铺集料。

解：依题意，该工程定额编号为[2－2－2－13＋16]，按照节说明第 1 条：泥结碎石、级配碎石、级配砾石、天然砂砾、粒料改善土壤路面面层的压实厚度在 15cm 内，拖拉机、平地机和压路机的台班消耗按定额数量计算(表 8-4)。如超过上述压实厚度且需进行分层拌和、碾压时，拖拉机、平地机和压路机的台班消耗量按定额数量加倍计算，每 $1000m^2$ 增加 1.5 个工日。因此 20cm 厚级配碎石面层每 $1000m^2$ 的级配碎石面层需：

人工：1.9＋0.2×12＋1.5＝5.8 工日；

黏土：14.66＋1.83×12＝36.62m^3；

碎石：122.63＋15.34×12＝306.71m^3；

120kW 以内自行式平地机：0.57×2＝1.14 台班；

12～15t 光轮压路机：0.12×2＝0.24 台班；

18～21t 光轮压路机：0.91×2＝1.82 台班；

10000L 以内洒水汽车：0.08＋0.01×12＝0.20 台班。

2－2－2 级配碎石路面

表 8-4

单位：$1000m^2$

顺序号	项目	单位	代号	机械摊铺集料											
				拖拉机带铧犁拌和						平地机拌和					
				压实厚度 8cm			每增加 1cm			压实厚度 8cm			每增加 1cm		
				面层	基层	底基层	面层	基层	底基层	面层	基层	底基层	面层	基层	底基层
				7	8	9	10	11	12	13	14	15	16	17	18
1	人工	工日	1001001	1.9	1.8	1.7	0.2	0.1	0.1	1.9	1.8	1.7	0.2	0.1	0.1
2	黏土	m^3	5501003	14.66	–	–	1.83	–	–	14.66	–	–	1.83	–	–
3	碎石	m^3	5505016	122.63	122.66	122.84	15.34	15.34	15.35	122.63	122.66	122.84	15.34	15.34	15.35
4	设备摊销费	元	7901001	2.1	2.1	2.1	0.1	0.1	0.1	–	–	–	–	–	–
5	120kW 以内自行式平地机	台班	8001058	0.3	0.23	0.23	–	–	–	0.57	0.5	0.5	–	–	–
6	75kW 以内履带式拖拉机	台班	8001066	0.22	0.22	0.22	–	–	–	–	–	–	–	–	–
7	12～15t 光轮压路机	台班	8001081	0.12	0.12	0.12	–	–	–	0.12	0.12	0.12	–	–	–
8	18～21t 光轮压路机	台班	8001083	0.91	0.8	0.68	–	–	–	0.91	0.8	0.68	–	–	–
9	10000L 以内洒水汽车	台班	8007043	0.08	0.08	0.08	0.01	0.01	0.01	0.08	0.08	0.08	0.01	0.01	0.01
10	基价	元	9999001	11005	10660	10572	1215	1183	1184	11181	10836	10749	1215	1183	1184

3. 现场施工条件的调整——定额表注解的使用

【例 8-5】 用 165kW 以内推土机推土(硬土),运距 50m,上坡坡度 15%,试确定其预算定额。

解:查得定额编号为[1－1－12－19＋20],由于推土机推土为上坡运输,需要按照表格注解进行新运距计算转换(表 8-5)。新的运距＝50×1.5＝75m。

1－1－12 推土机推土、石方

表 8-5

单位:1000m^3 天然密实方

顺序号	项目	单位	代号	土方											
				推土机功率(kW)											
				135 以内				165 以内				240 以内			
				第一个 20m			每增运 10m	第一个 20m			每增运 10m	第一个 20m			每增运 10m
				松土	普通土	硬土		松土	普通土	硬土		松土	普通土	硬土	
				13	14	15	16	17	18	19	20	21	22	23	24
1	人工	工日	1001001	2.4	2.6	2.9	–	2.4	2.6	2.9	–	2.4	2.6	2.9	–
2	135kW 以内履带式推土机	台班	8001006	1.09	1.21	1.34	0.4	–	–	–	–	–	–	–	–
3	165kW 以内履带式推土机	台班	8001007	–	–	–	–	0.88	0.97	1.08	0.32	–	–	–	–
4	240kW 以内履带式推土机	台班	8001008	–	–	–	–	–	–	–	–	0.62	0.67	0.76	0.23
5	基价	元	9999001	2000	2213	2453	640	1923	2114	2355	606	1715	1854	2098	542

注:上坡推运的坡度大于 10% 时,按坡面的斜距乘以表列系数作为运距:

坡度(%)	$10<i\leqslant20$	$20<i\leqslant25$	$25<i\leqslant30$
系数	1.5	2.0	2.5

所以,每 1000m^3 天然密实方需:

人工:2.9 工日;

推土机:$1.08+0.32\times\dfrac{50\times1.5-20}{10}=2.84$ 台班;

基价:$2355+606\times\dfrac{50\times1.5-20}{10}=5688$ 元。

三、定额的抽换

当设计中所规定内容与定额中工作内容、材料规格不相符时,应查用相应的定额或基本定额予以替换。在抽换前应仔细阅读定额总说明、章节说明及表下方的注解。以下是允许对定额中某些项目进行抽换的几种情况:

(1)砂浆、混凝土设计标号与定额不符。

(2)水泥、石灰稳定土基层设计配合比与定额配合比不符。

(3)周转及摊销材料实际周转次数达不到定额规定次数时的抽换。

(4)片石混凝土定额的片石掺量调整。

(5)钢筋混凝土锚锭体积比换算。

(6)定额钢筋品种比例调整。

(7)每10t预应力钢筋、钢筋束的根数、束数的计算。

1. 水泥混凝土或水泥砂浆的抽换——基本定额的运用

基本定额是指在合理的条件下,为生产单位数量半成品、中间产品所规定的各种资源(工、料、机、费用等)的消耗量标准。其分类与组成见图8-5。

- 基本定额
  - (一)砂浆及混凝土材料消耗
    - 1.砂浆配合比表
    - 2.混凝土配合比表
    - 3.泡沫轻质土配合比表
    - 4.砌筑工程石料及砂浆消耗
  - (二)脚手架、踏步、井字架工料消耗
    - 1.轻型上下架材料消耗
    - 2.门式钢支架材料消耗
    - 3.钢管脚手架及井字架工料消耗
    - 4.木脚手架及井字架工料消耗
    - 5.踏步工料消耗

图8-5 基本定额分类与组成图

基本定额的主要作用是:

(1)基本定额是定额抽换的依据。

(2)分析分项工程或半成品所需工、料、机等的消耗量。当设计中出现定额表中查不到的个别分项工程时,可根据定额分析计算该工程所需的工、料、机的数量。

【例8-6】 试确定用C30普通混凝土耳背墙的预算定额。

解:①依题意,该工程定额编号为[4-6-4-7](表8-6)。

4-6-4 盖梁、系梁、耳背墙及墩顶固结 表8-6

工程内容:1)定型钢模板安装、拆除、修理、涂脱模剂、堆放;2)钢筋除锈、制作、电焊、绑扎及骨架吊装入模;3)混凝土浇筑、捣固、养护。

Ⅰ.混　凝　土　　单位:$10m^3$ 实体

顺序号	项　目	单位	代号	盖梁		系梁				耳背墙	墩梁固结现浇段
				非泵送	泵送	非泵送		泵送			
						地面以下	地面以上	地面以下	地面以上		
				1	2	3	4	5	6	7	8
1	人工	工日	1001001	12.3	11.0	6.1	12.1	4.3	10.4	17.7	16.4
2	普C25-32.5-4	m^3	1503033	-	-	-	-	-	-	(10.20)	-
3	普C30-32.5-4	m^3	1503034	(10.20)	-	(10.20)	(10.20)	-	-	-	(10.20)
4	泵C30-32.5-4	m^3	1503084	-	(10.40)	-	-	(10.40)	(10.40)	-	-
5	HPB300钢筋	t	2001001	0.0	0.0	-	-	-	-	-	-
6	型钢	t	2003004	0.1	0.1	-	0.084	-	0.084	-	-
7	钢管	t	2003008	0.0	0.0	-	-	-	-	-	-

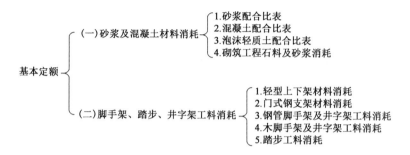

续上表

顺序号	项目	单位	代号	盖梁		系梁				耳背墙	墩梁固结现浇段
				非泵送	泵送	非泵送		泵送			
						地面以下	地面以上	地面以下	地面以上		
				1	2	3	4	5	6	7	8
8	钢模板	t	2003025	0.2	0.2	0.07	0.196	0.07	0.196	0.086	0.154
9	螺栓	kg	2009013	0.1	0.1	0.56	0.12	0.56	0.12	9.52	15.97
10	铁件	kg	2009028	30.9	30.9	1.88	0.34	1.88	0.34	5.62	9.42
11	水	m^3	3005004	12	18	12	12	18	18	12	12
12	中(粗)砂	m^3	5503005	5	6	4.69	4.69	5.82	5.82	4.9	4.69
13	碎石(4cm)	m^3	5505013	8.5	7.6	8.47	8.47	7.59	7.59	8.47	8.47
14	32.5 级水泥	t	5509001	3.8	4.4	3.845	3.845	4.368	4.368	3.417	3.845
15	其他材料费	元	7801001	109.8	109.8	11.5	12.5	11.5	12.5	84.8	207.4
16	$60m^3/h$ 以内混凝土输送泵	台班	8005051	–	0.1	–	–	0.12	0.14	–	–
17	25t 以内汽车式起重机	台班	8009030	0.7	0.3	0.31	0.64	0.08	0.31	1.1	1.26
18	小型机具使用费	元	8099001	11.4	9.4	10.8	11	9	9.2	15.7	14.2
19	基价	元	9999001	6033	5822	3838	5887	3684	5633	6276	7020

由定额表内容可知：

每 $10m^3$ 实体需普通 C25－32.5－4 混凝土 $10.2m^3$，人工：17.7 工日，钢模板 0.086t，螺栓 9.52kg，铁件 5.62kg，水 $12m^3$，中(粗)砂 $4.90m^3$，碎石(4cm)$8.47m^3$，32.5 级水泥 3.417t，其他材料费 84.8 元，25t 以内汽车式起重机 1.1 台班，小型机具使用费 15.7 元，基价 6276 元。

由于定额所列混凝土强度等级与设计强度等级 C30 不符，故混凝土材料定额值应予以调整抽换。

②根据《公路工程预算定额》(JTG/T 3832—2018)附录二基本定额混凝土配合比表(表 8-7)。

表 8-7

单位：$1m^3$ 混凝土

序号	项目	单位	普通混凝土														
			碎(砾)石最大粒径(mm)														
			20		40												
			混凝土强度等级														
			C55	C60	C10	C15	C20	C25	C30		C35		C40			C45	
			水泥强度等级														
			52.5	52.5	32.5	32.5	32.5	32.5	32.5	42.5	32.5	42.5	32.5	42.5	52.5	42.5	52.5
			16	17	18	19	20	21	22	23	24	25	26	27	28	29	30
1	水泥	kg	516	539	225	267	298	335	377	355	418	372	461	415	359	440	399
2	中(粗)砂	m^3	0.42	0.41	0.51	0.5	0.49	0.48	0.46	0.46	0.45	0.46	0.43	0.44	0.46	0.44	0.44

续上表

序号	项目	单位	普通混凝土														
			碎(砾)石最大粒径(mm)														
			20		40												
			混凝土强度等级														
			C55	C60	C10	C15	C20	C25	C30		C35		C40			C45	
			水泥强度等级														
			52.5	52.5	32.5	32.5	32.5	32.5	32.5	42.5	32.5	42.5	32.5	42.5	52.5	42.5	52.5
			16	17	18	19	20	21	22	23	24	25	26	27	28	29	30
3	碎(砾)石	m^3	0.74	0.71	0.87	0.85	0.84	0.83	0.83	0.84	0.82	0.83	0.81	0.83	0.84	0.81	0.84
4	片石	m^3	–	–	–	–	–	–	–	–	–	–	–	–	–	–	–

每1m^3碎石最大粒径为4cm的C30普通混凝土需要32.5级水泥:377kg;中(粗)砂:0.46m^3;碎石:0.83m^3。

因此,每10m^3实体C30混凝土的材料定额抽换值(即采用值)为:

32.5级水泥:$0.377 \times 10.2 = 3.845$t;

中(粗)砂:$0.46 \times 10.2 = 4.69$$m^3$;

碎石(4cm):$0.83 \times 10.2 = 8.47$$m^3$。

原定额中人工、其他材料及机械消耗量和其他材料费不变。

2. 路面半刚性基层材料的抽换

《公路工程预算定额》第二章路面工程第一节路面基层及垫层说明第2条规定:各类稳定土基层定额中材料消耗系数按一定配合比编制,当设计配合比与定额标明的配合比不同时,有关材料可按下式换算:

$$C_i = [C_d + B_d \times (H - H_0)] \times \frac{L_i}{L_d} \tag{8-5}$$

式中:C_i——按设计配合比换算后的材料数量;

C_d——定额中基本压实厚度的材料数量;

B_d——定额中压实厚度每增减1cm的材料数量;

H_0——定额的基本压实厚度;

H——设计的压实厚度;

L_d——定额中标明的材料百分率;

L_i——设计配合比的材料百分率。

【例8-7】 某30cm厚设计配合比为4:11:85的石灰粉煤灰稳定碎石基层,施工采用路拌法,稳定土拌和机分层拌和施工。试确定其预算定额。

解:依题意该工程定额编号为[2-1-4-Ⅲ-35+36]。

由定额表内容可知:定额配合比为5:15:80,设计压实厚度20cm与设计要求不同,需对相关定额值调整(表8-8)。

按照节说明第1条:各类稳定土基层、其他种类的基层和底基层的压实厚度在20cm以内,拖拉机、平地机、摊铺机和压路机的台班消耗按定额数量计算。如超过上述压实厚度进行分层拌和、摊铺、碾压时,拖拉机、平地机、摊铺机和压路机的台班消耗量按定额数量加倍计算,每1000m^2增加1.5个工日。

2-1-4 路拌法石灰、粉煤灰稳定土基层 表 8-8

单位:1000m²

顺序号	项目	单位	代号	石灰粉煤灰碎石 石灰:粉煤灰:碎石 5:15:80		石灰粉煤灰矿渣 石灰:粉煤灰:矿渣 6:14:80		石灰粉煤灰煤矸石 石灰:粉煤灰:煤矸石 6:14:80	
				压实厚度 20cm	每增减 1cm	压实厚度 20cm	每增减 1cm	压实厚度 20cm	每增减 1cm
				35	36	37	38	39	40
1	人工	工日	1001001	16	0.6	15.6	0.6	13.8	0.5
2	粉煤灰	t	5501009	63.963	3.198	48.163	2.408	53.148	2.657
3	熟石灰	t	5503003	22.77	1.139	22.044	1.102	18.92	0.946
4	矿渣	m^3	5503011	-	-	227.12	11.36	-	-
5	煤矸石	m^3	5505009	-	-	-	-	200.5	10.03
6	碎石	m^3	5505016	222.11	11.1	-	-	-	-
7	其他材料费	元	7801001	301	-	301	-	301	-
8	120kW 以内自行式平地机	台班	8001058	0.42	-	0.42	-	0.42	-
9	12~15t 光轮压路机	台班	8001081	0.37	-	0.37	-	0.37	-
10	18~21t 光轮压路机	台班	8001083	0.8	-	0.8	-	0.8	-
11	235kW 以内稳定土拌和机	台班	8003005	0.26	0.02	0.26	0.02	0.26	0.02
12	10000L 以内洒水汽车	台班	8007043	0.31	0.02	0.36	0.03	0.35	0.03
13	基价	元	9999001	36622	1748	32748	1565	27484	1301

因此,30cm 厚设计配合比为 4:11:85 的石灰粉煤灰稳定碎石基层预算定额为:

人工:16+0.6×10+1.5=23.5 工日;

粉煤灰:[63.963+3.198×(30-20)]×11/15=70.36m^3;

熟石灰:[22.77+1.139×(30-20)]×4/5=27.33m^3;

碎石:[222.11+11.1×(30-20)]×85/80=353.93m^3;

其他材料费:301 元;

120kW 以内自行式平地机:0.42×2=0.84 台班;

12~15t 光轮压路机:0.37×2=0.74 台班;

18~21t 光轮压路机:0.8×2=1.6 台班;

235kW 以内稳定土拌和机:0.26+0.02×10=0.46 台班;

10000L 以内洒水汽车:0.31+0.02×10=0.51 台班。

基价调整计算(略)。

3.周转及摊销材料用量的抽换——材料周转与摊销定额的运用

周转性材料是指在施工过程中多次重复进行使用的材料,如工作模板、脚手架等,它只在施工过程中参与工程修建,而不构成工程的主要实体。

《公路工程预算定额》(JTG/T 3832—2018)附录三材料的周转及摊销是为周转性材料制定的,它规定了各种周转性材料(模板、拱盔、支架等)在施工中合理使用的周转或摊销的次数。其分类与组成如图 8-6 所示。

材料周转与推销分类及组成图

- 1.混凝土和钢筋混凝土构件、块件模板材料周转及摊销次数
- 2.脚手架、踏步、井字架、金属门式吊架、吊盘等摊销次数
- 3.临时轨道铺设材料摊销
- 4.基础及打桩工程材料摊销次数
- 5.灌注桩设备材料摊销
- 6.吊装设备材料摊销次数
- 7.预制构件和块件的堆放、运输材料摊销次数

图 8-6　材料周转与摊销分类及组成图

材料周转与摊销定额的主要作用是：

(1)规定各种周转性材料在施工中合理使用的周转次数、摊销次数。

由前述可知，定额用量不是周转定额的实际用量，而是每周转使用一次应承担的摊销数量。

(2)对达不到规定周转次数的材料定额进行抽换。

《公路工程预算定额》(JTG/T 3832—2018)总说明第八条规定：定额中周转性的材料模板，支撑、脚手杆、脚手板和挡土板等的数量，已考虑了材料的正常周转次数并计入定额内。其中，就地浇筑钢筋混凝土梁用的支架及拱圈用的拱盔、支架，如确因施工安排达不到规定的周转次数时，可根据具体情况进行换算并按规定计算回收，其余工程一般不予抽换。

当材料的实际周转次数达不到规定的周转次数时，定额表中周转材料的定额用量应予抽换，即按照实际的周转次数重新计算实际定额。计算公式如下：

$$\text{实际定额用量} = \frac{\text{规定的周转次数}}{\text{实际的周转次数}} \times \text{规定定额用量} \tag{8-6}$$

【例 8-8】 试确定跨径 $L=2\text{m}$ 的拱涵拱盔及支架周转使用 3 次时的实际定额用量。

解：依题意，该工程定额编号为[4 - 9 - 1 - 1]。

由定额表(表 8-9)“涵洞拱盔、支架”内容可知：跨径 $L=2\text{m}$ 的拱涵拱盔及支架，每 100m^2 水平投影面积需：铁件，87.1kg；铁钉，3.3kg；原木，3.250m^3；锯材，1.71m^3。

查《公路工程预算定额》(JTG/T 3832—2018)附录三材料周转及摊销(表 8-10)中。

各种材料的周转次数分别为：木料，5 次；铁件，5 次；铁钉，4 次。

所以拱涵拱盔及支架周转使用 3 次时的实际定额用量为：

铁件：$87.1 \times 5/3 = 145.2\text{kg}$；

铁钉：$3.3 \times 4/3 = 4.4\text{kg}$；

原木：$3.25 \times 5/3 = 5.417\text{m}^3$；

锯材：$1.71 \times 5/3 = 2.85\text{m}^3$。

4. 钢筋品种比例调整

【例 8-9】 某桥梁预制预应力箱梁，钢筋采用集中加工的方式，图纸中显示钢筋的设计使用量为：光圆钢筋为 4.1t、带肋钢筋为 8.6t，试确定该箱梁钢筋工程定额。

解：依题意，该工程定额编号为[4 - 7 - 15 - 4]。

4-9-1 涵洞拱盔、支架 表 8-9

工程内容：制作、安装、拆除。

单位：$100m^2$ 水平投影面积

顺序号	项目	单位	代号	拱涵拱盔及支架 跨径(m) 2以内	拱涵拱盔及支架 跨径(m) 4以内	板涵支架
				1	2	3
1	人工	工日	1001001	41.4	33.8	23.5
2	铁件	kg	2009028	87.1	42.8	64.3
3	铁钉	kg	2009030	3.3	2.2	-
4	原木	m^3	4003001	3.25	2.44	2.31
5	锯材	m^3	4003002	1.71	1.58	0.88
6	ϕ500mm 以内木工圆锯机	台班	8015013	0.63	0.57	0.26
7	小型机具使用费	元	8099001	21.7	19.5	9
8	基价	元	9999001	11659	9400	7121

《公路工程预算定额》(JTG/T 3832—2018)附录三材料周转及摊销 表 8-10

序号	材料名称	单位	工料机代号	空心墩及索塔钢模板	悬浇箱形梁钢模	悬浇箱形梁、T形梁、T形刚构、连续梁木模板	其他混凝土的木模板及支架、拱盔、隧道开挖衬砌用木支撑等	水泥混凝土路面
				1	2	3	4	5
1	木料	次数	-	-	-	8	5	20
2	螺栓、拉杆	次数	-	12	12	12	8	20
3	铁件	次数	2009028	10	10	10	5	20
4	铁钉	次数	2009030	4	4	4	4	4
5	8～12号铁丝	次数	2001021	1	1	1	1	1
6	钢模	次数	2003025	100	80	-	-	-

4-7-15 预制、安装预应力箱梁 表 8-11

工程内容：预制：1)钢模板安装、拆除、修理、涂脱模剂、堆放；2)钢筋除锈、下料、制作、骨架入模、电焊、绑扎；3)混凝土浇筑、捣固及养护。

安装：1)整修构件；2)构件起吊、纵移、落梁、横移就位、校正、锯吊环；3)双导梁纵移过墩；4)构件搭接钢板的切割、电焊；5)吊脚手架的安、拆、移动；6)现浇接缝混凝土的模板工作及混凝土的浇筑、捣固、养护。

单位：表列单位

顺序号	项目	单位	代号	预制等截面箱梁混凝土		预制安装预应力箱梁钢筋		安装		
								双梁式架桥机		现浇连续梁接缝混凝土
				非泵送	泵送	现场加工	集中加工	简支梁 跨径(m) 30以内	连续梁 跨径(m) 50以内	
				$10m^3$		1t		$10m^3$		
				1	2	3	4	5	6	7
1	人工	工日	1001001	27.5	16.4	6.3	4.8	6.4	5.1	23.5
2	普C50-42.5-2	m^3	1503018	(10.10)	-	-	-	-	-	(10.20)

续上表

顺序号	项目	单位	代号	预制等截面箱梁混凝土		预制安装预应力箱梁钢筋		安装		
								双梁式架桥机		现浇连续梁接缝混凝土
				非泵送	泵送	现场加工	集中加工	简支梁	连续梁	
								跨径(m)		
								30 以内	50 以内	
				$10m^3$		1t		$10m^3$		
				1	2	3	4	5	6	7
3	泵 C50 - 42.5 - 2	m^3	1503069	-	(10.30)	-	-	-	-	-
4	预制构件	m^3	1517001	-	-	-	-	(10.0)	(10.0)	-
5	HPB300 钢筋	t	2001001	0.002	0.002	0.156	0.156	-	-	-
6	HRB400 钢筋	t	2001002	-	-	0.869	0.864	-	-	-
7	钢丝绳	t	2001019	0.004	0.004	-	-	-	-	-
8	20 ~ 22 号铁丝	kg	2001022	-	-	3.25	3.98	-	-	-
9	型钢	t	2003004	0.002	0.002	-	-	0.003	0.002	0.017
10	钢板	t	2003005	-	-	-	-	0.018	0.012	-

由定额表(表 8-11)中查得光圆钢筋与带肋钢筋的比例为 0.156:0.869 = 0.18,而设计图纸中光圆钢筋与带肋钢筋的比例为 4.1:8.6 = 0.477,可知钢筋设计比例与定额比例不符,根据《公路工程预算定额》(JTG/T 3832—2018)第四章说明第 2 条(2)中的规定,如设计图纸的钢筋比例与定额有出入时,可调整钢筋品种的比例关系。

由《公路工程预算定额》(JTG/T 3832—2018)附录四定额人工、材料、设备单价表可知光圆钢筋、带肋钢筋的场内运输及操作损耗为 2.5%,因此实际定额为:

$$光圆钢筋 = (1 + 0.025) \times \frac{4.1}{4.1 + 8.6} = 0.331t$$

$$带肋钢筋 = (1 + 0.025) \times \frac{8.6}{4.1 + 8.6} = 0.694t$$

自我测试

一、计算题

1. 某轻型混凝土墩台,采用 C30 普通钢筋混凝土(水泥强度等级为 42.5),确定混凝土材料的预算定额。

2. 某二灰稳定碎石基层,厚 32cm,采用稳定土拌和机沿路拌和,分层拌和、碾压,材料配合比为石灰:粉煤灰:碎石 = 6:17:77,试确定该项目的预算定额。

3. 某土方工地有挖方 60000m^3 天然密实方,土质为硬土,采用 10m^3 自行式铲运机运土方,运距为 400m,沿路升 15% 的坡,若总工期为 30d,试确定铲运机的数量。

4. 某桥现浇预应力等截面箱梁的设计图纸中光圆钢筋为2.50t，带肋钢筋为8.20t，试确定该分项的钢筋预算定额。

5. 某3孔拱桥，跨径为20m，采用满堂式木拱盔，试确定其预算定额。

二、案例分析题

某二级公路长度为6km，基层宽24.60m，厚度为20cm，基层材料为5.5%水泥稳定碎石，底基层宽25.16m，厚度为32cm，分层摊铺(16cm+16cm)，底基层材料为4%水泥稳定碎石。施工方案中采用300t/h稳定土拌和设备集中拌和，12t自卸汽车运输，运距为4.5km，试分析该项目基层和底基层施工过程的预算定额细目及其工程量。

项目九　概算预算文件的编制

任务一　认知公路工程概算、预算基础知识

学习目标

(1)了解公路工程概算、预算的概念及作用。

(2)熟悉公路工程概算、预算费用项目及文件的组成。

(3)熟悉公路工程概算、预算编制依据。

任务描述

要求学生掌握公路工程概算、预算的基本知识,通过完成能力训练任务,明确概算、预算费用及文件组成,并能按照相关知识完成各项工作。

相关知识

一、概算、预算的分类及作用

公路工程概算、预算是指公路建设过程中,根据各个设计阶段的设计文件内容,按照国家有关政策和规定,预先计算和确定建设项目从筹建到竣工验收所需全部工程费用的技术经济文件。

根据设计阶段和测算主体不同,公路工程概算、预算分为设计概算、施工图预算、施工预算。具体区别见表9-1。

公路工程概算、预算分类　　表9-1

分　类	测算阶段	测算主体	费用范围	测算精度	作　用
设计概算	初步设计、技术设计	设计单位	从筹建至竣工验收交付使用全过程建设费用	较低	1.经批准后的设计概算是建设项目投资的最高限额; 2.工程承包、招标的依据; 3.核定贷款额度的依据; 4.考核分析设计方案经济合理的依据
施工图预算	施工图设计阶段	设计单位	从筹建至竣工验收交付使用全过程建设费用	较高	1.编制标底、签订承发包合同的依据; 2.工程价款结算的依据; 3.考核工程成本、确定工程造价的主要依据

续上表

分　类	测算阶段	测算主体	费用范围	测算精度	作　用
施工预算	施工准备阶段	施工单位	拟建工程的建筑安装工程费用	高	1. 施工企业内部下达施工任务单、实行经济核算的依据； 2. 施工企业加强施工计划管理、编制作业计划的依据

二、公路工程概、预算费用组成

公路工程概算、预算费用组成见图 9-1。

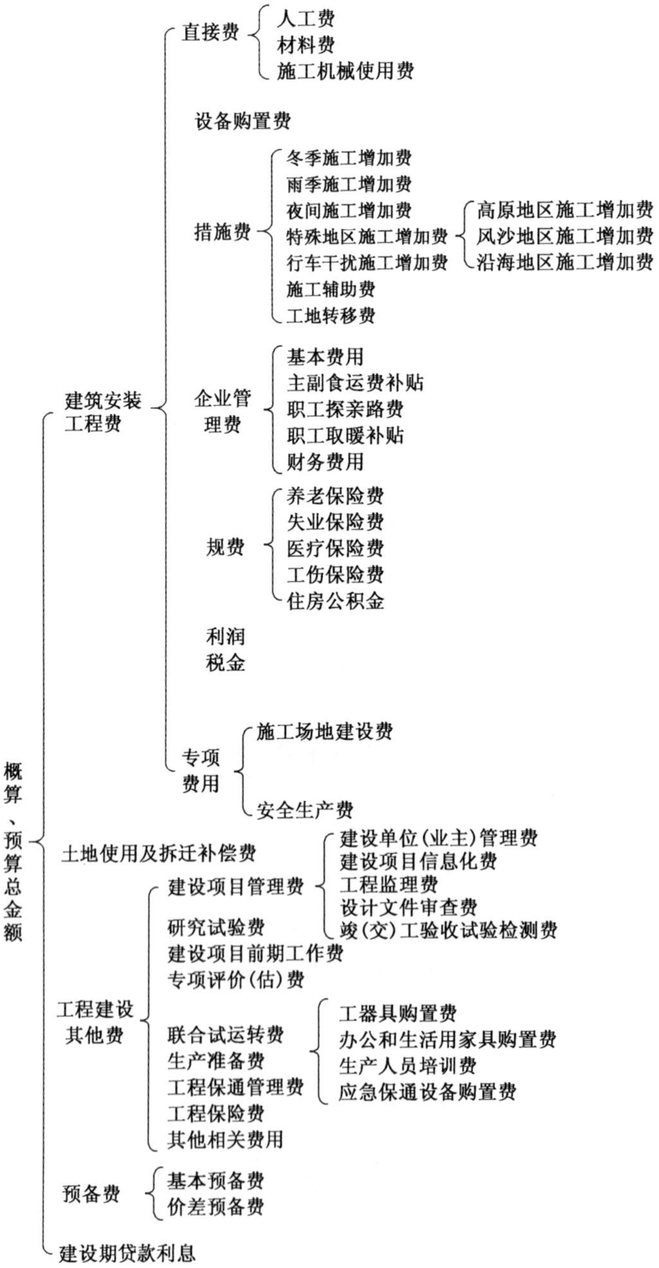

图 9-1　公路工程概算、预算费用的组成

三、公路概算、预算编制依据

编制概算、预算时应根据《公路工程概算定额》(JTG/T 3831—2018)、《公路工程预算定额》(JTG/T 3832—2018)规定的人工、材料与设备、机械台班消耗量和《公路工程建设项目概算预算编制办法》(JTG 3830—2018)规定的概算、预算编制时工程所在地的人工费工日单价、材料预算单价和施工机械台班单价计算出工程项目的工、料、机费用,并按《公路工程建设项目概算预算编制办法》(JTG 3830—2018)的规定计算各项费用。

1. 设计概算编制依据包含内容

(1)国家发布的有关法律、法规等。

(2)《公路工程建设项目概算预算编制办法》(JTG 3830—2018)及配套定额。

(3)工程所在地省级交通运输主管部门发布的补充规定和定额等。

(4)可行性研究报告的批(核)准文件(修正概算时为初步设计批复文件)等有关资料。

(5)初步设计(或技术设计)图纸等设计文件、工程施工方案(含施工组织设计)。

(6)工程所在地的人工、材料与设备、施工机械价格等。

(7)有关合同、协议等。

(8)其他有关资料。

2. 施工图预算编制依据包括内容

(1)国家发布的有关法律、法规等。

(2)《公路工程建设项目概算预算编制办法》(JTG 3830—2018)及配套定额。

(3)工程所在地省级交通运输主管部门发布的补充规定和定额等。

(4)批准的初步设计文件(或技术设计文件,若有)等有关资料。

(5)施工图设计图纸等设计文件、工程施工方案(含施工组织设计)。

(6)工程所在地的人工、材料与设备、施工机械价格等。

(7)有关合同、协议等。

(8)其他有关资料。

四、公路概算、预算文件组成

概算、预算文件应由封面、扉页、目录、编制说明及全部计算表格组成。封面和扉页应按现行《公路工程基本建设项目设计文件编制办法》中的规定制作。扉页的次页和目录应按《公路工程建设项目概算预算编制办法》(JTG 3830—2018)附录 A 的规定制作。

(1)封面及目录。

公路工程概算、预算文件的封面和扉页应按《公路工程基本建设项目设计文件编制办法》中的规定制作,扉页的次页应有建设项目名称、编制单位、编制、复核人员姓名并加盖执业(从业)资格印章、编制日期及第几册共几册等内容。目录应按计算表格的表号顺序编排。

(2)编制说明包括内容。

①建设项目设计文件的依据。

②编制范围、工程概况等。

③采用的定额、费用标准,人工、材料与设备、施工机械台班预算单价的依据或来源,新增工艺的单价分析等。

④有关的协议书、会议纪要的主要内容。

⑤概算、预算总金额,人工、钢材、水泥、沥青等的总量。

⑥各设计方案的经济比较。

⑦项目综合经济技术指标统计,对比分析本阶段与上阶段工程数量、造价的变化情况。

⑧其他有关费用计算项及计价依据的说明。

⑨采用的公路工程造价软件名称及版本号。

⑩其他需要说明的问题。

(3)概算、预算的材料与设备、施工机械台班单价及各项费用的计算均应通过规定的统一表格表述,表格样式应符合《公路工程建设项目概算预算编制办法》(JTG 3830—2018)附录A的规定。

(4)概算、预算文件可按不同的需要分为甲、乙组文件,并应符合下列规定。

①甲组文件为各项费用计算表,乙组文件为建筑安装工程费各项基础数据计算表。甲、乙组文件应按《公路工程基本建设项目设计文件编制办法》中关于设计文件报送份数的要求,随设计文件一并报送,并同时提交可计算的造价电子数据文件和新工艺单价分析的详细资料。

②乙组文件中的“分项工程概(预)算表”(21-2表)可只提交电子版,或按需要提交纸质版。

③概算、预算应按一个建设项目[如一条路线或一座独立大(中)桥、隧道]进行编制。当一个建设项目需要分段或分部编制时,应根据需要分别编制,但必须汇总编制“总概(预)算汇总表”。

④甲、乙组文件包括的内容如图9-2所示。

甲组文件:
- 编制说明
- 前后阶段费用对比表
- 建设项目属性及技术经济信息表(00表)
- 总概(预)算汇总表(01-1表)
- 总概(预)算人工、主要材料、施工机械台班数量汇总表(02-1表)
- 总概(预)算表(01表)
- 人工、主要材料、施工机械台班数量汇总表(02表)
- 建筑安装工程费计算表(03表)
- 综合费率计算表(04表)
- 综合费计算表(04-1表)
- 设备费计算表(05表)
- 专项费用计算表(06表)
- 土地使用及拆迁补偿费计算表(07表)
- 工程建设其他费计算表(08表)
- 人工、材料、施工机械台班单价汇总表(09表)

a)甲组文件

乙组文件:
- 分项工程概(预)算计算数据表(21-1表)
- 分项工程概(预)算表(21-2表)
- 材料预算单价计算表(22表)
- 自采材料料场价格计算表(23-1表)
- 材料自办运输单位运费计算表(23-2表)
- 施工机械台班单价计算表(24表)
- 辅助生产人工、材料、施工机械台班单位数量表(25表)

b)乙组文件

图9-2　甲、乙组文件包含的内容

(5)各种表格之间的计算顺序和相互关系如图9-3所示。

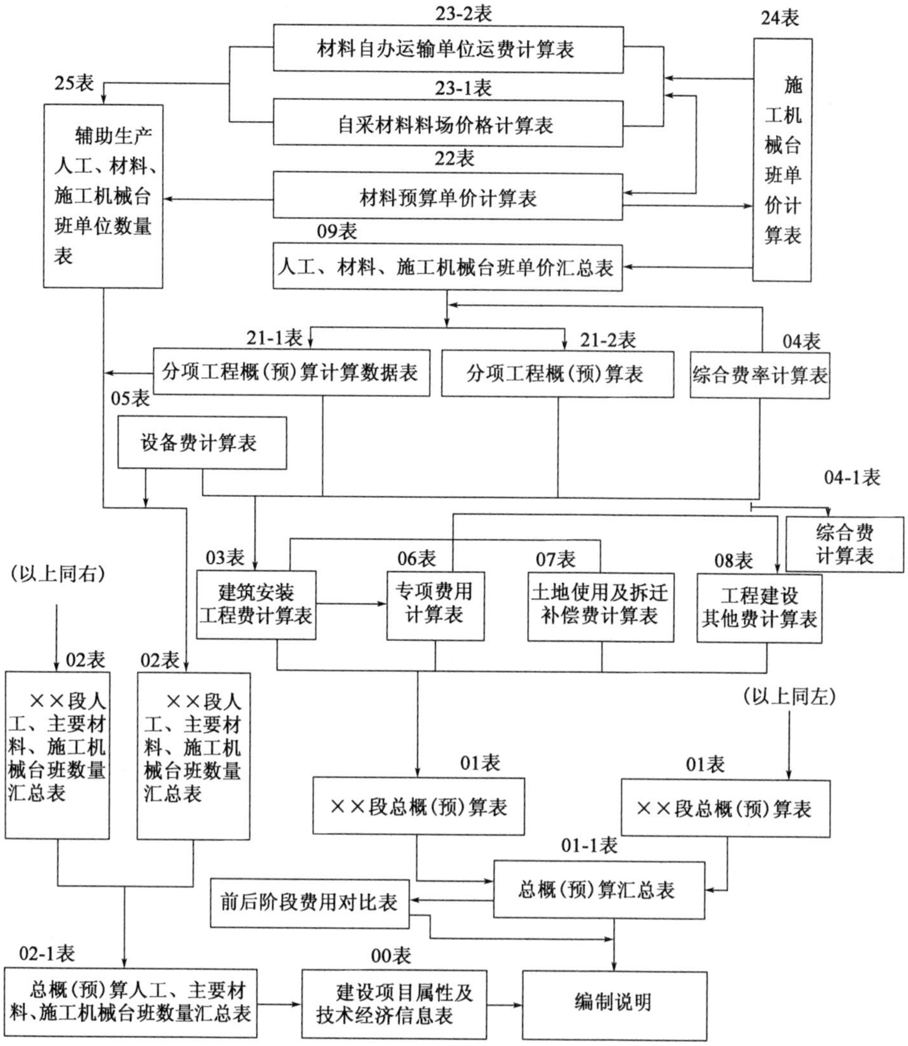

图9-3 各种表格的计算顺序和相互关系

五、公路概算、预算项目

建筑安装工程是由许多分项工程组成的庞大复杂的综合体,为了准确计价和编审,同时方便同类工程之间的比较和对不同分项工程进行技术经济分析,也为了编制概、预算项目时不重不漏,必须对概算、预算项目的划分、排列顺序及内容作出统一规定,这就形成了公路工程概算、预算项目表。

公路工程概算、预算项目主要内容包括以下内容:

第一部分 建筑安装工程费

第一项 临时工程

第二项 路基工程

第三项 路面工程

第四项 桥梁涵洞工程

第五项　隧道工程

第六项　交叉工程

第七项　交通工程及沿线设施

第八项　绿化及环境保护工程

第九项　其他工程

第十项　专项费用

1. 施工场地建设费

2. 安全生产费

第二部分　土地使用及拆迁补偿费

第三部分　工程建设其他费

第四部分　预备费

第五部分　建设期贷款利息

分项编号采用部(1 位数)、项(2 位数)、目(2 位数)、节(2 位数)、细目(2 位数)组成,以部、项、目、节、细目等依次逐层展开,概算、预算分项编号详见《公路工程建设项目概算预算编制办法》(JTG 3830—2018)附录 B。

公路工程概算、预算项目应按项目表的序列及内容编制。当实际出现的工程和费用项目与项目表的内容不完全相符时,第一、二、三、四、五部分和"项"的序号、内容应保留不变,项目表中的"项"以下的分项在引用时应保持序号、内容不变,缺少的分项内容可随需要就近增加,并按项目表的顺序以实际出现的级别依次排列,不保留缺少的"项"以下的项目序号。

自我测试

一、问答题

1. 公路工程概算、预算费用金额的组成是什么?

2. 公路工程概算、预算项目主要内容包括几部分、几大项内容?

3. 简述公路工程概算、预算甲组、乙组文件包含的内容。

二、能力训练

结合本书预算实例,讨论案例中的甲组、乙组文件有哪些? 预算项目有哪些?

任务二　建筑安装工程费计算

学习目标

(1) 熟悉建筑安装工程费的费用组成和内容。

(2) 掌握工程项目工、料、机预算单价、直接费和设备购置费的计算。

(3) 能够正确判断分项工程类别。

(4) 正确选用费率,掌握措施费、企业管理费、规费、利润、税金和专项费用的计算。

任务描述

本工作任务是熟悉公路项目建筑安装工程费用组成，通过工作任务，能够正确判断分项工程类别、正确选用费率，掌握措施费、企业管理费、规费、利润、税金和专项费用的计算。

相关知识

建筑安装工程费包括直接费、设备购置费、措施费、企业管理费、规费、利润、税金和专项费用（图9-1）。建筑安装工程费除专项费用外，其他均按“价税分离”计价规则计算，即各项费用均以不含增值税可抵扣进项税额的价格（费率）进行计算，具体要素价格适用增值税税率执行财税部门的相关规定。定额建筑安装工程费包括定额直接费、定额设备购置费的40%、措施费、企业管理费、规费、利润、税金和专项费用，定额直接费包括定额人工费、定额材料费、定额施工机械使用费。

定额人工费、定额材料费、定额施工机械使用费以及定额设备购置费均按《公路工程预算定额》（JTG/T 3832—2018）附录四“定额人工、材料、设备单价表”及现行《公路工程机械台班费用定额》（JTG/T 3833）中规定的人工、材料、设备、机械的相应基价计算的定额费用。

一、直接费

直接费指施工过程中耗费的构成工程实体和有助于工程形成的各项费用，包括人工费、材料费、施工机械使用费。

1. 人工费

人工费指列入概算、预算定额的直接从事建筑安装工程施工的生产工人开支的各项费用。费用包括如下：

（1）计时工资或计件工资。指按计时工资标准和工作时间或对已做工作按计件单价支付给个人的劳动报酬。

（2）津贴、补贴。指为了补偿职工特殊或额外的劳动消耗和因其他特殊原因支付给个人的津贴，以及为了保证职工工资水平不受物价影响支付给个人的物价补贴。如流动施工津贴、特殊地区施工津贴、高温（寒）作业临时津贴、高空津贴等。

（3）特殊情况下支付的工资。指根据国家法律、法规和政策规定，因病、工伤、产假、计划生育假、婚丧假、事假、探亲假、定期休假、停工学习、执行国家或社会义务等原因按计时工资标准或计时工资标准的一定比例支付的工资。

人工费的计算：人工费以概算、预算定额人工工日数乘以综合工日单价计算。

人工费标准按照本地区公路建设项目的人工工资统计情况以及公路建设劳务市场情况进行综合分析、确定人工工日单价。人工工日单价由省级交通运输主管部门制定发布，并适时进行动态调整。

注意：人工工日单价为综合工日单价，不区分工种，同时仅作为编制概算、预算的依据，不作为施工企业实发工资的依据。

2. 材料费

材料费指施工过程中耗用的构成工程实体的原材料、辅助材料、构配件、零件、半成品或成品算，按工程所在地的材料价格计算的费用。材料预算价格由材料原价、运杂费、场外运输损耗、采购及保管费组成。

$$材料预算价格 = (材料原价 + 运杂费) \times (1 + 场外运输损耗率) \times (1 + 采购及保管费率) - 包装品回收价值 \quad (9\text{-}1)$$

1)材料原价

(1)外购材料:外购材料价格参照本行政区域内交通运输主管部门发布的价格和按调查的市场价格进行综合取定。

(2)自采材料:自采的砂、石、黏土等自采材料,按定额中开采单价加辅助生产间接费和矿产资源税(如有)计算。

2)运杂费

运杂费指材料自供应地点至工地仓库(施工地点存放材料的地方)的费用,包括装卸费、运费,如果发生,还应计囤存费及其他杂费(如过磅、标签、支撑加固、路桥通行等费用)。

(1)通过铁路、水路和公路运输的材料,按调查的市场运价计算运费。

(2)一种材料当有两个以上的供应点时,应根据不同的运距、运量、运价采用加权平均的方法计算运费。由于概算、预算定额中已考虑了工地运输便道的特点,以及定额中已计入了“工地小搬运”的费用,因此汽车运输平均运距中不得乘调整系数,也不得在工地仓库或堆料场之外再加场内运距或二次倒运的运距。

(3)有容器或包装的材料及长大轻浮材料,应按表9-2规定的毛质量计算。桶装沥青、汽油、柴油按每吨摊销一个旧汽油桶计算包装费(不计回收)。

材料毛质量系数及单位毛质量表 表9-2

材 料 名 称	单位	毛质量系数(%)	单位毛质量
爆破材料	t	1.35	—
水泥、块状沥青	t	1.01	—
铁钉、软件、焊条	t	1.10	—
液体沥青、液体燃料、水	t	桶装1.17、油罐车装1.00	—
木料	m^3	—	原木0.750t、锯材0.650t
草袋	个	—	0.004t

3)场外运输损耗

场外运输损耗指有些材料在正常的运输过程中发生的损耗。材料场外运输操作损耗率见表9-3。

材料场外运输损耗率表(%) 表9-3

材 料 名 称		场外运输(包括一次装卸)	每增加一次装卸
块状沥青		0.5	0.2
石屑、碎砾石、砂砾、煤渣、工业废渣、煤		1.0	0.4
砖、瓦、桶装沥青、石灰、黏土		3.0	1.0
草皮		7.0	3.0
水泥(袋装、散装)		1.0	0.4
砂	一般地区	2.5	1.0
	风沙地区	5.0	2.0

注:汽车运水泥,当运距超过500km时,袋装水泥损耗率增加0.5个百分点。

4）采购及保管费

材料采购及保管费指在组织采购、保管过程中，所需的各项费用及工地仓库的材料储存损耗。

材料采购及保管费，以材料的原价加运杂费及场外运输损耗的合计数为基数，乘以采购及保管费费率计算。

钢材的采购及保管费费率为0.75%。燃料、爆破材料为3.26%，其余材料为2.06%。商品水泥混凝土、沥青混合料和各类稳定土混合料、外购的构件、成品及半成品的预算价格计算方法与材料相同。商品水泥混凝土、沥青混合料和各类稳定土混合料不计采购及保管费，外购的构件、成品及半成品的采购及保管费费率为0.42%。

3. 施工机械使用费

施工机械使用费指列入概算、预算定额的工程机械和工程仪器仪表台班数量，按相应的施工机械台班费用定额计算的费用等。

（1）工程机械使用费。机械台班预算价格应按现行《公路工程机械台班费用定额》（JTG/T 3833）计算，机械台班单价由不变费用和可变费用组成。不变费用包括折旧费、检修费、维护费、安拆辅助费等；可变费用包括机上人员人工费、动力燃料费等。可变费用中的人工工日数及动力燃料消耗量，应以机械台班费用定额中的数值为准。台班人工费工日单价同生产工人人工费单价。动力燃料费用则按材料费的计算规定计算。

【例9-1】 某工程用于自发电的机械为160kW以内柴油发电机组，其折旧费97.44元/台班，检修费为37.78元/台班，维护费125.19元/台班，安拆辅助费5.83元/台班，柴油消耗量为182.25kg/台班，柴油单位为7.54元/kg，试计算发电机台班单价？

解：台班单价＝不变费用＋可变费用，其中不变费用为折旧费、检修费、维护费和安拆辅助费，可变费用为人工费和燃油消耗费，因此：

不变费用＝97.44＋37.78＋125.19＋5.83＝266.24元/台班

可变费用＝182.25×7.54＝1374.17元/台班

台班单价＝266.24＋1374.17＝1640.41元/台班

（2）工程仪器仪表使用费指机电工程施工作业所发生的仪器仪表使用费，以施工仪器仪表台班耗用量乘以施工仪器仪表台班单价计算。

工程仪器仪表台班预算价格应按现行《公路工程机械台班费用定额》（JTG/T 3833）计算。台班人工费工日单价同生产工人人工费单价。动力燃料费用则按材料费的计算规定计算。

当工程用电为自行发电时，电动机械每kW·h（度）电的单价可由下述公式计算：

$$A = 0.15K/N \tag{9-2}$$

式中：A——每度电单价，元；

K——发电机组的台班单价，元；

N——发电机组的总功率，kW。

二、设备购置费

设备购置费指为满足公路初期运营、管理需要购置的构成固定资产标准的设备和虽低于固定资产标准但属于设计明确列入设备清单的设备的费用，包括渡口设备，隧道照明、消防、通风的动力设备，公路收费、监控、通信、路网运行监测、供配电及照明设备等。

(1)设备购置费应列出计划购置的清单(包括设备的规格、型号、数量),以设备预算价计入。

(2)设备购置费包括设备原价、运杂费、运输保险费、采购及保管费,各种税费按编制期有关部门规定计算。

(3)需要安装的设备,按建筑安装工程费的有关规定计算设备的安装工程费。设备与材料的划分标准见《公路工程建设项目概算预算编制办法》(JTG 3830—2018)附录C。

三、措施费

措施费包括冬季施工增加费、雨季施工增加费、夜间施工增加费、特殊地区施工增加费、行车干扰施工增加费、施工辅助费、工地转移费。

1. 工程类别划分

措施费是以工程项目的某项费用为基数,乘以规定的费率计算得到,而工程项目内容千差万别,无法单个制订费率标准。因此,计算时将性质相近的工程项目合并若干类别制订费率。公路工程类别划分如下:

(1)土方:指人工及机械施工的土方工程、路基掺灰、路基换填及台背回填。

(2)石方:指人工及机械施工的石方工程。

(3)运输:指用汽车、拖拉机、机动翻斗车、船舶等运送土石方、路面基层和面层混合料、水泥混凝土及预制构件、绿化苗木等。

(4)路面:指路面所有结构层工程、路面附属工程、便道以及特殊路基处理(不含特殊路基处理中的圬工构造物)。

(5)隧道:指隧道土建工程(不含隧道的钢材及钢结构)。

(6)构造物Ⅰ:指砍树挖根、拆除工程、排水、防护、特殊路基处理中的圬工构造物、涵洞、交通安全设施、拌和站(楼)安拆工程、便桥、便涵、临时电力和电信设施、临时轨道、临时码头、绿化工程等工程。

(7)构造物Ⅱ:指小桥、中桥、大桥、特大桥工程。

(8)构造物Ⅲ:指商品水泥混凝土的浇筑、商品沥青混合料和各类商品稳定土混合料的铺筑、外购混凝土构件、设备安装工程等。

(9)技术复杂大桥:指钢管拱桥、斜拉桥、悬索桥、单孔跨径在120m以上(含120m)和基础水深在10m以上(含10m)的大桥主桥部分的基础、下部和上部工程(不含桥梁的钢材及钢结构)。

(10)钢材及钢结构:指所有工程的钢材及钢结构等工程。

注意:购买的路基填料、绿化苗木、商品水泥混凝土、商品沥青混合料和各类稳定土混合料、外购混凝土构件不作为措施费及企业管理费的计算基数。

2. 冬季施工增加费

冬季施工增加费指按照公路工程施工及验收规范所规定的冬季施工要求,为保证工程质量和安全生产所需采取的防寒保温设施、工效降低和机械作业效率降低以及技术操作过程的改变等所增加的有关费用。

冬季施工增加费的内容包括:

(1)因冬季施工所需增加的一切人工、机械与材料的支出。

(2)施工机械所需修建的暖棚(包括拆、移),增加其他保温设备购置费用。

(3)因施工组织设计确定,需增加的一切保温、加温等有关支出。

(4)清除工作地点的冰雪等与冬季施工有关的其他各项费用。

冬季施工增加费的计算方法,是根据各类工程的特点,规定各气温区的取费标准。全国冬季施工气温区划分表见《公路工程建设项目概算预算编制办法》(JTG 3830—2018)附录 D。为了简化计算手续,采用全年平均摊销的方法,即不论是否在冬季施工,均按规定的取费标准计取冬季施工增加费。一条路线穿过两个以上的气温区时,可分段计算或按各区的工程量比例求得全线的平均增加率,计算冬季施工增加费。

冬季施工增加费以各类工程的定额人工费和定额施工机械使用费之和为基数,按工程所在地的气温区选用表 9-4 的费率计算。

冬季施工增加费费率表(%) 表 9-4

工程类别	冬季期平均温度(℃)								准一区	准二区
	-1 以上		-1 ~ -4		-4 ~ -7	-7 ~ -10	-10 ~ -14	-14 ~ 以下		
	冬一区		冬二区		冬三区	冬四区	冬五区	冬六区		
	Ⅰ	Ⅱ	Ⅰ	Ⅱ						
土方	0.835	1.301	1.800	2.270	4.288	6.094	9.140	13.720	—	—
石方	0.164	0.266	0.368	0.429	0.859	1.248	1.861	2.801	—	—
运输	0.166	0.25	0.354	0.437	0.832	1.165	1.748	2.643	—	—
路面	0.566	0.842	1.181	1.371	2.449	3.273	4.909	7.364	0.073	0.198
隧道	0.203	0.385	0.548	0.710	1.175	1.52	2.269	3.425	—	—
构造物Ⅰ	0.652	0.940	1.265	1.438	2.607	3.527	5.291	7.936	0.115	0.288
构造物Ⅱ	0.868	1.240	1.675	1.902	3.452	4.693	7.028	10.542	0.165	0.393
构造物Ⅲ	1.616	2.296	3.114	3.523	6.403	8.680	13.020	19.520	0.292	0.721
技术复杂大桥	1.019	1.444	1.975	2.230	4.057	5.479	8.219	12.338	0.170	0.446
钢材及钢结构	0.04	0.101	0.141	0.181	0.301	0.381	0.581	0.861	—	—

注:绿化工程不计冬季施工增加费。

$$\text{冬季施工增加费} = \sum(\text{定额人工费} + \text{定额施工机械使用费}) \times \text{费率} \quad (9\text{-}3)$$

3. 雨季施工增加费

雨季期间施工为保证工程质量和安全生产所需采取的防雨、排水、防潮和防护措施、工效降低和机械作业率降低以及技术操作过程的改变等,所需增加的有关费用。雨季施工增加费的内容包括:

(1)因雨季施工所需增加的工、料、机费用的支出,包括工作效率降低及易被雨水冲毁的工程所增加的清理坍塌基坑和堵塞排水沟、填补边坡冲沟等内容。

(2)路基土方工程的开挖和运输,因雨季施工(非土壤中水影响)而引起的黏附工具、降低工效所增加的费用。

(3)因防止雨水必须采取的挖临时排水沟、防止基坑坍塌所需的支撑、挡板等防护措施费用。

(4)材料因受潮、受湿的耗损费用。

(5)增加防雨、防潮设备的费用。

(6)因河水高涨致使工作困难等其他有关雨季施工所需增加的费用。

雨季施工增加费的计算方法,是将全国划分为若干雨量区和雨季期,并根据各类工程的特点规定各雨量区和雨季期的取费标准。全国雨季施工雨量区及雨季期划分见《公路工程建设项目概算预算编制办法》附录E。为了简化采用全年平均摊销的方法,即不论是否在雨季施工,均按规定的取费标准计取雨季施工增加费。一条路线通过不同的雨量区和雨季期时,应分别计算雨季施工增加费或按工程量比例求得平均的增加率,计算全线雨季施工增加费。雨季施工增加费以各类工程的定额人工费和定额施工机械使用费之和为基数,按工程所在地的雨量区、雨季期选用表9-5的费率计算。

雨季施工增加费费率表(%) 表9-5

工程类别	雨季期(月数)																			
	1	1.5	2		2.5		3		3.5		4		4.5		5		6		7	8
	雨量区																			
	Ⅰ	Ⅰ	Ⅰ	Ⅱ	Ⅰ	Ⅱ	Ⅰ	Ⅱ	Ⅰ	Ⅱ	Ⅰ	Ⅱ	Ⅰ	Ⅱ	Ⅰ	Ⅱ	Ⅰ	Ⅱ	Ⅱ	Ⅱ
土方	0.140	0.175	0.245	0.385	0.315	0.455	0.385	0.525	0.455	0.595	0.525	0.700	0.595	0.805	0.665	0.939	0.764	1.114	1.289	1.499
石方	0.105	0.140	0.212	0.349	0.280	0.420	0.349	0.491	0.418	0.563	0.487	0.667	0.555	0.772	0.626	0.876	0.701	1.018	1.194	1.373
运输	0.142	0.178	0.249	0.391	0.320	0.462	0.391	0.568	0.462	0.675	0.533	0.781	0.604	0.888	0.675	0.959	0.781	1.136	1.314	1.527
路面	0.115	0.153	0.230	0.366	0.306	0.480	0.366	0.557	0.425	0.634	0.501	0.710	0.578	0.825	0.654	0.940	0.749	1.093	1.267	1.459
隧道	—	—	—	—	—	—	—	—	—	—	—	—	—	—	—	—	—	—	—	—
构造物Ⅰ	0.098	0.131	0.164	0.262	0.196	0.295	0.229	0.360	0.262	0.426	0.327	0.491	0.393	0.557	0.458	0.622	0.524	0.753	0.884	1.015
构造物Ⅱ	0.106	0.141	0.177	0.282	0.247	0.353	0.282	0.424	0.318	0.494	0.388	0.565	0.459	0.636	0.530	0.742	0.600	0.883	1.059	1.201
构造物Ⅲ	0.200	0.266	0.366	0.565	0.466	0.699	0.565	0.832	0.665	0.998	0.765	1.164	0.898	1.331	1.031	1.497	1.164	1.730	1.996	2.295
技术复杂大桥	0.109	0.181	0.254	0.363	0.290	0.435	0.363	0.508	0.435	0.580	0.508	0.689	0.580	0.798	0.653	0.907	0.725	1.052	1.233	1.414
钢材及钢结构	—	—	—	—	—	—	—	—	—	—	—	—	—	—	—	—	—	—	—	—

注:室内和隧道内工程及设备安装工程不计雨季施工增加费。

$$\text{雨季施工增加费} = \sum(\text{定额人工费} + \text{定额施工机械使用费}) \times \text{费率} \qquad (9\text{-}4)$$

4. *夜间施工增加费*

夜间施工增加费指根据设计、施工技术规范和合理的施工组织要求,必须在夜间施工或必须昼夜连续施工而发生的夜班补助费、夜间施工降效、施工照明设备摊销及照明用电等费用。夜间施工增加费以夜间施工工程项目的定额人工费与定额施工机械使用费之和为基数,按表9-6的费率计算。

夜间施工增加费费率表(%) 表 9-6

工程类别	费率	工程类别	费率
构造物Ⅱ	0.903	构造物Ⅲ	1.702
技术复杂大桥	0.928	钢材及钢结构	0.874

注:设备安装工程及金属标志牌、防撞钢护栏、防眩板(网)、隔离栅、防护网等不计夜间施工增加费。

$$夜间施工增加费 = \sum 夜间施工(定额人工费 + 定额施工机械使用费) \times 费率 \quad (9\text{-}5)$$

5. 特殊地区施工增加费

特殊地区施工增加费包括高原地区施工增加费、风沙地区施工增加费和沿海地区施工增加费三项。

1)高原地区施工增加费

在海拔高度 2000m 以上地区施工,由于受气候、气压的影响,致使人工、机械效率降低而增加的费用。一条路线通过两个以上(含两个)不同的海拔高度分区时,应分别计算高原地区施工增加费或按工程量比例求得平均的增加率,计算全线高原地区施工增加费。高原地区施工增加费以各类工程的定额人工费与定额施工机械使用费之和为基数,按表 9-7 的费率计算。

高原地区施工增加费费率表(%) 表 9-7

工程类别	海拔高度(m)						
	2001~2500	2501~3000	3001~3500	3501~4000	4001~4500	4501~5000	5000 以上
土方	13.295	19.709	27.455	38.875	53.102	70.162	91.853
石方	13.711	20.358	29.025	41.435	56.875	75.358	100.23
运输	13.288	19.666	26.575	37.205	50.493	66.438	85.040
路面	14.572	21.618	30.689	45.032	59.615	79.500	102.640
隧道	13.364	19.850	28.490	40.767	56.037	74.302	99.259
构造物Ⅰ	12.799	19.051	27.989	40.356	55.723	74.098	95.521
构造物Ⅱ	13.622	20.244	29.082	41.617	57.214	75.874	101.408
构造物Ⅲ	12.786	18.985	27.054	38.616	53.004	70.217	93.371
技术复杂大桥	13.912	20.645	29.257	41.670	57.134	75.640	100.205
钢材及钢结构	13.204	19.622	28.269	40.492	55.699	73.891	98.930

$$高原地区施工增加费 = \sum(定额人工费 + 定额施工机械使用费) \times 费率 \quad (9\text{-}6)$$

2)风沙地区施工增加费

在沙漠地区施工时,由于受风沙影响,按照施工及验收规范的要求,为保证工程质量和安全生产而增加的有关费用。内容包括防风、防沙及气候影响的措施费,人工、机械效率降低增加的费用,以及积沙、风蚀的清理修复等费用。

全国风沙地区公路施工区划见《公路工程建设项目概算预算编制办法》附录 F,当地气象资料及自然特征与附录 F 中的风沙地区划分有较大出入时,由项目所在地省级交通运输主管部门按当地气象资料和自然特征及上述划分标准确定工程所在地的风沙区划。

一条路线穿过两个以上不同风沙区时,按路线长度经过不同的风沙区加权计算项目全线风沙地区施工增加费。

风沙地区施工增加费以各类工程的定额人工费和定额施工机械使用费之和为基数,根据工程所在地的风沙区划及类别,按表 9-8 的费率计算。

风沙地区施工增加费费率表(%) 表 9-8

工程类别	风沙一区			风沙二区			风沙三区		
	沙漠类型								
	固定	半固定	流动	固定	半固定	流动	固定	半固定	流动
土方	4.558	8.056	13.674	5.618	12.614	23.426	8.056	17.331	27.507
石方	0.745	1.490	2.981	1.014	2.236	3.959	1.490	3.726	5.216
运输	4.304	8.608	13.988	5.38	12.912	1.368	8.608	18.292	27.976
路面	1.364	2.727	4.932	2.205	4.932	7.567	3.365	7.137	11.025
隧道	0.261	0.522	1.043	0.355	0.783	1.386	0.522	1.304	1.826
构造物Ⅰ	3.968	6.944	11.904	4.96	10.912	16.864	6.944	15.872	23.808
构造物Ⅱ	3.254	5.694	9.761	4.067	8.948	13.828	5.694	13.015	19.523
构造物Ⅲ	2.976	5.208	8.928	3.720	8.184	12.648	5.208	11.904	17.226
技术复杂大桥	2.778	4.861	8.333	3.472	7.638	11.805	8.861	11.110	16.077
钢材及钢结构	1.035	2.07	4.14	1.409	3.105	5.498	2.07	5.175	7.245

$$风沙地区施工增加费 = \sum(定额人工费 + 定额施工机械使用费) \times 费率 \tag{9-7}$$

3)沿海地区施工增加费

沿海地区施工增加费指工程项目在沿海地区施工受海风、海浪和潮汐的影响,致使人工、机械效率降低等所需增加的费用。本项费用由沿海各省级交通运输主管部门制定具体的适用范围(地区)。沿海地区施工增加费以各类工程的定额人工费和定额施工机械使用费之和为基数,按表 9-9 的费率计算。

沿海地区施工增加费费率表(%) 表 9-9

工 程 类 别	费　率	工 程 类 别	费　率
构造物Ⅱ	0.207	构造物Ⅲ	0.195
技术复杂大桥	0.212	钢材及钢结构	0.200

注:1. 表中的构造物Ⅲ系指桥梁工程所用的商品水泥混凝土浇筑及混凝土构件、钢构件的安装。

2. 表中的钢材及钢结构系桥梁工程所用的钢材及钢结构。

$$沿海地区施工增加费 = \sum(定额人工费 + 定额施工机械使用费) \times 费率 \tag{9-8}$$

6. 行车干扰施工增加费

由于边施工边维持通车,受行车干扰的影响,致使人工、机械效率降低而增加的费用。该费用以受行车影响部分的工程项目的定额人工费和定额施工机械使用费之和为基数,按表 9-10 的费率计算。

行车干扰施工增加费费率表(%) 表9-10

工程类别	施工期间平均每昼夜双向行车次数(机动车、非机动车合计)							
	51~100	101~500	501~1000	1001~2000	2001~3000	3001~4000	4001~5000	5000以上
土方	1.499	2.343	3.194	4.118	4.775	5.314	5.885	6.468
石方	1.279	1.881	2.618	3.479	4.035	4.492	4.973	5.462
运输	1.451	2.230	3.041	4.001	4.641	5.164	5.719	6.285
路面	1.390	2.098	2.802	3.487	4.046	4.496	4.987	5.475
隧道	—	—	—	—	—	—	—	—
构造物Ⅰ	0.924	1.386	1.858	2.320	2.693	2.988	3.313	3.647
构造物Ⅱ	1.007	1.516	2.014	2.512	2.915	3.244	3.593	3.943
构造物Ⅲ	0.948	1.417	1.896	2.365	2.745	3.044	3.373	3.713
技术复杂大桥	—	—	—	—	—	—	—	—
钢材及钢结构	—	—	—	—	—	—	—	—

注:新建工程、中断交通进行封闭施工或为保证交通正常通行而修建保通便道改的扩建工程,不计行干扰施工增加费。

$$行车干扰施工增加费=\sum 受行车影响(定额人工费+定额机械使用费)\times 费率 \quad (9\text{-}9)$$

7.施工辅助费

包括生产工具用具使用费、检验试验费和工程定位复测、工程点交、场地清理等费用。施工辅助费以各类工程的定额直接费为基数,按表9-11的费率计算。

施工辅助费费率表(%) 表9-11

工程类别	费率	工程类别	费率
土方	0.521	构造物Ⅰ	1.201
石方	0.470	构造物Ⅱ	1.537
运输	0.154	构造物Ⅲ	2.729
路面	0.818	技术复杂大桥	1.677
隧道	1.195	钢材及钢结构	0.564

$$施工辅助费=\sum 定额直接费\times 费率 \quad (9\text{-}10)$$

(1)生产工具用具使用费。

施工所需不属于固定资产的生产工具、检验、试验用具及仪器、仪表等的购置、摊销和维修费,以及支付给生产工人自备工具的补贴费。

(2)检验试验费。

施工企业对建筑材料、构件和建筑安装工程进行一般鉴定、检查所发生的费用,包括自设试验室进行试验所耗用的材料和化学药品的费用,以及技术革新和研究试验费,不包括新结构、新材料试验费和建设单位要求对具有出厂合格证明的材料进行检验、对构件破坏性试验及其他特殊要求检验的费用。

(3)高填方和软基沉降监测、高边坡稳定监测、桥梁施工监测、隧道施工监控量测、超前地质预报等施工监控费含在施工辅助费中,不得另行计算。

8. 工地转移费

施工企业迁至新工地的搬迁费用。内容包括：①施工单位职工及随职工迁移的家属向新工地转移的车费、家具行李运费、途中住宿费、行程补助费、杂费等。②公物、工具、施工设备器材、施工机械的运杂费，以及外租机械的往返费及施工机械、设备、公物、工具转移费等。③非固定工人进退场费用。

工地转移费以各类工程的定额人工费和定额施工机械使用费之和为基数，按表 9-12 的费率计算。

工地转移费费率表（%） 表 9-12

工程类别	工地转移距离（km）					
	50	100	300	500	1000	每增加 100
土方	0.224	0.301	0.470	0.614	0.815	0.036
石方	0.176	0.212	0.363	0.476	0.628	0.030
运输	0.157	0.203	0.315	0.416	0.543	0.025
路面	0.321	0.435	0.682	0.891	1.191	0.062
隧道	0.257	0.351	0.549	0.717	0.959	0.049
构造物Ⅰ	0.262	0.351	0.552	0.720	0.963	0.051
构造物Ⅱ	0.333	0.449	0.706	0.923	1.236	0.066
构造物Ⅲ	0.622	0.841	1.316	1.720	2.304	0.119
技术复杂大桥	0.389	0.523	0.818	1.067	1.430	0.073
钢材及钢结构	0.351	0.473	0.737	0.961	1.288	0.063

高速公路、一级公路及独立大桥、独立隧道项目转移距离按省会城市至工地的里程计算；二级及二级以下公路项目转移距离按地级城市所在地至工地的里程计算。工地转移里程数在表列里程之间时，费率可内插计算。工地转移距离在 50km 以内的工程按 50km 计算。

$$工地转移费 = \sum(定额人工费 + 定额施工机械使用费) \times 费率 \quad (9\text{-}11)$$

9. 辅助生产间接费

辅助生产间接费指由施工单位自行开采加工的砂、石等自采材料及施工单位自办的人工、机械装卸和运输的间接费。

辅助生产间接费按定额人工费的 3% 计。该项费用并入材料预算单价内构成材料费，不直接出现在概（预）算中。

高原地区施工单位的辅助生产，可按高原地区施工增加费费率，以定额人工费与施工机械费之和为基数计算高原地区施工增加费（其中：人工采集、加工材料、人工装卸、运输材料按土方费率计算；机械采集、加工材料按石方费率计算；机械装、运输材料按运输费率计算）。辅助生产高原地区施工增加费不作为辅助生产间接费的计算基数。

【例 9-2】 北京某石灰稳定土基层，采用翻拌法人工沿路拌和，石灰剂量为 10%。已知工地转移距离为 100km，已知该工程定额人工费为 60 万元，定额施工机械使用费为 140 万元，定额材料费为 100 万元，计算该工程的措施费。

解：已知北京位于冬二区Ⅰ，雨季为Ⅱ区 2 个月，工程类别为路面，依题意，该工程的夜间施工增加费、特殊地区施工增加费、行车干扰施工增加费均不计，其余费率如下：

冬季施工增加费费率：1.181%；

雨季施工增计费费率：0.366%；

施工辅助费费率：0.818%；

工程转移费费率：0.435%；

措施费 =（定额人工费 + 定额施工机械使用费）×（1.181% + 0.366% + 0.435%）+ 定额直接费 ×0.818% =（60 + 140）万元 ×1.982% +（60 + 140 + 100）万元 ×0.818% = 6.418 万元。

四、企业管理费

企业管理费由基本费用、主副食运费补贴、职工探亲路费、职工取暖补贴和财务费用五项组成。

1. 基本费用

基本费用指建筑安装企业组织施工生产和经营管理所需的费用。基本费用包括：

（1）管理人员工资：管理人员的基本工资、绩效工资、津贴补贴及特殊情况下支付的工资以及缴纳的养老、医疗、失业、工伤保险费和住房公积金等。

（2）办公费：企业管理办公用的文具、纸张、账表、印刷、通信、网络、书报、办公软件、会议、水电、烧水和集体取暖降温（包括现场临时宿舍取暖降温）用煤（电、气）等费用。

（3）差旅交通费：职工因公出差、调动工作的差旅费、住勤补助费，市内交通费和误餐补助费，劳动力招募费，职工退休、退职一次性路费，工伤人员就医路费以及管理部门使用的交通工具的油料、燃料等费用。

（4）固定资产使用费：管理部门及附属生产单位使用的属于固定资产的房屋、设备等的折旧、大修、维修或租赁费。

（5）工具用具使用费：企业管理使用的不属于固定资产的工具、器具、家具、交通工具和检验、试验、测绘、消防用具等的购置、维修和摊销费。

（6）劳动保险费：企业支付的离退休职工的易地安家补助费、职工退职金、6 个月以上的病假人员工资、职工死亡丧葬补助费、抚恤费、按规定支付给离休干部的各项经费。

（7）职工福利费：按国家规定标准计提的职工福利费。

（8）劳动保护费：企业按国家有关部门规定标准发放的劳动保护用品的购置费及修理费、防暑降温费、在有碍身体健康环境中施工的保健费用等。

（9）工会经费：指企业根据《中华人民共和国工会法》的规定按全部职工工资总额比例计提的工会经费。

（10）职工教育经费：按职工工资总额的规定比例计提，企业为职工进行专业技术和职业技能培训，专业技术人员继续教育、职工职业技能鉴定、职业资格认定以及根据需要对职工进行各类文化教育所发生的费用，不含职工安全教育、培训费用。

（11）保险费：企业财产保险、管理用及生产用车辆等保险费用及人身意外伤害险的费用。

（12）工程排污费：施工现场按规定缴纳的排污费用。

（13）税金：系指企业按规定缴纳的城市维护建设税、教育费附加、地方教育附加、房产税、车船使用税、土地使用税、印花税等。

（14）其他：上述项目以外的其他必要的费用支出，包括技术转让费、技术开发费、竣（交）

工文件编制费、招投标费、业务招待费、绿化费、广告费、公证费、定额测定费、法律顾问费、审计费、咨询费以及施工标准化、规范化、精细化管理等费用。

基本费用以各类工程的定额直接费为基数,按表 9-13 的费率计算。

基本费用费率表(%) 表 9-13

工程类别	费率	工程类别	费率
土方	2.747	构造物Ⅰ	3.587
石方	2.792	构造物Ⅱ	4.726
运输	1.374	构造物Ⅲ	5.976
路面	2.427	技术复杂大桥	4.143
隧道	3.569	钢材及钢结构	2.242

$$基本费用 = \sum 定额直接费 \times 费率 \tag{9-12}$$

2. 主副食运费补贴

主副食运费补贴指施工企业在远离城镇及乡村的野外施工购买生活必需品所需增加的费用。该费用以各类工程的定额直接费为基数,按表 9-14 的费率计算。

主副食运费补贴费率表(%) 表 9-14

工程类别	综合里程(km)										
	3	5	8	10	15	20	25	30	40	50	每增加 10
土方	0.122	0.131	0.164	0.191	0.235	0.284	0.322	0.377	0.444	0.519	0.07
石方	0.108	0.117	0.149	0.175	0.218	0.261	0.293	0.346	0.405	0.473	0.063
运输	0.118	0.13	0.166	0.192	0.233	0.285	0.322	0.379	0.447	0.519	0.073
路面	0.066	0.088	0.119	0.13	0.165	0.194	0.224	0.259	0.308	0.356	0.051
隧道	0.096	0.104	0.13	0.152	0.185	0.229	0.26	0.304	0.359	0.418	0.054
构造物Ⅰ	0.114	0.12	0.145	0.167	0.207	0.254	0.285	0.338	0.394	0.463	0.062
构造物Ⅱ	0.126	0.14	0.168	0.196	0.242	0.292	0.338	0.394	0.467	0.54	0.073
构造物Ⅲ	0.225	0.248	0.303	0.352	0.435	0.528	0.599	0.705	0.831	0.969	0.132
技术复杂大桥	0.101	0.115	0.143	0.165	0.205	0.245	0.28	0.325	0.389	0.452	0.063
钢材及钢结构	0.104	0.113	0.146	0.168	0.207	0.247	0.281	0.331	0.387	0.449	0.062

注:综合里程 = 粮食运距 ×0.06 + 燃料运距 ×0.09 + 蔬菜运距 ×0.15 + 水运距 ×0.70,粮食、燃料、蔬菜、水的运距均为全线平均运距;如综合里程数在表列里程之间时,费率可内插,综合里程在 3km 以内的工程,按 3km 计取本项费用。

$$主副食运费补贴 = \sum 定额直接费 \times 费率 \tag{9-13}$$

3. 职工探亲路费

按照有关规定发放给施工企业职工在探亲期间发生的往返交通费和途中住宿费等费用。该费用以各类工程的定额直接费为基数,按表 9-15 的费率计算。

$$职工探亲路费 = \sum 定额直接费 \times 费率 \tag{9-14}$$

4. 职工取暖补贴

按规定发放给施工企业职工的冬季取暖费和为职工在施工现场设置的临时取暖设施的费用。该费用以各类工程的定额直接费为基数,按工程所在地的气温区(见《公路工程建设项目概算预算编制办法》附录 D)选用表 9-16 的费率计算。

职工探亲路费费率表(%) 表 9-15

工程类别	费率	工程类别	费率
土方	0.192	构造物Ⅰ	0.274
石方	0.204	构造物Ⅱ	0.348
运输	0.132	构造物Ⅲ	0.551
路面	0.159	技术复杂大桥	0.208
隧道	0.266	钢材及钢结构	0.164

职工取暖补贴费率表(%) 表 9-16

工程类别	气温区						
	准二区	冬一区	冬二区	冬三区	冬四区	冬五区	冬六区
土方	0.060	0.130	0.221	0.331	0.436	0.554	0.663
石方	0.054	0.118	0.183	0.279	0.373	0.472	0.569
运输	0.065	0.130	0.228	0.336	0.444	0.552	0.671
路面	0.049	0.086	0.155	0.229	0.302	0.376	0.456
隧道	0.045	0.091	0.158	0.249	0.318	0.409	0.488
构造物Ⅰ	0.065	0.130	0.206	0.304	0.390	0.499	0.607
构造物Ⅱ	0.070	0.153	0.234	0.352	0.481	0.598	0.727
构造物Ⅲ	0.126	0.264	0.425	0.643	0.849	1.067	1.297
技术复杂大桥	0.059	0.120	0.203	0.310	0.406	0.501	0.609
钢材及钢结构	0.047	0.082	0.141	0.222	0.293	0.363	0.433

$$职工取暖补贴 = \sum 定额直接费 \times 费率 \tag{9-15}$$

5. 财务费用

施工企业为筹集资金提供投标担保、预付款担保、履约担保、职工工资支付担保等所发生的各种费用,包括企业经营期间发生的短期贷款利息净支出、汇兑净损失、调剂外汇手续费、金融机构手续费,以及企业筹集资金发生的其他财务费用。财务费用以各类工程的定额直接费为基数,按表 9-17 的费率计算。

财务费用费率表(%) 表 9-17

工程类别	费率	工程类别	费率
土方	0.271	构造物Ⅰ	0.466
石方	0.259	构造物Ⅱ	0.545
运输	0.264	构造物Ⅲ	1.094
路面	0.404	技术复杂大桥	0.637
隧道	0.513	钢材及钢结构	0.653

$$财务费用 = \sum 定额直接费 \times 费率 \tag{9-16}$$

【例 9-3】 北京某石灰稳定土基层,采用翻拌法人工沿路拌和,石灰剂量为 10%。已知主副食和蔬菜运距 8km,煤运距 20km,不考虑水运距。定额人工费为 60 万元,定额施工机械使用费为 140 万元,定额材料费为 100 万元,试计算该工程主副食运费补贴费费率和企业管理费用。

解:已知北京位于冬二区Ⅰ,雨季为Ⅱ区2个月,工程类别为路面,主副食综合里程 $=8\times0.06+20\times0.09+8\times0.15=3.48\text{km}$。

内插费率 $=0.066\%+\dfrac{0.088\%-0.066\%}{5-3}\times(3.48-3)=0.071\%$;

基本费用费率:2.427%;

主副食运费补贴费率:0.071%;

职工探亲路费费率:0.159%;

职工取暖补贴费率:0.155%;

财务费用费率:0.404%;

企业管理费 = 定额直接费 ×(基本费用费率 + 主副食运费补贴费率 + 职工探亲路费费率 + 职工取暖补贴费率 + 财务费用费率) = (60 + 140 + 100)万元 ×(2.427% + 0.071% + 0.159% + 0.155% + 0.404%) = 300万元 × 3.216% = 9.648万元。

五、规费

规费指按法律、法规、规章、规程规定施工企业必须缴纳的费用。规费包含:

(1)养老保险费:施工企业按规定标准为职工缴纳的基本养老保险费。

(2)失业保险费:施工企业按规定标准为职工缴纳的失业保险费。

(3)医疗保险费:施工企业按规定标准为职工缴纳的医疗保险费(含生育保险费)。

(4)工伤保险费:施工企业按规定标准为职工缴纳的工伤保险费。

(5)住房公积金:施工企业按规定标准为职工缴纳的住房公积金。

各项规费以各类工程的人工费之和为基数,按国家或工程所在地法律、法规、规章、规程规定的标准计算。

$$\text{规费}=\text{各类工程的人工费之和}\times\text{规定标准} \tag{9-17}$$

六、利润

利润指施工企业完成所承包工程获得的盈利,按定额直接费及措施费、企业管理费之和的7.42%计算。

$$\text{利润}=(\text{定额直接费}+\text{措施费}+\text{企业管理费})\times7.42\% \tag{9-18}$$

七、税金

税金指国家税法规定应计入建筑安装工程造价的增值税销项税额。

$$\text{税金}=(\text{直接费}+\text{设备购置费}+\text{措施费}+\text{企业管理费}+\text{规费}+\text{利润})\times\text{建筑业增值税税率} \tag{9-19}$$

八、专项费用

专项费用包括施工场地建设费和安全生产费。

1.施工场地建设费内容

(1)按照工地建设标准化要求进行承包人驻地、工地试验室建设,钢筋集中加工、混合料集中拌制、构件集中预制等所需的办公、生活居住房屋(包括职工家属房屋及探亲房屋),公用房屋(如广播室、文体活动室、医疗室等)和生产用房屋(如仓库、加工厂、加工棚、发电站、变电站、空压机站、停机棚、值班室等)等费用。

(2)包括场区平整(山岭重丘区的土石方工程除外)、场地硬化、排水、绿化、标志、污水处理设施、围墙隔离设施等的费用,不包括钢筋加工的机械设备、混合料拌和设备及安拆、预制构件台座、预应力张拉设备、起重及养护设备,以及概算、预算定额中临时工程的费用。

(3)包括以上范围内的各种临时工作便道(包括汽车、人力车道)、人行便道,工地临时用水、用电的水管支线和电线支线,临时构筑物(如水井、水塔等)、其他小型临时设施等的搭设或租赁、维修、拆除、清理的费用;但不包括红线范围内贯通便道、进出场的临时道路、保通便道。

(4)工地试验室发生属于固定资产试验设备和仪器等折旧维修或租赁费用。

(5)施工扬尘污染防治措施费:指裸露的施工场地覆盖防尘网、施工便道和施工场地洒水或喷洒抑尘剂,运输车辆的苫盖和冲洗、环境敏感区设置围挡,防尘标识设置,环境监控与检测等所需要的费用。

(6)文明施工、职工健康生活的费用。

施工场地建设费以施工场地计费基数,按表9-18的费率,以累进法计算。施工场地计费基数为定额建筑安装工程费扣除专项费。

施工场地建设费费率表 表9-18

施工场地计费基数(万元)	费率(%)	算例(万元)	
		施工场地计费基数	施工场地建设费
500及以下	5.338	500	500×5.338%=26.69
500~1000	4.228	1000	26.69+(1000-500)×4.228%=47.83
1000~5000	2.665	5000	47.93+(5000-1000)×2.665%=154.43
5000~10000	2.222	10000	154.43+(10000-5000)×2.222%=265.53
10000~30000	1.785	30000	265.53+(30000-10000)×1.785%=622.53
30000~50000	1.694	50000	622.53+(50000-30000)×1.694%=961.33
50000~100000	1.579	100000	961.33+(100000-50000)×1.579%=1750.83
100000~150000	1.498	150000	1750.83+(150000-100000)×1.498%=2499.83
150000~200000	1.415	200000	2499.83+(200000-150000)×1.415%=3207.33
200000~300000	1.348	300000	3207.33+(300000-200000)×1.348%=4555.33
300000~400000	1.289	400000	4555.33+(400000-300000)×1.289%=5844.33
400000~600000	1.235	600000	5844.33+(600000-400000)×1.235%=8314.33
600000~800000	1.188	800000	8314.33+(800000-600000)×1.188%=10690.33
800000~1000000	1.149	1000000	10690.33+(1000000-800000)×1.149%=12988.33
1000000以上	1.118	1200000	12988.33+(1200000-1000000)×1.118%=15224.33

2.安全生产费

完善、改造和维护安全设施设备费用,配备、维护、保养应急救援器材、设备费用,开展重大危险源和事故隐患评估和整改费用,安全生产检查、评价、咨询费用,配备和更新现场作业人员安全防护用品支出,安全生产宣传、教育、培训费用,安全设施及特种设备检测检验费用,施工安全风险评估、应急演练等有关工作及其他与安全生产直接相关的费用。安全生产费按建筑安装工程费乘以安全生产费费率计算,费率按不少于1.5%计取。

【例 9-4】 北京某石灰稳定土基层项目,采用翻拌法人工沿路拌和,石灰剂量为 10%。定额人工费为 60 万元(同人工费),定额施工机械费为 140 万元(同施工机械费),定额材料费为 100 万元(同材料费),无夜间施工增加费、特殊地区施工增加费、行车干扰施工增加费,工地转移距离为 100km、主副食和蔬菜运距 8km,煤运距 20km,不考虑水运距,规费综合费率为 40.2%,利润率为 7.42%,综合税率为 9%,安全生产费暂不计。试计算该工程施工场地建设费和建筑安装工程费金额?

解:由题和【例 9-2】和【例 9-3】可知该项目费用如下:

定额直接费:60 + 140 + 100 = 300 万元

措施费:6.418 万元

企业管理费:9.648 万元

规费:60 × 40.2% = 24.12 万元

利润:(300 + 6.418 + 9.648) × 7.42% = 316.066 × 7.42% = 23.45 万元

税金:(300 + 6.418 + 9.648 + 24.12 + 23.45) × 9% = 363.636 × 9% = 32.73 万元

施工场地建设费计算基数 = 300 + 6.418 + 9.648 + 24.12 + 23.45 + 32.73 = 396.366万元

施工场地建设费费率(表 9-18)当施工场地计费基数小于 500 万元时,施工场地建设费费率为 5.338%。

施工场地建设费:396.366 × 5.338% = 21.16 万元

建筑安装工程费 = 300 + 6.418 + 9.648 + 24.12 + 23.45 + 32.73 + 21.16 = 417.53 万元

自我测试

一、问答题

1. 何谓直接费? 如何计算?
2. 设备费指的是哪些设备?
3. 措施费包含的内容有什么? 如何计算?
4. 专项费用指的是什么费用? 如何计算?
5. 建筑安装工程费由哪些费用组成?

二、思考题

指出下列费用所属的建安工程费类别:

1. 生产工人学习培训期间的工资。
2. 挖掘机等施工机械的司机工资。
3. 现场管理人员的工资。
4. 自采砂石料发生的费用。
5. 为隧道照明所购置的动力设备。
6. 施工场区平整、场地硬化、排水等费用。
7. 购买安全帽、安全培训的费用。

三、能力训练

计算本书预算实例中路基工程所对应的建筑安装工程费,并填写 21-2 表。

任务三　土地使用及拆迁补偿费计算

学习目标

(1)熟悉土地使用及拆迁补偿费的费用组成和内容。

(2)掌握土地使用及拆迁补偿费各项费用的计算。

任务描述

土地使用及拆迁补偿费是《公路工程建设项目概算预算编制办法》(JTG 3830—2018)和配套概算、预算定额中单列项目。本任务目标是通过知识点的学习,结合工程实际完成相关费用的计算。

相关知识

一、费用组成

土地使用及拆迁补偿费包含永久占地费、临时占地费、拆迁补偿费、水土保持补偿费、其他费用。

1.永久占地费

永久占地费包括土地补偿费、征用耕地安置补助费、耕地开垦费、森林植被恢复费、失地农民养老保险费。

1)土地补偿费

包括征地补偿费、被征用土地上的青苗补偿费,征用城市郊区的菜地等缴纳的菜地开发建设基金、耕地占用税、用地图编制费及勘界费等。

2)征用耕地安置补助费

征用耕地需要安置农业人口的补助费。

3)耕地开垦费

公路建设项目占用耕地的,应由建设项目法人(业主)负责补充耕地所发生的费用;没有条件开垦或者开垦的耕地不符合要求的,按规定缴纳的耕地开垦费。

公路建设项目发生跨省域补充耕地国家统筹的,应执行《国务院办公厅关于印发跨省域补充耕地国家统筹管理办法和城乡建设用地增减挂钩节余指标跨省域调剂管理办法的通知》(国办发〔2018〕16号)的规定;发生省内跨区域补充耕地的,执行本省相关规定。

4)森林植被恢复费

公路建设项目需要占用、征用林地的,经县级以上林业主管部门审核同意或批准,建设项目法人(业主)单位按照省级人民政府有关规定向县级以上林业主管部门预缴的森林植被恢复费。

5)失地农民养老保险费

根据国家规定为保障依法被征地农民养老而交纳的保险费用。失地农民养老保险费按项目所在地省级人民政府的相关规定进行计算。

2. 临时占地费

临时占地费包括临时征地使用费、复耕费。

(1)临时征地使用费指为满足施工所需的承包人驻地、预制场、拌和场、仓库、加工厂(棚)、堆料场、取弃土场、进出场便道、便桥等所有的临时用地及其附着物的补偿费用。

(2)复耕费指临时占用的耕地、鱼塘等,在工程交工后将其恢复到原有标准所发生的费用。

3. 拆迁补偿费

拆迁补偿费指被征用或占用土地地上、地下的房屋及附属构筑物,公用设施、文物等的拆除、发掘及迁建补偿费、拆迁管理费等。

4. 水土保持补偿费

根据国家相关法律、法规规定缴纳。

5. 其他费用

指国务院行政主管部门及省级人民政府规定的与征地拆迁相关的费用。

二、计算方法

(1)土地使用及拆迁补偿费应根据设计文件确定的建设工程用地和临时用地面积及其附着物的情况,以及实际发生的费用项目,按国家有关规定及工程所在地的省(自治区、直辖市)颁布的有关规定和标准计算。

(2)森林植被恢复费应根据审批单位批准的建设工程占用林地的类型及面积,按国家有关规定及工程所在地的省(自治区、直辖市)颁布的有关规定和标准计算。

(3)当与原有的电力电信设施、管线、水利工程、铁路及铁路设施互相干扰时,应与有关部门联系,商定合理的解决方案和补偿金额,也可由这些部门按规定编制费用以确定补偿金额。

(4)水土保持补偿费按各省(自治区、直辖市)制订的水土保持补偿费收费标准进行计算。

自我测试

一、问答题

1. 土地使用及拆迁补偿费包含的内容是什么?

2. 土地使用及拆迁补偿费费用如何计算?

二、能力训练

讨论并计算本书预算实例中土地使用及拆迁补偿费,并填写 07 表。

任务四　工程建设其他费用计算

学习目标

(1)熟悉工程建设其他费用的组成和内容。

(2)掌握建设单位管理费的累进计算方法。

(3)掌握工程建设贷款利息的计算方法。

(4)掌握工程建设其他费用的计算标准和方法。

任务描述

工程建设其他费用是概算、预算费用组成的第三部分费用,包含建设项目管理费、研究试验费、工程保通管理费、工程保险费等九项内容。本任务目标是通过知识点的学习,结合工程实际完成相关费用的计算。

相关知识

工程建设其他费包括建设项目管理费、研究试验费、前期工作费、专项评价(估)费、联合试运转费、生产准备费、工程保通管理费、工程保险费和其他相关费用共九项内容。

一、建设项目管理费

建设项目管理费包括建设单位(业主)管理费、建设项目信息化费、工程监理费、设计文件审查费、竣(交)工验收试验检测费。其中建设单位(业主)管理费、建设项目信息化费和工程监理费均为实施建设项目管理的费用,可根据建设单位(业主)、施工、监理单位所实际承担的工作内容和工作量统筹使用。

1. 建设单位(业主)管理费

建设单位(业主)为进行建设项目的立项、筹建、建设、竣(交)工验收、总结等工作所发生的费用。

(1)建设单位(业主)管理费包括工作人员的工资、工资性津贴、施工现场津贴,社会保险费用(基本养老、基本医疗、失业、工伤保险)、住房公积金、职工福利费、工会经费、劳动保护费,办公费、会议费、差旅交通费、固定资产使用费(包括办公及生活房屋折旧、维修或租赁费,车辆折旧、维修、使用或租赁费,通信设备购置、使用费,测量、试验设备仪器折旧、维修或租赁费,其他设备折旧、维修或租赁费等)、零星固定资产购置费、招募生产工人费,技术图书资料费、职工教育培训经费,招标管理费,合同契约公证费、法律顾问费、咨询费,建设单位的临时设施费、完工清理费、竣(交)工验收费(含其他行业或部门要求的竣工验收费用、建设单位负责的竣(交)工文件编制费)、各种税费(包括房产税、车船使用税、印花税等),对建设项目前期工作、项目实施及竣工决算等全过程进行审计所发生的审计费用;境内外融资费用(不含建设期贷款利息)、业务招待费及工程质量、安全生产管理费和其他管理性开支。

(2)建设单位(业主)管理费以定额建筑安装工程费为基数,按表9-19的费率,以累进方法计算。

建设单位(业主)管理费费率表 表9-19

定额建筑安装工程费(万元)	费率(%)	算例(万元)	
		定额建筑安装工程费	建设单位(业主)管理费
500及以下	4.858	500	500×4.858%=24.29
500~1000	3.813	1000	24.29+(1000-500)×3.813%=43.355
1000~5000	3.049	5000	43.355+(5000-1000)×3.049%=165.315

定额建筑安装工程费（万元）	费率（%）	算例(万元)	
		定额建筑安装工程费	建设单位(业主)管理费
5000～10000	2.562	10000	165.315+(10000-5000)×2.562%=293.415
10000～30000	2.125	30000	293.415+(30000-10000)×2.125%=718.415
30000～50000	1.773	50000	718.415+(50000-30000)×1.733%=1073.015
50000～100000	1.312	100000	1073.015+(100000-50000)×1.312%=1729.015
100000～150000	1.057	150000	1729.015+(150000-100000)×1.057%=2257.515
150000～200000	0.826	200000	2257.515+(200000-150000)×0.826%=2670.515
200000～300000	0.595	300000	2670.515+(300000-200000)×0.595%=3265.515
300000～400000	0.498	400000	3265.515+(400000-300000)×0.498%=3763.515
400000～600000	0.450	600000	3763.515+(600000-400000)×0.45%=4663.515
600000～800000	0.400	800000	4663.515+(800000-600000)×0.4%=5463.515
800000～1000000	0.375	1000000	5463.515+(1000000-800000)×0.375%=6213.515
1000000 以上	0.350	1200000	6213.515+(1200000-1000000)×0.35%=6913.515

(3)双洞长度超过5000m的独立隧道,水深大于15m、跨径大于或等于400m的斜拉桥和跨径大于或等于800m的悬索桥等独立特大型桥梁工程的建设单位(业主)管理费,按表9-19中的费率乘以系数1.3计算;海上工程[指由于风浪影响,工程施工期(不包括封冻期)全年月平均工作日少于15d的工程]的建设单位(业主)管理费,按表9-19中的费率乘以系数1.2计算。

2. 建设项目信息化费

建设单位(业主)和各参建单位用于建设项目的质量、安全、进度、费用等方面的信息化建设、运维及各种税费等费用,包括建设项目全寿命周期的建筑信息模型(Building Information Modeling)等相关费用。建设项目信息化费以定额建筑安装工程费为基数,按表9-20的费率,以累进方法计算。

建设项目信息化费费率表　　表9-20

定额建筑安装工程费（万元）	费率（%）	算例(万元)	
		定额建筑安装工程费	建设项目信息化费
500 及以下	0.600	500	500×0.6%=3
500～1000	0.452	1000	3+(1000-500)×0.452%=5.26
1000～5000	0.356	5000	5.26+(5000-1000)×0.356%=19.5
5000～10000	0.285	10000	19.5+(10000-5000)×0.285%=33.75
10000～30000	0.252	30000	33.75+(30000-10000)×0.252%=84.15
30000～50000	0.224	50000	84.15+(50000-30000)×0.24%=128.95
50000～100000	0.202	100000	128.95+(100000-50000)×0.202%=229.95
100000～150000	0.171	150000	229.95+(150000-100000)×0.171%=315.45
150000～200000	0.160	200000	315.45+(200000-150000)×0.16%=395.45
200000～300000	0.142	300000	395.45+(300000-200000)×0.142%=537.45

续上表

定额建筑安装工程费（万元）	费率（%）	算例（万元）	
		定额建筑安装工程费	建设项目信息化费
300000～400000	0.135	400000	537.45＋(400000－300000)×0.135%＝672.45
400000～600000	0.131	600000	672.45＋(600000－400000)×0.131%＝934.45
600000～800000	0.127	800000	934.45＋(800000－600000)×0.127%＝1188.45
800000～1000000	0.125	1000000	1188.45＋(1000000－800000)×0.125%＝1438.45
1000000 以上	0.122	1200000	1438.45＋(1200000－1000000)×0.122%＝1682.45

3. 工程监理费

建设单位(业主)委托具有监理资格的单位，按施工监理规范进行全面的监督和管理所发生的费用。

(1)工程监理费内容包括工作人员的工资、工资性津贴、施工现场津贴、社会保险费用(基本养老、基本医疗、失业、工伤保险)、住房公积金、职工福利费、工会经费、劳动保护费，办公费、会议费、差旅交通费，办公、试验固定资产使用费(包括办公及生活房屋折旧、维修或租赁费，车辆折旧、维修、使用或租赁费，通信设备购置、使用费，测量、试验、检测设备仪器折旧、维修或租赁费，其他设备折旧、维修或租赁费等)、零星固定资产购置费、招募生产工人费，技术图书资料费、职工教育经费、投标费用，合同契约公证费、法律顾问费、咨询费、业务招待费，财务费用、监理单位的临时设施费、完工清理费、竣(交)工验收费、各种税费、安全生产管理费和其他管理性开支。

(2)工程监理费以定额建筑安装工程费为基数，按表9-21的费率，以累进方法计算。

工程监理费费率表 表9-21

定额建筑安装工程费（万元）	费率（%）	算例（万元）	
		定额建筑安装工程费	工程监理费
500 及以下	3.00	500	500×3%＝15
500～1000	2.40	1000	15＋(1000－500)×2.4%＝27
1000～5000	2.10	5000	27＋(5000－1000)×2.1%＝111
5000～10000	1.94	10000	111＋(10000－5000)×1.94%＝208
10000～30000	1.87	30000	208＋(30000－10000)×1.87%＝582
30000～50000	1.83	50000	582＋(50000－30000)×1.83%＝948
50000～100000	1.78	100000	948＋(100000－50000)×1.78%＝1838
100000～150000	1.72	150000	1838＋(150000－100000)×1.72%＝2698
150000～200000	1.64	200000	2698＋(200000－150000)×1.64%＝3518
200000～300000	1.55	300000	3518＋(300000－200000)×1.55%＝5068
300000～400000	1.49	400000	5068＋(400000－300000)×1.49%＝6558
400000～600000	1.45	600000	6558＋(600000－400000)×1.45%＝9458
600000～800000	1.42	800000	9458＋(800000－600000)×1.42%＝12298
800000～1000000	1.37	1000000	12298＋(1000000－800000)×1.37%＝15038
1000000 以上	1.33	1200000	15038＋(1200000－1000000)×1.33%＝17698

4. 设计文件审查费

在项目审批前,建设单位(业主)为保证勘察设计工作的质量,组织有关专家或委托有资质的单位,对提交的建设项目可行性研究报告和勘察设计文件进行审查所需要的相关费用。设计文件审查费以定额建筑安装工程费为基数,按表9-22的费率,以累进方法计算。

设计文件审查费费率表　　表9-22

定额建筑安装工程费(万元)	费率(%)	算例(万元)	
		定额建筑安装工程费	设计文件审查费
5000以下	0.077	5000	5000×0.077% =3.85
5000~10000	0.072	10000	3.85 + (10000 - 5000) ×0.072% =7.45
10000~30000	0.069	30000	7.45 + (30000 - 10000) ×0.069% =21.25
30000~50000	0.066	50000	21.25 + (50000 - 30000) ×0.066% =34.45
50000~100000	0.065	100000	34.45 + (100000 - 50000) ×0.065% =66.95
100000~150000	0.061	150000	66.95 + (150000 - 100000) ×0.061% =97.45
150000~200000	0.059	200000	97.45 + (200000 - 150000) ×0.059% =126.965
200000~300000	0.057	300000	126.96 + (300000 - 200000) ×0.057% =183.95
300000~400000	0.055	400000	183.95 + (400000 - 300000) ×0.055% =238.95
400000~600000	0.053	600000	238.95 + (600000 - 400000) ×0.053% =344.95
600000~800000	0.052	800000	344.95 + (800000 - 600000) ×0.052% =448.95
800000~1000000	0.051	1000000	448.95 + (800000 - 600000) ×0.051% =550.95
1000000以上	0.050	1200000	550.95 + (800000 - 6000000) ×0.050% =650.95

(1)建设项目若有地质勘察监理,费用在此项目开支。

(2)建设项目若有设计咨询(或称设计监理、设计双院制),其费用在此项目内开支。

5. 竣(交)工验收试验检测费

在公路建设项目竣(交)工验收前,由建设单位(业主)或工程质量监督机构委托有资质的公路工程质量检测单位按照有关规定对建设项目的工程质量进行检测并出具检测试验意见,以及进行桥梁动(静)载试验或其他特殊检测等所需的费用。

(1)竣(交)工验收试验检测费按表9-23规定的费率计算。道路工程按主线路基长度计算,桥梁工程以主线桥梁、分离式立交、匝道桥的长度之和进行计算,隧道按单洞长度计算。

(2)道路工程,高速公路、一级公路按四车道计算,二级及二级以下公路按两车道计算,每增加1个车道,按表9-23的费用增加10%。桥梁和隧道按双向四车道计算,每增加1个车道费用增加15%。二级及二级以下公路的桥隧工程,按表9-23费用的40%计算。

竣(交)工验收试验检测费　　表9-23

检测项目		竣(交)工验收试验检测费	备注
道路工程(元/km)	高速公路	23500	包括路基、路面、涵洞、通道、路段安全设施和机电、房建、绿化、环境保护及其他工程
	一级公路	17000	
	二级公路	11500	
	三级及三级以下公路	5750	

续上表

检测项目			竣(交)工验收试验检测费	备注
桥梁工程	一般桥梁(元/延米)	—	40	包括桥梁范围内的所有土建、安全设施和机电、声屏障等环境保护工程及必要的动(静)载试验
	技术复杂桥梁(元/延米)	钢管拱	750	
		连续刚构	500	
		斜拉桥	600	
		悬索桥	560	
隧道工程(元/延米)		单洞	80	包括隧道范围内的所有土建、安全设施、机电、消防设施等

二、研究试验费

按项目特点和有关规定,在建设过程中必须进行的研究和试验所需的费用,以及支付科技成果、专利、先进技术的一次性技术转让费。

(1)研究试验费不包括以下内容。

①应由前期工作费(为建设项目提供或验证设计数据、资料等专题研究)开支的项目。

②应由科技三项费用(即新产品试制费、中间试验费和重要科学研究补助费)开支的项目。

③应由施工辅助费开支的施工企业对建筑材料、构件和建筑物进行一般鉴定、检查所发生的费用及技术革新研究试验费。

(2)计算方法:按设计提出的研究试验内容和要求进行编制。

三、建设项目前期工作费

委托勘察设计单位、咨询单位对项目进行可行性研究、勘察设计以及设计、监理、施工招标文件及招标标底或造价控制值文件编制时,按规定应支付的费用。

(1)建设项目前期工作费包括以下内容。

①编制项目建议书(或预可行性研究报告)、可行性研究报告、投资估算,以及相应的勘察、设计等所需的费用。

②通过风洞试验、地震动参数、索塔足尺模型试验、桥墩局部冲刷试验、桩基承载力试验等为建设项目提供或验证设计数据所需的专题研究费用。

③初步设计和施工图设计勘察设计费、概(预)算编制及调整概算编制费用等。

④设计、监理、施工招标及标底(或造价控制值或清单预算)文件编制费等。

(2)计算方法:前期工作费以定额建筑安装工程费为基数,按表9-24费率,以累进方法计算。

建设项目前期工作费费率表 表9-24

定额建筑安装工程费(万元)	费率(%)	算例(万元)	
		定额建筑安装工程费	建设项目前期工作费
500及以下	3.00	500	$500 \times 3.00\% = 15$
500~1000	2.70	1000	$15 + (1000 - 500) \times 2.70\% = 28.5$

续上表

定额建筑安装工程费（万元）	费率（%）	算例（万元）	
		定额建筑安装工程费	建设项目前期工作费
1000～5000	2.55	5000	28.5＋(5000－1000)×2.55%＝130.5
5000～10000	2.46	10000	130.5＋(10000－5000)×2.46%＝253.5
10000～30000	2.39	30000	253.5＋(30000－10000)×2.39%＝731.5
30000～50000	2.34	50000	731.5＋(50000－30000)×2.34%＝1199.5
50000～100000	2.27	100000	1199.5＋(100000－50000)×2.27%＝2334.5
100000～150000	2.19	150000	2334.5＋(150000－100000)×2.19%＝3429.5
150000～200000	2.08	200000	3429.5＋(200000－150000)×2.08%＝4469.5
200000～300000	1.99	300000	4469.5＋(300000－200000)×1.99%＝6459.5
300000～400000	1.94	400000	6459.5＋(400000－300000)×1.94%＝8399.5
400000～600000	1.86	600000	8399.5＋(600000－400000)×1.86%＝12119.5
600000～800000	1.80	800000	12119.5＋(800000－600000)×1.80%＝15719.5
800000～1000000	1.76	1000000	15719.5＋(1000000－800000)×1.76%＝19239.5
1000000 以上	1.72	1200000	19239.5＋(1200000－1000000)×1.72%＝22679.5

四、专项评价(估)费

依据国家法律、法规规定进行评价(评估)、咨询，按规定应支付的费用。

(1)专项评价(估)费包括环境影响评价费、水土保持评估费、地震安全性评价费、地质灾害危险性评价费、压覆重要矿床评估费、文物勘察费、通航论证费、行洪论证(评估)费、使用林地可行性研究报告编制费、用地预审报告编制费、项目风险评估费、节能评估费和社会风险评估费、放射性影响评估费、规划选址意见书编制费等费用。

(2)计算方法：依据委托合同，或参照类似工程已发生的费用进行计列。

五、联合试运转费

建设项目的机电工程，按照有关规定标准，需要进行整套设备带负荷联合试运转所需的全部费用，不包括应由设备安装工程费中开支的调试费用。

(1)费用包括联合试运转期间所需的材料、燃料和动力的消耗，机械和检测设备使用费，工具用具和低值易耗品费，参加联合试运转的人员工资及其他费用等。

(2)计算方法：联合试运转费以定额建筑安装工程费为基数，按0.04%费率计算。

六、生产准备费

为保证新建、改扩建项目交付使用后满足正常的运行、管理发生的工器具购置、办公和生活用家具购置、生产人员培训、应急保通设备购置等费用。

(1)工器具购置费指建设项目交付使用后为满足初期正常运营必须购置的第一套不构成固定资产的设备、仪器、仪表、工卡模具、器具、工作台(框、架、柜)等的费用，不包括构成固定资产的设备、工器具和备品、备件，以及已列入设备费中的专用工具和备品、备件。工器具购置费由设计单位列出计划购置清单(包括规格、型号、数量)，计算方法同设备购置费。

(2)办公和生活用家具购置费指新建、改扩建工程项目,为保证初期正常生产、使用和管理所购置的办公和生活用家具、用具的费用,包括行政、生产部门的办公室、会议室、资料档案室、阅览室、宿舍及生活福利设施等的家具、用具。办公和生活用家具购置费按表9-25的规定计算。

办公和生活用家具购置费标准表

表9-25

工程所在地	路线(元/公路公里)				单独管理或单独收费的桥梁、隧道(元/座)		
	高速公路	一级公路	二级公路	三、四级公路	特大、大桥		特长隧道
					一般桥梁	技术复杂大桥	
内蒙古、黑龙江、青海、新疆、西藏	21500	15600	7800	4000	24000	60000	78000
其他省、自治区、直辖市	17500	14600	5800	2900	19800	49000	63700

注:改扩建工程按表列费用的70%计。

(3)生产人员培训费指为保证生产的正常运行,在工程交工验收交付使用前对运营部门生产人员和管理人员进行培训所需的费用,包括培训人员的工资、工资性津贴、职工福利费、差旅交通费、劳动保护费、培训及教学实习费等。该费用按设计定员和3000元/人的标准计算。

(4)应急保通设备购置费指新建、改扩建工程项目,为满足初期正常营运,购置保障抢修保通、应急处置,且构成固定资产的设备所需的费用。该费用由设计单位列出计划购置清单,计算方法同设备购置费。

七、工程保通管理费

新建或改扩建工程需边施工边维持通车或通航的建设项目,为保证公(铁)路运营安全、船舶航行安全及施工安全而进行交通(公路、航道、铁路)管制、交通(铁路)与船舶疏导所需的和媒体、公告等宣传费用及协管人员经费等。工程保通管理费应按设计需要进行列支。涉水项目施工期通航安全保障费用计算方法《公路工程建设项目概算预算编制办法》附录G执行。

八、工程保险费

在合同执行期内,施工企业按合同条款要求办理保险的费用,包括建筑工程一切险和第三方责任险。

(1)建筑工程一切险是为永久工程、临时工程和设备及已运至施工工地用于永久工程的材料和设备所投的保险。

(2)第三者责任险是对因实施合同工程而造成的财产(本工程除外)损失或损害,或人员(业主和承包人雇员除外)的死亡或伤残所负责进行的保险。

(3)工程保险费以建筑安装工程费(不含设备费)为基数,按0.4%费率计算。

九、其他相关费用

国务院行政主管部门及省级人民政府规定的其他与公路建设相关的费用,按其相关规定计算。

自我测试

一、问答题

(1)工程建设其他费包含的内容有什么?

(2)工程建设其他费费用如何计算?

二、能力训练

计算本书预算实例中路基分项工程所对应的工程建设其他费,并填写08表。

任务五 预备费计算

学习目标

(1)熟悉预备费用的组成和内容。

(2)掌握预备费计算办法和费用标准。

任务描述

预备费是概算、预算费用组成的第四部分费用,包含基本预备费和价差预备费两项内容。工作任务是通过知识点的学习,结合工程实际能完成相关费用的计算。

相关知识

一、费用组成

预备费由基本预备费和价差预备费两部分组成。

基本预备费系指在初步设计和概算、施工图设计和施工图预算中难以预料的工程费用。

1. 基本预备费

(1)在进行技术设计、施工图设计和施工过程中,在批准的初步设计和概算范围内所增加的工程费用。

(2)在设备订货时,由于规格、型号改变的价差,材料货源变更、运输距离或方式的改变以及因规格不同而代换使用等原因发生的价差。

(3)在项目主管部门组织竣(交)工验收时,验收委员会(或小组)为鉴定工程质量必须开挖和修复隐蔽工程的费用。

2. 价差预备费

设计文件编制年至工程交工年期间,建筑安装工程费用的人工费、材料费、设备费、施工机械使用费、措施费、企业管理费等由于政策、价格变化可能发生上浮而预留的费用,以及外资贷款汇率变动部分的费用。

二、费用计算

1. 基本预备费

基本预备费以建筑安装工程费、土地使用及拆迁补偿费、工程建设其他费之和为基数,按下列费率计算：

(1)设计概算按5%计列。

(2)修正概算按4%计列。

(3)施工图预算按3%计列。

2. 价差预备费

价差预备费以建筑安装工程费用总额为基数，按设计文件编制年始至建设项目工程交工年终的年数和年工程造价增张率计算。计算公式见式(9-20)。

$$价差预备费 = P \times [(1+i)^{n-1} - 1] \tag{9-20}$$

式中：P——建筑安装工程费总额，元；

i——年工程造价增张率，%，按有关部门公布工程投资价格指数计算；

n——设计文件编制年至建设项目开工年 + 建设项目建设期限，年。

注意：设计文件编制至工程交工在1年以内的工程，不列此项费用。

【例9-5】 某二级公路建筑安装工程费为14939.11万元，建筑安装工程费、土地使用及拆迁补偿费、工程建设其他费之和为2.06亿元，该工程2018年编制施工图预算，建设期三年，2020年开工，预计2022年底建成，经预测工程造价增张率为5%，试计算该项目施工图阶段预备费用。

解：工程造价价差预备费 = 14939.11万元 × $[(1+5\%)^{5-1} - 1]$ = 3219.5万元

基本预备费 = 2.06 × 10000万元 × 3% = 618万元

预备费 = 3219.5万元 + 618万元 = 3837.5万元

自我测试

一、问答题

1. 预备费包含的内容有什么？

2. 预备费用如何计算？

二、能力训练

分析并讨论本书预算实例中基本预备费是如何计算的？

任务六 建设期贷款利息计算

学习目标

(1)熟悉工程建设期贷款利息内容。

(2)掌握工程建设期贷款利息计算办法。

任务描述

建设期贷款利息是概算、预算费用组成的第五部分费用、本任务目标是通过知识点的学习，结合工程实际完成相关费用的计算。

相关知识

一、基本概念

建设期贷款利息系指工程项目使用的贷款部分在建设期内应计取的贷款利息,包括各种金融机构贷款、建设债券和外汇贷款等利息。

二、计算方法

建设期贷款利息计算方法是根据不同的资金来源,分年度投资计算所需支付的利息。计算公式见式(9-21)。

建设期贷款利息 = Σ(上年末付息贷款本息累计 + 本年度付息贷款额 ÷2) ×年利率

即:

$$S = \sum_{n=1}^{N} (F_{n-1} + b_n \div 2) \times i \tag{9-21}$$

式中:S——建设期贷款利息;

N——项目建设期,年;

n——施工年度;

F_{n-1}——建设期第 $n-1$ 年末需付息贷款本息累计;

b_n——建设期第 n 年度付息贷款额;

i——中国人民银行公布的贷款基准年利率。

【例 9-6】 某工程贷款 4550 万元,建设期为 3 年,第一、三年均贷款 1400 万元,第二年贷款 1750 万元,银行公布的贷款基准年利率为 8.21%,求该工程建设期贷款利息是多少?

解:第 1 年贷款利息 = (0 + 1400 ÷ 2)万元 ×8.21% = 57.47 万元

第 2 年贷款利息 = (1400 + 57.47 + 1750 ÷ 2)万元 ×8.21% = 191.50 万元

第 3 年贷款利息 = (1400 + 57.47 + 1750 + 191.50 + 1400 ÷ 2)万元 ×8.21% = 336.53 万元

三年总贷款利息 = 57.47 万元 + 191.50 万元 + 336.53 万元 = 585.50 万元

自我测试

一、问答题

1. 建设期贷款利息包含的内容有什么?

2. 建设期贷款利息费用如何计算?

二、能力训练

某新建高速公路项目,建设期为 3 年。第一年贷款 300 万元、第二年贷款 600 万元、第三年贷款 400 万元,年利率为 6%。试计算该项目建设期贷款利息。

任务七　公路工程概算、预算文件编制

学习目标

(1)熟悉概算、预算表格填写顺序。

(2)掌握公路工程概算、预算编制流程。

(3)掌握概算、预算各项费用标准和计算方法。

任务描述

概算、预算文件编制是一项严肃而复杂的工作,设计概算是国家控制工程建设投资的最高限额,施工图预算是衡量设计方案经济性和投标报价合理性的重要依据。为确保概算、预算编制质量,必须依据国家和行业相应规定,按照一定步骤有序编制。本任务目标是通过知识点的学习,结合真实案例和相关资料完成相关预算文件编制。

相关知识

一、公路工程概算、预算编制依据

1. 设计图纸和施工组织设计资料

设计图纸和施工组织设计资料是指导施工的指令性文件。图纸全面反映了工程项目的形式、内容、地质状况和施工技术要求,是确定工程数量的主要依据。施工组织设计资料确定了工程项目的施工方案、施工期限和施工方法,是计算有关费用,套用相应定额的依据。

2.《公路工程建设项目概算预算编制办法》(JTG 3830—2018)与定额

《公路工程建设项目概算预算编制办法》(JTG 3830—2018)是编制概算、预算的总则。各项费用计算方法及各项费率的取用标准都必须执行《公路工程建设项目概算预算编制办法》(JTG 3830—2018)的规定。《公路工程概算定额》(JTG/T 3831—2018)、《公路工程预算定额》(JTG/T 3832—2018)、《公路工程机械台班费用定额》(JTG/T 3833—2018)是计算直接工程费用的依据。

3. 合同、协议、委托书等有关文件

与编制概算、预算有关的文件和规定,以及在外业调查中签订的各种协议和合同都是编制概算、预算的重要依据。

二、公路工程建设项目各项费用计算程序及计算方式

公路工程建设项目各项费用计算程序及计算方式见表9-26。

公路工程建设各项费用的计算程序及计算方式　　表9-26

序号	项　目	说明及计算式
(一)	定额直接费	Σ人工消耗量×人工基价+Σ(材料消耗量×材料基价+机械台班消耗量×机械台班基价)
(二)	定额设备购置费	Σ设备购置数量×设备基价
(三)	直接费	Σ人工消耗量×人工单价+Σ(材料消耗量×材料预算单价+机械台班消耗量×机械台班预算单价)
(四)	设备购置费	Σ设备购置数量×预算单价
(五)	措施费	(一)×施工辅助费费率+定额人工费和定额施工机械使用费之和×其余措施费综合费率

序号	项　　目	说明及计算式
（六）	企业管理费	（一）×企业管理费综合费率
（七）	规费	各类工程人工费（含施工机械人工费）×规费综合费率
（八）	利润	[（一）+（五）+（六）]×利润率
（九）	税金	[（三）+（四）+（五）+（六）+（七）+（八）]×增值税税率
（十）	专项费用	
	施工场地建设费	[（一）+（五）+（六）+（七）+（八）+（九）]×累进费率
	安全生产费	建筑安装工程费（不含安全生产费本身）×（≥1.5%）
（十一）	定额建筑安装工程费	（一）+（二×40%）+（五）+（六）+（七）+（八）+（九）+（十）
（十二）	建筑安装工程费	（三）+（四）+（五）+（六）+（七）+（八）+（九）+（十）
（十三）	土地使用及拆迁补偿费	按规定计算
（十四）	工程建设其他费	
	建设项目管理费	
	建设单位（业主）管理费	（十一）×累进费率
	建设项目信息化费	（十一）×累进费率
	工程监理费	（十一）×累进费率
	设计文件审查费	（十一）×累进费率
	竣（交）工验收试验检测费	按规定计算
	研究试验费	
	建设项目前期工作费	（十一）×累进费率
	专项评价（估）费	按规定计算
	联合试运转费	（十一）×费率
	生产准备费	
	工具器购置费	按规定计算
	办公和生活用家具购置费	按规定计算
	生产人员培训费	按规定计算
	应急保通设备购置费	
	工程保通管理费	按规定计算
	工程保险费	[（十二）-（四）]×费率
	其他相关费用	
（十五）	预备费	
	基本预备费	[（十二）+（十三）+（十四）]×费率
	价差预备费	（十二）×费率
（十六）	建设期贷款利息	
（十七）	公路基本造价	（十二）+（十三）+（十四）+（十五）+（十六）

三、概算、预算编制要点

1. 正确引用定额值

在引用定额时，必须注意章、节说明和表下注解，特别是每次编制之前都要查询是否有新的定额或文件下达，切不可墨守成规。

2. 正确计算工程数量

正确计算工程数量是编制概算、预算至关重要的环节。设计文件中，设计人员提供的工程数量与《公路工程概算定额》(JTG/T 3831—2018)、《公路工程预算定额》(JTG/T 3832—2018)中的工程数量含义往往不尽相同。因此，计算工程数量时，概算、预算编制人员应与设计人员密切配合，使计算的工程数量与概算、预算定额中的工程数量含义一致。

3. 准确统计实物量

统计实物量时，除分项统计实物消耗量外，还应统计汇总那些按费率或指标计算的增工、用料、用机的数量。如冬季、雨季、夜间施工增工，辅助生产所需的工、料、机数量等。

4. 加强复核工作

概算、预算的编制有环环相扣的特点，因此，在编制时应加强复核工作，每张计算表格应分别由“编制”“复核”两人完成，并分步完成，在复核无误后再进行下一步。

四、公路工程预算编制实例

1. 项目概况

河北省邢台县境内某双车道四级公路，路线全长1979m，新建小桥1座，桥长24m，新建涵洞2道。本项目大部分段落为新建工程，设计速度20km/h，建设计划于2019年5月开工，2019年11月底建成通车。

(1)路基路面。

路基宽度为7.5m，行车道宽度2×3.0m，两侧各0.75m宽的土路肩。路基设计高为路基中心线路面高程，1.5%的路拱横坡，行车道及硬路肩横坡取1.5%，土路肩取3%，路基填高不大边坡坡率采用1:1.5。

本项目大部分段落为新建工程，将现有道路的面层及基层挖出，保留原有道路的底基层，加铺水泥稳定碎石基层和沥青混凝土面层。新建段路面结构增加一层底基层，新建路段路面结构见表9-27。

新建路段路面结构 表9-27

面层	3cm厚沥青混凝土上面层 AC-10C 4cm厚沥青混凝土下面层 AC-13C
基层	18cm厚水泥稳定级配碎石
下基层	16cm厚水泥稳定级配碎石
垫层	15cm碎石土

透层：水泥稳定级配碎石基层顶面采用具有良好渗透性能的乳化普通沥青做透层油。

黏层：黏层油设在沥青层之间，共需设一层，采用乳化沥青；桥梁、明涵桥面铺装层表面应除去浮浆，并清洁干净。铺装层上洒布乳化沥青黏层油。

封层：下封层设置于路面基层与下面层之间，采用乳化沥青下封层。

（2）桥梁涵洞。

小桥1座，桥长24m，桥梁新建，上部结构采用3～8m钢筋混凝土简支实心板，桥面连续；下部结构采用U台，桥墩采用薄壁墩，墩台采用扩大基础。设置涵洞2道。涵洞均为新建，结构形式均采用1－4×3m钢筋混凝土盖板暗涵，轻型桥台，整体式扩大基础。

（3）本项目与等级公路平面交叉2处，与非等级路平面交叉6处。

（4）交通安全设施。

本项目为山区公路，交通安全设施包括交通标志、标线、护栏等设施。

2. 编制依据

（1）《公路工程基本建设项目概算预算编制办法》（JTG 3830—2018）。

（2）《公路工程预算定额》（JTG 3832—2018）。

（3）《公路工程机械台班费用定额》（JTG 3833—2018）等。

3. 人工、材料、机械台班单价确定

（1）人工费按当地造价文件规定，按103元/工日计算。

（2）路线所经地区筑路材料资源比较丰富，矿粉、中粗砂、钢材、水泥等材料均可就近选购，各种筑路材料场可通行汽车。材料预算单价按项目所在地相关规定和实际情况计取，故未列出详细计算过程。

（3）机械台班费用按《公路工程机械台班费用定额》（JTG 3833—2018）计取。

人工、材料、机械台班费用单价详见人工、材料、施工机械台班单价汇总表（09表）。

4. 取费说明

（1）措施费、企业管理费、规费费率规定详见综合费率计算表（04表）。

（2）施工场地建设费、安全生产费计算详见专项费用计算表（06表），安全生产费率结合项目实际，取0.5%。

（3）土地使用及拆迁补偿费单价详见土地使用及拆迁补偿费计算表（07表）。

（4）工程建设其他费计算详见工程建设其他费计算表（08表）。

（5）利润率取7.42%，税率为9%，本项目无贷款。

本公路工程预算编制实例的甲组文件见本书第219～第246页，部分乙组文件见本书第247页～第301页。

预算案例图纸文件、完整乙组文件，可分别扫描二维码1、2查看。

二维码1

（预算案例图纸文件）

二维码2

（完整乙组文件）

表 A.0.2-5 总 预 算 表

建设项目名称：×××道路工程

编制范围：K0 +000 ~ K1 +979.145　　　　第 1 页　共 7 页　　　　01 表

分项编号	工程或费用名称	单位	数量	金额(元)	技术经济指标	各项费用比例(%)	备注
1	第一部分　建筑安装工程费	公路公里	1.979	8029638	4057422.01	57.41	建设项目路线总长度(主线长度)
101	临时工程	公路公里	1.98	574173	289986.40	4.11	
10101	临时道路	km	1.98	44479	22463.94	0.32	
10104	临时供电设施	总额		137020		0.98	
10106	拌和站安拆	座	2	392675	196337.38	2.81	
102	路基工程	km	1.942	2195076	1130317.05	15.70	
LJ01	场地清理	km	1.942	138210	71168.72	0.99	
LJ0101	清理与掘除	km	1.942	137074	70583.89	0.98	
LJ010101	清除表土	m^3	7933.2	98040	12.36	0.70	
LJ010102	伐树、挖根	棵	702	39034	55.60	0.28	
LJ0102	挖除旧路面	m^3	48.52	1136	23.41	0.01	
LJ010202	挖除沥青混凝土路面	m^3	48.52	1136	23.41	0.01	
LJ02	路基挖方	m^3	30163	245979	8.16	1.76	
LJ0201	挖土方	m^3	30163.35	245979	8.15	1.76	
LJ03	路基填方	m^3	30108.5	324862	10.79	2.32	
LJ0301	利用土方填筑	m^3	28727	154585	5.38	1.11	
LJ0302	借土方填筑(帮宽、清表回填、沉降增加)	m^3	11445.3	170276	14.88	1.22	
LJ04	结构物台背回填	m^3	236.3	4541	19.22	0.03	
LJ0403	桥涵台背回填	m^3	236.3	4541	19.22	0.03	
LJ06	排水工程	km	1.942	436788	224916.71	3.12	
LJ0601	边沟	m^3/m	1282.45/1942	436788	340.59/224.92	3.12	
LJ060103	浆砌片块石边沟	m^3/m	1282.45/1942	436788	340.59/224.92	3.12	
LJ07	路基防护与加固工程	km	0.743	885862	1192276.68	6.33	
LJ0701	一般边坡防护与加固	km	0.743	885862	1192276.68	6.33	

编制：　　　　　　　　　　复核：

表 A.0.2-5 总 预 算 表

建设项目名称：×××道路工程

编制范围：K0 +000 ~ K1 +979.145　　　　第 2 页　共 7 页　　　　01 表

分项编号	工程或费用名称	单位	数量	金额(元)	技术经济指标	各项费用比例(%)	备注
LJ08	陡坡路堤或填挖交界处理	m	472	71797	152.11	0.51	
LJ08	路基其他工程	km	1.942	34243	17633.04	0.24	
LJ09	低填浅挖	m^3	1902	52793	27.76	0.38	
103	路面工程	km	1.942	2489481	1281916.11	17.80	
LM01	沥青混凝土路面			2225889		15.92	
LM0101	路面垫层	m^2	14538	62434	4.29	0.45	
LM010101	碎石土垫层	m^2	14538	62434	4.29	0.45	
LM0103	路面基层	m^2	26454	1157101	43.74	8.27	
LM010302	水泥稳定类基层	m^2	26454	1157101	43.74	8.27	
LM0104	透层、黏层、封层	m^2	12882	172935	13.42	1.24	
LM010401	透层	m^2	12882	64143	4.98	0.46	
LM010402	黏层	m^2	12154	11391	0.94	0.08	
LM010403	封层	m^2	12882	97401	7.56	0.70	
LM0105	沥青混凝土面层	m^2	12208	833419	68.27	5.96	
LM010503	细粒式沥青混凝土面层	m^2	12208	833419	68.27	5.96	
LM04	路槽、路肩及中央分隔带	m^2	2875.95	261164	90.81	1.87	
LM0402	路肩	km	3.835	261164	68107.36	1.87	
LM040201	培路肩	m^3	1994	78574	39.41	0.56	
LM040202	土路肩加固	m^3	215.409	182591	847.65	1.31	
LM04020202	铺砌混凝土预制块(路边石)	m^3	215.409	182591	847.65	1.31	
LM06	旧路面处理	km/m^2	0.054/162	2427	44950.93/14.98	0.02	
104	桥梁涵洞工程	km	0.037	2139918	57835626.22	15.30	
10401	涵洞工程	m/道	39/2	741805	19020.64/370902.41	5.30	
HD02	盖板涵	m/道	39/2	741805	19020.64/370902.41	5.30	
10402	小桥工程	m/座	37/1	1398113	37786.85/1398113.36	10.00	

编制：　　　　复核：

表 A.0.2-5 总 预 算 表

建设项目名称：×××道路工程

编制范围：K0+000~K1+979.145　　　　第 3 页　共 7 页　　　　01 表

分项编号	工程或费用名称	单位	数量	金额（元）	技术经济指标	各项费用比例（%）	备注
1040203	矩形板桥	m^2/m	192/37	1398113	7281.84/37786.85	10.00	
QL01	基础工程	m^3	246.1	135501	550.59	0.97	
QL0101	扩大基础	m^3	246.1	135501	550.59	0.97	
QL010102	实体式	m^3	246.1	135501	550.59	0.97	
QL02	下部构造	m^3	592.3	412559	696.54	2.95	
QL0201	桥台	m^3	488.8	321535	657.81	2.30	
QL0202	桥墩	m^3	103.6	91024	878.61	0.65	
QL03	上部构造	m^3	82.2	220346	2680.61	1.58	
QL0302	钢筋混凝土矩形现浇板	m^3	82.2	220346	2680.61	1.58	
QL04	桥面铺装	m^3	13.4	53370	3982.82	0.38	
QL0401	沥青混凝土铺装	m^3	13.4	13068	975.21	0.09	
QL0402	水泥混凝土铺装	m^3	15.3	40302	2634.11	0.29	
QL05	桥梁附属结构	个	42	74854	1782.23	0.54	
QL0501	桥梁支座	个	42	11766	280.15	0.08	
QL050101	板式橡胶支座	m^3	0.055	11766	212426.16	0.08	
QL0502	伸缩缝	m	9.24	13374	1447.37	0.10	
QL050201	模数式伸缩缝	m	9.24	13374	1447.37	0.10	
QL0503	护栏与护网	m	74	49714	671.81	0.36	
QL050304	桥梁混凝土防撞护栏	m	74	49714	671.81	0.36	
QL06	其他工程	m^3	77.2	501484	6495.90	3.59	
QL0601	桥头搭板	m^3	25.2	40062	1589.78	0.29	
	锥坡	m^3	237	139371	588.06	1.00	
QL0603	河底铺砌	m^3	512	281593	549.99	2.01	
QL0604	拌和	m^3	893.005	40458	45.31	0.29	
106	交叉工程	处	8	162538	20317.29	1.16	

编制：　　　　复核：

表 A.0.2-5　总 预 算 表

建设项目名称：×××道路工程

编制范围：K0+000~K1+979.145　　　　第 4 页　共 7 页　　　　01 表

分项编号	工程或费用名称	单位	数量	金额(元)	技术经济指标	各项费用比例(%)	备注
10601	平面交叉	处	8	162538	20317.29	1.16	
1060101	公路与等级公路平面交叉	处	2	128097	64048.32	0.92	
LM	路面工程	km	0.063	128097	2033279.84	0.92	
LM01	沥青混凝土路面	m^2	820.56	121282	147.80	0.87	
LM0101	路面垫层	m^2	678.81	2915	4.29	0.02	
LM010101	碎石土垫层	m^2	678.81	2915	4.29	0.02	
LM0103	路面基层	m^2	1178.1	51329	43.57	0.37	
LM010302	水泥稳定类基层	m^2	1178.1	51329	43.57	0.37	
LM0104	透层、黏层、封层	m^2	820.56	11060	13.48	0.08	
LM010401	透层	m^2	820.56	4086	4.98	0.03	
LM010402	黏层	m^2	820.56	769	0.94	0.01	
LM010403	封层	m^2	820.56	6205	7.56	0.04	
LM0105	沥青混凝土面层	m^2	820.56	55977	68.22	0.40	
LM010503	细粒式沥青混凝土面层	m^2	820.56	55977	68.22	0.40	
LM02	水泥混凝土路面	m^2	65	6815	104.85	0.05	
LM0201	路面垫层	m^2	68.25	293	4.29	0.00	
LM010101	碎石土垫层	m^2	68.25	293	4.29	0.00	
LM0205	水泥混凝土面层	m^2	65	6522	100.34	0.05	
LM020501	水泥混凝土面层	m^2	65	6522	100.34	0.05	
1060102	公路与等外公路立体交叉	处	6	34442	5740.28	0.25	
LM	路面工程	km	0.07	34442	492023.86	0.25	
LM02	水泥混凝土路面	m^2	328.5	34442	104.85	0.25	
LM0201	路面垫层	m^2	344.93	1481	4.29	0.01	
LM020101	碎石土垫层	m^2	344.93	1481	4.29	0.01	
LM0205	水泥混凝土面层	m^2	328.5	32961	100.34	0.24	

编制：　　　　　　　　复核：

表 A.0.2-5　总 预 算 表

建设项目名称：×××道路工程

编制范围：K0 +000 ~ K1 +979.145　　　　第 5 页　共 7 页　　　　01 表

分项编号	工程或费用名称	单位	数量	金额(元)	技术经济指标	各项费用比例(%)	备注
LM020501	水泥混凝土面层	m^2	328.5	32961	100.34	0.24	
107	交通工程及沿线设施	公路公里	1.979	157199	79433.67	1.12	
10701	交通安全设施	公路公里	1.979	157199	79433.67	1.12	
JA01	护栏	m	300	41860	139.53	0.30	
JA0105	钢护栏	m	300	41860	139.53	0.30	
JA010501	波形钢板护栏	m	300	41860	139.53	0.30	
JA03	标志牌	块	14	96880	6919.97	0.69	
JA0301	铝合金标志牌	块	14	96880	6919.97	0.69	
JA030103	单悬臂铝合金标志牌	块	14	96880	6919.97	0.69	
JA04	标线	m^2	219.7	12199	55.53	0.09	
JA0401	路面标线	m^2	219.7	12199	55.53	0.09	
JA040101	热熔标线	m^2/m	219.7/1979.2	12199	55.53/6.16	0.09	
JA05	里程牌、百米桩、界碑、示警桩	个	76	1449	19.07	0.01	
JA0501	混凝土里程牌、百米桩、界碑	个	52	1449	27.87	0.01	
JA050101	混凝土里程碑	个	4	408	102.02	0.00	
JA050102	混凝土百米桩	个	40	567	14.16	0.00	
JA050103	混凝土界碑	个	8	475	59.35	0.00	
JA0502	示警桩	根	24	4810	200.43	0.03	
110	专项费用	元		311253		2.23	
11001	施工场地建设费	元		271304		1.94	${部颁 2018 施工场地建设费}
11002	安全生产费	元		39948		0.29	
2	第二部分 土地征用及拆迁补偿费	公路公里	1.979	4607104	2327996.03	32.94	
201	土地使用费	亩	52.329	4430624	84668.62	31.68	
20101	永久征用土地	亩	52.329	4392877	83947.29	31.41	
1	耕地	亩	14.926	1119450	75000.00	8.00	

编制：　　　　　　　　　　　　复核：

表 A.0.2-5 总 预 算 表

建设项目名称：×××道路工程

编制范围：K0+000~K1+979.145　　第6页　共7页　　01表

分项编号	工程或费用名称	单位	数量	金额（元）	技术经济指标	各项费用比例（%）	备注
2	果园	亩	3.912	293400	75000.00	2.10	
4	建筑用地	亩	0.232	17400	75000.00	0.12	
5	其他用地	亩	33.259	1496655	45000.00	10.70	
6	耕地占用税	亩	18.838	25111	1333.00	0.18	
7	耕地开垦费	亩	18.838	188380	10000.00	1.35	
8	青苗补偿	亩	18.838	24489	1300.00	0.18	
9	被征地农民安置费	亩	52.097	781455	15000.00	5.59	
13	失业农民社会保障费	亩	52.097	390728	7500.00	2.79	
14	水土保持补偿费	亩	52.097	55810	1071.26	0.40	
20102	临时用地	亩	5.96	37747	6333.33	0.27	
2010201	临时征地使用费	亩	5.96	17880	3000.00	0.13	
2010202	复耕费	亩	5.96	19867	3333.33	0.14	
202	拆迁补偿费	公路公里	1.979	176480	89176.35	1.26	
1	材树	棵	582	31480	54.09	0.23	
1	材树＜5cm	棵	500	20000	40.00	0.14	
2	材树＞5cm	棵	82	11480	140.00	0.08	
2	成果树	棵	120	84000	700.00	0.60	
3	平房（废弃）	m^2	155	31000	200.00	0.22	
13	通信杆	根	12	30000	2500.00	0.21	
3	第三部分 工程建设其他费	公路公里	1.979	941296	475642.25	6.73	
301	建设项目管理费	公路公里	1.979	486014	245585.46	3.48	
30101	建设单位（业主）管理费	公路公里	1.979	282831	142916.18	2.02	\$｛部颁2018建设单位（业主）管理费｝
30103	工程监理费	公路公里	1.979	185474	93720.96	1.33	\$｛部颁2018工程监理费｝
30104	设计文件审查费	公路公里	1.979	6083	3074.02	0.04	\$｛部颁2018设计文件审查费｝

编制：　　　　复核：

表 A.0.2-5　总 预 算 表

建设项目名称：×××道路工程

编制范围：K0+000 ~ K1+979.145　　　　第 7 页　共 7 页　　　　01 表

分项编号	工程或费用名称	单位	数量	金额(元)	技术经济指标	各项费用比例(%)	备注
30105	竣(交)工验收试验检测费	公路公里	1.979	11625	5874.31	0.08	
303	建设项目前期工作费	公路公里	1.979	211246	106744.05	1.51	${部颁2018 建设项目前期工作费}
306	生产准备费	公路公里	1.979	14017	7083.06	0.10	
30602	办公和生活用家具购置费	公路公里	1.979	4017	2030.00	0.03	
30603	生产人员培训费	公路公里	1.979	10000	5053.06	0.07	
304	专项评价(估)费	公路公里	1.979	197900	100000.00	1.42	
308	工程保险费	公路公里	1.979	32119	16229.69	0.23	
4	第四部分 预备费	公路公里	1.979	407341	205831.81	2.91	
401	基本预备费	元		407341		2.91	
5	第一至四部分合计	公路公里	1.979	13985379	7066892.10	100.00	
6	建设期贷款利息	公路公里	1.979				
7	公路基本造价	公路公里	1.979	13985379	7066892.10	100.00	

编制：　　　　　　　　　　复核：

表 A.0.2-6 人工、主要材料、施工机械台班数量汇总表

建设项目名称：×××道路工程

编制范围：K0+000~K1+979.145　　　　第1页　共7页　　　　02表

代号	规格名称	单位	单价（元）	总数量	分项统计										场外运输损耗	
					临时工程	路基工程	路面工程	桥梁涵洞工程	交叉工程	交通工程及沿线设施	专项费用			辅助生产	%	数量
1001001	人工	工日	103.00	10549.274	1134.544	3970.342	1329.307	3929.797	86.272	99.012						
1051001	机械工	工日	103.00	1708.768	136.881	920.877	358.077	262.608	22.899	7.426						
2001001	HPB300 钢筋	t	3799.41	4.490		0.619		3.548	0.002	0.321						
2001002	HRB400 钢筋	t	3629.15	72.983				72.030		0.953						
2001019	钢丝绳（股丝6-7×19，绳径7.1~9mm；股丝6×37，绳径14.1~15.5mm）	t	6419.92	0.212				0.212								
2001020	钢纤维（扁丝切断型、钢丝切断型、高强铣销型、剪切波纹型、剪切压痕型）	t	5655.23	0.003				0.003								
2001021	8~12号铁丝（镀锌铁丝）	kg	5.22	111.058	63.000	34.582		13.476								
2001022	20~22号铁丝（镀锌铁丝）	kg	5.11	193.937				187.886		6.052						
2003004	型钢（工字钢，角钢）	t	3213.05	1.314	0.252	0.093	0.582	0.350	0.021	0.016						
2003005	钢板（A3，$\delta=5\sim40$mm）	t	3654.33	1.006	0.750		0.065	0.135		0.057						
2003008	钢管（无缝钢管）	t	4345.48	2.210				2.210								
2003015	钢管立柱	t	5183.72	6.366						6.366						
2003017	波形钢板（镀锌（包括端头板、撑架）	t	5183.72	3.052						3.052						
2003025	钢模板（各类定型大块钢模板）	t	4670.90	8.774				8.774								
2003026	组合钢模板	t	4620.53	0.106	0.057			0.016		0.033						
2003028	安全爬梯	t	8076.92	0.168				0.168								
2009003	空心钢钎（优质碳素工具钢）	kg	8.83	8.573				8.573								
2009004	ϕ50mm 以内合金钻头（ϕ43mm）	个	41.00	13.045				13.045								
2009011	电焊条（结422（502、506、507）3.2/4.0/5.0）	kg	4.38	130.616		1.548	8.616	109.220		11.232						
2009013	螺栓（混合规格）	kg	7.35	734.729				615.058		119.671						

编制：　　　　　　　　复核：

表 A.0.2-6　人工、主要材料、施工机械台班数量汇总表

建设项目名称：×××道路工程

编制范围：K0 +000 ~ K1 +979.145　　　　第 2 页　共 7 页　　　　02 表

代号	规格名称	单位	单价（元）	总数量	分项统计 临时工程	路基工程	路面工程	桥梁涵洞工程	交叉工程	交通工程及沿线设施	专项费用			辅助生产	场外运输损耗 %	数量
2009015	膨胀螺栓（混合规格）	套	4.08	40.000					40.000							
2009028	铁件（铁件）	kg	5.56	1364.264	241.700	8.514	62.469	1035.577		16.004						
2009029	镀锌铁件	kg	5.88	1866.434						1866.434						
2009030	铁钉（混合规格）	kg	5.35	11.839		0.300		11.539								
2009034	U 形锚钉	kg	3.67	525.244		519.995	5.249									
3001001	石油沥青	t	3718.18	116.160			105.248	3.798	7.113							
3001005	乳化沥青（阳离子类乳化沥青、阳离子类乳化改性沥青、阴离子类乳化改性沥青）	t	2331.18	53.407			50.195		3.212							
3003001	重油	kg	4.71	12517.720			11559.490	181.260	776.970							
3003002	汽油（93 号）	kg	7.47	1588.120		1151.163	278.280	4.758	18.705	135.215						
3003003	柴油（0 号，-10 号，-20 号）	kg	6.60	58255.285	2687.044	39630.527	11641.993	3552.463	714.102	29.156						
3005001	煤	t	912.70	0.008					0.008						1.000	0.000
3005002	电	kW·h	0.85	21534.215	102.980	1284.080	11756.091	7450.391	829.594	111.079						
3005004	水	m^3	2.72	11301.808	500.000	6650.266	1026.855	3021.950	40.808	61.929						
4003001	原木（混合规格）	m^3	1771.10	3.810		0.090		3.716		0.004						
4003002	锯材（中板 δ = 19 ~ 35mm，中方混合规格）	m^3	1810.78	4.346		0.060		4.254	0.028	0.004						
4013001	草籽	kg	61.25	53.336		53.336										
5001013	PVC 塑料管（ϕ50mm）（ϕ50mm）	m	6.90	5.400		5.400										
5005002	硝铵炸药（1 号、2 号岩石硝铵炸药）	kg	10.70	97.591				97.591								
5005008	非电毫秒雷管（导爆管长 3 ~ 7m）	个	6.23	124.861				124.861								
5005009	导爆索（爆速 6000 ~ 7000m/s）	m	8.56	56.405				56.405								
5007003	土工格栅（宽 6m，聚乙烯单向、双向拉伸、聚丙烯双向、玻璃纤维）	m^2	7.93	5300.053		5122.728	177.325									

编制：　　　　　　　　复核：

表 A.0.2-6　人工、主要材料、施工机械台班数量汇总表

建设项目名称：×××道路工程

编制范围：K0 +000 ~ K1 +979.145　　　　第 3 页　共 7 页　　　　02 表

代号	规格名称	单位	单价（元）	总数量	分项统计										场外运输损耗	
					临时工程	路基工程	路面工程	桥梁涵洞工程	交叉工程	交通工程及沿线设施	专项费用			辅助生产	%	数量
5009002	油漆	kg	11.27	4.396						4.396						
5009005	桥面防水涂料（聚合物渗透水性桥面防水涂料）	kg	10.26	318.989				318.989								
5009007	底油	kg	11.37	6.210						6.210						
5009008	热熔涂料	kg	4.69	903.716						903.716						
5009012	油毛毡（400g，0.915m×21.95m）	m^2	2.66	240.520				240.520								
5009022	防腐聚氨酯	t	5500.00	3.141				3.141								
5501003	黏土（堆方）	m^3	35.73	0.556		0.540									3.000	0.016
5501007	种植土	m^3	11.65	416.398		416.398										
5503005	中（粗）砂（混凝土、砂浆用堆方）	m^3	82.18	3130.395	296.770	1457.243	143.462	1094.605	36.926	25.038					2.500	76.351
5503007	砂砾（堆方）	m^3	54.94	928.320		478.814		440.315							1.000	9.191
5503009	天然级配（堆方）	m^3	54.94	151.185	149.688										1.000	1.497
5503013	矿粉（粒经 <0.0074cm，重量比 >70%）	t	155.34	79.642			72.817	1.142	4.894						1.000	0.789
5503015	路面用石屑	m^3	64.27	524.513			482.012	5.395	31.913						1.000	5.193
5505005	片石（码方）	m^3	60.80	4736.082	345.580	4051.048		339.454								
5505012	碎石（2cm）（最大粒径 2cm 堆方）	m^3	99.32	2.992				2.374		0.588					1.000	0.030
5505013	碎石（4cm）（最大粒径 4cm 堆方）	m^3	99.32	2310.096	52.960	64.884	180.512	1884.755	66.627	37.485					1.000	22.872
5505015	碎石（8cm）（最大粒径 8cm 堆方）	m^3	99.32	4.980		0.330				4.600					1.000	0.049
5505016	碎石（未筛分碎石统料堆方）	m^3	99.32	7027.600			6661.724		296.296						1.000	69.580
5505017	路面用碎石（1.5cm）（最大粒经 1.5cm 堆方）	m^3	99.32	1031.493			943.101	14.788	63.390						1.000	10.213
5505025	块石（码方）	m^3	93.20	416.010	416.010											
5509001	32.5 级水泥	t	389.82	1948.810	83.177	380.386	590.887	805.210	52.798	17.057					1.000	19.295

编制：　　　　　　　　　　　　复核：

表 A.0.2-6　人工、主要材料、施工机械台班数量汇总表

建设项目名称：×××道路工程

编制范围：K0+000～K1+979.145　　　　第 4 页　共 7 页　　　　02 表

代号	规格名称	单位	单价（元）	总数量	分项统计										场外运输损耗	
					临时工程	路基工程	路面工程	桥梁涵洞工程	交叉工程	交通工程及沿线设施	专项费用			辅助生产	%	数量
5509002	42.5 级水泥	t	479.50	0.270				0.267							1.000	0.003
5511002	钢筋混凝土电杆(7m)	根	264.10	45.000	45.000											
6001003	板式橡胶支座(GJZ 系列、GYZ 系列)	dm^3	47.01	55.390				55.390								
6004001	模数式伸缩缝 40 型	m	778.00	9.240				9.240								
6007002	铝合金标志(包括板面、立柱、横梁、法兰盘、垫板及其他金属附件)	t	22116.77	0.357						0.357						
6007003	反光玻璃珠(JT/T 280—1995 1、2 号(A 类)	kg	3.33	78.450						78.450						
6007004	反光膜	m^2	308.22	59.977						59.977						
6007010	震动标线涂料	kg	10.33	211.923						211.923						
7001009	120/20 聚乙烯绝缘电力电缆(规格 120/20)	m	14.02	4725.000	4725.000											
7801001	其他材料费	元	1.00	42230.980	2502.800	12952.351	8770.733	16942.830	474.917	587.348						
7901001	设备摊销费	元	1.00	33386.323	27903.610		5063.012	79.391	340.310							
5002001	PVC 管(120mm)	m	12.00	30.505						30.505						
8001002	功率 75kW 以内履带式推土机(TY100)	台班	831.47	12.751	12.751											
8001004	功率 105kW 以内履带式推土机(T140－1 带松土器)	台班	1109.07	23.317		8.083	12.456	1.843	0.936							
8001006	功率 135kW 以内履带式推土机(T180 带松土器)	台班	1511.66	14.007		14.007										
8001025	斗容量 0.6m^3 履带式单斗挖掘机(WY60 液压)	台班	794.43	20.088	5.590	14.336		0.163								
8001027	斗容量 1.0m^3 履带式单斗挖掘机(WY100 液压)	台班	1125.53	1.038		1.038										
8001030	斗容量 2.0m^3 履带式单斗挖掘机(WY200A 液压)	台班	1417.45	52.983		52.983										
8001035	斗容量 1.0m^3 履带式单斗挖掘机(WK100 机械)	台班	991.29	9.687		6.104		3.583								

编制：　　　　　　　　　　复核：

表 A.0.2-6　人工、主要材料、施工机械台班数量汇总表

建设项目名称：×××道路工程

编制范围：K0 +000 ~ K1 +979.145　　　　第 5 页　共 7 页　　　　02 表

代号	规格名称	单位	单价（元）	总数量	分项统计										场外运输损耗	
					临时工程	路基工程	路面工程	桥梁涵洞工程	交叉工程	交通工程及沿线设施	专项费用			辅助生产	%	数量
8001045	斗容量 1.0m³ 轮胎式装载机（ZL20）	台班	540.76	47.570		32.662	13.767	0.216	0.925							
8001047	斗容量 2.0m³ 轮胎式装载机（ZL40）	台班	904.26	20.580		14.442	5.018	0.742	0.377							
8001049	斗容量 3.0m³ 轮胎式装载机（ZL50）	台班	1149.78	12.688			12.148		0.540							
8001058	功率 120kW 以内平地机（F155）	台班	1113.19	66.800		63.362	3.198		0.240							
8001078	机械自身质量 6 ~ 8t 光轮压路机（2Y − 6/8）	台班	341.61	16.634	16.634											
8001079	机械自身质量 8 ~ 10t 光轮压路机（2Y − 8/10）	台班	373.72	2.567	0.673	1.893										
8001081	机械自身质量 12 ~ 15t 光轮压路机（3Y − 12/15）	台班	550.21	14.977	2.812	6.360	5.460		0.345							
8001083	机械自身质量 18 ~ 21t 光轮压路机（3Y − 18/21）	台班	699.92	5.158			4.798		0.360							
8001085	机械自身质量 0.6t 手扶式振动碾（YZS06B）	台班	158.64	41.874			41.874									
8001088	机械自身质量 10t 以内振动压路机（YZJ10B）	台班	847.39	75.736		75.736										
8001089	机械自身质量 15t 以内振动压路机（CA25PD）	台班	1009.89	0.010		0.010										
8001090	机械自身质量 20t 以内振动压路机（YZ18A，YZJ19A）	台班	1371.22	11.329			10.846		0.483							
8001095	蛙式夯土机（200 ~ 620N · m）（HW − 280）	台班	29.88	34.330				34.330								
8001132	机动液压喷播机（CYP − 4456）	台班	326.88	2.667		2.667										
8003011	生产能力 300t/h 以内稳定土厂拌设备（WBC − 300）	台班	1291.24	6.072			5.813		0.259							
8003015	最大摊铺宽度 7.5m 稳定土摊铺机（WTU75）	台班	1535.64	8.134			8.134									
8003017	最大摊铺宽度 12.5m 稳定土摊铺机（WTU125）	台班	2936.08	0.223			0.035		0.188							
8003030	撒布宽度 1 ~ 3m 石屑撒布机（SA3）	台班	678.50	0.274			0.258		0.016							

编制：　　　　　　　　　　　　　　复核：

表 A.0.2-6 人工、主要材料、施工机械台班数量汇总表

建设项目名称：×××道路工程

编制范围：K0 +000 ~ K1 +979.145　　　　第 6 页　共 7 页　　　　02 表

代号	规格名称	单位	单价（元）	总数量	分项统计										场外运输损耗	
					临时工程	路基工程	路面工程	桥梁涵洞工程	交叉工程	交通工程及沿线设施	专项费用			辅助生产	%	数量
8003038	容量 4000L 以内沥青洒布车（LS－3500）	台班	556.40	0.012				0.012								
8003040	容量 8000L 以内沥青洒布车（LS－7500）	台班	789.13	1.630			1.531		0.098							
8003047	生产能力 30t/h 以内沥青混合料拌和设备（LB－30）	台班	6077.64	13.946			12.878	0.202	0.866							
8003056	最大摊铺宽度 4.5m 以内沥青混合料摊铺机（不带自动找平）（LT－6A）	台班	787.00	10.041			9.272	0.145	0.623							
8003063	机械自身质量 10t 以内双钢轮振动压路机（YZC－10）	台班	1043.22	18.082			16.698	0.262	1.122							
8003066	机械自身质量 9～16t 轮胎式压路机（YL16）	台班	619.44	14.787			13.751	0.131	0.905							
8003067	机械自身质量 16～20t 轮胎式压路机（YL20）	台班	726.62	6.908			6.614		0.295							
8003070	热熔标线设备（含热熔釜标线车 BJ－130）	台班	749.24	0.906						0.906						
8003075	凸起振动标线机	台班	561.35	0.362						0.362						
8003079	混凝土电动真空吸水机组（含吸垫 5m×5m）	台班	138.66	0.972					0.972							
8003085	电动混凝土切缝机（含锯片摊销费用）（SLF）	台班	207.00	0.978					0.978							
8005002	出料容量 250L 以内强制式混凝土搅拌机（JD250）	台班	174.58	104.039	1.900	2.477	7.970	89.587	2.078	0.028						
8005010	出料容量 400L 以内灰浆搅拌机（UJ325）	台班	134.51	52.840		52.840										
8007001	装载质量 2t 以内载货汽车	台班	322.32	0.839						0.839						
8007003	装载质量 4t 以内载货汽车（CA10B）	台班	438.71	3.987		2.125				1.862						
8007007	装载质量 10t 以内载货汽车（JN161，JN162）	台班	622.22	0.349						0.349						
8007012	装载质量 5t 以内自卸汽车（CA340）	台班	536.60	7.190			6.640	0.104	0.446							

编制：　　　　复核：

表 A.0.2-6　人工、主要材料、施工机械台班数量汇总表

建设项目名称：×××道路工程

编制范围：K0+000~K1+979.145

第7页　共7页　　02表

代号	规格名称	单位	单价（元）	总数量	分项统计										场外运输损耗	
					临时工程	路基工程	路面工程	桥梁涵洞工程	交叉工程	交通工程及沿线设施	专项费用			辅助生产	%	数量
8007016	装载质量12t以内自卸汽车（T138，SX360）	台班	786.44	361.368		302.493	52.483	3.248	3.144							
8007023	装载质量15t以内平板拖车组（JN462）	台班	742.53	6.990	6.990											
8007041	容量6000L以内洒水汽车（YGJ5102GSSEQ）	台班	666.54	31.446		31.446										
8007043	容量10000L以内洒水汽车（YGJ5170GSSJN）	台班	1057.24	8.202			7.337	0.005	0.860							
8007046	装载质量1.0t以内机动翻斗车（F10A）	台班	201.88	2.491				2.491								
8009025	提升质量5t以内汽车式起重机（QY5）	台班	609.56	0.029						0.029						
8009026	提升质量8t以内汽车式起重机（QY8）	台班	682.86	0.373						0.373						
8009027	提升质量12t以内汽车式起重机（QY12）	台班	815.94	28.337	23.990			4.347								
8009028	提升质量16t以内汽车式起重机（QY16）	台班	987.25	2.200				2.200								
8009029	提升质量20t以内汽车式起重机（QY20）	台班	1169.79	8.110	8.110											
8009030	提升质量25t以内汽车式起重机（QY25）	台班	1315.47	58.407				58.407								
8009046	最大作业高度10m以内高空作业车（QYJ5040JGKZ10）	台班	491.22	0.046						0.046						
8009081	牵引力50kN以内单筒慢动电动卷扬机（JJM-5）	台班	169.02	3.879				3.879								
8015013	锯片直径500mm以内木工圆锯机（MJ-106）	台班	130.63	0.406				0.406								
8015028	容量32kV·A以内交流电弧焊机（BX1-330）	台班	180.95	21.794		0.155	1.077	19.283		1.280						
8017049	排气量9m^3/min以内机动空气压缩机（VY-9/7）	台班	668.41	6.662		2.313		4.348								
8099001	小型机具使用费	元	1.00	5318.567	456.900	1364.754	68.931	3195.233	98.808	133.942						

编制：　　　　复核：

表 A.0.2-7 建筑安装工程费计算表

建设项目名称：×××道路工程

编制范围：K0 +000 ~ K1 +979.145　　　　第 1 页　共 3 页　　　　03 表

序号	分项编号	工程名称	单位	工程量	定额直接费（元）	定额设备购置费（元）	直接费（元）				设备购置费	措施费	企业管理费	规费	利润（元）	税金（元）	金额合计（元）	
							人工费	材料费	施工机械使用费	合计					费率（%）7.42%	税率（%）9.0%	合计	单价
1	2	3	4	5	6	7	8	9	10	11	12	13	14	15	16	17	18	19
1	10101	临时道路	km	1.980	34058		5670	8224	18083	31977		1007	1559	3546	2718	3673	44479	22463.94
2	10104	临时供电设施	总额		108360		6953	101426		108378		1473	4960	2378	8518	11314	137020	
3	10106	拌和站安拆	座	2.000	279208		104236	135812	39481	279529		6903	12779	38863	22178	32423	392675	196337.38
4	LJ010101	清除表土	m^3	7933.200	78194		8121		65189	73310		2401	2347	5732	6154	8095	98040	12.36
5	LJ010102	伐树、挖根	棵	702.000	25011		21825		2401	24225		897	1145	7537	2007	3223	39034	55.60
6	LJ010202	挖除沥青混凝土路面	m^3	48.520	910		50		808	858		30	26	56	72	94	1136	23.41
7	LJ0201	挖土方	m^3	30163.350	199876		9381		178322	187703		5843	5039	11446	15638	20310	245979	8.15
8	LJ0301	利用土方填筑	m^3	28727.000	121336		6214	4376	103846	114436		4391	3948	9424	9622	12764	154585	5.38
9	LJ0302	借土方填筑（帮宽、清表回填、沉降增加）	m^3	11445.300	136788		6422		122091	128513		4345	3775	8832	10752	14060	170276	14.88
10	LJ0403	桥涵台背回填	m^3	236.300	3672		52		3386	3438		123	107	208	290	375	4541	19.22
11	LJ060103	浆砌片块石边沟	m^3/m	1282.450	315833		101850	203090	13353	318293		6640	14456	36334	25000	36065	436788	340.59
12	LJ0701	一般边坡防护与加固	km	0.743	634193		227939	381818	27963	637720		14514	29472	80691	50321	73145	885862	1192276.68
13	LJ08	陡坡路堤或填挖交界处理	m	472.000	57236		11955	42744		54699		828	1811	4088	4443	5928	71797	152.11
14	LJ08	路基其他工程	km	1.942	23200		14142		8176	22318		912	805	5533	1849	2827	34243	17633.04
15	LJ09	低填浅挖	m^3	1902.000	42786		995		39097	40092		1369	1190	2418	3365	4359	52793	27.76
16	LM010101	碎石土垫层	m^2	14538.000	50694		749		46712	47461		1694	1462	2667	3996	5155	62434	4.29
17	LM010302	水泥稳定类基层	m^2	26454.000	767238		13603	868909	78452	960965		8838	24044	8345	59369	95540	1157101	43.74
18	LM010401	透层	m^2	12882.000	71663		265	48508	1466	50239		639	2267	168	5533	5296	64143	4.98
19	LM010402	黏层	m^2	12154.000	12725			8755	192	8947		110	403	9	982	941	11391	0.94
20	LM010403	封层	m^2	12882.000	106611		3582	68618	3077	75278		1074	3373	1393	8241	8042	97401	7.56
21	LM010503	细粒式沥青混凝土面层	m^2	12208.000	749119		14744	523751	125052	663546		9848	23635	9505	58069	68814	833419	68.27

编制：　　　　　　　　　　　　　　　　复核：

表 A.0.2-7　建筑安装工程费计算表

建设项目名称：×××道路工程

编制范围：K0+000～K1+979.145　　　　第 2 页　共 3 页　　　　03 表

序号	分项编号	工程名称	单位	工程量	定额直接费（元）	定额设备购置费（元）	直接费（元）				设备购置费	措施费	企业管理费	规费	利润（元）	税金（元）	金额合计（元）	
							人工费	材料费	施工机械使用费	合计					费率（%）7.42%	税率（%）9.0%	合计	单价
1	2	3	4	5	6	7	8	9	10	11	12	13	14	15	16	17	18	19
22	LM040201	培路肩	m^3	1994.000	50329		42103		6643	48746		1881	1592	15874	3992	6488	78574	39.41
23	LM04020202	铺砌混凝土预制块（路边石）	m^3	215.409	123300		61458	66599	1655	129713		2909	3901	21337	9654	15076	182591	847.65
24	LM06	旧路面处理	km/m^2	0.054	1927		414	1433		1847		28	61	142	150	200	2427	44950.85
25	HD02	盖板涵	m/道	39.000	524011		128604	375997	54565	559166		9917	22368	47827	41277	61250	741805	19020.64
26	QL010102	实体式	m^3	246.100	92555		26314	63045	9738	99097		2828	5472	9433	7483	11188	135501	550.59
27	QL0201	桥台	m^3	488.800	223063		60366	150433	24842	235641		6547	12838	21972	17990	26549	321535	657.81
28	QL0202	桥墩	m^3	103.600	64467		14948	43246	9212	67406		1760	3508	5660	5174	7516	91024	878.61
29	QL0302	钢筋混凝土矩形现浇板	m^3	82.200	157049		31292	130690	7135	169117		2693	6763	11225	12355	18194	220346	2680.61
30	QL0401	沥青混凝土铺装	m^3	13.400	11746		231	8212	1961	10404		154	371	149	911	1079	13068	975.22
31	QL0402	水泥混凝土铺装	m^3	15.300	29181		4969	25474	1032	31476		325	1033	1875	2266	3328	40302	2634.11
32	QL050101	板式橡胶支座	m^3	0.055	8685		1490	7452	254	9196		95	307	522	674	972	11766	212426.09
33	QL050201	模数式伸缩缝	m	9.240	10453		1214	8613	699	10526		92	349	495	808	1104	13374	1447.37
34	QL050304	桥梁混凝土防撞护栏	m	74.000	35049		8758	28740	324	37822		542	1453	3043	2749	4105	49714	671.81
35	QL0601	桥头搭板	m^3	25.200	28096		6517	23549	541	30607		453	1184	2304	2206	3308	40062	1589.78
36		锥坡	m^3	237.000	94495		38026	60819	1453	100298		2296	4472	13283	7514	11508	139371	588.06
37	QL0603	河底铺砌	m^3	512.000	193242		63645	141401	2860	207906		3959	8845	22344	15289	23251	281593	549.99
38	QL0604	拌和	m^3	893.005	25361		18396		6236	24632		1344	1499	7550	2093	3341	40458	45.31
39	LM010101	碎石土垫层	m^2	678.810	2367		35		2181	2216		79	68	125	187	241	2915	4.29
40	LM010302	水泥稳定类基层	m^2	1178.100	34050		533	38647	3484	42665		390	1067	334	2635	4238	51329	43.57
41	LM010401	透层	m^2	820.560	4565		17	3090	93	3200		41	144	11	352	337	4086	4.98
42	LM010402	黏层	m^2	820.560	859			591	13	604		7	27	1	66	64	769	0.94
43	LM010403	封层	m^2	820.560	6791		228	4371	196	4795		68	215	89	525	512	6205	7.56

编制：　　　　　　　　　　　　复核：

表 A.0.2-7　建筑安装工程费计算表

建设项目名称：×××道路工程

编制范围：K0+000～K1+979.145　　　　第 3 页　共 3 页　　　　03 表

序号	分项编号	工程名称	单位	工程量	定额直接费（元）	定额设备购置费（元）	直接费（元）				设备购置费	措施费	企业管理费	规费	利润（元）	税金（元）	金额合计（元）	
							人工费	材料费	施工机械使用费	合计					费率（%）7.42%	税率（%）9.0%	合计	单价
1	2	3	4	5	6	7	8	9	10	11	12	13	14	15	16	17	18	19
44	LM010503	细粒式沥青混凝土面层	m^2	820.560	50315		990	35178	8399	44568		661	1587	638	3900	4622	55977	68.22
45	LM010101	碎石土垫层	m^2	68.250	238		4		219	223		8	7	13	19	24	293	4.29
46	LM020501	水泥混凝土面层	m^2	65.000	4512		1166	3611	209	4986		78	143	425	351	539	6522	100.34
47	LM020101	碎石土垫层	m^2	344.930	1202		18		1108	1126		40	35	63	95	122	1481	4.29
48	LM020501	水泥混凝土面层	m^2	328.500	22805		5894	18250	1056	25200		396	722	2147	1775	2722	32961	100.34
49	JA010501	波形钢板护栏	m	300.000	33112		2001	30362	694	33056		464	1516	764	2604	3456	41860	139.53
50	JA030103	单悬臂铝合金标志牌	块	14.000	67445		6589	71645	518	78752		424	2208	2297	5200	7999	96880	6919.96
51	JA040101	热熔标线	m^2/m	219.700	8665		807	7186	1548	9542		163	397	406	685	1007	12199	55.53
52	JA050101	混凝土里程碑	个	4.000	280		136	129	18	284		7	13	48	22	34	408	102.02
53	JA050102	混凝土百米桩	个	40.000	395		148	252	10	410		9	18	52	31	47	567	14.16
54	JA050103	混凝土界碑	个	8.000	324		167	149	13	328		8	15	58	26	39	475	59.35
55	JA0502	示警桩	根	24.000	2732		349	3134	418	3901		50	123	124	216	397	4810	200.43
56	11001	施工场地建设费	元							271304							271304	
57	11002	安全生产费	元							39948							39948	
58		合计	公路公里	1.979	5732380		1086576	3748330	1026473	6172632		114597	222923	431802	450387	637298	8029638	4057422.01

编制：　　　　　　　　　　　　复核：

表 A.0.2-8　综合费率计算表

建设项目名称：×××道路工程

编制范围：K0 +000 ~ K1 +979.145　　　　第1页　共1页　　　　04表

序号	工程类别	措施费(%)											企业管理费(%)						规费(%)					
		冬季施工增加费	雨季施工增加费	夜间施工增加费	高原地区施工增加费	风沙地区施工增加费	沿海地区施工增加费	行车干扰施工增加费	施工辅助费	工地转移费	综合费率		基本费用	主副食运费补贴	职工探亲路费	职工取暖补贴	财务费用	综合费率	养老保险费	失业保险费	医疗保险费	工伤保险费	住房公积金	综合费率
											Ⅰ	Ⅱ												
1	2	3	4	5	6	7	8	9	10	11	12	13	14	15	16	17	18	19	20	21	22	23	24	25
01	土方	1.30	0.39					1.50	0.52	0.22	3.41	0.52	2.75	0.13	0.19	0.13	0.27	3.47	16.00	0.70	7.00	0.50	10.00	34.20
02	石方	0.27	0.35					1.28	0.47	0.18	2.07	0.47	2.79	0.12	0.20	0.12	0.26	3.49	16.00	0.70	7.00	0.50	10.00	34.20
03	运输	0.25	0.39					1.45	0.15	0.16	2.25	0.15	1.37	0.13	0.13	0.13	0.26	2.03	16.00	0.70	7.00	0.50	10.00	34.20
04	路面	0.84	0.37					1.39	0.82	0.32	2.92	0.82	2.43	0.09	0.16	0.09	0.40	3.16	16.00	0.70	7.00	0.50	10.00	34.20
05	隧道	0.39							1.20	0.26	0.64	1.20	3.57	0.10	0.27	0.09	0.51	4.54	16.00	0.70	7.00	0.50	10.00	34.20
06	构造物Ⅰ	0.94	0.26					0.92	1.20	0.26	2.39	1.20	3.59	0.12	0.27	0.13	0.47	4.58	16.00	0.70	7.00	0.50	10.00	34.20
06 - 1	构造物Ⅰ(绿化)		0.26					0.92	1.20	0.26	1.45	1.20	3.59	0.12	0.27	0.13	0.47	4.58	16.00	0.70	7.00	0.50	10.00	34.20
07	构造物Ⅱ	1.24	0.28	0.90				1.01	1.54	0.33	3.77	1.54	4.73	0.14	0.35	0.15	0.55	5.91	16.00	0.70	7.00	0.50	10.00	34.20
08	构造物Ⅲ(一般)	2.30	0.57	1.70				0.95	2.73	0.62	6.13	2.73	5.98	0.25	0.55	0.26	1.09	8.13	16.00	0.70	7.00	0.50	10.00	34.20
08 - 1	构造物Ⅲ(室内)	2.30		1.70				0.95	2.73	0.62	5.57	2.73	5.98	0.25	0.55	0.26	1.09	8.13	16.00	0.70	7.00	0.50	10.00	34.20
08 - 2	构造物Ⅲ(桥梁)	2.30	0.57	1.70				0.95	2.73	0.62	6.13	2.73	5.98	0.25	0.55	0.26	1.09	8.13	16.00	0.70	7.00	0.50	10.00	34.20
08 - 3	构造物Ⅲ(设备安装)	2.30						0.95	2.73	0.62	3.87	2.73	5.98	0.25	0.55	0.26	1.09	8.13	16.00	0.70	7.00	0.50	10.00	34.20
09	技术复杂大桥	1.44	0.36	0.93					1.68	0.39	3.12	1.68	4.14	0.12	0.21	0.12	0.64	5.22	16.00	0.70	7.00	0.50	10.00	34.20
10	钢材及钢结构(一般)	0.10		0.87					0.56	0.35	1.33	0.56	2.24	0.11	0.16	0.08	0.65	3.25	16.00	0.70	7.00	0.50	10.00	34.20
10 - 1	钢材及钢结构(桥梁)	0.10		0.87					0.56	0.35	1.33	0.56	2.24	0.11	0.16	0.08	0.65	3.25	16.00	0.70	7.00	0.50	10.00	34.20
10 - 2	钢材及钢结构(金属标志牌等)	0.10							0.56	0.35	0.45	0.56	2.24	0.11	0.16	0.08	0.65	3.25	16.00	0.70	7.00	0.50	10.00	34.20

编制：　　　　　　　　　　　　　　复核：

表 A.0.2-9　综合费率计算表

建设项目名称：×××道路工程

编制范围：K0+000~K1+979.145　　　　第1页　共3页　　　　04-1表

序号	工程类别	措施费											企业管理费						规费					
		冬季施工增加费	雨季施工增加费	夜间施工增加费	高原地区施工增加	风沙地区施工增加	沿海地区施工增加	行车干扰施工增加	施工辅助费	工地转移费	综合费用 Ⅰ	综合费用 Ⅱ	基本费用	主副食运费补贴	职工探亲路费	职工取暖补贴	财务费用	综合费率	养老保险费	失业保险费	医疗保险费	工伤保险费	住房公积金	综合费率
1	2	3	4	5	6	7	8	9	10	11	12	13	14	15	16	17	18	19	20	21	22	23	24	25
1	临时道路	235	66					231	409	66	598	409	1222	41	93	44	159	1559	1659	73	726	52	1037	3546
2	临时供电设施	67	19					66	1301	19	171	1301	3887	130	297	141	505	4960	1112	49	487	35	695	2378
3	拌合站安拆	1397	389					1373	3353	389	3549	3353	10015	335	765	363	1301	12779	18182	795	7955	568	11364	38863
4	清除表土	532	280					1046	388	155	2013	388	1758	100	142	102	245	2347	2682	117	1173	84	1676	5732
5	伐树、挖根	235	65					231	300	65	597	300	897	30	69	33	117	1145	3526	154	1543	110	2204	7537
6	挖除沥青混凝土路面	6	3					13	6	2	25	6	19	1	1	1	3	26	26	1	12	1	16	56
7	挖土方	1216	777					2933	558	359	5286	558	3682	261	305	260	532	5039	5355	234	2343	167	3347	11446
8	利用土方填筑	1376	451					1747	565	253	3826	565	3082	159	222	158	328	3948	4409	193	1929	138	2756	9424
9	借土方填筑（帮宽、清表回填、沉降增加）	1070	531					2018	465	261	3880	465	2830	179	222	178	366	3775	4132	181	1808	129	2582	8832
10	桥涵台背回填	33	14					54	14	7	109	14	82	5	6	5	10	107	97	4	43	3	61	208
11	浆砌片块石边沟	1121	312					1102	3793	312	2847	3793	11329	379	865	411	1472	14456	16999	744	7437	531	10624	36334
12	一般边坡防护与加固	2590	701	301				2476	7729	718	6786	7729	23128	768	1762	832	2982	29472	37750	1652	16516	1180	23594	80691
13	陡坡路堤或填挖交界处理	104	45					171	468	40	360	468	1389	50	91	49	231	1811	1913	84	837	60	1195	4088
14	路基其他工程	302	89					348	121	52	791	121	637	30	45	30	63	805	2588	113	1132	81	1618	5533
15	低填浅挖	342	166					632	148	82	1221	148	894	56	70	56	115	1190	1131	49	495	35	707	2418
16	碎石土垫层	411	194					737	238	114	1456	238	1105	61	82	60	154	1462	1248	55	546	39	780	2667
17	水泥稳定类基层	697	360					1362	6141	278	2698	6141	18406	684	1214	669	3071	24044	3904	171	1708	122	2440	8345
18	透层	15	7					25	586	6	53	586	1739	63	114	62	290	2267	79	3	34	2	49	168

编制：　　　　　　　　　　　　复核：

表 A.0.2-9　综合费率计算表

建设项目名称：×××道路工程

编制范围：K0 +000 ~ K1 +979.145　　　　第 2 页　共 3 页　　　　04-1 表

序号	工程类别	措施费											企业管理费						规费					
		冬季施工增加费	雨季施工增加费	夜间施工增加费	高原地区施工增加	风沙地区施工增加	沿海地区施工增加	行车干扰施工增加	施工辅助费	工地转移费	综合费用		基本费用	主副食运费补贴	职工探亲路费	职工取暖补贴	财务费用	综合费率	养老保险费	失业保险费	医疗保险费	工伤保险费	住房公积金	综合费率
											Ⅰ	Ⅱ												
1	2	3	4	5	6	7	8	9	10	11	12	13	14	15	16	17	18	19	20	21	22	23	24	25
19	黏层	2	1					3	104	1	6	104	309	11	20	11	51	403	4	0	2	0	3	9
20	封层	58	25					96	872	22	202	872	2587	94	170	92	431	3373	652	29	285	20	407	1393
21	细粒式沥青混凝土面层	1061	478					1813	6089	408	3760	6089	18119	662	1190	647	3018	23635	4447	195	1946	139	2779	9505
22	培路肩	424	184					700	412	162	1469	412	1221	44	80	43	203	1592	7427	325	3249	232	4642	15874
23	铺砌混凝土预制块(路边石)	548	238					905	1009	209	1900	1009	2992	109	196	106	498	3901	9982	437	4367	312	6239	21337
24	旧路面处理	4	2					6	16	1	12	16	47	2	3	2	8	61	66	3	29	2	41	142
25	盖板涵	1647	464	141				1649	5510	505	4407	5510	17182	622	1304	628	2633	22368	22375	979	9789	699	13984	47827
26	实体式	463	105	337				376	1423	124	1405	1423	4374	130	322	142	504	5472	4413	193	1931	138	2758	9433
27	桥台	1061	241	793				859	3300	293	3246	3300	10215	309	752	332	1230	12838	10279	450	4497	321	6424	21972
28	桥墩	282	64	224				227	880	83	880	880	2763	87	203	91	364	3508	2648	116	1158	83	1655	5660
29	钢筋混凝土矩形现浇板	357	80	337				284	1502	133	1191	1502	5074	194	373	174	948	6763	5251	230	2297	164	3282	11225
30	沥青混凝土铺装	17	7					28	95	6	59	95	284	10	19	10	47	371	70	3	31	2	44	149
31	水泥混凝土铺装	20	7	38				26	213	21	112	213	748	32	54	27	172	1033	877	38	384	27	548	1875
32	板式橡胶支座	8	2	16				5	58	6	37	58	218	10	16	8	56	307	244	11	107	8	153	522
33	模数式伸缩缝	4	0	17				2	62	7	30	62	242	12	18	9	68	349	232	10	101	7	145	495
34	桥梁混凝土防撞护栏	59	12	83				44	312	32	230	312	1078	43	79	37	216	1453	1424	62	623	44	890	3043
35	桥头搭板	54	11	65				41	257	25	195	257	882	34	65	30	172	1184	1078	47	472	34	674	2304
36	锥坡	416	109	99				385	1172	115	1124	1172	3515	116	267	125	449	4472	6214	272	2719	194	3884	13283

编制：　　　　　　　　　　　　复核：

表 A.0.2-9　综合费率计算表

建设项目名称：×××道路工程

编制范围：K0 +000 ~ K1 +979.145　　　　第 3 页　共 3 页　　　　04-1 表

序号	工程类别	措施费											企业管理费						规费					
		冬季施工增加费	雨季施工增加费	夜间施工增加费	高原地区施工增加	风沙地区施工增加	沿海地区施工增加	行车干扰施工增加	施工辅助费	工地转移费	综合费用		基本费用	主副食运费补贴	职工探亲路费	职工取暖补贴	财务费用	综合费率	养老保险费	失业保险费	医疗保险费	工伤保险费	住房公积金	综合费率
											Ⅰ	Ⅱ												
1	2	3	4	5	6	7	8	9	10	11	12	13	14	15	16	17	18	19	20	21	22	23	24	25
37	河底铺砌	645	180					634	2321	180	1638	2321	6932	232	529	251	901	8845	10453	457	4573	327	6533	22344
38	拌和	314	71	229				255	390	84	954	390	1199	36	88	39	138	1499	3532	155	1545	110	2208	7550
39	碎石土垫层	19	9					34	11	5	68	11	52	3	4	3	7	68	58	3	25	2	36	125
40	水泥稳定类基层	30	16					60	273	12	118	273	817	30	54	30	136	1067	156	7	68	5	98	334
41	透层	1	0					2	37	0	3	37	111	4	7	4	18	144	5	0	2	0	3	11
42	黏层	0	0					0	7	0	0	7	21	1	1	1	3	27	0	0	0	0	0	1
43	封层	4	2					6	56	1	13	56	165	6	11	6	27	215	42	2	18	1	26	89
44	细粒式沥青混凝土面层	71	32					122	409	27	253	409	1217	44	80	43	203	1587	299	13	131	9	187	638
45	碎石土垫层	2	1					3	1	1	7	1	5	0	0	0	1	7	6	0	3	0	4	13
46	水泥混凝土面层	12	5					20	37	5	41	37	110	4	7	4	18	143	199	9	87	6	124	425
47	碎石土垫层	10	5					17	6	3	35	6	26	1	2	1	4	35	30	1	13	1	18	63
48	水泥混凝土面层	60	26					100	187	23	209	187	553	20	36	20	92	722	1005	44	439	31	628	2147
49	波形钢板护栏	26	7					26	398	7	66	398	1188	40	91	43	154	1516	357	16	156	11	223	764
50	单悬臂铝合金标志牌	9	1					2	387	26	37	387	1526	76	112	56	439	2208	1075	47	470	34	672	2297
51	热熔标线	23	6					23	104	6	59	104	311	10	24	11	40	397	190	8	83	6	119	406
52	混凝土里程碑	2	0					1	3	0	4	3	10	0	1	0	1	13	23	1	10	1	14	48
53	混凝土百米桩	2	0					2	5	0	4	5	14	0	1	1	2	18	24	1	11	1	15	52
54	混凝土界碑	2	0					2	4	0	4	4	12	0	1	0	2	15	27	1	12	1	17	58
55	示警桩	7	2	0				7	32	2	18	32	96	3	7	3	13	123	58	3	25	2	36	124
56	合计：	19471	6866	2681				25328	54534	5718	60063	54534	172316	6363	12552	6480	25211	222923	202013	8838	88381	6313	126258	431802

编制：　　　　　　　　复核：

表 A.0.2-11　专项费用计算表

建设项目名称：×××道路工程

编制范围：K0 +000 ~ K1 +979.145　　　　第 1 页　共 1 页　　　　06 表

序号	工程或费用名称	说明及计算式	金额(元)	备　注
11001	施工场地建设费	0.0357478314 *（定额建筑安装工程费（不含专项费用））	271304	$｛部颁 2018 施工场地建设费｝
11002	安全生产费	建安工程费 * 0.5%	39948	8029638.16 * 0.5%

编制：　　　　复核：

表 A.0.2-12　土地使用及拆迁补偿费计算表

建设项目名称：×××道路工程

编制范围：K0+000~K1+979.145　　　　第 1 页　共 1 页　　　　07 表

序号	费用名称	单位	数量	单价(元)	金额(元)	说明及计算式	备注
201	土地使用费	亩	52.329	84668.62	4430624.14		
20101	永久征用土地	亩	52.329	83947.29	4392877.50		
1	耕地	亩	14.926	75000.00	1119450.00		
2	果园	亩	3.912	75000.00	293400.00		
4	建筑用地	亩	0.232	75000.00	17400.00		
5	其他用地	亩	33.259	45000.00	1496655.00		
6	耕地占用税	亩	18.838	1333.00	25111.05		
7	耕地开垦费	亩	18.838	10000.00	188380.00		
8	青苗补偿	亩	18.838	1300.00	24489.40		
9	被征地农民安置费	亩	52.097	15000.00	781455.00		
13	失业农民社会保障费	亩	52.097	7500.00	390727.50		
14	水土保持补偿费	亩	52.097	1071.26	55809.54		
20102	临时用地	亩	5.960	6333.33	37746.65		
2010201	临时征地使用费	亩	5.960	3000.00	17880.00		
2010202	复耕费	亩	5.960	3333.33	19866.65		
202	拆迁补偿费	公路公里	1.979	89176.35	176480.00		
1	材树	棵	582.000	54.09	31480.00		
1	材树 <5cm	棵	500.000	40.00	20000.00		
2	材树 >5cm	棵	82.000	140.00	11480.00		
2	成果树	棵	120.000	700.00	84000.00		
3	平房(废弃)	m^2	155.000	200.00	31000.00		
13	通讯杆	根	12.000	2500.00	30000.00		

编制：　　　　复核：

表 A.0.2-13　工程建设其他费计算表

建设项目名称：×××道路工程

编制范围：K0+000～K1+979.145　　　　第1页　共1页　　　　08表

序号	费用名称及项目	说明及计算式	金额（元）	备　注
301	建设项目管理费		486014	
30101	建设单位（业主）管理费	0.0357985108×（定额建筑安装工程费（不含专项费用）+专项费用）	282831	$｛部颁2018 建设单位（业主）管理费｝
30103	工程监理费	0.0234757921×（定额建筑安装工程费（不含专项费用）+专项费用）	185474	$｛部颁2018 工程监理费｝
30104	设计文件审查费	0.0007700001×（定额建筑安装工程费（不含专项费用）+专项费用）	6083	$｛部颁2018 设计文件审查费｝
30105	竣（交）工验收试验检测费		11625	
1	路基	道路｛部颁2018 竣（交）工验收试验检测费｝	11241	11241.25
1	桥梁	24.00（m）×16	384	
303	建设项目前期工作费	0.0267378961×（定额建筑安装工程费（不含专项费用）+专项费用）	211246	$｛部颁2018 建设项目前期工作费｝
306	生产准备费		14017	
30602	办公和生活用家具购置费	｛部颁2018 办公及生活用家具购置费｝	4017	4017.37
30603	生产人员培训费	5×2000	10000	
304	专项评价（估）费	1.98（公路公里）×100000	197900	
308	工程保险费	（建安工程费－设备费）×0.4%	32119	（8029638.16－0）×0.4%

编制：　　　　　　　　　　复核：

表 A.0.2-14　人工、材料、施工机械台班单价汇总表

建设项目名称：×××道路工程

编制范围：K0 +000 ~ K1 +979.145　　　　第 1 页　共 4 页　　　　09 表

序号	名　称	单位	代号	预算单价(元)	备注	序号	名　称	单位	代号	预算单价(元)	备注
1	人工	工日	1001001	103.00		19	电焊条结 422(502、506、507)3.2/4.0/5.0	kg	2009011	4.38	
2	机械工	工日	1051001	103.00		20	螺栓混合规格	kg	2009013	7.35	
3	HPB300 钢筋	t	2001001	3799.41		21	膨胀螺栓混合规格	套	2009015	4.08	
4	HRB400 钢筋	t	2001002	3629.15		22	铁件	kg	2009028	5.56	
5	钢丝绳股丝 6 − 7 × 19，绳径 7.1 ~ 9mm；股丝 6 × 37，绳径 14.1 ~ 15.5mm	t	2001019	6419.92		23	镀锌铁件	kg	2009029	5.88	
6	钢纤维扁丝切断型、钢丝切断型、高强铣销型、剪切波纹型、剪切压痕型	t	2001020	5655.23		24	铁钉混合规格	kg	2009030	5.35	
7	8 ~ 12 号铁丝镀锌铁丝	kg	2001021	5.22		25	U 形锚钉	kg	2009034	3.67	
8	20 ~ 22 号铁丝镀锌铁丝	kg	2001022	5.11		26	石油沥青	t	3001001	3718.18	
9	型钢工字钢，角钢	t	2003004	3213.05		27	乳化沥青阳离子类乳化沥青、阳离子类乳化改性沥青、阴离子类乳化改性沥青	t	3001005	2331.18	
10	钢板 A3，$\delta = 5 \sim 40$mm	t	2003005	3654.33		28	重油	kg	3003001	4.71	
11	钢管无缝钢管	t	2003008	4345.48		29	汽油 93 号	kg	3003002	7.47	
12	钢管立柱	t	2003015	5183.72		30	柴油 0 号，−10 号，−20 号	kg	3003003	6.60	
13	波形钢板镀锌(包括端头板、撑架)	t	2003017	5183.72		31	煤	t	3005001	912.70	
14	钢模板各类定型大块钢模板	t	2003025	4670.90		32	电	kW · h	3005002	0.85	
15	组合钢模板	t	2003026	4620.53		33	水	m^3	3005004	2.72	
16	安全爬梯	t	2003028	8076.92		34	原木混合规格	m^3	4003001	1771.10	
17	空心钢钎优质碳素工具钢	kg	2009003	8.83		35	锯材中板 $\delta = 19 \sim 35$mm，中方混合规格	m^3	4003002	1810.78	
18	ϕ50mm 以内合金钻头 ϕ43mm	个	2009004	41.00		36	草籽	kg	4013001	61.25	

编制：　　　　　　　　　　复核：

表 A.0.2-14　人工、材料、施工机械台班单价汇总表

建设项目名称：×××道路工程

编制范围：K0+000~K1+979.145　　　　第 2 页　共 4 页　　　　09 表

序号	名　　称	单位	代号	预算单价(元)	备注	序号	名　　称	单位	代号	预算单价(元)	备注
37	PVC 塑料管(φ50mm) φ50mm	m	5001013	6.90		55	片石码方	m^3	5505005	60.80	
38	硝铵炸药 1 号、2 号岩石硝铵炸药	kg	5005002	10.70		56	碎石(2cm)最大粒径 2cm 堆方	m^3	5505012	99.32	
39	非电毫秒雷管导爆管长 3~7m	个	5005008	6.23		57	碎石(4cm)最大粒径 4cm 堆方	m^3	5505013	99.32	
40	导爆索爆速 6000~7000m/s	m	5005009	8.56		58	碎石(8cm)最大粒径 8cm 堆方	m^3	5505015	99.32	
41	土工格栅宽 6m，聚乙烯单向、双向拉伸、聚丙烯双向、玻璃纤维	m^2	5007003	7.93		59	碎石未筛分碎石统料堆方	m^3	5505016	99.32	
42	油漆	kg	5009002	11.27		60	路面用碎石(1.5cm)最大粒经 1.5cm 堆方	m^3	5505017	99.32	
43	桥面防水涂料聚合物渗透水性桥面防水涂料	kg	5009005	10.26		61	块石码方	m^3	5505025	93.20	
44	底油	kg	5009007	11.37		62	32.5 级水泥	t	5509001	389.82	
45	热熔涂料	kg	5009008	4.69		63	42.5 级水泥	t	5509002	479.50	
46	油毛毡 400g，0.915m×21.95m	m^2	5009012	2.66		64	钢筋混凝土电杆(7m)	根	5511002	264.10	
47	防腐聚氨酯	t	5009022	5500.00		65	板式橡胶支座 GJZ 系列、GYZ 系列	dm^3	6001003	47.01	
48	黏土堆方	m^3	5501003	35.73		66	模数式伸缩缝 40 型	m	6004001	778.00	
49	种植土	m^3	5501007	11.65		67	铝合金标志包括板面、立柱、横梁、法兰盘、垫板及其他金属附件	t	6007002	22116.77	
50	中(粗)砂混凝土、砂浆用堆方	m^3	5503005	82.18		68	反光玻璃珠 JT/T 280—1995 1、2 号(A 类)	kg	6007003	3.33	
51	砂砾堆方	m^3	5503007	54.94		69	反光膜	m^2	6007004	308.22	
52	天然级配堆方	m^3	5503009	54.94		70	震动标线涂料	kg	6007010	10.33	
53	矿粉粒经 <0.0074cm，重量比 >70%	t	5503013	155.34		71	120/20 聚乙烯绝缘电力电缆规格 120/20	m	7001009	14.02	
54	路面用石屑	m^3	5503015	64.27		72	其他材料费	元	7801001	1.00	

编制：　　　　　　　　　　　　复核：

表 A.0.2-14　人工、材料、施工机械台班单价汇总表

建设项目名称：×××道路工程

编制范围：K0+000～K1+979.145　　　　第 3 页　共 4 页　　　　09 表

序号	名　称	单位	代号	预算单价(元)	备注	序号	名　称	单位	代号	预算单价(元)	备注
73	设备摊销费	元	7901001	1.00		91	机械自身质量10t以内振动压路机 YZJ10B	台班	8001088	847.39	
74	PVC管(120mm)	m	5002001	12.00		92	机械自身质量15t以内振动压路机 CA25PD	台班	8001089	1009.89	
75	功率75kW以内履带式推土机 TY100	台班	8001002	831.47		93	机械自身质量20t以内振动压路机 YZ18A,YZJ19A	台班	8001090	1371.22	
76	功率105kW以内履带式推土机 T140-1 带松土器	台班	8001004	1109.07		94	蛙式夯土机(200～620 N·m)HW-280	台班	8001095	29.88	
77	功率135kW以内履带式推土机 T180 带松土器	台班	8001006	1511.66		95	机动液压喷播机 CYP-4456	台班	8001132	326.88	
78	斗容量 $0.6m^3$ 履带式单斗挖掘机 WY60 液压	台班	8001025	794.43		96	生产能力300t/h以内稳定土厂拌设备 WBC-300	台班	8003011	1291.24	
79	斗容量 $1.0m^3$ 履带式单斗挖掘机 WY100 液压	台班	8001027	1125.53		97	最大摊铺宽度7.5m稳定土摊铺机 WTU75	台班	8003015	1535.64	
80	斗容量 $2.0m^3$ 履带式单斗挖掘机 WY200A 液压	台班	8001030	1417.45		98	最大摊铺宽度12.5m稳定土摊铺机 WTU125	台班	8003017	2936.08	
81	斗容量 $1.0m^3$ 履带式单斗挖掘机 WK100 机械	台班	8001035	991.29		99	撒布宽度1～3m石屑撒布机 SA3	台班	8003030	678.50	
82	斗容量 $1.0m^3$ 轮胎式装载机 ZL20	台班	8001045	540.76		100	容量4000L以内沥青洒布车 LS-3500	台班	8003038	556.40	
83	斗容量 $2.0m^3$ 轮胎式装载机 ZL40	台班	8001047	904.26		101	容量8000L以内沥青洒布车 LS-7500	台班	8003040	789.13	
84	斗容量 $3.0m^3$ 轮胎式装载机 ZL50	台班	8001049	1149.78		102	生产能力30t/h以内沥青混合料拌和设备 LB-30	台班	8003047	6077.64	
85	功率120kW以内平地机 F155	台班	8001058	1113.19		103	最大摊铺宽度4.5m以内沥青混合料摊铺机(不带自动找平)LT-6A	台班	8003056	787.00	
86	机械自身质量6～8t光轮压路机 2Y-6/8	台班	8001078	341.61		104	机械自身质量10t以内双钢轮振动压路机 YZC-10	台班	8003063	1043.22	
87	机械自身质量8～10t光轮压路机 2Y-8/10	台班	8001079	373.72		105	机械自身质量9～16t轮胎式压路机 YL16	台班	8003066	619.44	
88	机械自身质量12～15t光轮压路机 3Y-12/15	台班	8001081	550.21		106	机械自身质量16～20t轮胎式压路机 YL20	台班	8003067	726.62	
89	机械自身质量18～21t光轮压路机 3Y-18/21	台班	8001083	699.92		107	热熔标线设备(含热熔釜标线车 BJ-130)	台班	8003070	749.24	
90	机械自身质量0.6t手扶式振动碾 YZS06B	台班	8001085	158.64		108	凸起振动标线机	台班	8003075	561.35	

编制：　　　　　　　　　　复核：

表 A.0.2-14　人工、材料、施工机械台班单价汇总表

建设项目名称：×××道路工程

编制范围：K0 +000 ~ K1 +979.145　　　　第 4 页　共 4 页　　　　09 表

序号	名　称	单位	代号	预算单价(元)	备注	序号	名　称	单位	代号	预算单价(元)	备注
109	混凝土电动真空吸水机组含吸垫 5m×5m	台班	8003079	138.66		127	提升质量 25t 以内汽车式起重机 QY25	台班	8009030	1315.47	
110	电动混凝土切缝机(含锯片摊销费用)SLF	台班	8003085	207.00		128	最大作业高度 10m 以内高空作业车 QYJ5040JGKZ10	台班	8009046	491.22	
111	出料容量 250L 以内强制式混凝土搅拌机 JD250	台班	8005002	174.58		129	牵引力 50kN 以内单筒慢动电动卷扬机 JJM－5	台班	8009081	169.02	
112	出料容量 400L 以内灰浆搅拌机 UJ325	台班	8005010	134.51		130	锯片直径 500mm 以内木工圆锯机 MJ－106	台班	8015013	130.63	
113	装载质量 2t 以内载货汽车	台班	8007001	322.32		131	容量 32kV·A 以内交流电弧焊机 BX1－330	台班	8015028	180.95	
114	装载质量 4t 以内载货汽车 CA10B	台班	8007003	438.71		132	排气量 $9m^3$/min 以内机动空气压缩机 VY－9/7	台班	8017049	668.41	
115	装载质量 10t 以内载货汽车 JN161，JN162	台班	8007007	622.22		133	小型机具使用费	元	8099001	1.00	
116	装载质量 5t 以内自卸汽车 CA340	台班	8007012	536.60		134	定额基价	元	1999	1.00	
117	装载质量 12t 以内自卸汽车 T138，SX360	台班	8007016	786.44							
118	装载质量 15t 以内平板拖车组 JN462	台班	8007023	742.53							
119	容量 6000L 以内洒水汽车 YGJ5102GSSEQ	台班	8007041	666.54							
120	容量 10000L 以内洒水汽车 YGJ5170GSSJN	台班	8007043	1057.24							
121	装载质量 1.0t 以内机动翻斗车 F10A	台班	8007046	201.88							
122	提升质量 5t 以内汽车式起重机 QY5	台班	8009025	609.56							
123	提升质量 8t 以内汽车式起重机 QY8	台班	8009026	682.86							
124	提升质量 12t 以内汽车式起重机 QY12	台班	8009027	815.94							
125	提升质量 16t 以内汽车式起重机 QY16	台班	8009028	987.25							
126	提升质量 20t 以内汽车式起重机 QY20	台班	8009029	1169.79							

编制：　　　　　　　　　　　　复核：

表 A.0.3-1　分项工程预算计算数据表

建设项目名称：×××道路工程

编制范围：K0+000~K1+979.145　　标准定额库版本号：　　校验码：　　第 1 页　共 28 页　　21-1 表

分项编号/定额代号/工料机代号	项目、定额或工料机的名称	单位	数量	输入单价	输入金额	分项组价类型或定额子目取费类别	定额调整情况或分项算式
10101	临时道路	km	1.980	22463.94	44478.61		
5503009	天然级配	m^3	149.688	54.94	8223.86		
8001002	功率 75kW 以内履带式推土机	台班	12.751	831.47	10602.24		
8001078	机械自身质量 6~8t 光轮压路机	台班	16.634	341.61	5682.33		
8001079	机械自身质量 8~10t 光轮压路机	台班	0.673	373.72	251.59		
8001081	机械自身质量 12~15t 光轮压路机	台班	2.812	550.21	1546.97		
10106	拌合站安拆	座	2.000	196337.38	392674.76		
2003004	型钢	t	0.027	3213.05	86.75		
2003026	组合钢模板	t	0.057	4620.53	263.37		
2009028	铁件	kg	69.200	5.56	384.75		
3005004	水	m^3	500.000	2.72	1360.00		
5503005	中(粗)砂	m^3	296.770	82.18	24388.56		
5505005	片石	m^3	345.580	60.80	21011.26		
5505013	碎石(4cm)	m^3	52.960	99.32	5259.99		
5505025	块石	m^3	416.010	93.20	38772.13		
5509001	32.5 级水泥	t	83.177	389.82	32424.06		
7801001	其他材料费	元	135.800	1.00	135.80		
7901001	设备摊销费	元	11725.300	1.00	11725.30		
8001025	斗容量 0.6m^3 履带式单斗挖掘机	台班	5.590	794.43	4440.86		
8005002	出料容量 250L 以内强制式混凝土搅拌机	台班	1.900	174.58	331.70		
8007023	装载质量 15t 以内平板拖车组	台班	6.990	742.53	5190.28		
8009027	提升质量 12t 以内汽车式起重机	台班	23.990	815.94	19574.40		
8009029	提升质量 20t 以内汽车式起重机	台班	8.110	1169.79	9487.00		
8099001	小型机具使用费	元	456.900	1.00	456.90		
LJ010101	清除表土	m^3	7933.200	12.36	98039.68		

编制：　　　　复核：

表 A.0.3-1 分项工程预算计算数据表

建设项目名称：×××道路工程

编制范围：K0 +000 ~ K1 +979.145　　标准定额库版本号：　　校验码：　　第 2 页　共 28 页　　21-1 表

分项编号/定额代号/工料机代号	项目、定额或工料机的名称	单位	数量	输入单价	输入金额	分项组价类型或定额子目取费类别	定额调整情况或分项算式
8001006	功率 135kW 以内履带式推土机	台班	9.520	1511.66	14390.76		
8001047	斗容量 2.0m^3 轮胎式装载机	台班	11.186	904.26	10114.88		
8001081	机械自身质量 12 ~ 15t 光轮压路机	台班	6.360	550.21	3499.42		
8007016	装载质量 12t 以内自卸汽车	台班	47.282	786.44	37184.36		
LJ010102	伐树、挖根	棵	702.000	55.60	39034.23		
8001027	斗容量 1.0m^3 履带式单斗挖掘机	台班	1.029	1125.53	1158.17		
8099001	小型机具使用费	元	1242.540	1.00	1242.54		
LJ010202	挖除沥青混凝土路面	m^3	48.520	23.41	1135.75		
8001030	斗容量 2.0m^3 履带式单斗挖掘机	台班	0.388	1417.45	550.20		
8001089	机械自身质量 15t 以内振动压路机	台班	0.010	1009.89	9.80		
8007016	装载质量 12t 以内自卸汽车	台班	0.315	786.44	247.87		
LJ0201	挖土方	m^3	30163.350	8.15	245979.40		
8001006	功率 135kW 以内履带式推土机	台班	4.487	1511.66	6782.33		
8001030	斗容量 2.0m^3 履带式单斗挖掘机	台班	34.151	1417.45	48407.24		
8007016	装载质量 12t 以内自卸汽车	台班	156.569	786.44	123132.05		
LJ0301	利用土方填筑	m^3	28727.000	5.38	154585.16		
3005004	水	m^3	1608.712	2.72	4375.70		
8001058	功率 120kW 以内平地机	台班	42.229	1113.19	47008.56		
8001088	机械自身质量 10t 以内振动压路机	台班	51.421	847.39	43573.92		
8007041	容量 6000L 以内洒水汽车	台班	19.900	666.54	13263.99		
LJ0302	借土方填筑（帮宽、清表回填、沉降增加）	m^3	11445.300	14.88	170276.31		
8001030	斗容量 2.0m^3 履带式单斗挖掘机	台班	16.069	1417.45	22777.29		
8001058	功率 120kW 以内平地机	台班	16.825	1113.19	18728.97		
8001088	机械自身质量 10t 以内振动压路机	台班	20.487	847.39	17360.55		
8007016	装载质量 12t 以内自卸汽车	台班	73.673	786.44	57939.71		

编制：　　　　复核：

表 A.0.3-1　分项工程预算计算数据表

建设项目名称：×××道路工程

编制范围：K0+000～K1+979.145　　标准定额库版本号：　　校验码：　　第 3 页　共 28 页　　21-1 表

分项编号/定额代号/工料机代号	项目、定额或工料机的名称	单位		数量		输入单价	输入金额	分项组价类型或定额子目取费类别	定额调整情况或分项算式
8007041	容量 6000L 以内洒水汽车	台班		7.928		666.54	5284.59		
LJ0403	桥涵台背回填	m^3		236.300		19.22	4541.32		
8001004	功率 105kW 以内履带式推土机	台班		0.893		1109.07	990.64		
8001027	斗容量 1.0m^3 履带式单斗挖掘机	台班		0.009		1125.53	10.57		
8001047	斗容量 2.0m^3 轮胎式装载机	台班		0.360		904.26	325.43		
8001058	功率 120kW 以内平地机	台班		0.347		1113.19	386.68		
8001088	机械自身质量 10t 以内振动压路机	台班		0.423		847.39	358.43		
8007016	装载质量 12t 以内自卸汽车	台班		1.521		786.44	1196.22		
8007041	容量 6000L 以内洒水汽车	台班		0.177		666.54	117.83		
LJ060103	浆砌片块石边沟	m^3	m	1282.450	1942.000	340.59	436788.26		
3005004	水	m^3		2308.410		2.72	6278.88		
5503005	中（粗）砂	m^3		534.782		82.18	43948.36		
5503007	砂砾	m^3		201.246		54.94	11056.46		
5505005	片石	m^3		1474.818		60.80	89668.90		
5509001	32.5 级水泥	t		132.990		389.82	51842.19		
7801001	其他材料费	元		294.964		1.00	294.96		
8001025	斗容量 0.6m^3 履带式单斗挖掘机	台班		6.568		794.43	5217.60		
8001045	斗容量 1.0m^3 轮胎式装载机	台班		10.260		540.76	5547.98		
8005010	出料容量 400L 以内灰浆搅拌机	台班		19.237		134.51	2587.54		
LJ0701	一般边坡防护与加固	km		0.743		1192276.68	885861.57		
2001001	HPB300 钢筋	t		0.619		3799.41	2352.59		
2001021	8～12 号铁丝	kg		34.582		5.22	180.52		
2003004	型钢	t		0.093		3213.05	298.43		
2009011	电焊条	kg		1.548		4.38	6.78		
2009028	铁件	kg		8.514		5.56	47.34		

编制：　　　　复核：

表 A.0.3-1　分项工程预算计算数据表

建设项目名称：×××道路工程

编制范围：K0 +000 ~ K1 +979.145　　标准定额库版本号：　　校验码：　　第 4 页　共 28 页　　21-1 表

分项编号/定额代号/工料机代号	项目、定额或工料机的名称	单位	数量	输入单价	输入金额	分项组价类型或定额子目取费类别	定额调整情况或分项算式
2009030	铁钉	kg	0.300	5.35	1.61		
3005004	水	m^3	2733.144	2.72	7434.15		
4003001	原木	m^3	0.090	1771.10	159.40		
4003002	锯材	m^3	0.060	1810.78	108.65		
4013001	草籽	kg	53.336	61.25	3266.83		
5001013	PVC 塑料管(φ50mm)	m	5.400	6.90	37.26		
5501003	黏土	m^3	0.540	35.73	19.29		
5501007	种植土	m^3	416.398	11.65	4851.04		
5503005	中(粗)砂	m^3	922.462	82.18	75807.89		
5503007	砂砾	m^3	277.568	54.94	15249.56		
5505005	片石	m^3	2576.230	60.80	156634.78		
5505013	碎石(4cm)	m^3	64.884	99.32	6444.32		
5505015	碎石(8cm)	m^3	0.330	99.32	32.78		
5509001	32.5 级水泥	t	247.395	389.82	96439.71		
7801001	其他材料费	元	12444.916	1.00	12444.92		
8001035	斗容量 1.0m^3 履带式单斗挖掘机	台班	6.104	991.29	6051.00		
8001045	斗容量 1.0m^3 轮胎式装载机	台班	22.402	540.76	12114.11		
8001132	机动液压喷播机	台班	2.667	326.88	871.72		
8005002	出料容量 250L 以内强制式混凝土搅拌机	台班	2.477	174.58	432.40		
8005010	出料容量 400L 以内灰浆搅拌机	台班	33.603	134.51	4519.94		
8007003	装载质量 4t 以内载货汽车	台班	2.125	438.71	932.29		
8007041	容量 6000L 以内洒水汽车	台班	2.018	666.54	1345.35		
8015028	容量 32kV · A 以内交流电弧焊机	台班	0.155	180.95	28.01		
8017049	排气量 9m^3/min 以内机动空气压缩机	台班	2.313	668.41	1546.27		
8099001	小型机具使用费	元	122.214	1.00	122.21		

编制：　　　　复核：

表 A.0.3-1 分项工程预算计算数据表

建设项目名称：×××道路工程

编制范围：K0+000～K1+979.145　　标准定额库版本号：　　校验码：　　第 5 页　共 28 页　　21-1 表

分项编号/定额代号/工料机代号	项目、定额或工料机的名称	单位	数量	输入单价	输入金额	分项组价类型或定额子目取费类别	定额调整情况或分项算式
LJ08	陡坡路堤或填挖交界处理	m	472.000	152.11	71797.36		
2009034	U 形锚钉	kg	519.995	3.67	1908.38		
5007003	土工格栅	m^2	5122.728	7.93	40623.23		
7801001	其他材料费	元	212.472	1.00	212.47		
LJ08	路基其他工程	km	1.942	17633.04	34243.37		
8001025	斗容量 $0.6m^3$ 履带式单斗挖掘机	台班	7.768	794.43	6171.13		
8001058	功率 120kW 以内平地机	台班	1.165	1113.19	1297.09		
8001079	机械自身质量 8～10t 光轮压路机	台班	1.893	373.72	707.62		
LJ09	低填浅挖	m^3	1902.000	27.76	52793.19		
8001004	功率 105kW 以内履带式推土机	台班	7.190	1109.07	7973.73		
8001030	斗容量 $2.0m^3$ 履带式单斗挖掘机	台班	2.375	1417.45	3366.59		
8001047	斗容量 $2.0m^3$ 轮胎式装载机	台班	2.897	904.26	2619.41		
8001058	功率 120kW 以内平地机	台班	2.796	1113.19	3112.41		
8001088	机械自身质量 10t 以内振动压路机	台班	3.405	847.39	2885.01		
8007016	装载质量 12t 以内自卸汽车	台班	23.132	786.44	18192.00		
8007041	容量 6000L 以内洒水汽车	台班	1.423	666.54	948.46		
LM010101	碎石土垫层	m^2	14538.000	4.29	62434.46		
5503007	砂砾	m^3		54.94			
8001004	功率 105kW 以内履带式推土机	台班	12.456	1109.07	13814.75		
8001047	斗容量 $2.0m^3$ 轮胎式装载机	台班	5.018	904.26	4537.62		
8001058	功率 120kW 以内平地机	台班	3.198	1113.19	3560.38		
8001081	机械自身质量 12～15t 光轮压路机	台班	3.344	550.21	1839.76		
8001083	机械自身质量 18～21t 光轮压路机	台班	4.798	699.92	3357.89		
8007016	装载质量 12t 以内自卸汽车	台班	21.211	786.44	16681.22		
8007043	容量 10000L 以内洒水汽车	台班	2.762	1057.24	2920.33		

编制：　　复核：

表 A.0.3-1 分项工程预算计算数据表

建设项目名称：×××道路工程

编制范围：K0+000～K1+979.145　　标准定额库版本号：　　校验码：　　第6页　共28页　　21-1表

分项编号/定额代号/工料机代号	项目、定额或工料机的名称	单位	数量	输入单价	输入金额	分项组价类型或定额子目取费类别	定额调整情况或分项算式
LM010302	水泥稳定类基层	m^2	26454.000	43.74	1157101.13		
3005004	水	m^3	660.660	2.72	1797.00		
5505016	碎石	m^3	6661.724	99.32	661642.40		
5509001	32.5级水泥	t	506.662	389.82	197507.10		
7801001	其他材料费	元	7962.654	1.00	7962.65		
8001049	斗容量 $3.0m^3$ 轮胎式装载机	台班	12.148	1149.78	13967.69		
8001081	机械自身质量12～15t光轮压路机	台班	2.116	550.21	1164.42		
8001090	机械自身质量20t以内振动压路机	台班	10.846	1371.22	14872.44		
8003011	生产能力300t/h以内稳定土厂拌设备	台班	5.813	1291.24	7505.95		
8003015	最大摊铺宽度7.5m稳定土摊铺机	台班	8.134	1535.64	12490.56		
8003017	最大摊铺宽度12.5m稳定土摊铺机	台班	0.035	2936.08	101.47		
8003067	机械自身质量16～20t轮胎式压路机	台班	6.614	726.62	4805.50		
8007016	装载质量12t以内自卸汽车	台班	24.248	786.44	19069.21		
8007043	容量10000L以内洒水汽车	台班	4.233	1057.24	4474.92		
LM010401	透层	m^2	12882.000	4.98	64142.96		
3001005	乳化沥青	t	19.903	2331.18	46396.75		
5503015	路面用石屑	m^3	32.849	64.27	2111.21		
8003040	容量8000L以内沥青洒布车	台班	0.644	789.13	508.28		
8003066	机械自身质量9～16t轮胎式压路机	台班	1.546	619.44	957.56		
LM010402	黏层	m^2	12154.000	0.94	11390.73		
3001005	乳化沥青	t	3.756	2331.18	8754.95		
8003040	容量8000L以内沥青洒布车	台班	0.243	789.13	191.82		
LM010403	封层	m^2	12882.000	7.56	97401.32		
3001005	乳化沥青	t	26.537	2331.18	61862.34		
5503015	路面用石屑	m^3	105.117	64.27	6755.88		

编制：　　复核：

表 A.0.3-1　分项工程预算计算数据表

建设项目名称：× × ×道路工程

编制范围：K0 +000 ~ K1 +979.145　　标准定额库版本号：　　校验码：　　第 7 页　共 28 页　　21-1 表

分项编号/定额代号/工料机代号	项目、定额或工料机的名称	单　位	数　量	输入单价	输入金额	分项组价类型或定额子目取费类别	定额调整情况或分项算式
8003030	撒布宽度 1 ~ 3m 石屑撒布机	台班	0.258	678.50	174.81		
8003040	容量 8000L 以内沥青洒布车	台班	0.644	789.13	508.28		
8003066	机械自身质量 9 ~ 16t 轮胎式压路机	台班	3.865	619.44	2393.89		
LM010503	细粒式沥青混凝土面层	m^2	12208.000	68.27	833418.55		
3001001	石油沥青	t	105.248	3718.18	391332.73		
5503013	矿粉	t	72.817	155.34	11311.40		
5503015	路面用石屑	m^3	344.046	64.27	22111.83		
5505017	路面用碎石(1.5cm)	m^3	943.101	99.32	93668.79		
7801001	其他材料费	元	238.508	1.00	238.51		
7901001	设备摊销费	元	5063.012	1.00	5063.01		
8001045	斗容量 1.0m^3 轮胎式装载机	台班	13.767	540.76	7444.62		
8003047	生产能力 30t/h 以内沥青混合料拌和设备	台班	12.878	6077.64	78269.18		
8003056	最大摊铺宽度 4.5m 以内沥青混合料摊铺机(不带自动找平)	台班	9.272	787.00	7297.05		
8003063	机械自身质量 10t 以内双钢轮振动压路机	台班	16.698	1043.22	17419.79		
8003066	机械自身质量 9 ~ 16t 轮胎式压路机	台班	8.341	619.44	5166.44		
8007012	装载质量 5t 以内自卸汽车	台班	6.640	536.60	3562.99		
8007016	装载质量 12t 以内自卸汽车	台班	7.024	786.44	5524.33		
8007043	容量 10000L 以内洒水汽车	台班	0.342	1057.24	361.39		
LM040201	培路肩	m^3	1994.000	39.41	78573.87		
8001085	机械自身质量 0.6t 手扶式振动碾	台班	41.874	158.64	6642.89		
LM04020202	铺砌混凝土预制块(路边石)	m^3	215.409	847.65	182590.63		
2003004	型钢	t	0.582	3213.05	1868.72		
2003005	钢板	t	0.065	3654.33	236.15		
2009011	电焊条	kg	8.616	4.38	37.74		

编制：　　　　复核：

表 A.0.3-1 分项工程预算计算数据表

建设项目名称：×××道路工程

编制范围：K0+000～K1+979.145　　标准定额库版本号：　　校验码：　　第 8 页　共 28 页　　21-1 表

分项编号/定额代号/工料机代号	项目、定额或工料机的名称	单位		数量		输入单价	输入金额	分项组价类型或定额子目取费类别	定额调整情况或分项算式
2009028	铁件	kg		62.469		5.56	347.32		
3005004	水	m^3		366.195		2.72	996.05		
5503005	中(粗)砂	m^3		143.462		82.18	11789.72		
5505013	碎石(4cm)	m^3		180.512		99.32	17928.50		
5509001	32.5 级水泥	t		84.225		389.82	32832.51		
7801001	其他材料费	元		562.217		1.00	562.22		
8005002	出料容量 250L 以内强制式混凝土搅拌机	台班		7.970		174.58	1391.42		
8015028	容量 32kV · A 以内交流电弧焊机	台班		1.077		180.95	194.89		
8099001	小型机具使用费	元		68.931		1.00	68.93		
LM06	旧路面处理	km	m^2	0.054	162.000	44950.85	2427.35		
2009034	U 形锚钉	kg		5.249		3.67	19.26		
5007003	土工格栅	m^2		177.325		7.93	1406.19		
7801001	其他材料费	元		7.355		1.00	7.35		
HD02	盖板涵	m	道	39.000	2.000	19020.64	741804.81		
1517001	预制构件	m^3							
2001001	HPB300 钢筋	t		1.054		3799.41	4004.45		
2001002	HRB400 钢筋	t		28.172		3629.15	102240.50		
2001019	钢丝绳	t		0.101		6419.92	646.49		
2001021	8～12 号铁丝	kg		6.042		5.22	31.54		
2001022	20～22 号铁丝	kg		64.467		5.11	329.43		
2003004	型钢	t		0.037		3213.05	119.17		
2003008	钢管	t		0.208		4345.48	904.73		
2003025	钢模板	t		3.963		4670.90	18510.73		
2003026	组合钢模板	t		0.008		4620.53	37.84		
2009003	空心钢钎	kg		2.901		8.83	25.61		

编制：　　复核：

表 A.0.3-1　分项工程预算计算数据表

建设项目名称：×××道路工程

编制范围：K0+000～K1+979.145　　标准定额库版本号：　　校验码：　　第 9 页　共 28 页　　21-1 表

分项编号/定额代号/工料机代号	项目、定额或工料机的名称	单位	数量	输入单价	输入金额	分项组价类型或定额子目取费类别	定额调整情况或分项算式
2009004	ϕ50mm 以内合金钻头	个	4.414	41.00	180.98		
2009011	电焊条	kg	38.149	4.38	167.09		
2009013	螺栓	kg	291.271	7.35	2140.84		
2009028	铁件	kg	648.626	5.56	3606.36		
2009030	铁钉	kg	5.035	5.35	26.94		
3001001	石油沥青	t	0.575	3718.18	2137.88		
3005004	水	m^3	886.670	2.72	2411.74		
4003001	原木	m^3	3.611	1771.10	6396.15		
4003002	锯材	m^3	1.977	1810.78	3579.91		
5005002	硝铵炸药	kg	33.022	10.70	353.34		
5005008	非电毫秒雷管	个	42.250	6.23	263.22		
5005009	导爆索	m	19.086	8.56	163.38		
5009012	油毛毡	m^2	182.980	2.66	486.73		
5009022	防腐聚氨酯	t	3.141	5500.00	17277.98		
5503005	中(粗)砂	m^3	343.366	82.18	28217.82		
5503007	砂砾	m^3	164.885	54.94	9058.78		
5505012	碎石(2cm)	m^3	1.037	99.32	103.02		
5505013	碎石(4cm)	m^3	589.447	99.32	58543.85		
5509001	32.5 级水泥	t	277.365	389.82	108122.42		
7801001	其他材料费	元	5907.898	1.00	5907.90		
8001004	功率 105kW 以内履带式推土机	台班	1.843	1109.07	2043.74		
8001035	斗容量 1.0m^3 履带式单斗挖掘机	台班	1.616	991.29	1601.66		
8001047	斗容量 2.0m^3 轮胎式装载机	台班	0.742	904.26	671.38		
8001095	蛙式夯土机(200～620N·m)	台班	34.330	29.88	1025.77		
8005002	出料容量 250L 以内强制式混凝土搅拌机	台班	29.208	174.58	5099.17		

编制：　　复核：

表 A.0.3-1　分项工程预算计算数据表

建设项目名称：×××道路工程

编制范围：K0 +000 ~ K1 +979.145　　标准定额库版本号：　　校验码：　　第 10 页　共 28 页　　21-1 表

分项编号/定额代号/工料机代号	项目、定额或工料机的名称	单位	数量	输入单价	输入金额	分项组价类型或定额子目取费类别	定额调整情况或分项算式
8007016	装载质量 12t 以内自卸汽车	台班	3.138	786.44	2467.88		
8009027	提升质量 12t 以内汽车式起重机	台班	2.065	815.94	1685.24		
8009028	提升质量 16t 以内汽车式起重机	台班	0.359	987.25	354.62		
8009030	提升质量 25t 以内汽车式起重机	台班	27.028	1315.47	35555.05		
8009081	牵引力 50kN 以内单筒慢动电动卷扬机	台班	2.672	169.02	451.64		
8015013	锯片直径 500mm 以内木工圆锯机	台班	0.406	130.63	52.98		
8015028	容量 32kV · A 以内交流电弧焊机	台班	7.136	180.95	1291.35		
8017049	排气量 $9m^3$/min 以内机动空气压缩机	台班	1.471	668.41	983.50		
8099001	小型机具使用费	元	1281.285	1.00	1281.28		
QL010102	实体式	m^3	246.100	550.59	135500.99		
2003025	钢模板	t	0.418	4670.90	1954.16		
2009003	空心钢钎	kg	5.672	8.83	50.08		
2009004	ϕ50mm 以内合金钻头	个	8.631	41.00	353.87		
2009013	螺栓	kg	9.844	7.35	72.35		
2009028	铁件	kg	86.135	5.56	478.91		
3005004	水	m^3	295.320	2.72	803.27		
5005002	硝铵炸药	kg	64.568	10.70	690.88		
5005008	非电毫秒雷管	个	82.611	6.23	514.67		
5005009	导爆索	m	37.319	8.56	319.45		
5503005	中(粗)砂	m^3	103.928	82.18	8540.81		
5505005	片石	m^3	53.970	60.80	3281.36		
5505013	碎石(4cm)	m^3	178.226	99.32	17701.37		
5509001	32.5 级水泥	t	71.541	389.82	27888.22		
7801001	其他材料费	元	395.419	1.00	395.42		
8001035	斗容量 $1.0m^3$ 履带式单斗挖掘机	台班	1.967	991.29	1950.22		

编制：　　复核：

表 A.0.3-1　分项工程预算计算数据表

建设项目名称：×××道路工程

编制范围：K0+000～K1+979.145　　标准定额库版本号：　　校验码：　　第 11 页　共 28 页　　21-1 表

分项编号/定额代号/工料机代号	项目、定额或工料机的名称	单位	数量	输入单价	输入金额	分项组价类型或定额子目取费类别	定额调整情况或分项算式
8009030	提升质量 25t 以内汽车式起重机	台班	4.184	1315.47	5503.53		
8017049	排气量 $9m^3$/min 以内机动空气压缩机	台班	2.877	668.41	1923.02		
8099001	小型机具使用费	元	361.312	1.00	361.31		
QL0201	桥台	m^3	488.800	657.81	321535.29		
2001001	HPB300 钢筋	t	0.085	3799.41	323.23		
2001002	HRB400 钢筋	t	3.150	3629.15	11431.19		
2001019	钢丝绳	t	0.093	6419.92	596.54		
2001021	8～12 号铁丝	kg	7.434	5.22	38.80		
2001022	20～22 号铁丝	kg	9.026	5.11	46.12		
2003008	钢管	t	0.418	4345.48	1817.02		
2003025	钢模板	t	2.395	4670.90	11187.37		
2009011	电焊条	kg	7.038	4.38	30.83		
2009013	螺栓	kg	246.138	7.35	1809.11		
2009028	铁件	kg	145.479	5.56	808.86		
2009030	铁钉	kg	6.504	5.35	34.80		
3005004	水	m^3	586.560	2.72	1595.44		
4003002	锯材	m^3	0.929	1810.78	1682.58		
5503005	中(粗)砂	m^3	207.550	82.18	17056.49		
5505005	片石	m^3	101.887	60.80	6194.72		
5505013	碎石(4cm)	m^3	356.961	99.32	35453.34		
5509001	32.5 级水泥	t	144.364	389.82	56276.02		
7801001	其他材料费	元	4050.846	1.00	4050.85		
8009030	提升质量 25t 以内汽车式起重机	台班	18.323	1315.47	24103.09		
8015028	容量 32kV·A 以内交流电弧焊机	台班	1.010	180.95	182.75		
8099001	小型机具使用费	元	556.167	1.00	556.17		

编制：　　复核：

表 A.0.3-1 分项工程预算计算数据表

建设项目名称：×××道路工程

编制范围：K0+000~K1+979.145　　标准定额库版本号：　　校验码：　　　　21-1 表

分项编号/定额代号/工料机代号	项目、定额或工料机的名称	单位	数量	输入单价	输入金额	分项组价类型或定额子目取费类别	定额调整情况或分项算式
QL0202	桥墩	m^3	103.600	878.61	91023.88		
2001001	HPB300 钢筋	t	0.002	3799.41	5.85		
2001002	HRB400 钢筋	t	2.705	3629.15	9816.76		
2001022	20~22 号铁丝	kg	7.891	5.11	40.32		
2003004	型钢	t	0.137	3213.05	440.38		
2003008	钢管	t	0.047	4345.48	203.19		
2003025	钢模板	t	1.021	4670.90	4769.08		
2003028	安全爬梯	t	0.168	8076.92	1353.53		
2009011	电焊条	kg	8.633	4.38	37.81		
2009013	螺栓	kg	67.481	7.35	495.99		
2009028	铁件	kg	99.406	5.56	552.70		
3005004	水	m^3	124.320	2.72	338.15		
4003002	锯材	m^3	0.046	1810.78	83.66		
5503005	中（粗）砂	m^3	44.469	82.18	3654.50		
5505005	片石	m^3	19.342	60.80	1176.01		
5505013	碎石（4cm）	m^3	76.918	99.32	7639.52		
5509001	32.5 级水泥	t	31.561	389.82	12303.12		
7801001	其他材料费	元	335.790	1.00	335.79		
8009030	提升质量 25t 以内汽车式起重机	台班	6.558	1315.47	8626.33		
8009081	牵引力 50kN 以内单筒慢动电动卷扬机	台班	1.206	169.02	203.91		
8015028	容量 32kV · A 以内交流电弧焊机	台班	1.233	180.95	223.16		
8099001	小型机具使用费	元	158.692	1.00	158.69		
QL0302	钢筋混凝土矩形现浇板	m^3	82.200	2680.61	220346.12		
2001001	HPB300 钢筋	t	0.063	3799.41	237.63		
2001002	HRB400 钢筋	t	24.419	3629.15	88618.67		

编制：　　复核：

表 A.0.3-1　分项工程预算计算数据表

建设项目名称：×××道路工程

编制范围：K0+000～K1+979.145　　　标准定额库版本号：　　　校验码：　　　第 13 页　共 28 页　　　21-1 表

分项编号/定额代号/工料机代号	项目、定额或工料机的名称	单位	数量	输入单价	输入金额	分项组价类型或定额子目取费类别	定额调整情况或分项算式
2001022	20～22 号铁丝	kg	55.392	5.11	283.05		
2003004	型钢	t	0.167	3213.05	537.48		
2003008	钢管	t	1.537	4345.48	6677.53		
2003025	钢模板	t	0.723	4670.90	3378.74		
2009011	电焊条	kg	17.668	4.38	77.39		
2009028	铁件	kg	19.668	5.56	109.35		
3005004	水	m^3	146.340	2.72	398.04		
4003002	锯材	m^3	0.386	1810.78	699.69		
5009012	油毛毡	m^2	57.540	2.66	153.06		
5503005	中(粗)砂	m^3	48.536	82.18	3988.67		
5503007	砂砾	m^3	40.830	54.94	2243.20		
5505013	碎石(4cm)	m^3	86.654	99.32	8606.46		
5509001	32.5 级水泥	t	36.012	389.82	14038.31		
7801001	其他材料费	元	642.534	1.00	642.53		
8009027	提升质量 12t 以内汽车式起重机	台班	1.891	815.94	1542.62		
8009028	提升质量 16t 以内汽车式起重机	台班	1.841	987.25	1817.33		
8009030	提升质量 25t 以内汽车式起重机	台班	2.137	1315.47	2811.42		
8015028	容量 32kV·A 以内交流电弧焊机	台班	3.104	180.95	561.65		
8099001	小型机具使用费	元	401.708	1.00	401.71		
QL0401	沥青混凝土铺装	m^3	13.400	975.22	13067.88		
3001001	石油沥青	t	1.650	3718.18	6136.33		
5503013	矿粉	t	1.142	155.34	177.37		
5503015	路面用石屑	m^3	5.395	64.27	346.73		
5505017	路面用碎石(1.5cm)	m^3	14.788	99.32	1468.78		
7801001	其他材料费	元	3.740	1.00	3.74		

编制：　　　　　　复核：

表 A.0.3-1 分项工程预算计算数据表

建设项目名称：×××道路工程

编制范围：K0 +000 ~ K1 +979.145　　标准定额库版本号：　　校验码：　　第 14 页　共 28 页　　21-1 表

分项编号/定额代号/工料机代号	项目、定额或工料机的名称	单位	数量	输入单价	输入金额	分项组价类型或定额子目取费类别	定额调整情况或分项算式
7901001	设备摊销费	元	79.391	1.00	79.39		
8001045	斗容量 1.0m^3 轮胎式装载机	台班	0.216	540.76	116.74		
8003047	生产能力 30t/h 以内沥青混合料拌和设备	台班	0.202	6077.64	1227.31		
8003056	最大摊铺宽度 4.5m 以内沥青混合料摊铺机（不带自动找平）	台班	0.145	787.00	114.42		
8003063	机械自身质量 10t 以内双钢轮振动压路机	台班	0.262	1043.22	273.15		
8003066	机械自身质量 9 ~ 16t 轮胎式压路机	台班	0.131	619.44	81.01		
8007012	装载质量 5t 以内自卸汽车	台班	0.104	536.60	55.87		
8007016	装载质量 12t 以内自卸汽车	台班	0.110	786.44	86.62		
8007043	容量 10000L 以内洒水汽车	台班	0.005	1057.24	5.67		
QL0402	水泥混凝土铺装	m^3	15.300	2634.11	40301.89		
2001002	HRB400 钢筋	t	4.684	3629.15	16999.85		
2001022	20 ~ 22 号铁丝	kg	11.654	5.11	59.55		
2003004	型钢	t	0.003	3213.05	9.83		
2009011	电焊条	kg	24.724	4.38	108.29		
3005004	水	m^3	22.950	2.72	62.42		
5009005	桥面防水涂料	kg	318.989	10.26	3272.83		
5503005	中（粗）砂	m^3	6.711	82.18	551.48		
5505013	碎石（4cm）	m^3	12.641	99.32	1255.49		
5509001	32.5 级水泥	t	7.194	389.82	2804.39		
7801001	其他材料费	元	350.217	1.00	350.22		
8003038	容量 4000L 以内沥青洒布车	台班	0.012	556.40	6.40		
8007046	装载质量 1.0t 以内机动翻斗车	台班	0.689	201.88	138.99		
8015028	容量 32kV · A 以内交流电弧焊机	台班	4.296	180.95	777.33		
8099001	小型机具使用费	元	109.188	1.00	109.19		

编制：　　　　复核：

表 A.0.3-1　分项工程预算计算数据表

建设项目名称：×××道路工程

编制范围：K0 +000 ~ K1 +979.145　　标准定额库版本号：　　校验码：　　第 15 页　共 28 页　　21-1 表

分项编号/定额代号/工料机代号	项目、定额或工料机的名称	单位		数量		输入单价	输入金额	分项组价类型或定额子目取费类别	定额调整情况或分项算式
QL050101	板式橡胶支座	m^3		0.055		212386.21	11766.20		
2001001	HPB300 钢筋	t		0.924		3799.41	3508.85		
2001002	HRB400 钢筋	t		0.231		3629.15	836.97		
2001022	20 ~ 22 号铁丝	kg		7.769		5.11	39.70		
2003025	钢模板	t		0.013		4670.90	61.66		
2009013	螺栓	kg		0.324		7.35	2.38		
2009028	铁件	kg		1.082		5.56	6.02		
3005004	水	m^3		1.440		2.72	3.92		
5503005	中(粗)砂	m^3		0.526		82.18	43.25		
5505012	碎石(2cm)	m^3		0.955		99.32	94.82		
5509001	32.5 级水泥	t		0.597		389.82	232.86		
6001003	板式橡胶支座	dm^3		55.390		47.01	2603.87		
7801001	其他材料费	元		17.673		1.00	17.67		
8009030	提升质量 25t 以内汽车式起重机	台班		0.178		1315.47	233.63		
8099001	小型机具使用费	元		20.224		1.00	20.22		
QL050201	模数式伸缩缝	m		9.240		1447.37	13373.69		
2001002	HRB400 钢筋	t		0.241		3629.15	874.17		
2001019	钢丝绳	t		0.018		6419.92	118.64		
2001020	钢纤维	t		0.003		5655.23	14.99		
2001022	20 ~ 22 号铁丝	kg		0.964		5.11	4.92		
2009011	电焊条	kg		7.109		4.38	31.14		
3005004	水	m^3		0.750		2.72	2.04		
4003002	锯材	m^3		0.001		1810.78	1.81		
5503005	中(粗)砂	m^3		0.225		82.18	18.45		
5505012	碎石(2cm)	m^3		0.383		99.32	37.99		

编制：　　复核：

表 A.0.3-1　分项工程预算计算数据表

建设项目名称：×××道路工程

编制范围：K0 +000 ~ K1 +979.145　　标准定额库版本号：　　校验码：　　第 16 页　共 28 页　　21-1 表

分项编号/定额代号/工料机代号	项目、定额或工料机的名称	单　位	数　量	输入单价	输入金额	分项组价类型或定额子目取费类别	定额调整情况或分项算式
5509002	42.5 级水泥	t	0.267	479.50	128.15		
6004001	模数式伸缩缝 40 型	m	9.240	778.00	7188.72		
7801001	其他材料费	元	192.287	1.00	192.29		
8009027	提升质量 12t 以内汽车式起重机	台班	0.391	815.94	318.71		
8015028	容量 32kV · A 以内交流电弧焊机	台班	1.491	180.95	269.80		
8099001	小型机具使用费	元	110.085	1.00	110.09		
QL050304	桥梁混凝土防撞护栏	m	74.000	671.81	49713.78		
2001001	HPB300 钢筋	t	1.421	3799.41	5398.89		
2001002	HRB400 钢筋	t	3.916	3629.15	14209.94		
2001022	20 ~ 22 号铁丝	kg	26.540	5.11	135.62		
2003005	钢板	t	0.135	3654.33	492.18		
2003025	钢模板	t	0.240	4670.90	1122.79		
2009028	铁件	kg	31.654	5.56	176.00		
3005004	水	m^3	28.560	2.72	77.68		
4003001	原木	m^3	0.102	1771.10	181.25		
4003002	锯材	m^3	0.145	1810.78	262.89		
5503005	中(粗)砂	m^3	11.167	82.18	917.70		
5505013	碎石(4cm)	m^3	20.149	99.32	2001.21		
5509001	32.5 级水泥	t	9.151	389.82	3567.28		
7801001	其他材料费	元	33.796	1.00	33.80		
8005002	出料容量 250L 以内强制式混凝土搅拌机	台班	0.690	174.58	120.50		
8007046	装载质量 1.0t 以内机动翻斗车	台班	0.666	201.88	134.53		
8099001	小型机具使用费	元	68.513	1.00	68.51		
QL0601	桥头搭板	m^3	25.200	1589.78	40062.47		
2001002	HRB400 钢筋	t	4.513	3629.15	16378.63		

编制：　　复核：

表 A.0.3-1　分项工程预算计算数据表

建设项目名称：×××道路工程

编制范围：K0+000～K1+979.145　　标准定额库版本号：　　校验码：　　第 17 页　共 28 页　　21-1 表

分项编号/定额代号/工料机代号	项目、定额或工料机的名称	单位	数量	输入单价	输入金额	分项组价类型或定额子目取费类别	定额调整情况或分项算式
2001022	20～22 号铁丝	kg	4.183	5.11	21.37		
2003004	型钢	t	0.005	3213.05	16.19		
2003026	组合钢模板	t	0.008	4620.53	34.93		
2009011	电焊条	kg	5.900	4.38	25.84		
2009028	铁件	kg	3.528	5.56	19.62		
3005004	水	m^3	30.240	2.72	82.25		
4003001	原木	m^3	0.003	1771.10	4.46		
4003002	锯材	m^3	0.020	1810.78	36.51		
5503005	中(粗)砂	m^3	11.824	82.18	971.68		
5505013	碎石(4cm)	m^3	21.334	99.32	2118.92		
5509001	32.5 级水泥	t	9.689	389.82	3777.12		
7801001	其他材料费	元	61.740	1.00	61.74		
8007046	装载质量 1.0t 以内机动翻斗车	台班	1.137	201.88	229.44		
8015028	容量 32kV·A 以内交流电弧焊机	台班	1.013	180.95	183.25		
8099001	小型机具使用费	元	128.059	1.00	128.06		
	锥坡	m^3	237.000	588.06	139370.59		
3001001	石油沥青	t	0.498	3718.18	1850.54		
3005004	水	m^3	284.400	2.72	773.57		
4003002	锯材	m^3	0.237	1810.78	429.15		
5503005	中(粗)砂	m^3	100.085	82.18	8224.99		
5503007	砂砾	m^3	16.575	54.94	910.63		
5505005	片石	m^3	51.974	60.80	3160.03		
5505013	碎石(4cm)	m^3	171.635	99.32	17046.83		
5509001	32.5 级水泥	t	68.896	389.82	26857.00		
7801001	其他材料费	元	1566.570	1.00	1566.57		

编制：　　　　复核：

表 A.0.3-1　分项工程预算计算数据表

建设项目名称：×××道路工程

编制范围：K0 +000 ~ K1 +979.145　　标准定额库版本号：　　校验码：　　第 18 页　共 28 页　　21-1 表

分项编号/定额代号/工料机代号	项目、定额或工料机的名称	单位	数量	输入单价	输入金额	分项组价类型或定额子目取费类别	定额调整情况或分项算式
8001025	斗容量 0.6m³ 履带式单斗挖掘机	台班	0.163	794.43	129.09		
8005002	出料容量 250L 以内强制式混凝土搅拌机	台班	7.584	174.58	1324.01		
QL0603	河底铺砌	m^3	512.000	549.99	281592.60		
3001001	石油沥青	t	1.075	3718.18	3997.79		
3005004	水	m^3	614.400	2.72	1671.17		
4003002	锯材	m^3	0.512	1810.78	927.12		
5503005	中(粗)砂	m^3	216.218	82.18	17768.76		
5503007	砂砾	m^3	218.025	54.94	11978.29		
5505005	片石	m^3	112.282	60.80	6826.72		
5505013	碎石(4cm)	m^3	370.790	99.32	36826.90		
5509001	32.5 级水泥	t	148.838	389.82	58020.19		
7801001	其他材料费	元	3384.320	1.00	3384.32		
8005002	出料容量 250L 以内强制式混凝土搅拌机	台班	16.384	174.58	2860.32		
QL0604	拌和	m^3	893.005	45.31	40457.97		
8005002	出料容量 250L 以内强制式混凝土搅拌机	台班	35.720	174.58	6236.03		
LM010101	碎石土垫层	m^2	678.810	4.29	2915.39		
5503007	砂砾	m^3		54.94			
8001004	功率 105kW 以内履带式推土机	台班	0.582	1109.07	645.04		
8001047	斗容量 2.0m³ 轮胎式装载机	台班	0.234	904.26	211.87		
8001058	功率 120kW 以内平地机	台班	0.149	1113.19	166.24		
8001081	机械自身质量 12 ~ 15t 光轮压路机	台班	0.156	550.21	85.90		
8001083	机械自身质量 18 ~ 21t 光轮压路机	台班	0.224	699.92	156.79		
8007016	装载质量 12t 以内自卸汽车	台班	0.990	786.44	778.88		
8007043	容量 10000L 以内洒水汽车	台班	0.129	1057.24	136.36		
LM010302	水泥稳定类基层	m^2	1178.100	43.57	51329.26		

编制：　　复核：

表 A.0.3-1　分项工程预算计算数据表

建设项目名称：×××道路工程

编制范围：K0 +000 ~ K1 +979.145　　标准定额库版本号：　　校验码：　　第 19 页　共 28 页　　21-1 表

分项编号/定额代号/工料机代号	项目、定额或工料机的名称	单位	数量	输入单价	输入金额	分项组价类型或定额子目取费类别	定额调整情况或分项算式
3005004	水	m^3	29.396	2.72	79.96		
5505016	碎石	m^3	296.296	99.32	29428.13		
5509001	32.5 级水泥	t	22.535	389.82	8784.61		
7801001	其他材料费	元	354.608	1.00	354.61		
8001049	斗容量 3.0m^3 轮胎式装载机	台班	0.540	1149.78	621.16		
8001081	机械自身质量 12 ~ 15t 光轮压路机	台班	0.094	550.21	51.86		
8001090	机械自身质量 20t 以内振动压路机	台班	0.483	1371.22	662.33		
8003011	生产能力 300t/h 以内稳定土厂拌设备	台班	0.259	1291.24	333.94		
8003017	最大摊铺宽度 12.5m 稳定土摊铺机	台班	0.188	2936.08	553.44		
8003067	机械自身质量 16 ~ 20t 轮胎式压路机	台班	0.295	726.62	214.01		
8007016	装载质量 12t 以内自卸汽车	台班	1.078	786.44	848.15		
8007043	容量 10000L 以内洒水汽车	台班	0.188	1057.24	199.29		
LM010401	透层	m^2	820.560	4.98	4085.99		
3001005	乳化沥青	t	1.268	2331.18	2955.39		
5503015	路面用石屑	m^3	2.092	64.27	134.48		
8003040	容量 8000L 以内沥青洒布车	台班	0.041	789.13	32.38		
8003066	机械自身质量 9 ~ 16t 轮胎式压路机	台班	0.098	619.44	60.99		
LM010402	黏层	m^2	820.560	0.94	769.07		
3001005	乳化沥青	t	0.254	2331.18	591.08		
8003040	容量 8000L 以内沥青洒布车	台班	0.016	789.13	12.95		
LM010403	封层	m^2	820.560	7.56	6204.59		
3001005	乳化沥青	t	1.690	2331.18	3940.52		
5503015	路面用石屑	m^3	6.696	64.27	430.34		
8003030	撒布宽度 1 ~ 3m 石屑撒布机	台班	0.016	678.50	11.13		
8003040	容量 8000L 以内沥青洒布车	台班	0.041	789.13	32.38		

编制：　　　　复核：

表 A.0.3-1　分项工程预算计算数据表

建设项目名称：×××道路工程

编制范围：K0+000～K1+979.145　　标准定额库版本号：　　校验码：　　第 20 页　共 28 页　　21-1 表

分项编号/定额代号/工料机代号	项目、定额或工料机的名称	单　位	数　量	输入单价	输入金额	分项组价类型或定额子目取费类别	定额调整情况或分项算式
8003066	机械自身质量 9～16t 轮胎式压路机	台班	0.246	619.44	152.49		
LM010503	细粒式沥青混凝土面层	m^2	820.560	68.22	55977.33		
3001001	石油沥青	t	7.074	3718.18	26303.41		
5503013	矿粉	t	4.894	155.34	760.30		
5503015	路面用石屑	m^3	23.125	64.27	1486.25		
5505017	路面用碎石(1.5cm)	m^3	63.390	99.32	6295.94		
7801001	其他材料费	元	16.031	1.00	16.03		
7901001	设备摊销费	元	340.310	1.00	340.31		
8001045	斗容量 1.0m^3 轮胎式装载机	台班	0.925	540.76	500.39		
8003047	生产能力 30t/h 以内沥青混合料拌和设备	台班	0.866	6077.64	5260.86		
8003056	最大摊铺宽度 4.5m 以内沥青混合料摊铺机(不带自动找平)	台班	0.623	787.00	490.47		
8003063	机械自身质量 10t 以内双钢轮振动压路机	台班	1.122	1043.22	1170.87		
8003066	机械自身质量 9～16t 轮胎式压路机	台班	0.561	619.44	347.26		
8007012	装载质量 5t 以内自卸汽车	台班	0.446	536.60	239.49		
8007016	装载质量 12t 以内自卸汽车	台班	0.472	786.44	371.32		
8007043	容量 10000L 以内洒水汽车	台班	0.023	1057.24	24.29		
LM010101	碎石土垫层	m^2	68.250	4.29	293.11		
5503007	砂砾	m^3		54.94			
8001004	功率 105kW 以内履带式推土机	台班	0.058	1109.07	64.85		
8001047	斗容量 2.0m^3 轮胎式装载机	台班	0.024	904.26	21.30		
8001058	功率 120kW 以内平地机	台班	0.015	1113.19	16.71		
8001081	机械自身质量 12～15t 光轮压路机	台班	0.016	550.21	8.64		
8001083	机械自身质量 18～21t 光轮压路机	台班	0.023	699.92	15.76		
8007016	装载质量 12t 以内自卸汽车	台班	0.100	786.44	78.31		

编制：　　　　复核：

表 A.0.3-1　分项工程预算计算数据表

建设项目名称：×××道路工程

编制范围：K0 +000 ~ K1 +979.145　　标准定额库版本号：　　校验码：　　第 21 页　共 28 页　　21-1 表

分项编号/定额代号/工料机代号	项目、定额或工料机的名称	单　位	数　量	输入单价	输入金额	分项组价类型或定额子目取费类别	定额调整情况或分项算式
8007043	容量 10000L 以内洒水汽车	台班	0.013	1057.24	13.71		
LM020501	水泥混凝土面层	m^2	65.000	100.34	6521.90		
2001001	HPB300 钢筋	t	0.000	3799.41	0.99		
2003004	型钢	t	0.004	3213.05	11.28		
3001001	石油沥青	t	0.006	3718.18	23.93		
3005001	煤	t	0.001	912.70	1.19		
3005004	水	m^3	1.885	2.72	5.13		
4003002	锯材	m^3	0.005	1810.78	8.24		
5503005	中(粗)砂	m^3	6.100	82.18	501.27		
5505013	碎石(4cm)	m^3	11.006	99.32	1093.10		
5509001	32.5 级水泥	t	4.999	389.82	1948.72		
7801001	其他材料费	元	17.225	1.00	17.23		
8003079	混凝土电动真空吸水机组	台班	0.161	138.66	22.26		
8003085	电动混凝土切缝机(含锯片摊销费用)	台班	0.162	207.00	33.45		
8005002	出料容量 250L 以内强制式混凝土搅拌机	台班	0.343	174.58	59.92		
8007043	容量 10000L 以内洒水汽车	台班	0.073	1057.24	76.97		
8099001	小型机具使用费	元	16.322	1.00	16.32		
LM020101	碎石土垫层	m^2	344.930	4.29	1481.00		
5503007	砂砾	m^3		54.94			
8001004	功率 105kW 以内履带式推土机	台班	0.296	1109.07	327.77		
8001047	斗容量 2.0m^3 轮胎式装载机	台班	0.119	904.26	107.66		
8001058	功率 120kW 以内平地机	台班	0.076	1113.19	84.47		
8001081	机械自身质量 12 ~ 15t 光轮压路机	台班	0.079	550.21	43.65		
8001083	机械自身质量 18 ~ 21t 光轮压路机	台班	0.114	699.92	79.67		
8007016	装载质量 12t 以内自卸汽车	台班	0.503	786.44	395.78		

编制：　　复核：

表 A.0.3-1 分项工程预算计算数据表

建设项目名称：×××道路工程

编制范围：K0 +000 ~ K1 +979.145　　标准定额库版本号：　　校验码：　　第 22 页　共 28 页　　21-1 表

分项编号/定额代号/工料机代号	项目、定额或工料机的名称	单位	数量	输入单价	输入金额	分项组价类型或定额子目取费类别	定额调整情况或分项算式
8007043	容量 10000L 以内洒水汽车	台班	0.066	1057.24	69.29		
LM020501	水泥混凝土面层	m^2	328.500	100.34	32960.67		
2001001	HPB300 钢筋	t	0.001	3799.41	4.99		
2003004	型钢	t	0.018	3213.05	57.00		
3001001	石油沥青	t	0.033	3718.18	120.92		
3005001	煤	t	0.007	912.70	6.00		
3005004	水	m^3	9.527	2.72	25.91		
4003002	锯材	m^3	0.023	1810.78	41.64		
5503005	中(粗)砂	m^3	30.826	82.18	2533.32		
5505013	碎石(4cm)	m^3	55.622	99.32	5524.34		
5509001	32.5 级水泥	t	25.264	389.82	9848.52		
7801001	其他材料费	元	87.053	1.00	87.05		
8003079	混凝土电动真空吸水机组	台班	0.811	138.66	112.51		
8003085	电动混凝土切缝机(含锯片摊销费用)	台班	0.817	207.00	169.05		
8005002	出料容量 250L 以内强制式混凝土搅拌机	台班	1.734	174.58	302.81		
8007043	容量 10000L 以内洒水汽车	台班	0.368	1057.24	388.98		
8099001	小型机具使用费	元	82.486	1.00	82.49		
JA010501	波形钢板护栏	m	300.000	139.53	41860.48		
2003005	钢板	t	0.057	3654.33	207.20		
2003015	钢管立柱	t	2.291	5183.72	11874.24		
2003017	波形钢板	t	3.052	5183.72	15821.85		
2009011	电焊条	kg	10.886	4.38	47.68		
2009013	螺栓	kg	119.671	7.35	879.58		
3005004	水	m^3	6.600	2.72	17.95		
5503005	中(粗)砂	m^3	3.031	82.18	249.05		

编制：　　复核：

表 A.0.3-1　分项工程预算计算数据表

建设项目名称：×××道路工程

编制范围：K0 +000 ~ K1 +979.145　　标准定额库版本号：　　校验码：　　第 23 页　共 28 页　　21-1 表

分项编号/定额代号/工料机代号	项目、定额或工料机的名称	单位	数量	输入单价	输入金额	分项组价类型或定额子目取费类别	定额调整情况或分项算式
5505015	碎石(8cm)	m^3	4.600	99.32	456.89		
5509001	32.5 级水泥	t	1.582	389.82	616.62		
6007004	反光膜	m^2	0.550	308.22	169.52		
7801001	其他材料费	元	21.500	1.00	21.50		
8007001	装载质量 2t 以内载货汽车	台班	0.839	322.32	270.48		
8007003	装载质量 4t 以内载货汽车	台班	0.181	438.71	79.55		
8015028	容量 32kV · A 以内交流电弧焊机	台班	1.247	180.95	225.72		
8099001	小型机具使用费	元	117.936	1.00	117.94		
JA030103	单悬臂铝合金标志牌	块	14.000	6919.96	96879.50		
2001001	HPB300 钢筋	t	0.217	3799.41	824.48		
2001002	HRB400 钢筋	t	0.953	3629.15	3459.38		
2001022	20 ~ 22 号铁丝	kg	5.823	5.11	29.75		
2003004	型钢	t	0.016	3213.05	49.87		
2003015	钢管立柱	t	4.076	5183.72	21127.51		
2003026	组合钢模板	t	0.027	4620.53	125.49		
2009011	电焊条	kg	0.345	4.38	1.51		
2009028	铁件	kg	12.804	5.56	71.19		
2009029	镀锌铁件	kg	1866.434	5.88	10974.63		
3005004	水	m^3	50.880	2.72	138.39		
4003002	锯材	m^3	0.004	1810.78	7.03		
5503005	中(粗)砂	m^3	20.775	82.18	1707.25		
5505013	碎石(4cm)	m^3	35.911	99.32	3566.72		
5509001	32.5 级水泥	t	14.488	389.82	5647.74		
6007002	铝合金标志	t	0.357	22116.77	7903.14		
6007004	反光膜	m^2	51.516	308.22	15878.22		

编制：　　　　复核：

表 A.0.3-1　分项工程预算计算数据表

建设项目名称：×××道路工程
编制范围：K0+000～K1+979.145　　　标准定额库版本号：　　　校验码：　　　第 24 页　共 28 页　　　21-1 表

分项编号/定额代号/工料机代号	项目、定额或工料机的名称	单位		数量		输入单价	输入金额	分项组价类型或定额子目取费类别	定额调整情况或分项算式
7801001	其他材料费	元		131.088		1.00	131.09		
8007007	装载质量 10t 以内载货汽车	台班		0.349		622.22	217.35		
8009026	提升质量 8t 以内汽车式起重机	台班		0.373		682.86	254.81		
8009046	最大作业高度 10m 以内高空作业车	台班		0.046		491.22	22.37		
8015028	容量 32kV·A 以内交流电弧焊机	台班		0.052		180.95	9.38		
8099001	小型机具使用费	元		13.580		1.00	13.58		
JA040101	热熔标线	m^2	m	219.700	1979.200	55.53	12199.45		
5009007	底油	kg		6.210		11.37	70.61		
5009008	热熔涂料	kg		903.716		4.69	4238.43		
6007003	反光玻璃珠	kg		78.450		3.33	261.24		
6007010	震动标线涂料	kg		211.923		10.33	2189.16		
7801001	其他材料费	元		426.638		1.00	426.64		
8003070	热熔标线设备(含热熔釜标线车 BJ－130)	台班		0.906		749.24	678.54		
8003075	凸起振动标线机	台班		0.362		561.35	203.10		
8007003	装载质量 4t 以内载货汽车	台班		1.520		438.71	666.74		
JA050101	混凝土里程碑	个		4.000		102.02	408.09		
2001001	HPB300 钢筋	t		0.011		3799.41	40.58		
2003004	型钢	t		0.000		3213.05	0.64		
2003026	组合钢模板	t		0.001		4620.53	5.91		
2009028	铁件	kg		0.720		5.56	4.00		
3005004	水	m^3		0.640		2.72	1.74		
4003001	原木	m^3		0.001		1771.10	1.49		
5009002	油漆	kg		1.244		11.27	14.02		
5503005	中(粗)砂	m^3		0.106		82.18	8.69		
5505012	碎石(2cm)	m^3		0.176		99.32	17.52		

编制：　　　　　　　　复核：

表 A.0.3-1　分项工程预算计算数据表

建设项目名称：×××道路工程

编制范围：K0 + 000 ~ K1 + 979.145　　标准定额库版本号：　　校验码：　　　　21-1 表

分项编号/定额代号/工料机代号	项目、定额或工料机的名称	单位	数量	输入单价	输入金额	分项组价类型或定额子目取费类别	定额调整情况或分项算式
5509001	32.5 级水泥	t	0.081	389.82	31.62		
7801001	其他材料费	元	2.744	1.00	2.74		
8005002	出料容量 250L 以内强制式混凝土搅拌机	台班	0.007	174.58	1.19		
8007003	装载质量 4t 以内载货汽车	台班	0.039	438.71	17.20		
8099001	小型机具使用费	元	0.076	1.00	0.08		
JA050102	混凝土百米桩	个	40.000	14.16	566.57		
2001001	HPB300 钢筋	t	0.033	3799.41	126.14		
2003004	型钢	t	0.000	3213.05	1.29		
2003026	组合钢模板	t	0.003	4620.53	12.94		
2009028	铁件	kg	1.480	5.56	8.23		
3005004	水	m^3	0.400	2.72	1.09		
4003001	原木	m^3	0.002	1771.10	2.83		
5009002	油漆	kg	1.840	11.27	20.74		
5503005	中(粗)砂	m^3	0.141	82.18	11.60		
5505012	碎石(2cm)	m^3	0.236	99.32	23.40		
5509001	32.5 级水泥	t	0.108	389.82	42.10		
7801001	其他材料费	元	1.920	1.00	1.92		
8005002	出料容量 250L 以内强制式混凝土搅拌机	台班	0.004	174.58	0.70		
8007003	装载质量 4t 以内载货汽车	台班	0.020	438.71	8.77		
8099001	小型机具使用费	元	0.160	1.00	0.16		
JA050103	混凝土界碑	个	8.000	59.35	474.83		
2001001	HPB300 钢筋	t	0.015	3799.41	55.32		
2003004	型钢	t	0.000	3213.05	0.77		
2003026	组合钢模板	t	0.002	4620.53	8.13		
2009028	铁件	kg	1.000	5.56	5.56		

编制：　　复核：

表 A.0.3-1　分项工程预算计算数据表

建设项目名称：×××道路工程

编制范围：K0+000～K1+979.145　　标准定额库版本号：　　校验码：　　第 26 页　共 28 页　　21-1 表

分项编号/定额代号/工料机代号	项目、定额或工料机的名称	单位		数量		输入单价	输入金额	分项组价类型或定额子目取费类别	定额调整情况或分项算式
3005004	水	m^3		1.040		2.72	2.83		
4003001	原木	m^3		0.001		1771.10	1.98		
5009002	油漆	kg		1.312		11.27	14.79		
5503005	中(粗)砂	m^3		0.106		82.18	8.68		
5505012	碎石(2cm)	m^3		0.176		99.32	17.48		
5509001	32.5 级水泥	t		0.081		389.82	31.59		
7801001	其他材料费	元		1.376		1.00	1.38		
8005002	出料容量 250L 以内强制式混凝土搅拌机	台班		0.007		174.58	1.26		
8007003	装载质量 4t 以内载货汽车	台班		0.026		438.71	11.23		
8099001	小型机具使用费	元		0.104		1.00	0.10		
JA0502	示警桩	根		24.000		200.43	4810.32		
2001001	HPB300 钢筋	t		0.046		3799.41	174.09		
2001022	20～22 号铁丝	kg		0.229		5.11	1.17		
2003025	钢模板	t				4670.90			
2009028	铁件	kg				5.56			
3005004	水	m^3		2.369		2.72	6.44		
4003001	原木	m^3				1771.10			
4003002	锯材	m^3				1810.78			
5002001	PVC 管(120mm)	m		30.505		12.00	366.05		
5503005	中(粗)砂	m^3		0.880		82.18	72.34		
5505013	碎石(4cm)	m^3		1.573		99.32	156.26		
5509001	32.5 级水泥	t		0.717		389.82	279.50		
6007004	反光膜	m^2		7.911		308.22	2438.33		
7801001	其他材料费	元		2.082		1.00	2.08		
8005002	出料容量 250L 以内强制式混凝土搅拌机	台班		0.010		174.58	1.76		

编制：　　复核：

表 A.0.3-1 分项工程预算计算数据表

建设项目名称：×××道路工程

编制范围:K0 +000 ~ K1 +979.145　　标准定额库版本号：　　校验码：　　第 27 页　共 28 页　　21-1 表

分项编号/定额代号/工料机代号	项目、定额或工料机的名称	单位	数量	输入单价	输入金额	分项组价类型或定额子目取费类别	定额调整情况或分项算式
8007003	装载质量4t以内载货汽车	台班	0.077	438.71	33.56		
8009025	提升质量5t以内汽车式起重机	台班	0.029	609.56	17.46		
8099001	小型机具使用费	元	2.086	1.00	2.09		
1	耕地	亩	14.926	75000.00	1119450.00		
2	果园	亩	3.912	75000.00	293400.00		
4	建筑用地	亩	0.232	75000.00	17400.00		
5	其他用地	亩	33.259	45000.00	1496655.00		
6	耕地占用税	亩	18.838	1333.00	25111.05		
7	耕地开垦费	亩	18.838	10000.00	188380.00		
8	青苗补偿	亩	18.838	1300.00	24489.40		
9	被征地农民安置费	亩	52.097	15000.00	781455.00		
13	失业农民社会保障费	亩	52.097	7500.00	390727.50		
14	水土保持补偿费	亩	52.097	1071.26	55809.54		
2010201	临时征地使用费	亩	5.960	3000.00	17880.00		
2010202	复耕费	亩	5.960	3333.33	19866.65		
1	材树 <5cm	棵	500.000	40.00	20000.00		
2	材树 >5cm	棵	82.000	140.00	11480.00		
2	成果树	棵	120.000	700.00	84000.00		
3	平房(废弃)	m^2	155.000	200.00	31000.00		
13	通讯杆	根	12.000	2500.00	30000.00		
30101	建设单位(业主)管理费	公路公里	1.979	142916.18	282831.12		
30103	工程监理费	公路公里	1.979	93720.95	185473.76		
30104	设计文件审查费	公路公里	1.979	3074.02	6083.49		
30105	竣(交)工验收试验检测费	公路公里	1.979	5874.31	11625.25		
303	建设项目前期工作费	公路公里	1.979	106744.05	211246.47		

编制：　　　　复核：

表 A.0.3-1　分项工程预算计算数据表

建设项目名称：×××道路工程

编制范围：K0 +000 ~ K1 +979.145　　标准定额库版本号：　　校验码：　　第 28 页　共 28 页　　21-1 表

分项编号/定额代号/工料机代号	项目、定额或工料机的名称	单位	数量	输入单价	输入金额	分项组价类型或定额子目取费类别	定额调整情况或分项算式
30602	办公和生活用家具购置费	公路公里	1.979	2030.00	4017.37		
30603	生产人员培训费	公路公里	1.979	5053.06	10000.00		
304	专项评价(估)费	公路公里	1.979	100000.00	197900.00		
308	工程保险费	公路公里	1.979	16229.69	32118.55		
5	第一至四部分合计	公路公里	1.979	7066892.10	13985379.47		
7	公路基本造价	公路公里	1.979	7066892.10	13985379.47		

编制：　　　　复核：

表 A.0.3-2 分项工程预算表

编制范围:K0 +000 ~ K1 +979.145

分项编号:LM010101　　工程名称:碎石土垫层　　单位:m^2　　数量:14538.0　　单价:4.29　　　　21-2 表

代号	工程项目			路面垫层			采砂砾、碎(砾)石土、砾石、卵石			装载机装土、石方			自卸汽车运土、石方		
	工程细目			路面垫层机械铺砂砾(压实厚度 15cm)			105kW 以内推土机采堆碎石土、砾石土			斗容量 $2m^3$ 以内装载机装土方			装载质量 12t 以内自卸汽车运土第一个 1km		
	定额单位			$1000m^2$			$100m^3$ 堆方及码方			$1000m^3$ 天然密实方			$1000m^3$ 天然密实方		
	工程数量			14.538			35.589			3.559			3.559		
	定额表号			2 ~1 ~1 ~12 改			8 ~1 ~4 ~25			1 ~1 ~10 ~2			1 ~1 ~11 ~7		
	工、料、机名称	单位	单价(元)	定额	数量	金额(元)	定额	数量	金额(元)	定额	数量	金额(元)	定额	数量	金额(元)
1001001	人工	工日	103.00	0.500	14.538	748.71									
8001004	功率 105kW 以内履带式推土机 T140 -1 带松土器	台班	1109.07				0.350	35.589	13814.75						
8001047	斗容量 $2.0m^3$ 轮胎式装载机 ZL40	台班	904.26							1.410	3.559	4537.62			
8001058	功率 120kW 以内平地机 F155	台班	1113.19	0.220	14.538	3560.38									
8001081	机械自身质量 12 ~15t 光轮压路机 3Y -12/15	台班	550.21	0.230	14.538	1839.76									
8001083	机械自身质量 18 ~21t 光轮压路机 3Y -18/21	台班	699.92	0.330	14.538	3357.89									
8007016	装载质量 12t 以内自卸汽车 T138,SX360	台班	786.44										5.960	3.559	16681.22
8007043	容量 10000L 以内洒水汽车 YGJ5170GSSJN	台班	1057.24	0.190	14.538	2920.33									
9999001	定额基价	元	1.00	908.086	14.538	13201.75	412.969	35.589	14697.15	1389.611	3.559	4945.49	5015.102	3.559	17848.26
	直接费	元				12427.07			13814.74			4537.62			16681.21
	措施费 Ⅰ	元		13201.750	2.919%	385.36	14697.146	3.409%	501.03	4945.491	3.409%	168.59	17848.257	2.249%	401.41
	措施费 Ⅱ	元		13201.750	0.818%	107.98	14697.146	0.521%	76.58	4945.491	0.521%	25.77	17848.257	0.154%	27.49
	企业管理费	元		13200.504	3.164%	417.66	14698.257	3.471%	510.18	4946.871	3.471%	171.71	17847.884	2.03%	362.31
	规费	元		2530.629	34.2%	865.48	2565.968	34.2%	877.56	516.860	34.2%	176.77	2184.737	34.2%	747.18
	利润	元		14111.509	7.42%	1047.07	15786.038	7.42%	1171.32	5312.938	7.42%	394.22	18639.084	7.42%	1383.02
	税金	元		15250.622	9.0%	1372.56	16951.411	9.0%	1525.63	5474.678	9.0%	492.72	19602.622	9.0%	1764.24
	金额合计	元				16623.18			18477.04			5967.40			21366.86

编制:　　　　　　　　复核:

表 A.0.3-2　分项工程预算表

编制范围:K0 +000 ~ K1 +979.145

分项编号:LM010101　工程名称:碎石土垫层　单位:m^2　数量:14538.0　单价:4.29　第 28 页　共 130 页　21-2 表

代号	工程项目												合计	
	工程细目													
	定额单位													
	工程数量													
	定额表号													
	工、料、机名称	单位	单价(元)	定额	数量	金额(元)	定额	数量	金额(元)	定额	数量	金额(元)	数量	金额(元)
1001001	人工	工日	103.00										7.269	748.71
8001004	功率 105kW 以内履带式推土机 T140 - 1 带松土器	台班	1109.07										12.456	13814.75
8001047	斗容量 2.0m^3 轮胎式装载机 ZL40	台班	904.26										5.018	4537.62
8001058	功率 120kW 以内平地机 F155	台班	1113.19										3.198	3560.38
8001081	机械自身质量 12 ~ 15t 光轮压路机 3Y - 12/15	台班	550.21										3.344	1839.76
8001083	机械自身质量 18 ~ 21t 光轮压路机 3Y - 18/21	台班	699.92										4.798	3357.89
8007016	装载质量 12t 以内自卸汽车 T138, SX360	台班	786.44										21.211	16681.22
8007043	容量 10000L 以内洒水汽车 YGJ5170GSSJN	台班	1057.24										2.762	2920.33
9999001	定额基价	元	1.00										7726.000	50692.64
	直接费	元												47460.65
	措施费 Ⅰ	元												1456.39
	措施费 Ⅱ	元												237.82
	企业管理费	元												1461.86
	规费	元												2666.98
	利润	元												3995.64
	税金	元												5155.14
	金额合计	元												62434.47

编制:　　　　复核:

表 A.0.3-2 分项工程预算表

编制范围:K0 +000 ~ K1 +979.145

分项编号:LM010302 工程名称:水泥稳定类基层 单位:m^2 数量:26454.0 单价:43.74 第 29 页 共 130 页 21-2 表

代号	工程项目			水泥稳定类			水泥稳定类			机械铺筑厂拌基层稳定土混合料			厂拌基层稳定土混合料运输		
	装载质量 12t 以内自卸汽车运厂拌基层稳定土混合料第一个 1km			工程细目			厂拌水泥碎石稳定土基层(水泥剂量 5%,压实厚度 16cm)			厂拌水泥碎石稳定土基层(水泥剂量 5%,压实厚度 18cm)			宽度 7.5m 以内摊铺机铺筑基层		
	定额单位			$1000m^2$			$1000m^2$			$1000m^2$			$1000m^3$		
	工程数量			13.464			12.774			26.238			4.454		
	定额表号			2~1~7~5 改			2~1~7~5 改			2~1~9~7			2~1~8~5		
	工、料、机名称	单位	单价(元)	定额	数量	金额(元)	定额	数量	金额(元)	定额	数量	金额(元)	定额	数量	金额(元)
1001001	人工	工日	103.00	2.100	13.464	2912.26	2.300	12.774	3026.16	2.800	26.238	7567.04			
3005004	水	m^3	2.72	24.000	13.464	878.93	26.000	12.774	903.38						
5505016	碎石未筛分碎石统料堆方	m^3	99.32	237.370	13.464	317421.72	267.050	12.774	338809.99						
5509001	32.5 级水泥	t	389.82	18.054	13.464	94757.08	20.310	12.774	101134.88						
7801001	其他材料费	元	1.00							301.000	26.238	7897.64			
8001049	斗容量 $3.0m^3$ 轮胎式装载机 ZL50	台班	1149.78	0.430	13.464	6656.67	0.490	12.774	7196.77						
8001081	机械自身质量 12~15t 光轮压路机 3Y-12/15	台班	550.21							0.080	26.238	1154.91			
8001090	机械自身质量 20t 以内振动压路机 YZ18A,YZJ19A	台班	1371.22							0.410	26.238	14751.01			
8003011	生产能力 300t/h 以内稳定土厂拌设备 WBC-300	台班	1291.24	0.210	13.464	3650.90	0.230	12.774	3793.69						
8003015	最大摊铺宽度 7.5m 稳定土摊铺机 WTU75	台班	1535.64							0.310	26.238	12490.56			
8003067	机械自身质量 16~20t 轮胎式压路机 YL20	台班	726.62							0.250	26.238	4766.26			
8007016	装载质量 12t 以内自卸汽车 T138,SX360	台班	786.44										5.400	4.454	18913.27
8007043	容量 10000L 以内洒水汽车 YGJ5170GSSJN	台班	1057.24							0.160	26.238	4438.38			
9999001	定额基价	元	1.00	24630.170	13.464	331620.61	27699.690	12.774	353835.84	2107.390	26.238	55293.69	4543.884	4.454	20236.46

编制: 复核:

表 A.0.3-2 分项工程预算表

编制范围：K0 +000 ~ K1 +979.145

分项编号：LM010302 工程名称：水泥稳定类基层 单位：m^2 数量：26454.0 单价：43.74 21-2 表

代号	工程项目			水泥稳定类			水泥稳定类			机械铺筑厂拌基层稳定土混合料			厂拌基层稳定土混合料运输		
	工程细目			厂拌水泥碎石稳定土基层（水泥剂量 5%，压实厚度 16cm）			厂拌水泥碎石稳定土基层（水泥剂量 5%，压实厚度 18cm）			宽度 7.5m 以内 摊铺机铺筑基层			装载质量 12t 以内自卸汽车运厂拌基层稳定土混合料第一个 1km		
	定额单位			$1000m^2$			$1000m^2$			$1000m^2$			$1000m^3$		
	工程数量			13.464			12.774			26.238			4.454		
	定额表号			2 ~ 1 ~ 7 ~ 5 改			2 ~ 1 ~ 7 ~ 5 改			2 ~ 1 ~ 9 ~ 7			2 ~ 1 ~ 8 ~ 5		
	工、料、机名称	单位	单价（元）	定额	数量	金额（元）	定额	数量	金额（元）	定额	数量	金额（元）	定额	数量	金额（元）
	直接费	元				426277.57			454864.87			53065.80			18913.44
	措施费 Ⅰ	元		13919.413	2.919%	406.31	14767.887	2.919%	431.07	47396.056	2.919%	1383.49	20236.460	2.249%	455.12
	措施费 Ⅱ	元		331620.607	0.818%	2712.64	353835.839	0.818%	2894.41	55293.694	0.818%	452.22	20236.460	0.154%	31.17
	企业管理费	元		331618.320	3.164%	10492.40	353839.800	3.164%	11195.49	55283.466	3.164%	1749.17	20237.158	2.03%	410.81
	规费	元		4382.263	34.2%	1498.73	4578.713	34.2%	1565.92	12782.892	34.2%	4371.75	2477.091	34.2%	847.17
	利润	元		345229.663	7.42%	25616.04	368360.782	7.42%	27332.37	58868.342	7.42%	4368.03	21134.259	7.42%	1568.16
	税金	元		467003.700	9.0%	42030.33	498284.133	9.0%	44845.57	65390.456	9.0%	5885.14	22225.867	9.0%	2000.33
	金额合计	元				509034.03			543129.70			71275.60			24226.20

编制： 复核：

表 A.0.3-2　分项工程预算表

编制范围:K0 +000 ~ K1 +979.145

分项编号:LM010302　工程名称:水泥稳定类基层　单位:m^2　数量:26454.0　单价:43.74　第 31 页　共 130 页　21-2 表

代号	工程项目			水泥稳定类			水泥稳定类			机械铺筑厂拌基层稳定土混合料			厂拌基层稳定土混合料运输		
	工程细目			厂拌水泥碎石稳定土基层(水泥剂量 5%,压实厚度 18cm)			厂拌水泥碎石稳定土基层(水泥剂量 5%,压实厚度 16cm)			宽度 12.5m 以内摊铺机铺筑基层			装载质量 12t 以内自卸汽车运厂拌基层稳定土混合料第一个 1km		
	定额单位			$1000m^2$			$1000m^2$			$1000m^2$			$1000m^3$		
	工程数量			0.108			0.108			0.216			0.037		
	定额表号			2 ~ 1 ~ 7 ~ 5 改			2 ~ 1 ~ 7 ~ 5 改			2 ~ 1 ~ 9 ~ 11			2 ~ 1 ~ 8 ~ 5		
	工、料、机名称	单位	单价(元)	定额	数量	金额(元)	定额	数量	金额(元)	定额	数量	金额(元)	定额	数量	金额(元)
1001001	人工	工日	103.00	2.300	0.108	25.59	2.100	0.108	23.36	2.200	0.216	48.95			
3005004	水	m^3	2.72	26.000	0.108	7.64	24.000	0.108	7.05						
5505016	碎石未筛分碎石统料堆方	m^3	99.32	267.050	0.108	2864.53	237.370	0.108	2546.16						
5509001	32.5 级水泥	t	389.82	20.310	0.108	855.06	18.054	0.108	760.08						
7801001	其他材料费	元	1.00							301.000	0.216	65.02			
8001049	斗容量 $3.0m^3$ 轮胎式装载机 ZL50	台班	1149.78	0.490	0.108	60.85	0.430	0.108	53.40						
8001081	机械自身质量 12 ~ 15t 光轮压路机 3Y – 12/15	台班	550.21							0.080	0.216	9.51			
8001090	机械自身质量 20t 以内振动压路机 YZ18A,YZJ19A	台班	1371.22							0.410	0.216	121.44			
8003011	生产能力 300t/h 以内稳定土厂拌设备 WBC – 300	台班	1291.24	0.230	0.108	32.07	0.210	0.108	29.29						
8003017	最大摊铺宽度 12.5m 稳定土摊铺机 WTU125	台班	2936.08							0.160	0.216	101.47			
8003067	机械自身质量 16 ~ 20t 轮胎式压路机 YL20	台班	726.62							0.250	0.216	39.24			
8007016	装载质量 12t 以内自卸汽车 T138,SX360	台班	786.44										5.400	0.037	155.94
8007043	容量 10000L 以内洒水汽车 YGJ5170GSSJN	台班	1057.24							0.160	0.216	36.54			
9999001	定额基价	元	1.00	27699.690	0.108	2991.57	24630.170	0.108	2660.06	2040.337	0.216	440.71	4543.884	0.037	166.85

编制:　　　　复核:

表 A.0.3-2 分项工程预算表

编制范围：K0 +000 ~ K1 +979.145

分项编号：LM010302　工程名称：水泥稳定类基层　单位：m^2　数量：26454.0　单价：43.74　第 32 页　共 130 页　21-2 表

代号	工程项目			水泥稳定类			水泥稳定类			机械铺筑厂拌基层稳定土混合料			厂拌基层稳定土混合料运输		
	工程细目			厂拌水泥碎石稳定土基层（水泥剂量5%，压实厚度18cm）			厂拌水泥碎石稳定土基层（水泥剂量5%，压实厚度16cm）			宽度12.5m以内摊铺机铺筑基层			装载质量12t以内自卸汽车运厂拌基层稳定土混合料第一个1km		
	定额单位			$1000m^2$			$1000m^2$			$1000m^2$			$1000m^3$		
	工程数量			0.108			0.108			0.216			0.037		
	定额表号			2~1~7~5 改			2~1~7~5 改			2~1~9~11			2~1~8~5		
	工、料、机名称	单位	单价(元)	定额	数量	金额(元)	定额	数量	金额(元)	定额	数量	金额(元)	定额	数量	金额(元)
	直接费	元				3845.73			3419.34			422.15			155.86
	措施费 Ⅰ	元		124.858	2.919%	3.64	111.653	2.919%	3.26	375.697	2.919%	10.97	166.851	2.249%	3.75
	措施费 Ⅱ	元		2991.567	0.818%	24.47	2660.058	0.818%	21.76	440.713	0.818%	3.60	166.851	0.154%	0.26
	企业管理费	元		2991.600	3.164%	94.65	2660.040	3.164%	84.16	440.640	3.164%	13.94	166.765	2.03%	3.39
	规费	元		38.711	34.2%	13.24	35.152	34.2%	12.02	85.211	34.2%	29.14	20.412	34.2%	6.98
	利润	元		3114.367	7.42%	231.09	2769.218	7.42%	205.48	469.151	7.42%	34.81	174.164	7.42%	12.92
	税金	元		4212.833	9.0%	379.16	3746.022	9.0%	337.14	514.611	9.0%	46.32	183.156	9.0%	16.48
	金额合计	元				4591.98			4083.16			560.93			199.64

编制：　　　　　　　　　　复核：

表 A.0.3-2 分项工程预算表

编制范围:K0 +000 ~ K1 +979.145

分项编号:LM010302　工程名称:水泥稳定类基层　单位:m²　数量:26454.0　单价:43.74　第 33 页　共 130 页　21-2 表

代号	工程项目												合计	
	工程细目													
	定额单位													
	工程数量													
	定额表号													
	工、料、机名称	单位	单价(元)	定额	数量	金额(元)	定额	数量	金额(元)	定额	数量	金额(元)	数量	金额(元)
1001001	人工	工日	103.00										132.071	13603.35
3005004	水	m³	2.72										660.660	1797.00
5505016	碎石未筛分碎石统料堆方	m³	99.32										6661.724	661642.40
5509001	32.5 级水泥	t	389.82										506.662	197507.10
7801001	其他材料费	元	1.00										7962.654	7962.65
8001049	斗容量 3.0m³ 轮胎式装载机 ZL50	台班	1149.78										12.148	13967.69
8001081	机械自身质量 12 ~ 15t 光轮压路机 3Y – 12/15	台班	550.21										2.116	1164.42
8001090	机械自身质量 20t 以内振动压路机 YZ18A, YZJ19A	台班	1371.22										10.846	14872.44
8003011	生产能力 300t/h 以内稳定土厂拌设备 WBC – 300	台班	1291.24										5.813	7505.95
8003015	最大摊铺宽度 7.5m 稳定土摊铺机 WTU75	台班	1535.64										8.134	12490.56
8003017	最大摊铺宽度 12.5m 稳定土摊铺机 WTU125	台班	2936.08										0.035	101.47
8003067	机械自身质量 16 ~ 20t 轮胎式压路机 YL20	台班	726.62										6.614	4805.50
8007016	装载质量 12t 以内自卸汽车 T138, SX360	台班	786.44										24.248	19069.21
8007043	容量 10000L 以内洒水汽车 YGJ5170GSSJN	台班	1057.24										4.233	4474.92
9999001	定额基价	元	1.00										117895.000	767245.79

编制:　　　　复核:

表 A.0.3-2　分项工程预算表

编制范围:K0 +000 ~ K1 +979.145

分项编号:LM010302　　工程名称:水泥稳定类基层　　单位:m^2　　数量:26454.0　　单价:43.74　　第 34 页　共 130 页　　21-2 表

代号	工程项目												合计	
	工程细目													
	定额单位													
	工程数量													
	定额表号													
	工、料、机名称	单位	单价(元)	定额	数量	金额(元)	定额	数量	金额(元)	定额	数量	金额(元)	数量	金额(元)
	直接费	元												960964.76
	措施费 Ⅰ	元												2697.62
	措施费 Ⅱ	元												6140.52
	企业管理费	元												24044.02
	规费	元												8344.95
	利润	元												59368.90
	税金	元												95540.47
	金额合计	元												1157101.24

编制:　　　　　　　　复核:

表 A.0.3-2　分项工程预算表

编制范围：K0 +000 ~ K1 +979.145

分项编号：LM010401　　工程名称：透层　　单位：m^2　　数量：12882.0　　单价：4.98　　　　21-2 表

代号	工程项目			透层、黏层、封层									合计	
	工程细目			乳化沥青半刚性基层透层										
	定额单位			$1000m^2$										
	工程数量			12.882										
	定额表号			2~2~16~4 改										
	工、料、机名称	单位	单价(元)	定额	数量	金额(元)	定额	数量	金额(元)	定额	数量	金额(元)	数量	金额(元)
1001001	人工	工日	103.00	0.200	12.882	265.37							2.576	265.37
3001005	乳化沥青阳离子类乳化沥青、阳离子类乳化改性沥青、阴离子类乳化改性沥青	t	2331.18	1.545	12.882	46396.75							19.903	46396.75
5503015	路面用石屑	m^3	64.27	2.550	12.882	2111.21							32.849	2111.21
8003040	容量 8000L 以内沥青洒布车 LS－7500	台班	789.13	0.050	12.882	508.28							0.644	508.28
8003066	机械自身质量 9~16t 轮胎式压路机 YL16	台班	619.44	0.120	12.882	957.56							1.546	957.56
9999001	定额基价	元	1.00	5563.398	12.882	71667.69							5563.000	71667.69
	直接费	元				50239.17								50239.17
	措施费 Ⅰ	元		1817.171	2.919%	53.04								53.04
	措施费 Ⅱ	元		71667.689	0.818%	586.20								586.20
	企业管理费	元		71662.566	3.164%	2267.40								2267.40
	规费	元		490.933	34.2%	167.90								167.90
	利润	元		74569.218	7.42%	5533.04								5533.04
	税金	元		58846.756	9.0%	5296.21								5296.21
	金额合计	元				64142.96								64142.96

编制：　　　　　　　　　　复核：

表 A.0.3-2　分项工程预算表

编制范围：K0 +000 ~ K1 +979.145

分项编号：LM010402　工程名称：黏层　单位：m^2　数量：12154.0　单价：0.94　第 36 页　共 130 页　21-2 表

代号	工程项目			透层、黏层、封层									合计	
	工程细目			乳化沥青层黏层										
	定额单位			$1000m^2$										
	工程数量			12.154										
	定额表号			2~2~16~6 改										
	工、料、机名称	单位	单价（元）	定额	数量	金额（元）	定额	数量	金额（元）	定额	数量	金额（元）	数量	金额（元）
3001005	乳化沥青阳离子类乳化沥青、阳离子类乳化改性沥青、阴离子类乳化改性沥青	t	2331.18	0.309	12.154	8754.95							3.756	8754.95
8003040	容量 8000L 以内沥青洒布车 LS－7500	台班	789.13	0.020	12.154	191.82							0.243	191.82
9999001	定额基价	元	1.00	1046.677	12.154	12721.31							1047.000	12721.31
	直接费	元				8946.77								8946.77
	措施费 Ⅰ	元		202.700	2.919%	5.92								5.92
	措施费 Ⅱ	元		12721.307	0.818%	104.09								104.09
	企业管理费	元		12725.238	3.164%	402.63								402.63
	规费	元		25.038	34.2%	8.56								8.56
	利润	元		13237.871	7.42%	982.25								982.25
	税金	元		10450.222	9.0%	940.52								940.52
	金额合计	元				11390.74								11390.74

编制：　　　　复核：

表 A.0.3-2　分项工程预算表

编制范围：K0 + 000 ~ K1 + 979.145

分项编号：LM010403　工程名称：封层　单位：m^2　数量：12882.0　单价：7.56　　21-2 表

代号	工程项目			透层、黏层、封层									合计	
	工程细目			乳化沥青下封层（层铺法）										
	定额单位			$1000m^2$										
	工程数量			12.882										
	定额表号			2 ~ 2 ~ 16 ~ 14 改										
	工、料、机名称	单位	单价（元）	定额	数量	金额（元）	定额	数量	金额（元）	定额	数量	金额（元）	数量	金额（元）
1001001	人工	工日	103.00	2.700	12.882	3582.48							34.781	3582.48
3001005	乳化沥青阳离子类乳化沥青、阳离子类乳化改性沥青、阴离子类乳化改性沥青	t	2331.18	2.060	12.882	61862.34							26.537	61862.34
5503015	路面用石屑	m^3	64.27	8.160	12.882	6755.88							105.117	6755.88
8003030	撒布宽度 1 ~ 3m 石屑撒布机 SA3	台班	678.50	0.020	12.882	174.81							0.258	174.81
8003040	容量 8000L 以内沥青洒布车 LS - 7500	台班	789.13	0.050	12.882	508.28							0.644	508.28
8003066	机械自身质量 9 ~ 16t 轮胎式压路机 YL16	台班	619.44	0.300	12.882	2393.89							3.865	2393.89
9999001	定额基价	元	1.00	8276.268	12.882	106614.89							8276.000	106614.89
	直接费	元				75277.67								75277.67
	措施费 I	元		6932.067	2.919%	202.35								202.35
	措施费 II	元		106614.887	0.818%	872.08								872.08
	企业管理费	元		106611.432	3.164%	3373.19								3373.19
	规费	元		4073.418	34.2%	1393.11								1393.11
	利润	元		111059.043	7.42%	8240.58								8240.58
	税金	元		89358.978	9.0%	8042.31								8042.31
	金额合计	元				97401.29								97401.29

编制：　　　　复核：

表 A.0.3-2　分项工程预算表

编制范围:K0 +000 ~ K1 +979.145

分项编号:LM010503　工程名称:细粒式沥青混凝土面层　单位:m^2　数量:12208.0　单价:68.27　第 38 页　共 130 页　21-2 表

代号	工程项目			沥青混合料路面铺筑			细粒式			沥青混合料运输			合计	
	工程细目			生产能力 30t/h 以内设备拌和,机械摊铺沥青混凝土混合料(细粒式)			生产能力 30t/h 以内设备拌和沥青混凝土混合料(细粒式)			装载质量 12t 以内自卸汽车运输沥青混合料第一个 1km				
	定额单位			$1000m^3$ 路面实体			$1000m^3$ 路面实体			$1000m^3$				
	工程数量			0.855			0.855			0.855				
	定额表号			2 ~ 2 ~ 14 ~ 32			2 ~ 2 ~ 11 ~ 15			2 ~ 2 ~ 13 ~ 5				
	工、料、机名称	单位	单价(元)	定额	数量	金额(元)	定额	数量	金额(元)	定额	数量	金额(元)	数量	金额(元)
1001001	人工	工日	103.00	44.500	0.855	3916.88	123.000	0.855	10826.42				143.139	14743.30
3001001	石油沥青	t	3718.18				123.161	0.855	391332.73				105.248	391332.73
5503013	矿粉粒径 <0.0074cm,重量比 >70%	t	155.34				85.210	0.855	11311.40				72.817	11311.40
5503015	路面用石屑	m^3	64.27				402.600	0.855	22111.83				344.046	22111.83
5505017	路面用碎石(1.5cm)最大粒径 1.5cm 堆方	m^3	99.32				1103.610	0.855	93668.79				943.101	93668.79
7801001	其他材料费	元	1.00				279.100	0.855	238.51				238.508	238.51
7901001	设备摊销费	元	1.00				5924.700	0.855	5063.01				5063.012	5063.01
8001045	斗容量 $1.0m^3$ 轮胎式装载机 ZL20	台班	540.76				16.110	0.855	7444.62				13.767	7444.62
8003047	生产能力 30t/h 以内沥青混合料拌和设备 LB-30	台班	6077.64				15.070	0.855	78269.18				12.878	78269.18
8003056	最大摊铺宽度 4.5m 以内沥青混合料摊铺机(不带自动找平)LT-6A	台班	787.00	10.850	0.855	7297.05							9.272	7297.05
8003063	机械自身质量 10t 以内双钢轮振动压路机 YZC-10	台班	1043.22	19.540	0.855	17419.79							16.698	17419.79
8003066	机械自身质量 9 ~ 16t 轮胎式压路机 YL16	台班	619.44	9.760	0.855	5166.44							8.341	5166.44
8007012	装载质量 5t 以内自卸汽车 CA340	台班	536.60				7.770	0.855	3562.99				6.640	3562.99
8007016	装载质量 12t 以内自卸汽车 T138,SX360	台班	786.44							8.220	0.855	5524.33	7.024	5524.33
8007043	容量 10000L 以内洒水汽车 YGJ5170GSSJN	台班	1057.24	0.400	0.855	361.39							0.342	361.39
9999001	定额基价	元	1.00	41832.036	0.855	35747.98	827823.682	0.855	707425.01	6916.801	0.855	5910.82	876573.000	749083.81

编制:　　　　复核:

表 A.0.3-2 分项工程预算表

编制范围：K0 +000 ~ K1 +979.145

分项编号：LM010503　工程名称：细粒式沥青混凝土面层　单位：m^2　数量：12208.0　单价：68.27　第 39 页　共 130 页　21-2 表

代号	工程项目			沥青混合料路面铺筑			细粒式			沥青混合料运输			合计	
	工程细目			生产能力 30t/h 以内设备拌和，机械摊铺沥青混凝土混合料（细粒式）			生产能力 30t/h 以内设备拌和沥青混凝土混合料（细粒式）			装载质量 12t 以内自卸汽车运输沥青混合料第一个 1km				
	定额单位			$1000m^3$ 路面实体			$1000m^3$ 路面实体			$1000m^3$				
	工程数量			0.855			0.855			0.855				
	定额表号			2 ~ 2 ~ 14 ~ 32			2 ~ 2 ~ 11 ~ 15			2 ~ 2 ~ 13 ~ 5				
	工、料、机名称	单位	单价（元）	定额	数量	金额（元）	定额	数量	金额（元）	定额	数量	金额（元）	数量	金额（元）
	直接费	元				34163.15			623858.68			5524.59		663546.42
	措施费 Ⅰ	元		35747.984	2.919%	1043.48	88490.099	2.919%	2583.03	5910.822	2.249%	132.93		3759.62
	措施费 Ⅱ	元		35747.984	0.818%	292.43	707425.005	0.818%	5787.01	5910.822	0.154%	9.10		6088.55
	企业管理费	元		35749.627	3.164%	1131.12	707458.390	3.164%	22383.98	5911.268	2.03%	120.00		23635.10
	规费	元		10161.468	34.2%	3475.22	16908.491	34.2%	5782.70	723.556	34.2%	247.46		9505.38
	利润	元		38216.712	7.42%	2835.68	738212.534	7.42%	54775.37	6173.315	7.42%	458.06		58069.11
	税金	元		42941.133	9.0%	3864.70	715170.900	9.0%	64365.38	6492.156	9.0%	584.29		68814.38
	金额合计	元				46805.83			779536.28			7076.45		833418.55

编制：　　　　复核：

表 A.0.3-2　分项工程预算表

编制范围:K0 +000 ~ K1 +979.145

分项编号:LM040201　工程名称:培路肩　单位:m³　数量:1994.0　单价:39.41　　21-2 表

代号	工程项目			挖路槽、培路肩、修筑泄水槽									合计	
	工程细目			培路肩										
	定额单位			100m³										
	工程数量			19.940										
	定额表号			2 ~ 3 ~ 2 ~ 5										
	工、料、机名称	单位	单价(元)	定额	数量	金额(元)	定额	数量	金额(元)	定额	数量	金额(元)	数量	金额(元)
1001001	人工	工日	103.00	20.500	19.940	42103.31							408.770	42103.31
8001085	机械自身质量 0.6t 手扶式振动碾 YZS06B	台班	158.64	2.100	19.940	6642.89							41.874	6642.89
9999001	定额基价	元	1.00	2524.421	19.940	50336.95							2524.000	50336.95
	直接费	元				48746.20								48746.20
	措施费 Ⅰ	元		50336.955	2.919%	1469.34								1469.34
	措施费 Ⅱ	元		50336.955	0.818%	411.69								411.69
	企业管理费	元		50328.560	3.164%	1592.40								1592.40
	规费	元		46416.333	34.2%	15874.39								15874.39
	利润	元		53801.981	7.42%	3992.11								3992.11
	税金	元		72086.111	9.0%	6487.75								6487.75
	金额合计	元				78573.86								78573.86

编制:　　　　复核:

表 A.0.3-2　分项工程预算表

编制范围:K0 +000 ~ K1 +979.145

分项编号:LM04020202　工程名称:铺砌混凝土预制块(路边石)　单位:m^3　数量:215.408655　单价:847.65　第 41 页　共 130 页　21-2 表

代号	工程项目			土路肩加固									合计	
	工程细目			预制、铺砌混凝土预制块加固土路肩										
	定额单位			$10m^3$										
	工程数量			21.541										
	定额表号			2 ~ 3 ~ 5 ~ 2										
	工、料、机名称	单位	单价(元)	定额	数量	金额(元)	定额	数量	金额(元)	定额	数量	金额(元)	数量	金额(元)
1001001	人工	工日	103.00	27.700	21.541	61458.24							596.682	61458.24
2003004	型钢工字钢,角钢	t	3213.05	0.027	21.541	1868.72							0.582	1868.72
2003005	钢板 A3,δ = 5 ~ 40mm	t	3654.33	0.003	21.541	236.15							0.065	236.15
2009011	电焊条结 422(502、506、507)3.2/4.0/5.0	kg	4.38	0.400	21.541	37.74							8.616	37.74
2009028	铁件	kg	5.56	2.900	21.541	347.32							62.469	347.32
3005004	水	m^3	2.72	17.000	21.541	996.05							366.195	996.05
5503005	中(粗)砂混凝土、砂浆用堆方	m^3	82.18	6.660	21.541	11789.72							143.462	11789.72
5505013	碎石(4cm)最大粒径 4cm 堆方	m^3	99.32	8.380	21.541	17928.50							180.512	17928.50
5509001	32.5 级水泥	t	389.82	3.910	21.541	32832.51							84.225	32832.51
7801001	其他材料费	元	1.00	26.100	21.541	562.22							562.217	562.22
8005002	出料容量 250L 以内强制式混凝土搅拌机 JD250	台班	174.58	0.370	21.541	1391.42							7.970	1391.42
8015028	容量 32kV · A 以内交流电弧焊机 BX1 - 330	台班	180.95	0.050	21.541	194.89							1.077	194.89
8099001	小型机具使用费	元	1.00	3.200	21.541	68.93							68.931	68.93
9999001	定额基价	元	1.00	5724.336	21.541	123307.14							5724.000	123307.14

编制:　　　　　　　　复核:

表 A.0.3-2　分项工程预算表

编制范围:K0 +000 ~ K1 +979.145

分项编号:LM04020202　工程名称:铺砌混凝土预制块(路边石)　单位:m^3　数量:215.408655　单价:847.65　第 42 页　共 130 页　21-2 表

代号	工程项目				土路肩加固									合计	
	工程细目				预制、铺砌 混凝土预制块加固土路肩										
	定额单位				$10m^3$										
	工程数量				21.541										
	定额表号				2 ~3 ~5 ~2										
	工、料、机名称		单位	单价(元)	定额	数量	金额(元)	定额	数量	金额(元)	定额	数量	金额(元)	数量	金额(元)
	直接费		元				129712.62								129712.62
	措施费	I	元		65100.280	2.919%	1900.28								1900.28
		Ⅱ	元		123307.142	0.818%	1008.59								1008.60
	企业管理费		元		123300.112	3.164%	3901.22								3901.22
	规费		元		62390.202	34.2%	21337.45								21337.45
	利润		元		130110.202	7.42%	9654.18								9654.18
	税金		元		167514.344	9.0%	15076.29								15076.29
	金额合计		元				182590.63								182590.63

编制:　　　　　　　　　　　　复核:

表 A.0.3-2　分项工程预算表

编制范围：K0 +000 ~ K1 +979.145

分项编号：LM06　工程名称：旧路面处理　单位：km/m^2　数量：0.054　单价：44950.85　　第 43 页　共 130 页　21-2 表

代号	工程项目			土工合成材料处理地基									合计	
	工程细目			土工格栅处理软土路基（或路面基层）										
	定额单位			1000m^2 处理面积										
	工程数量			0.162										
	定额表号			1 ~2 ~9 ~3										
	工、料、机名称	单位	单价（元）	定额	数量	金额（元）	定额	数量	金额（元）	定额	数量	金额（元）	数量	金额（元）
1001001	人工	工日	103.00	24.800	0.162	413.81							4.018	413.81
2009034	U 形锚钉	kg	3.67	32.400	0.162	19.26							5.249	19.26
5007003	土工格栅宽 6m，聚乙烯单向、双向拉伸、聚丙烯双向、玻璃纤维	m^2	7.93	1094.600	0.162	1406.19							177.325	1406.19
7801001	其他材料费	元	1.00	45.400	0.162	7.35							7.355	7.35
9999001	定额基价	元	1.00	11893.726	0.162	1926.78							11894.000	1926.78
	直接费	元				1846.62								1846.62
	措施费 Ⅰ	元		426.991	2.919%	12.46								12.46
	措施费 Ⅱ	元		1926.784	0.818%	15.76								15.76
	企业管理费	元		1926.828	3.164%	60.96								60.97
	规费	元		413.813	34.2%	141.52								141.52
	利润	元		2016.024	7.42%	149.59								149.59
	税金	元		2226.922	9.0%	200.42								200.42
	金额合计	元				2427.35								2427.35

编制：　　　　　　　　复核：

表 A.0.3-3 材料预算单价计算表

建设项目名称：×××道路工程

编制范围：K0 +000 ~ K1 +979.145　　　　第 1 页　共 4 页　　　　22 表

代号	规格名称	单位	原价（元）	运杂费					原价运费合计（元）	场外运输损耗		采购及保管费		预算单价（元）
				供应地点	运输方式、比重及运距（km）	毛质量系数或单位毛质量	运杂费构成说明或计算式	单位运费（元）		费率（%）	金额（元）	费率（%）	金额（元）	
2001001	HPB300 钢筋	t	3760.000	工地—邢台	汽车、1.0、25.6	1.000000	(0.35×25.6+2.17×1.0)×1×1	11.130	3771.13			0.750	28.283	3799.410
2001002	HRB400 钢筋	t	3591.000	工地—邢台	汽车、1.0、25.6	1.000000	(0.35×25.6+2.17×1.0)×1×1	11.130	3602.13			0.750	27.016	3629.150
2001019	钢丝绳	t	6361.000	工地—邢台	汽车、1.0、25.6	1.000000	(0.35×25.6+2.17×1.0)×1×1	11.130	6372.13			0.750	47.791	6419.920
2001020	钢纤维	t	5602.000	工地—邢台	汽车、1.0、25.6	1.000000	(0.35×25.6+2.17×1.0)×1×1	11.130	5613.13			0.750	42.098	5655.230
2001021	8~12 号铁丝	kg	5.100	工地—邢台	汽车、1.0、25.6	0.001000	(0.35×25.6+2.17×1.0)×1×0.001	0.010	5.11			2.060	0.105	5.220
2001022	20~22 号铁丝	kg	5.000	工地—邢台	汽车、1.0、25.6	0.001000	(0.35×25.6+2.17×1.0)×1×0.001	0.010	5.01			2.060	0.103	5.110
2003004	型钢	t	3178.000	工地—邢台	汽车、1.0、25.6	1.000000	(0.35×25.6+2.17×1.0)×1×1	11.130	3189.13			0.750	23.918	3213.050
2003005	钢板	t	3616.000	工地—邢台	汽车、1.0、25.6	1.000000	(0.35×25.6+2.17×1.0)×1×1	11.130	3627.13			0.750	27.203	3654.330
2003008	钢管	t	4302.000	工地—邢台	汽车、1.0、25.6	1.000000	(0.35×25.6+2.17×1.0)×1×1	11.130	4313.13			0.750	32.348	4345.480
2003015	钢管立柱	t	5134.000	工地—邢台	汽车、1.0、25.6	1.000000	(0.35×25.6+2.17×1.0)×1×1	11.130	5145.13			0.750	38.588	5183.720
2003017	波形钢板	t	5134.000	工地—邢台	汽车、1.0、25.6	1.000000	(0.35×25.6+2.17×1.0)×1×1	11.130	5145.13			0.750	38.588	5183.720
2003025	钢模板	t	4625.000	工地—邢台	汽车、1.0、25.6	1.000000	(0.35×25.6+2.17×1.0)×1×1	11.130	4636.13			0.750	34.771	4670.900
2003026	组合钢模板	t	4575.000	工地—邢台	汽车、1.0、25.6	1.000000	(0.35×25.6+2.17×1.0)×1×1	11.130	4586.13			0.750	34.396	4620.530
2009003	空心钢钎	kg	8.640	工地—邢台	汽车、1.0、25.6	0.001000	(0.35×25.6+2.17×1.0)×1×0.001	0.010	8.65			2.060	0.178	8.830
2009004	ϕ50mm 以内合金钻头	个	40.160	工地—邢台	汽车、1.0、25.6	0.001100	(0.35×25.6+2.17×1.0)×1×0.0011	0.010	40.17			2.060	0.828	41.000
2009011	电焊条	kg	4.280	工地—邢台	汽车、1.0、25.6	0.001100	(0.35×25.6+2.17×1.0)×1×0.0011	0.010	4.29			2.060	0.088	4.380
2009015	膨胀螺栓	套	4.000	工地—邢台	汽车、1.0、25.6	0.000186	(0.35×25.6+2.17×1.0)×1×0.000186		4.00			2.060	0.082	4.080

编制：　　　　　　　　　　复核：

表 A.0.3-3　材料预算单价计算表

建设项目名称：×××道路工程

编制范围：K0+000~K1+979.145　　　　第 2 页　共 4 页　　　　22 表

代号	规格名称	单位	原价（元）	运杂费					原价运费合计（元）	场外运输损耗		采购及保管费		预算单价（元）
				供应地点	运输方式、比重及运距(km)	毛质量系数或单位毛质量	运杂费构成说明或计算式	单位运费（元）		费率（%）	金额（元）	费率（%）	金额（元）	
2009028	铁件	kg	5.440	工地—邢台	汽车、1.0、25.6	0.001100	(0.35×25.6+2.17×1.0)×1×0.0011	0.010	5.45			2.060	0.112	5.560
2009029	镀锌铁件	kg	5.750	工地—邢台	汽车、1.0、25.6	0.001100	(0.35×25.6+2.17×1.0)×1×0.0011	0.010	5.76			2.060	0.119	5.880
2009030	铁钉	kg	5.230	工地—邢台	汽车、1.0、25.6	0.001100	(0.35×25.6+2.17×1.0)×1×0.0011	0.010	5.24			2.060	0.108	5.350
2009034	U 形锚钉	kg	3.590	工地—邢台	汽车、1.0、25.6	0.001000	(0.35×25.6+2.17×1.0)×1×0.001	0.010	3.60			2.060	0.074	3.670
3001001	石油沥青	t	3632.000	工地—邢台	汽车、1.0、25.6	1.000000	(0.35×25.6+2.17×1.0)×1×1	11.130	3643.13			2.060	75.048	3718.180
3001005	乳化沥青	t	2273.000	工地—邢台	汽车、1.0、25.6	1.000000	(0.35×25.6+2.17×1.0)×1×1	11.130	2284.13			2.060	47.053	2331.180
3003001	重油	kg	4.540	工地—邢台	汽车、1.0、25.6	0.001000	(0.45×25.6+4.83×1.0)×1×0.001	0.020	4.56			3.260	0.149	4.710
3005001	煤	t	864.000	工地—邢台	汽车、1.0、25.6	1.000000	(0.35×25.6+2.17×1.0)×1×1	11.130	875.13	1.000	8.751	3.260	28.815	912.700
4003001	原木	m^3	1727.000	工地—邢台	汽车、1.0、25.6	0.750000	(0.35×25.6+2.17×1.0)×1×0.75	8.350	1735.35			2.060	35.748	1771.100
4003002	锯材	m^3	1767.000	工地—邢台	汽车、1.0、25.6	0.650000	(0.35×25.6+2.17×1.0)×1×0.65	7.230	1774.23			2.060	36.549	1810.780
4013001	草籽	kg	60.000	工地—邢台	汽车、1.0、25.6	0.001000	(0.35×25.6+2.17×1.0)×1×0.001	0.010	60.01			2.060	1.236	61.250
5001013	PVC 塑料管（ϕ50mm）	m	6.750	工地—邢台	汽车、1.0、25.6	0.000770	(0.35×25.6+2.17×1.0)×1×0.00077	0.010	6.76			2.060	0.139	6.900
5005002	硝铵炸药	kg	10.340	工地—邢台	汽车、1.0、25.6	0.001350	(0.45×25.6+4.83×1.0)×1×0.00135	0.020	10.36			3.260	0.338	10.700
5005008	非电毫秒雷管	个	6.030	工地—邢台	汽车、1.0、25.6	0.000009	(0.45×25.6+4.83×1.0)×1×0.000009		6.03			3.260	0.197	6.230
5005009	导爆索	m	8.280	工地—邢台	汽车、1.0、25.6	0.000540	(0.45×25.6+4.83×1.0)×1×0.00054	0.010	8.29			3.260	0.270	8.560
5007003	土工格栅	m^2	7.760	工地—邢台	汽车、1.0、25.6	0.000450	(0.35×25.6+2.17×1.0)×1×0.00045	0.010	7.77			2.060	0.160	7.930
5009002	油漆	kg	11.030	工地—邢台	汽车、1.0、25.6	0.001000	(0.35×25.6+2.17×1.0)×1×0.001	0.010	11.04			2.060	0.227	11.270

编制：　　　　　　　　　　　　复核：

表 A.0.3-3　材料预算单价计算表

建设项目名称：×××道路工程
编制范围：K0+000～K1+979.145　　第3页　共4页　　22表

代号	规格名称	单位	原价（元）	运杂费					原价运费合计（元）	场外运输损耗		采购及保管费		预算单价（元）
				供应地点	运输方式、比重及运距(km)	毛质量系数或单位毛质量	运杂费构成说明或计算式	单位运费（元）		费率（%）	金额（元）	费率（%）	金额（元）	
5009008	热熔涂料	kg	4.590	工地—邢台	汽车、1.0、25.6	0.001000	(0.35×25.6+2.17×1.0)×1×0.001	0.010	4.60			2.060	0.095	4.690
5009012	油毛毡	m^2	2.590	工地—邢台	汽车、1.0、25.6	0.001970	(0.35×25.6+2.17×1.0)×1×0.00197	0.020	2.61			2.060	0.054	2.660
5501003	黏土	m^3	20.000	工地—邢台	汽车、1.0、25.6	1.400000	(0.32×25.6+1.8×1.0)×1×1.4	13.990	33.99	3.000	1.020	2.060	0.721	35.730
5503005	中(粗)砂	m^3	58.000	料场—工地	汽车、1.0、37.2	1.500000	(0.32×37.2+1.8×1.0)×1×1.5	20.560	78.56	2.500	1.964	2.060	1.659	82.180
5503007	砂砾	m^3	30.000	料场—工地	汽车、1.0、37.2	1.700000	(0.32×37.2+1.8×1.0)×1×1.7	23.300	53.30	1.000	0.533	2.060	1.109	54.940
5503009	天然级配	m^3	30.000	工地—料场	汽车、1.0、37.2	1.700000	(0.32×37.2+1.8×1.0)×1×1.7	23.300	53.30	1.000	0.533	2.060	1.109	54.940
5503015	路面用石屑	m^3	44.000	料场—工地	汽车、1.0、32.6	1.500000	(0.32×32.6+1.8×1.0)×1×1.5	18.350	62.35	1.000	0.624	2.060	1.297	64.270
5505005	片石	m^3	40.000	料场—工地	汽车、1.0、32.6	1.600000	(0.32×32.6+1.8×1.0)×1×1.6	19.570	59.57			2.060	1.227	60.800
5505012	碎石(2cm)	m^3	78.000	料场—工地	汽车、1.0、32.6	1.500000	(0.32×32.6+1.8×1.0)×1×1.5	18.350	96.35	1.000	0.964	2.060	2.005	99.320
5505013	碎石(4cm)	m^3	78.000	料场—工地	汽车、1.0、32.6	1.500000	(0.32×32.6+1.8×1.0)×1×1.5	18.350	96.35	1.000	0.964	2.060	2.005	99.320
5505015	碎石(8cm)	m^3	78.000	料场—工地	汽车、1.0、32.6	1.500000	(0.32×32.6+1.8×1.0)×1×1.5	18.350	96.35	1.000	0.964	2.060	2.005	99.320
5505016	碎石	m^3	78.000	料场—工地	汽车、1.0、32.6	1.500000	(0.32×32.6+1.8×1.0)×1×1.5	18.350	96.35	1.000	0.964	2.060	2.005	99.320
5505017	路面用碎石(1.5cm)	m^3	78.000	料场—工地	汽车、1.0、32.6	1.500000	(0.32×32.6+1.8×1.0)×1×1.5	18.350	96.35	1.000	0.964	2.060	2.005	99.320
5509001	32.5级水泥	t	353.000	工厂—工地	汽车、1.0、65.0	1.010000	(0.35×65.0+2.17×1.0)×1×1.01	25.170	378.17	1.000	3.782	2.060	7.868	389.820
5509002	42.5级水泥	t	440.000	工厂—工地	汽车、1.0、65.0	1.010000	(0.35×65.0+2.17×1.0)×1×1.01	25.170	465.17	1.000	4.652	2.060	9.678	479.500
6007002	铝合金标志	t	21941.000	工地—邢台	汽车、1.0、25.6	1.000000	(0.35×25.6+2.17×1.0)×1×1	11.130	21952.13			0.750	164.641	22116.770
6007004	反光膜	m^2	302.000	工地—邢台	汽车、1.0、25.6				302.00			2.060	6.221	308.220

编制：　　　　复核：

表 A.0.3-3　材料预算单价计算表

建设项目名称：×××道路工程

编制范围：K0 +000 ~ K1 +979.145　　　　第 4 页　共 4 页　　　　22 表

代号	规格名称	单位	原价（元）	运杂费					原价运费合计（元）	场外运输损耗		采购及保管费		预算单价（元）
				供应地点	运输方式、比重及运距(km)	毛质量系数或单位毛质量	运杂费构成说明或计算式	单位运费（元）		费率（%）	金额（元）	费率（%）	金额（元）	
6007010	震动标线涂料	kg	10.110	工地—邢台	汽车、1.0、25.6	0.001000	(0.35 ×25.6 +2.17 ×1.0) ×1 ×0.001	0.010	10.12			2.060	0.208	10.330

编制：　　　　　　　　　　复核：

表 A.0.3-6 施工机械台班单价计算表

建设项目名称：×××道路工程

编制范围：K0+000～K1+979.145

第1页 共6页 24表

序号	代号	机械名称	台班单价（元）	不变费用（元）		可变费用（元）																	
				调整系数：1.0		机械工		重油		汽油		柴油		煤		电		水		木柴		车船税	合计
						103.0元/工日		4.71元/kg		7.47元/kg		6.6元/kg		--元/t		0.85元/kW·h		--元/m^3		--元/kg			
				定额	调整值	定额	费用	定额	费用	定额	费用	定额	费用	定额	费用	定额	费用	定额	费用	定额	费用		
1	8001002	功率75kW以内履带式推土机	831.47	262.670	262.67	2.000	206.00					54.970	362.80										568.80
2	8001004	功率105kW以内履带式推土机	1109.07	398.040	398.04	2.000	206.00					76.520	505.03										711.03
3	8001006	功率135kW以内履带式推土机	1511.66	658.460	658.46	2.000	206.00					98.060	647.20										853.20
4	8001025	斗容量0.6m^3履带式单斗挖掘机	794.43	341.260	341.26	2.000	206.00					37.450	247.17										453.17
5	8001027	斗容量1.0m^3履带式单斗挖掘机	1125.53	425.120	425.12	2.000	206.00					74.910	494.41										700.41
6	8001030	斗容量2.0m^3履带式单斗挖掘机	1417.45	604.710	604.71	2.000	206.00					91.930	606.74										812.74
7	8001035	斗容量1.0m^3履带式单斗挖掘机	991.29	358.340	358.34	2.000	206.00					64.690	426.95										632.95
8	8001045	斗容量1.0m^3轮胎式装载机	540.76	114.160	114.16	1.000	103.00					49.030	323.60										426.60
9	8001047	斗容量2.0m^3轮胎式装载机	904.26	188.380	188.38	1.000	103.00					92.860	612.88										715.88
10	8001049	斗容量3.0m^3轮胎式装载机	1149.78	286.790	286.79	1.000	103.00					115.150	759.99										862.99
11	8001058	功率120kW以内平地机	1113.19	365.130	365.13	2.000	206.00					82.130	542.06										748.06
12	8001078	机械自身质量6～8t光轮压路机	341.61	111.890	111.89	1.000	103.00					19.200	126.72										229.72

编制： 复核：

表 A.0.3-6 施工机械台班单价计算表

建设项目名称：×××道路工程

编制范围：K0 +000 ~ K1 +979.145

序号	代号	机械名称	台班单价（元）	不变费用(元)		可变费用(元)																	
				调整系数：1.0		机械工		重油		汽油		柴油		煤		电		水		木柴		车船税	合计
						103.0 元/工日		4.71 元/kg		7.47 元/kg		6.6 元/kg		- - 元/t		0.85 元/kW·h		- - 元/m^3		- - 元/kg			
				定额	调整值	定额	费用	定额	费用	定额	费用	定额	费用	定额	费用	定额	费用	定额	费用	定额	费用		
13	8001079	机械自身质量 8 ~10t 光轮压路机	373.72	117.600	117.60	1.000	103.00					23.200	153.12										256.12
14	8001081	机械自身质量 12 ~15t 光轮压路机	550.21	183.210	183.21	1.000	103.00					40.000	264.00										367.00
15	8001083	机械自身质量 18 ~21t 光轮压路机	699.92	206.200	206.20	1.000	103.00					59.200	390.72										493.72
16	8001085	机械自身质量 0.6t 手扶式振动碾	158.64	34.520	34.52	1.000	103.00					3.200	21.12										124.12
17	8001088	机械自身质量 10t 以内振动压路机	847.39	250.670	250.67	2.000	206.00					59.200	390.72										596.72
18	8001089	机械自身质量 15t 以内振动压路机	1009.89	318.130	318.13	2.000	206.00					73.600	485.76										691.76
19	8001090	机械自身质量 20t 以内振动压路机	1371.22	468.260	468.26	2.000	206.00					105.600	696.96										902.96
20	8001095	蛙式夯土机（200 ~620N·m）	29.88	15.140	15.14											17.340	14.74						14.74
21	8001132	机动液压喷播机	326.88	85.080	85.08	1.000	103.00					21.030	138.80										241.80
22	8003011	生产能力 300t/h 以内稳定土厂拌设备	1291.24	514.960	514.96	3.000	309.00									549.740	467.28						776.28

编制： 复核：

表 A.0.3-6　施工机械台班单价计算表

建设项目名称：×××道路工程

编制范围：K0 +000 ~ K1 +979.145　　　　第 3 页　共 6 页　　　　24 表

序号	代号	机械名称	台班单价（元）	不变费用(元)		可变费用(元)																	
				调整系数：1.0		机械工 103.0 元/工日		重油 4.71 元/kg		汽油 7.47 元/kg		柴油 6.6 元/kg		煤 - - 元/t		电 0.85 元/kW·h		水 - - 元/m^3		木柴 - - 元/kg		车船税	合计
				定额	调整值	定额	费用	定额	费用	定额	费用	定额	费用	定额	费用	定额	费用	定额	费用	定额	费用		
23	8003015	最大摊铺宽度 7.5m 稳定土摊铺机	1535.64	966.180	966.18	2.000	206.00					55.070	363.46										569.46
24	8003017	最大摊铺宽度 12.5m 稳定土摊铺机	2936.08	1830.700	1830.70	2.000	206.00					136.270	899.38										1105.38
25	8003030	撒布宽度 1 ~ 3m 石屑撒布机	678.50	358.290	358.29	1.000	103.00					32.910	217.21										320.21
26	8003038	容量 4000L 以内沥青洒布车	556.40	197.330	197.33	1.000	103.00			34.280	256.07												359.07
27	8003040	容量 8000L 以内沥青洒布车	789.13	360.290	360.29	1.000	103.00					49.370	325.84										428.84
28	8003047	生产能力 30t/h 以内沥青混合料拌和设备	6077.64	1010.530	1010.53	3.000	309.00	897.600	4227.70							624.020	530.42						5067.11
29	8003056	最大摊铺宽度 4.5m 以内沥青混合料摊铺机（不带自动找平）	787.00	369.800	369.80	2.000	206.00					32.000	211.20										417.20
30	8003063	机械自身质量 10t 以内双钢轮振动压路机	1043.22	478.180	478.18	2.000	206.00					54.400	359.04										565.04
31	8003066	机械自身质量 9 ~ 16t 轮胎式压路机	619.44	294.680	294.68	1.000	103.00					33.600	221.76										324.76

编制：　　　　　　　　　　　　复核：

表 A.0.3-6　施工机械台班单价计算表

建设项目名称：×××道路工程

编制范围：K0+000～K1+979.145

序号	代号	机械名称	台班单价（元）	不变费用(元)		可变费用(元)																	
				调整系数：1.0		机械工		重油		汽油		柴油		煤		电		水		木柴		车船税	合计
						103.0 元/工日		4.71 元/kg		7.47 元/kg		6.6 元/kg		––元/t		0.85 元/kW·h		––元/m^3		––元/kg			
				定额	调整值	定额	费用	定额	费用	定额	费用	定额	费用	定额	费用	定额	费用	定额	费用	定额	费用		
32	8003067	机械自身质量 16～20t 轮胎式压路机	726.62	343.780	343.78	1.000	103.00					42.400	279.84										382.84
33	8003070	热熔标线设备（含热熔釜标线车 BJ–130）	749.24	204.620	204.62	2.000	206.00			45.330	338.62												544.62
34	8003075	凸起振动标线机	561.35	196.900	196.90	1.000	103.00			35.000	261.45												364.45
35	8003079	混凝土电动真空吸水机组	138.66	21.570	21.57	1.000	103.00									16.580	14.09						117.09
36	8003085	电动混凝土切缝机（含锯片摊销费用）	207.00	87.890	87.89	1.000	103.00									18.950	16.11						119.11
37	8005002	出料容量 250L 以内强制式混凝土搅拌机	174.58	25.510	25.51	1.000	103.00									54.200	46.07						149.07
38	8005010	出料容量 400L 以内灰浆搅拌机	134.51	13.230	13.23	1.000	103.00									21.510	18.28						121.28
39	8007001	装载质量 2t 以内载货汽车	322.32	68.870	68.87	1.000	103.00			20.140	150.45												253.45
40	8007003	装载质量 4t 以内载货汽车	438.71	79.560	79.56	1.000	103.00			34.290	256.15												359.15
41	8007007	装载质量 10t 以内载货汽车	622.22	187.310	187.31	1.000	103.00					50.290	331.91										434.91
42	8007012	装载质量 5t 以内自卸汽车	536.60	120.530	120.53	1.000	103.00			41.910	313.07												416.07

编制：　　　　　　　　　　复核：

表 A.0.3-6 施工机械台班单价计算表

建设项目名称：×××道路工程

编制范围：K0 +000 ~ K1 +979.145

 24 表

序号	代号	机械名称	台班单价（元）	不变费用(元) 调整系数：1.0		可变费用(元) 机械工 103.0 元/工日		重油 4.71 元/kg		汽油 7.47 元/kg		柴油 6.6 元/kg		煤 - - 元/t		电 0.85 元/kW·h		水 - - 元/m^3		木柴 - - 元/kg		车船税	合计
				定额	调整值	定额	费用	定额	费用	定额	费用	定额	费用	定额	费用	定额	费用	定额	费用	定额	费用		
43	8007016	装载质量 12t 以内自卸汽车	786.44	276.880	276.88	1.000	103.00					61.600	406.56										509.56
44	8007023	装载质量 15t 以内平板拖车组	742.53	269.490	269.49	2.000	206.00					40.460	267.04										473.04
45	8007041	容量 6000L 以内洒水汽车	666.54	307.390	307.39	1.000	103.00			34.290	256.15												359.15
46	8007043	容量 10000L 以内洒水汽车	1057.24	605.760	605.76	1.000	103.00					52.800	348.48										451.48
47	8007046	装载质量 1.0t 以内机动翻斗车	201.88	39.480	39.48	1.000	103.00					9.000	59.40										162.40
48	8009025	提升质量 5t 以内汽车式起重机	609.56	211.280	211.28	2.000	206.00			25.740	192.28												398.28
49	8009026	提升质量 8t 以内汽车式起重机	682.86	288.760	288.76	2.000	206.00					28.500	188.10										394.10
50	8009027	提升质量 12t 以内汽车式起重机	815.94	408.050	408.05	2.000	206.00					30.590	201.89										407.89
51	8009028	提升质量 16t 以内汽车式起重机	987.25	546.160	546.16	2.000	206.00					35.620	235.09										441.09
52	8009029	提升质量 20t 以内汽车式起重机	1169.79	709.360	709.36	2.000	206.00					38.550	254.43										460.43
53	8009030	提升质量 25t 以内汽车式起重机	1315.47	841.180	841.18	2.000	206.00					40.650	268.29										474.29
54	8009046	最大作业高度 10m 以内高空作业车	491.22	146.950	146.95	2.000	206.00					20.950	138.27										344.27

编制： 复核：

表 A.0.3-6　施工机械台班单价计算表

建设项目名称：×××道路工程

编制范围：K0+000~K1+979.145　　　　第6页　共6页　　　　24表

序号	代号	机械名称	台班单价（元）	不变费用(元)		可变费用(元)																	
				调整系数：1.0		机械工		重油		汽油		柴油		煤		电		水		木柴		车船税	合计
						103.0元/工日		4.71元/kg		7.47元/kg		6.6元/kg		--元/t		0.85元/kW·h		--元/m^3		--元/kg			
				定额	调整值	定额	费用	定额	费用	定额	费用	定额	费用	定额	费用	定额	费用	定额	费用	定额	费用		
55	8009081	牵引力50kN以内单筒慢动电动卷扬机	169.02	19.570	19.57	1.000	103.00									54.650	46.45						149.45
56	8015013	锯片直径500mm以内木工圆锯机	130.63	5.560	5.56	1.000	103.00									25.960	22.07						125.07
57	8015028	容量32kV·A以内交流电弧焊机	180.95	5.170	5.17	1.000	103.00									85.620	72.78						175.78
58	8017049	排气量9m^3/min以内机动空气压缩机	668.41	270.170	270.17							60.340	398.24										398.24

编制：　　　　　　　　　　复核：

附　　录

附 录 名 称	二　维　码
附录 A　封面、目录及概(预)算表格样式	
附录 B　全国冬季施工气温区划分表	
附录 C　全国雨季施工雨量区及雨季期划分表	
附录 D　全国风沙地区公路施工区划分表	

参 考 文 献

[1] 中华人民共和国交通运输部. 公路工程建设项目概算预算编制办法:JTG 3830—2018[S]. 北京:人民交通出版社股份有限公司,2019.

[2] 中华人民共和国交通运输部. 公路工程概算定额:JTG/T 3831—2018[S]. 北京:人民交通出版社股份有限公司,2019.

[3] 中华人民共和国交通运输部. 公路工程预算定额:JTG/T 3832—2018[S]. 北京:人民交通出版社股份有限公司,2019.

[4] 中华人民共和国交通运输部. 公路工程机械台班费用定额:JTG/T 3833—2018[S]. 北京:人民交通出版社股份有限公司,2019.

[5] 姚玉玲. 公路工程施工组织学[M]. 北京:人民交通出版社,2001.

[6] 魏道升,刘浪,何寿奎,等. 路桥施工组织设计范例[M]. 北京:人民交通出版社,2008.

[7] 梁世栋. 公路施工组织与概预算[M]. 北京:人民交通出版社,2008.

[8] 张丽华,邓人庆. 公路施工组织与概预算[M]. 北京:人民交通出版社,2009.

[9] 焦莉. 公路工程造价与招投标[M]. 北京:高等教育出版社,2009.

[10] 米永胜. 公路施工组织与概预算[M]. 北京:机械工业出版社,2011.

[11] 邓人庆,张丽华. 公路施工组织与概预算[M]. 北京:人民交通出版社,2011.

[12] 高峰,张宝成. 公路施工组织与概预算[M]. 北京:北京理工大学业出版社,2014.

[13] 靳卫东,梁春雨. 公路施工组织与概预算[M]. 北京:人民交通出版社股份有限公司,2015.

[14] 艾冰,陆勇. 公路施工组织与概预算[M]. 北京:高等教育出版社,2016.

[15] 魏道升,彭赟,等. 公路施工组织设计与信息化管理[M]. 北京:人民交通出版社股份有限公司,2016.